島嶼沖縄の内発的発展

【経済・社会・文化】

西川　潤
松島泰勝　編
本浜秀彦

藤原書店

島嶼沖縄の内発的発展　目次

3　〈島嶼・平和学〉から見た沖縄　【開発回路の「再審」を通して】――佐藤幸男　88

第Ⅱ部　沖縄とアジア

4　周辺における内発的発展　【沖縄と東南アジア（タイ）】――鈴木規之　115

第Ⅲ部　内発的発展の可能性

島嶼沖縄の内発的発展
——経済・社会・文化

はじめに

西川 潤

復帰以降三七年余を経て、沖縄の発展も曲り角に来ているようだ。今まで三次の沖縄振興開発特別措置法の下で、総計八兆円を上回る膨大な資金（ちなみに沖縄県の平成一八年度GDPは三・七兆円）がこの人口一三〇万人の島嶼県に注ぎ込まれた。人口増加を勘案して一人当たりにすれば、約七〇〇万円で、沖縄の一人当たり県民所得の三倍以上となる。この資金注入は確かに、沖縄、特に本島の道路網やモノレール等インフラを整備し、那覇市にビル街を林立させ、クルマ社会を現出させた。だが、その反面、本土との格差は依然としてかなりの幅で存在し、若者の失業率は高く、米軍軍事基地の重圧は復帰時とほとんど変わりなく存在している。軍事演習による公害、赤土汚染や珊瑚の消滅など、環境破壊も著しい。

沖縄の経済成長は、巨額の土木建設支出、軍用地料、そしてかつての基地支出に代わる観光収入を三本柱として生み出されてきた。だが、一九九〇年代以降、グローバリゼーションと構造改革の時代に、日本政府も長年のばら撒き財政による保守党権力の維持のツケとしての赤字財政の拡大に耐えがたくなり、「小さい政府」の方向に舵を切り替えざるを得なくなった。それは同時に、グローバリゼーションの時代に広がり始めた地方分権の方向へのシフトでもあり、一九九八年以降の地方分権一括法、三位一体はこの方向を示している。

こうして、二〇〇二年の第四次沖縄振興特別措置法以降、政府の沖縄政策からは「開発」の文字がとれて、沖縄開発を推進してきた沖縄開発庁も二〇〇一年の行政改革で、内閣府の一事務部局に格下げとなった。いいかえれば、中央からのばら撒きにぶら下がった成長は不可能になったということである。今後は、地方分権をどう沖縄の場で実体化していくかが、発展のカギとなる。

この意味で、沖縄の経済開発は曲がり角にさしかかっているのだが、実は従来の開発方式の危機は、観点を変えて見れば、沖縄にとっての大きな機会であるかもしれないのだ。

一九七一年一一月、当時の琉球政府は、日本復帰を目前にして、復帰後のあるべき沖縄の発展の姿を五つの原則にまとめた建議書(「復帰措置に関する建議書」沖縄県議会図書室蔵)を発表した。この五原則とは、地方自治の確立、反戦平和の理念、基本的人権の確立、県民本位の経済開発・発展、県民福祉の向上であり、沖縄地上戦の惨禍を踏まえて、県民が平和と自治を旨とした復帰後の沖縄発展像を描いていたことがよく判る。しかし、米軍基地はそのまま県民に押し付けられ、県民の悲願とした自治権と平和権、すなわち基本的人権の尊重と県民本位の開発・発展もそれ以来、三〇余年を経て、実現することがなかった。

ここで興味深いのは、建議書では、経済開発がつねに開発・発展と並べて用いられていることである。開発とは日本語では、他動詞を意味し、上からの開発(北海道開発、地域開発)という語感を与える。だが、発展とは自動詞であり、ヘーゲル哲学のもともとの意味からすれば、何か(ヘーゲルでは市民社会)が内側から開いていく(これは仏教の「かいほつ」も全く同義であり、かいほつとはある個人が真理に目ざめていく過程を指す)様子を示している。

復帰前夜に、琉球政府が「開発・発展」と「発展」をわざわざ並べたのは、日本政府が指向する「上からの開発」に対して、そればかりではなく県民本位の「発展」が必要ですよ、と釘をさしたと解釈できる。

ところが実際には、三次の沖縄振興開発計画を通じて、上からの開発はあったが、下からの発展はそれによっては必ずしも実現せず、沖縄県民は基地の重圧、環境悪化を押し付けられてきた、というのが実情ではなかっただろうか。

このように考えると、国の側が「開発」を維持できず、沖縄からある程度引かざるを得ない（軍事基地と引き換えの莫大な資金移転はある程度維持するものの）現在は、沖縄県民にとってはむしろ、復帰前に描いていた平和、自治と県民主体の発展を実現する絶好の機会と考えられる。つまり、住民側の「ポスト開発」時代の政策構想力が問われているのである。

本書は、このような「ポスト開発時代」「ポスト振興開発期」の沖縄像を考えるために、先ず**第Ⅰ部「島嶼ネットワークの中の沖縄」**で、本土の付着物ではなく、島嶼という独自の条件を生かした沖縄発展像を考える。次に**第Ⅱ部「沖縄とアジア」**で、沖縄と東南アジア、中国との関係を検討する。更に**第Ⅲ部「内発的発展の可能性」**で、沖縄の内発的発展実現の条件としての価値観の切り替えの問題、沖縄産品の特徴とグローバル化時代に直面する問題、返還軍用地の内発的利用の方向、を眺める。ここで明らかになった沖縄アイデンティティの問題を考察するために、**第Ⅳ部「文化的特性とアイデンティティ」**で、沖縄におけるジェンダー問題、文学に現れた台湾との関係、沖永良部島での実証に基く周縁アイデンティティ、をそれぞれ分析する。これらの検討を踏まえ、**第Ⅴ部「沖縄の将来像」**では沖縄で脈々として存在する「自立論」の系譜を分析すると共に、沖縄自立のためには沖縄人の「自己決定権」を確立する必要性を明らかにする。最後にこれら歴史的、国際的、文化的な分析を念頭に置きつつ、沖縄にとっての内発的発展の方向とその可能性を議論することにしたい。

先ず**第Ⅰ部「島嶼ネットワークの中の沖縄」**では、島嶼ネットワークに基く発展の可能性、これまでの振興開発政策への依存経済の問題点、さらに島嶼平和学から見た沖縄の独自性、についての議論が行われる。

第1章「沖縄から見た島嶼ネットワーク構築――沖縄・台湾・九州経済圏の構想」（嘉数啓）では、公共事業、観光、米軍基地収入の三本柱に支えられてきた沖縄経済は、総輸入の比率を減らし、自立度をある程度高めてきたが、一九九〇年代のバブル崩壊、グローバル化の時期に、足踏み状態となったことを示す。環境破壊も深刻で持続可能な状態ではない。経済の活性化ももはや財政出動や米軍支出の増加に頼れる時代ではないので、沖縄の国際化が必然的となる。そのためには、近隣国である台湾との投資・貿易の活性化、太平洋にまたがる琉僑（ウチナンチュー）ネットワークを活用する一方で、九州と組み、沖縄・台湾・九州経済圏を発展の土台とすることを提案している。東アジア共同体など、アジアの地域協力がすすむ中で、このような経済圏がその中核となる可能性は十分ある。

第2章「辺境島嶼・琉球の経済学——開発現場の声から考える」（松島泰勝）は、復帰後四〇年近く、沖縄の経済規模は拡大したが、本土依存の経済構造はかえって強まったことを示している。住民運動の成果としての軍用地返還に際しても、「新都心」おもろまちの例では本土の公団にコンサルタント業務を丸投げした結果、高額所得者向けの開発空間となり、貧富の格差を助長した。ブームとなっているウコンや黒酢など沖縄特産品の開発にしても、日本の大手食品会社が海外から同種の製品を調達して市場シェアを高めている。本土からの移住者の多い石垣島でも新石垣空港の着工を契機とし、本土資本の土地買占めや観光業への進出がすすんでいる。地元住民はかえって物価上昇や自然環境破壊の悪影響をこうむっている。沖縄「マルチメディアアイランド」構想の目玉としてのコールセンターでの調査によれば、正規社員は総従業員一万人余の一割でしかなく、契約等非正規社員の労働条件は劣悪である。本土依存型の上からの開発はけっして地元住民の福利を増進するものではなかった。開発政策が曲がり角に立ったいま、沖縄人が自分の頭を使い、自治力を強めることによって自前の内側からの発展、内発的発展を生み出す時期に差しかかっている。

第3章「〈島嶼・平和学〉から見た沖縄——開発回路の「再審」を通して」（佐藤幸男）は、近代国民国家から成る世界が暴力による大国支配秩序を推し進めてきたことを先ず指摘する。このような暴力的秩序によって小国、島嶼国の多くが植民地として近代世界秩序に編入されてきた。近現代世界の特徴としての開発も、このような秩序の成立要件として進められてきたのである。アジアではそれは大陸や大国家が海洋空間を「内海」として編成する形ですすめられてきた。本来アジアの海域世界の中心に位置した沖縄もこうして日本の主導する国家空間に囲い込まれた。ここに、島嶼の視点から平和学を構築する意義がある。「島嶼・平和学」とは従って、大国の視点から目に見えなくされてきた島国の立場に立ち、開発の前に当然とされてきた自然環境（コモンズ）の破壊、人種やジェンダー差別、軍事基地化、情報格差、画一文化、貿易不均衡、国際分業など特定発展パターンの押し付けなどに注目し、自然環境の脆弱な島嶼や地域の視点、また、モノやコマとして扱われがちな住民の視点から開発を見直し、再構成していく学問である。戦後沖縄では、アメリカのアジア戦略による軍事基地化と日本政府の膨大な資金注入による開発政策がまかり通ったが、このような開発暴力を見直していくためには、住民自治の強化、共有の自然資産（コモンズ）を重視した自給社会の形成、島嶼連合のネットワーク構築等が課題となる。

第Ⅰ部の三章は、沖縄が従来の本土一辺倒的、依存発展から離脱するために必然となる国際的な展開の条件を見た。その上で、**第Ⅱ部「沖縄とアジア」**では、沖縄と東南アジア、タイ及び中国との関連を通して、ネットワーク展開の可能性が吟味される。

第4章「周辺における内発的発展――沖縄と東南アジア（タイ）」（鈴木規之）の著者は、タイ農村部で、地域文化を尊重し、住民参加と自助努力のもとに、環境を重視した内発的発展がひろがっている実情を明らかにする仕事をしてきたが、その研究者の目で、開発・発展問題を沖縄住民自身がどのように考えているかを調べている。そのために、(1)二〇〇七年五月の復帰三五周年をめぐって、地元紙及び全国紙の沖縄版でこのテーマをめぐって行われた議論、(2)二〇〇〇年に著者が関わった北谷及び読谷での調査、及び二〇〇六―七年に琉球大学社会学研究室が実施した「沖縄県民の生活・福祉・社会意識についてのアンケート」（有効回答数八八五人）の二つの調査、を題材として、二〇〇〇年代に沖縄県民が、沖縄開発をどう評価しているかを分析した。これらの調査によれば、沖縄県民の多数は、一般的には開発により生活は良くなったと考えている。だが、米軍基地の負担、本土との格差問題、観光の重要性、環境破壊の認識など、個々の問題については、それぞれ色々な思いを抱いている。自立、格差是正は沖縄振興開発計画の主要目的であり、それは実際には実現していないのだが、本土依存型のメンタリティが事実を直視することを拒んでおり、このような県民の成長ぶらさがり型体質が、本土依存型経済を維持している。だが、そのなかでも沖縄固有の豊かさを重視し、自ら内発的な発展を生み出そうとする実践も、本島、先島を問わず各地に存在する。タイでは、上からの開発方式のとばっちりを受ける周辺地農村から、トップダウン型開発方式を見直し、自立によって中心—周辺間の支配—従属関係を乗り越えていくような次の時代の発展の芽が見られるが、同様の動きは沖縄でも看取される。ジェンダーや世代により、かなり開発に対する態度は異なるので、女性や若者の社会参加、社会の開放と国際化、それを通じる沖縄社会自体の改革を通じて、本土との格差にとらわれず主体性を持った発展路線を打ち出していくことが可能となろう。

第5章「泡盛とタイ米の経済史」（宮田敏之）は、沖縄特産品として近年出荷の大きく伸びている泡盛が、原料としてはタイの香り米砕米を利用している事実に着目し、沖縄と東南アジアの交易を米貿易において検証している。実際、日本政府は復帰時に、泡盛業者に日本の「古米ないしは古古米」を原料として使うよう迫ったが、沖縄側は、泡盛の香味がタイ米によっていること、価格が安価なこと、機械設備がタイ砕米向けに出来ていることなどを挙げ、国税庁、食糧庁に特例を認めさせたのである。こうして、今日（二〇〇五年）、二・七万キロリットルの泡盛の醸造のために、二・一万トンのタイ米（砕米、丸米）が輸入されて、沖縄特産品の原料を支えているのである。元々は泡盛は粟を原料としていたようだが、明治に入っては唐米、そして大正年間に日本経済のアジア進出と結び付いて、タイやビルマ米を用いるようになった。沖縄の「伝統産品」である泡盛もけっして閉鎖的な空間のなかで製造されてきたものではなく、「中国・東南アジアの醸造技術」、沖縄独自の黒麹、そして東南アジア産の原料の結合の上に、消費者の嗜好形成とあい関連しながら発達してきたものだった。本章の発見は二つある。第一は、伝統文化や地域性を重視する内発的発展はけっして外部に対立する閉鎖的なものではなく、むしろ外部との積極的な交流を通じて形成されるダイナミックな概念であること。また第二には、沖縄側が主体性を持てば、「国是」としての国産米使用という中央政府の政策をくつがえし、独自の外部との交易関係を持ちうるということ。この後者もまた、内発的発展の実例であるのだ。

第6章「現代中国の琉球・沖縄観」（三田剛史）は、現代中国が琉球・沖縄をどう見ているか、という問題を扱っている。日本側からは無視されがちなこの問題はじつは、沖縄の国際化にとっては避けて通れない問題なのである。本章は、現代中国の東アジア国際関係研究者の言論をサーベイし、琉球・沖縄に関する議論を（1）琉球処分に関する歴史的認識、（2）第二次大戦後の沖縄処遇に関する国際法上の議論、の二つに分けて整理している。これら議論は言うまでもなく、尖閣諸島（釣魚島）の帰属問題とも関連しており、私たちが理解しておかなければならないポイントである。

先ず、中国では、琉球が明清時代に朝貢関係のあった藩属国であり、同時に幕藩体制下の薩摩の藩属国でもあったことが確認される。また、台湾（閩南）とは活発な往来、交易等の関係があった。明治政府による琉球処分の際に、琉球王国は清朝に救援を求め、清朝の中にもこれに応じるべきだとの意見もあったが、当時の国際情勢からして、清朝は琉球を見殺しにした。だが、暴力的な小国の併合が認められるわけではない。第二次大戦後の領土措置では、沖縄の処遇は日米関係のコンテキストの中で決定された。アメリカは対ソ連の冷戦政策の中で、沖縄を日本に返還する方針を定め、この頃から、英語での“Ryukyu”に代えて“Okinawa”を採用する。これは第二の琉球処分であると、中国研究者たちは見ている。中華民国は、ソ連の反対によりサンフランシスコ講和条約に参加せず、別途日華平和条約を日本と締結したが、国民党政府は「南西諸島をアメリカの信託統治下に置く」としたサンフランシスコ条約を追認した。しかし、中華人民共和国政府は領土帰属問題を定めたこれらの条約に参加しているわけではない。

今日では中国と日本間の領土問題は尖閣諸島（釣魚島）に収斂しており、中国側が、沖縄の帰属問題を提起しているわけではないが、歴史的認識として、琉球列島が日本に不当な形で支配下に置かれたとの認識は存在しているようである。本章では触れていないが、台湾の認識も同様であり、国民党の馬英九総統はアメリカ留学時代に釣魚島の帰属問題で卒業論文を書いている。台湾との間にはさらに漁業権の問題があり、台湾の漁船が日本統治時代からの伝統的漁場に出漁すると、那覇から出動する海上保安庁の巡視船に拿捕されたり、追い返されたりする事例が後を絶たない。二〇〇八年六月には巡視船と台湾の遊魚船が衝突し、後者が沈没する事故が起こった。台湾側は大使に当たる台北代表を召還して、これに抗議している。

沖縄の国際的展開の際に、台湾との共同漁業水域や海洋牧場の設定などの共同事業も視野に入れておくべきだろう。

第Ⅱ部の諸章は、沖縄と東南アジア間の歴史的、また現時点での国際的な関係を検討し、現実に経済・交易関係を始めとして、沖縄の国際的関係はその意思さえあれば十分可能だが、問題は沖縄側に根強い本土依存意識であることを明らかにした。次に第Ⅲ部では、沖縄の内発的発展の可能性をさぐる。

第Ⅲ部「内発的発展の可能性」は、沖縄の「目に見えない」豊かさの計り方、ウチナー産品の可能性と将来性、返還軍用地の住民本位の利用の仕方、に関する諸章から成っている。

第7章「沖縄の豊かさをどう計るか？」（西川潤）は、従来の本土依存型開発がGNP信仰に由来していることを示し、沖縄にはGNPで計れない生活の質の豊かさが存在すると考える。このような目に見えない豊かさ、心の豊かさを示すためには、一人当たりGNP／GDPといったモノの豊かさを示す尺度ではなく、社会指標を作る必要がある。このような社会指標はOECDの場で各国が開発することを申し合わせており、日本でも行革前の経済企画庁が「国民生活指標」（PLI）という名称で毎年白書を発表していた。PLIによれば、日本で一番住みやすいのは、富山県、石川県等日本海沿岸の必ずしも一人当たりGDPが高くはない諸県である。東京や神奈川、千葉等の一都三県は一人当たりGDPは全国トップだが、PLIで見ると、生活諸分野のバランスが悪く、必ずしも住み易い場所ではない。ところが沖縄の場合は、一人当たりGDPは全国最低水準で、PLIで見てもけっして住みよい指標は出ていない。つまり、今まで日本でつくられてきた社会指標は、社会設備の普及に重点を置き、心の豊かさを示していない。それゆえ、「てーげー」という言葉で表される沖縄的なスローライフの勧め、「いちゃりばちょーでー」「ちむぐりさ」という言葉が示す他人との共感、社会的連帯感、「ゆんたく」（茶飲み話）が示唆する人間関係の豊かさ（ゆんたくは実際「ゆたか」と同義である）、「ゆいまーる」が示す協働作業、助け合いなど、ポスト開発／成長時代にそのまま時代の価値観として通用するような心の豊かさが表現されない。しかし、世界では国民総幸福（GNH）、「足るを知る」経済、脱成長（décroissance）など、ひとたび人間の基本的必要を満たした後は、モノや他人の支配に囚われず、むしろ、心の豊かさ、生き甲斐を追求する試みが始まっている。「ちむぐくる」で現されるような「沖縄のこころ」（人間の尊厳を重視し、戦争や暴力を否定して、平和を求め、文化を愛する心）が「真の豊かさ」を求める二一世紀の価値観を先導する可能性は十分に存在する。

第8章「沖縄・その平和と発展のためのデザイン――沖縄産品と内発的発展に関する一考察」（照屋みどり）は、沖縄産品を扱う現場で働く筆者の視点から、シーサーや琉球ガラス等の伝統的工芸品と新しく沖縄物産としての認知度を全国に高めているかりゆしウェアの二産品をとり上げ、これら沖縄特産品の現状と、グローバリゼーション時代に沖縄産品が直面している問題点を分析している。

伝統的工芸品は、染、織、陶器、ガラスなど、那覇市での伝統工芸館の整備や、壷屋、読谷「やちむん」（焼き物）工芸団地の発達、また、壷屋焼や紅型、首里の織物、読谷山花織、芭蕉布等での人間国宝の認定、これらの長老の後を継ぐすぐれた工芸家たちの次々の出現等によっておおきく活性化している。また、比較的新しいかりゆしウェアも、県や業界の努力によって一九九七―二〇〇五年間に四・四万枚から三〇万枚以上へと七倍の伸びを示している。

だが、このような特産品の発達は同時に、外国・国内の模倣品や県外下請け製品との競争にさらされ、ブランド信用をどう維持するか、また、価格競争にどう対処するか、という問題に直面している。かりゆしウェアの場合は、県外の大手衣料メーカーの参入により、厳しい競争に直面している。他方で、伝統工芸品も、県内メーカーがベトナム等に工場を作ったり、また県外メーカーが類似品を生産する等の問題、さらには原産地（国）非表示の「沖縄風」商品にどう対応するか、という問題に突き当たっている。かりゆしウェアについては業界団体がタグ（証明札）を発行するようになった。伝統工芸品については小売店との連携で、高い品質を確保していくことが考えられる。おそらく、沖縄産品の国際的展開は、グローバル化時代には、シークワーサー（ひらみレモン）の台湾からの輸入にも見られるように避けられない動きであろう。工芸品の分野で言えば、その高い質を保ち、常時技術革新をすすめつつ、すぐれた工芸製品を消費者に届けられるようなR&D分野での行政と業界との連携、公共政策のサポートが必要になるだろう。これは、沖縄農業についても同様と考えられる。

第9章「返還軍用地の内発的利用――持続可能な発展に向けての展望」（真喜屋美樹）は、一九九五年の米軍兵士による女子小学生暴行によって沸き起こった県民の基地返還運動の結果、米日両当局により決定された五〇〇〇ヘクタール（米軍基地の約五分の一）の返還軍用地の持続可能な発展に向けての可能性を検討している。

それまで、復帰以来ほぼ同じ規模の四九〇〇ヘクタールの軍用地が断続的に返還はされてきたものの、そのほとんどは地権者が多いこともあり、民間に返還されて、商住混在地域として、他と変わらぬ都市風景の一部を形作ってきた。だが、軍用地は広大なまとまった、本島でも最良の中心地を占めており、従来の開発の過程で、沖縄の環境が大きく破壊されてきたことを考えると、地権者の立場や意向を尊重しながらも、県全体の発展のなかで、沖縄らしい特色をもち、開発と環境の調和を考えた持続可能な発展の可能性を計画的に考えてよいのではないか。この点で試金石となるのは、現在懸案の普天間基地の跡地利用だが、普天間利用の問題を考えるためにも、日米特別行動委員会（SACO）決定により返還された読谷補助飛行場跡地の内発的利用の事例を、本章では吟味している。

那覇市北部「新都心」おもろまちの開発の場合は、建設を地域振興整備公団に丸投げし、住民不在の「公団と地主にリードされた商業型開発」が行われた。当初、那覇市が描いていた「田園都市」構想はどこかに蒸発して、「雑然とした住商混在地区」が出現した。博物館の隣りにパチンコ店ビルがそびえる光景には、沖縄文化への配慮も持続可能性への関心も見当たらない。「理念不在の開発」の見本である。

これに対して、村の大部分を基地に占領されてきた読谷村の場合には「平和に勝る福祉なし」の合言葉の下に、村民の結束による「村興し」を重視した。先ず六六〇人余の地権者が字ごとに五つの農業生産法人を立ち上げ、紅芋など特産品を栽培して「地産地消」型の跡地利用に乗り出している。住民参加と自然環境保全を重視した「ゆいまーる」型の内発的発展の試みといってよい。

もちろん、都市地域と農村地域で発展のあり方は異なろうが、普天間の場合も、これらの事例を参考にすれば、住民参加と環境保全を考慮に入れた内発的発展は十分可能であるとするのが、本章の分析から導き出される結論である。

第7、8、9章は合わせて、沖縄における社会特性を生かしたような発展とはどういうものか、それはいかなる点で、従来の上からの開発、住民不在の開発の欠陥に対応することが可能なのか、を調べている。また、グローバリゼーション時代にこのような特性がグローバル化する可能性と同時に、挑戦をも受ける事実についても注意をはらった。

だが、沖縄の社会特性の根幹を形作る「文化」とはどのようなものか。それを第Ⅳ部では調べている。

第Ⅳ部「文化的特性とアイデンティティ」では、第10、11、12章で、沖縄のジェンダー問題が示唆するものは何か、沖縄現代文学に現れた異国表象は何を意味するか、そして沖永良部島での実地調査から得られた周縁アイデンティティとは何か、の三つの問いを通じて、この問題を考察している。

第10章「うない（姉妹）」神という物語——沖縄とジェンダー／エスニシティ」（勝方＝稲福恵子）は、沖縄文化の理解にジェンダー問題から接近する。この場合に手がかりとなるのは、アメリカのフェミニズムが、運動内部の黒人女性たちによって見直され、フェミニズムがより多元的に発展した事例である。つまり、アメリカでは、一九六〇年代の公民権運動に引き続いて、七〇年代には白人中産階級の女性たちがフェミニズムを展開するわけだが、これに参加した黒人女性たちは間もなく、自らの解放のためには単に「女性解放」を叫ぶだけでは足りないことを自覚するようになる。黒人女性たちは、アメリカ社会内部の黒人差別と、更にアリス・ウォーカーが『カラー・パープル』で描いたような、黒人社会内部の男女差別と、二重の差別にさらされているのだ。ここから黒人女性たちは、自らの解放運動を「ウーマニズム」と名付け、独自の運動展開をはかるようになる。

ひるがえって、沖縄では古来の「うない神」（姉妹を現し、兄弟、家庭を守り、共同体社会では神女として社会を取りしきる）習俗が存在するが、それは同時に「男逸女労」と呼ばれる不平等性とも共存してきた。しかし、近年では伝統的な社会が近代化、資本主義的市場経済の浸透のなかで変容するにつれ、雇用、昇進等、不平等性が差別となって現れる側面も目立ってきている。沖縄女性はここでも伝統慣習が束縛となって現れる面、また現代的労働の場での格差等、二重の束縛に直面している。それゆえ、八〇年代以降、女性たちは「うない」ネットワークをつくったり、あるいは、共有地の軍用地料分配から女性を排除した金武部落民会に対する共有権確認の訴訟など、女性の立場の社会的認知、人権の確立の運動を展開するようになった。また、久高島のように女性たちが男性たちによる共有地の個別分配案、すなわち近代化案をきっぱりと拒否した例もある。沖縄文化のなかでの男女概念はけっして男か女か、といった二項対立的な概念ではない。男女それぞれが社会の中で多元的な役割をになってきたことを確認し、沖縄社会の変容のなかで、古来の智慧を生かしながら、男女双方が人間の尊厳の確立に努めていく努力を払うことが、沖縄でのジェンダー差を克服するための課題なのである。

第11章「エキゾチシズムとしてのパイナップル——沖縄からの台湾表象、あるいはコロニアルな性的イメージをめぐって」（本浜秀彦）は芥川賞作家の目取真《めどるま》俊のデビュー作『魚群記』を題材として、沖縄人の台湾、アメリカ、そして日本の表象の仕方をさぐり、沖縄とアジアの関係性、そして沖縄人の精神世界の複合性を議論している。

舞台は沖縄北部の農村に建てられたパイン工場である。復帰を先取りして「開発」が始まったのだ。『魚群記』は、主人公の少年、家族とその工場に出稼ぎに来た台湾の女性労働者との交渉を述べた小説であり、そこに少年の視線を通じて「沖縄の社会、共同体、そして沖縄と台湾の複雑な関係」が描き出されている。

少年は「台湾女」、そして彼女がくれるパイン缶詰のパインに性的な表象を感じとる。だが、この感情は彼の家族と「台湾女」の間に存在する支配関係に根ざしたものであったかもしれない。それは、女性が名前をもたず「台湾女」としてしか描かれていないことにも示されている。これを日本とアジア間の人種的、階層的な序列の、村レベルでの表現ととることも可能だろう。だが、この関係の要となるのは、かれらすべてを「魚群」として操っているパイン工場、開発の影であり、登場人物は、復帰前後を生きた「私たち」を含めて、この営利型産業化に翻弄されているのかもしれない。

パイナップルはハワイのイメージでもあり、少年がパインに性的な親しみを感じるとき、これを米軍基地＝アメリカに対する憧憬と重なり合ったものと解釈することもまた可能だろう。こうして、主人公の内部にかきたてられる性的なイメージは、植民地的な支配関係の肯定、そこへの同化とも結び付いていく。

沖縄人が日本の植民地支配の尖兵として行動したというテーマは、又吉盛清が『台湾支配と日本人』（同時代社、一九九四年）等で追求してきたものだが、ここではこれ以上立ち入らない。だが、第11章は、沖縄人自身がアジアとの新しい関係を構築していくためには、自分の内部に染み付いた大国との一体化志向の呪縛から解放されなければならないことを示唆している。そして私が付け加えるとすれば、これは実は明治以来、近代化と欧米崇拝の呪縛にとり付かれた日本についても言えることなのである。

第12章「奄美・沖永良部島のエスニシティとアイデンティティ――「われわれ」と「かれら」の境界」（高橋孝代）は、沖縄本島の北東六〇キロ、鹿児島市から南西に約五四〇キロの地点に位置する沖永良部島に生まれた筆者が、自己のアイデンティティと重ね合わせてさぐる沖永良部人のアイデンティティの検証である。それは言うまでもなく、沖縄のアイデンティティ問題に大きな光を投げかけるものである。

沖永良部島は歴史を通じて、ある時は琉球王国に、また、ある時は薩摩藩、鹿児島県に従ってきた。明治以降は、鹿児島県大島郡の奄美諸島という行政範疇に属している。筆者が博士論文執筆のために行った約六〇〇人の沖永良部島民に対するアンケートと面接調査によれば、「日本国民」「日本人」というアイデンティティ認識がもっとも多く、特に高齢者に多い。「ヤマトンチュ」「ウチナンチュ」意識は前者は高齢者層に、後者は一〇代の若年層に多い。この区別は沖縄の人の場合には明白に対立的に使われるが、沖永良部島では日本への復帰運動など歴史的な要件のなかで獲得されたもののようで、若者の場合は、沖縄音楽や文化への親近感からウチナンチュ意識を持つようである。だが、どちらも沖縄県民意識は持たない。反面、鹿児島テレビを毎日見ながら「鹿児島チュ」「アマミンチュ」意識もほとんどない。最も多い帰属意識は「エラブンチュ」だが、沖縄のウチナンチュと異なり、特に対ヤマトというナショナリズム（民族）意識はないようである。

この「コウモリ」のようなアイデンティティ意識は、本土に行って、奄美大島人、沖縄人等に分類されて差別される苦痛を乗り越えるために、場合によって使い分けられており、島人たちにとっては「ドミナント側に立脚した自己意識を持つ方が、排他的〝まなざし〟による〝暴力〟から自己防衛する手段」となるために、日常的な「エラブンチュ」が本土に行ったり、対第三者に向かっては「日本国民」「日本人」と自分を表現することになる、と説明できる。筆者は、ここから、島人たちの「一見曖昧で矛盾したアイデンティティは、様々な帰属変更を迫られてきた人々が歴史に柔軟に対応してきた適応戦略の結果」にほかならないと結論付けている。そして同時に、かれらがこのようなアイデンティティ政治学を駆使することになったのは、「マジョリティによるマイノリティの〝周縁化〟」に由来する、と指摘することを怠らない。つまり、アイデンティティとはけっして固定的なものではなく、少数派をつくり出すような経済社会のダイナミズムのなかで、「少数派」とされた諸集団のサバイバル手段としてうち出されるもので、もしそこに他集団に対する対抗的な要素が見出されるとすれば、それはじつは多数派がつくり出しているのだ、と。これが筆者の言う「境界性の人類学」である。

第Ⅳ部の諸章はいずれも、日本の「周縁」地域としての沖縄、あるいは更にその「周縁」としての沖永良部島のような小島での、文化的特性、あるいはアイデンティティがかなりの程度重層的で、けっして一枚岩ではないことを示している。沖縄文化はどうも日本文化の持つ階層性を自己の内部に取り込んでいるようで、それがエスニシティ（台湾などアジア）、ジェンダー等の面での支配、家父長的行動を強めている気配がある。事大主義と自立意識の間に引き裂かれた「周縁」アイデンティティ、文化もまた、歴史的情況によりダイナミックな現れ方を示すのである。

最後に**第Ⅴ部「沖縄の将来像」**は、先ず、沖縄で現れてきた自立構想の系譜を分析して、沖縄社会に自立論が常に存在し、発展してきたことを示す。次いで、国際社会が日本内部における沖縄「差別」、また沖縄の「自己決定権」をどう見ているか、に注目している。これらを見た後、終章では、沖縄の将来像をどう考え得るか、を検討して、本書全体の議論をまとめている。

第13章「沖縄自立構想の歴史的展開」（仲地博）は、沖縄で連綿としてある自治・自立論の複数の流れを整理し、それが二一世紀の日本の地方分権のあり方に豊かな問題提起を行っていることを指摘する。

明治期においては、琉球処分を受けて、琉球王国の継続、あるいは復活を願う、どちらかというと復古的な自立論が現れた。

第二次大戦後の米軍政期においては、一時早い時期に独立論や信託統治論が見られたが、間もなく復帰論が主流になる。これは沖縄政界の戦前からの連続性、教職員など知識層が平和憲法を持つ日本に憧れたこと、米軍政下で住民が本土への一体感を強めたこと、等によると、筆者は分析している。

一九七二年の復帰前後には、沖縄自治を要求する議論、沖縄人のアイデンティティを強調し、独立をめざす議論、「反復帰」を唱え、日本への無条件の帰属を見直そうとする議論、等の議論が花開く。琉球政府自身も「平和と自治」を根幹とする復帰後の沖縄像を呈示する（屋良建議書）。一九八〇年代になると、「三割自治」の現状への反省や、県民不在の上からの大規模開発に対する懸念などから、自治労や学者グループから、いくつかの自治構想が提起される。「沖縄自治憲章」（玉野井芳郎ら）、やがて道州制へと接続する「特別県」構想（宮本憲一、自治労）、「琉球共和国憲法」（文化人グループ）等、二一世紀の道州制、街づくり条例、地方分権法を先取りし、ポスト開発期の沖縄像にも影響を持つ主要な政策構想が続々と生まれた。

これらの知的な動きを背景として、一九九〇年に知事に選ばれた大田昌秀が米軍用地の強制収用手続に必要である代理署名を九五年に拒否した。小さな沖縄が民意を背景として、国に「タテつく」ことが出来たのである。これを契機にさらに沖縄では独立自治論が盛り上がる。大田県政の下でうち出された国際都市形成構想もその一環だが、全県自由貿易地域等、大胆な政策は、中央政府との関係や、大田知事の三選失敗によって陽の目を見ることはなかった。

二一世紀に入っては、一方では地方分権一括法を受けて、道州制、「沖縄自治州」というわくでの自治強化、他方では、奄美諸島をも含み「琉球弧」の住民NGOが国連の場で「先住民族権」を提起するなど、自治・独立論は脈々と、沖縄の日本列島、そして国際社会のなかの新しい位置付けをさぐる議論として展開されてきた。

第14章「国際人権法から見た沖縄の「自己決定権」――「沖縄のこころ」とアイデンティティ、そして先住民族の権利」（上村英明）は、第13章で見た先住民族権を主張する立場からの論文である。

日本では、沖縄人が「沖縄県民」として日本民族の一部であると無条件に考えられがちだが、じつは、国連人権委員会の場で、日本政府も批准している人種差別撤廃条約の実施状況に関する議論の中で、日本では「民族としての沖縄人」に対する、社会的また軍事基地負担など政治的な差別が存在するのではないか、という議論が行われている。そのため、二〇〇五、〇六年の二度にわたって、この問題に対する特別報告者ディエン氏が来沖し、「米軍基地の存続と沖縄人の基本的人権が両立する」ために、日本政府が検討を行うべきだとする報告書を提出している。沖縄の人権問題が国際的に人種差別問題として議論されているのである。

歴史的経緯からして、日本は沖縄人の総意を問うことなく、一八七九年の琉球「処分」、一九七二年の日米両国政府の取引による「復帰」、と二度、沖縄を一方的に日本の一県として編入した。国際人権規約以来、国際常識となっている沖縄住民の「自己決定権」は尊重されず、軍事基地の負担が膨大な補助金と引き換えに一方的に沖縄人に押し付けられたのである。

ここでなぜ、沖縄側がこうした状況を甘受したかについては、第13章が分析しているので、ここで引用しておくと、第一には、島嶼経済の基盤が弱く、財政的な中央政府依存が常態となったこと、第二には、沖縄側の本土政府の画一主義を変えることはできないという事大意識、第三には自治・独立運動で理念が先行し、一般の人びとの生活実感をうごかすに至らなかったこと、がある。私が第四点を付け加えると、補助金や軍用地料の流入によって利益を得る士建業界や地主層が、沖縄政治を動かしてきたこと、も重要な要因であろう。

だが、沖縄には「沖縄のこころ」が脈々と伝わっていることも、また、第7章はじめ各章で見てきたことである。「琉球弧の先住民族会」始め、NGOの働きかけもあり、国際的に沖縄民族に対する差別問題が提起されていることを私たちは理解するべきである。アイヌ民族の場合は、一九九七年のアイヌ文化振興法により、アイヌの民族文化保全・振興の重要性が認識された。続いて二〇〇八年北海道でG8サミットが開かれる直前の六月には、国会で超党派の北海道選出議員が提出した歴史的な法案が通過した。この法案は、アイヌを近代日本で初めて「先住民族」と位置付け、アイヌ民族の総合的地位向上政策を促した点で、歴史的である。この決議では「近代化の過程で、多数のアイヌの人々が差別され、貧窮を余儀なくされた歴史的事実を厳粛に受け止め、アイヌ民族を独自の言語・宗教・文化を有する先住民族として認めなければならない」と指摘している。沖縄人に対しては、軍事基地と一方的な開発、環境破壊が押し付けられてきた。沖縄民族について同様の決議が国会で成立しても別におかしくはないだろう。既に、沖縄内部から道州制や全県自由貿易地域など、本土がかぶせてきた沖縄県というせまい枠をはねかえすような動きが出現してきている今日、「沖縄のこころ」に基く沖縄人の自己決定権が国際スタンダードを実現することこそ、日本社会の国際化の大道であり、またそれが、国際社会からも求められているのである。

第15章「沖縄の将来像」（西川潤・松島泰勝）は全体の議論をまとめている。

復帰後の三七年余、人間の一生の活動期に相当するこの期間、沖縄は「振興開発法体制」「復帰体制」のなかで生きてきた。

振興開発法体制は、国・企業の主導の下に沖縄に莫大な補助金を投下し、大規模開発、大規模施設を建設してきたが、その結果、かえって沖縄に問題が山積するようになった。これらインフラ設備の維持には膨大な費用がかかり、県の財政赤字がふくらんだ。外部企業誘致により、GNPは上昇しても、大リゾートホテルなど企業利益は県外に移転し、地場企業がかえって圧迫され、淘汰される事態がすすんだ。おもろまちや本島の一周道路に象徴される大規模開発は、緑の島をコンクリートやアスファルトのジャングルでおおい、土砂を流出させてさんご礁を破壊した。今、辺野古岬周辺では、普天間基地移設の「日米合意」により、稀少動物のジュゴンも生存の危機にさらされている。振興開発体制がめざした自立は実現せず、財政赤字と環境破壊、社会格差が残された。

復帰体制とは振り返ってみると、「外部のカネに依存し、他者によって認識、支配、消費される」体制にほかならなかった。そして、今、この外部のカネ自体が日本政府の財政赤字、グローバル資本主義の危機によってあてもめどもつかなくなってきている。この事態はじつは、沖縄にとって見れば「本土依存経済」を見直す絶好のチャンスとも言える。

今、前章の要約で見たような、沖縄側が振興開発体制を受け入れてきた四つの要因のうち、現在の曲がり角で残されているのは、第二点の事大主義、第三点の人びとの生活実感に沿ったオルタナティブ発展の実践である。ところが実は、沖縄各所で、地味ながらも、住民参加、環境や共同財産(コモンズ)保全、自治意識の涵養などを進める実践が始まっている。本章では、共同売店、竹富島や久高島での開発や土地に関する憲章の制定、西表島や石垣島や読谷村での環境保全型の島・村興し運動など、ゆいまーる型の内発的発展の試みが始まっていることを紹介している。これらの実践の積み重ねのなかで、かつて名護市で唱えられた「逆格差論」(GDP格差が存在することは、逆の面から見れば、自然の豊かさや人間同士の信頼関係が息づいていることで、一人当たりGDPに囚われない自前の経済をめざすべきだとする)に見られるような沖縄独自の価値観を生かした発展、すなわち「地域固有の文化、歴史、自然に根ざした」内発的発展がますます具体化していくことになろう。それは、これまで何度となく唱えられてきた沖縄自治憲章を現実のものとしていく動きと連動する性質のものである。

このような沖縄の動きが実は、日本で「地盤沈下」を嘆く多くの地方に対して良き先行例を示すことになると考えられる。本土を仰ぎ見ていた沖縄が本土を牽引する逆転現象が現実に可能なのである。それはそのまま、沖縄（そして日本）に根強い事大主義を自らの内側から克服していく最良の実践にほかならない。こうした沖縄のポスト開発型発展、二一世紀型の発展はじつは世界的なグローバリゼーションを批判する市民社会の動きと結び付くものである。

今、世界ではマネー先行型のグローバリゼーションの危機が進行しており、巨大金融企業の破産が相次いでいる。だが、カネ儲けしか眼中にない生き方、不安定なマネー経済に頼って不安な毎日を過ごす生き方ではなく、自分の真の生き甲斐を求め、大地に足を踏みしめて自前の経済にいそしもうとする人びとも少ない数ではない。その方向をめざす多くの地域、団体、市民社会の実践が世界でひろがってきている。沖縄の二一世紀型の発展はこうした世界の市民社会と連携していくことになるし、それが、沖縄の国際化を通じた自立化を支えていくのである。

以上で全巻の紹介を終えた。

私事で恐縮だが、ここで、本書の成り立ちについて若干述べさせて頂きたい。

私と沖縄とのかかわりは、一九七八年に私が日本平和学会の会長に選ばれて、平和学会の大会を初めて沖縄で開催する構想を抱いたときに始まる。私は、南北問題の研究者として平和学に入っていったのだが、一九七四年に創立された日本平和学会は多く国際政治、国際関係の研究者を集め、核軍縮の問題を主として扱い、国内の南北問題ともいえる沖縄への関心は薄かった。また、平和研究者で復帰間もない沖縄に足を踏み入れた人も実は少なかったのである。そこで、日本の平和研究者に沖縄問題に目を開いてもらうために、七八年に沖縄を初めて訪問した。

そのとき、大学の先輩である大田昌秀さん（当時琉球大学教授、後に沖縄県知事、参院議員）に案内してもらったのだが、大田さんは自分が戦争末期にひそんでいた摩文仁の丘の自然壕に連れて行ってくれた。日本敗戦後も、壕に隠れて逃げ惑っていた県民の姿に愕然とした。このとき、「アメリカ世」「大和世」を通じて大国に振り回されてきた琉球人のことが少しわかった気がした。

日本平和学会の沖縄大会は一九七九年に開かれたが（議事録は、日本平和学会『沖縄――平和と自立の展望』として早大出版部より一九八〇年に出版）、このころは私の沖縄像は「南北問題」「従属論」のわく組みで、沖縄人の持つ複雑な歴史的アイデンティティ、それに基く独自の発展の可能性までは正直のところ思い及ばなかった。

しかし、大学で「経済発展論」を講じるなかで、どうしたものか、沖縄から何人もの俊秀が私の門を叩いてくれるようになった。本書の共同編纂者である松島泰勝、本浜秀彦、また寄稿者である照屋みどり、真喜屋美樹さんたちはいずれも沖縄にルーツを持ち、沖縄の次代を担う少壮有為の研究者、実践者である。本書の核はこの人たちとの対話から生まれた。

私自身も大田県政の時代に、平和祈念資料館とセットで考えられていた平和研究所構想のお手伝いをして委員として一年間、毎月沖縄に通い、沖縄のかかえる開発・発展問題に認識を深める機会を得た。沖縄の魅力的な人情に触れるなかで、「沖縄の内発的発展」の必然性に目を見開かされたのである。

また、本書を豊かなものとしたのは長年にわたる沖縄の研究者たちとの交流である。前琉球大学副学長の嘉数啓さん、沖縄大学の行政学研究者仲地博さん、東南アジア研究者鈴木規之さん、早稲田大学沖縄・琉球研究所長の勝方＝稲福恵子さんらは惜しみなくそれぞれの沖縄観の結晶を本書に与えてくださった。

平和研究者の佐藤幸男さん、上村英明さんにはそれぞれ、長年の島嶼政治研究、先住民族研究から見た沖縄分析を寄稿して頂いた。

宮田敏之さん、三田剛史さん、高橋孝代さんはみな早稲田大学出身の研究者だが、得がたい専門的な視点をこのささやかな沖縄研究に加えてくださった。

また、二〇〇七年に沖縄大学で開催された国際開発学会の特別セッションには桜井国俊学長、吉川博也さん、真喜志好一さん、安里英子さん、石垣金星さん、上村真仁さん、只友景士さんらにお出で頂き、それぞれの立場から沖縄開発・発展の現状に対する報告を頂き、また、私たちの視点に対する貴重なコメントを頂戴した。この特別セッションの内容は第15章に要約している。

こうして友人たち、また尊敬する研究分野の知人たちと、沖縄発展の大きな曲がり角にどう次の時代、ポスト開発時代の沖縄像を考えるか、を語らい合う中で生まれたのが、本書である。

第四次振計以降の沖縄の発展に関心を持つ人びと、また沖縄と同じく中央からの財政注入に支えられながら、グローバリゼーション、小さな政府時代に新しい地方分権に基く発展方向を模索する日本の諸地方やNPO、そして広く南北関係について北の側、南の側それぞれにどのような解決方向があるかを模索している開発問題に関心を持つ読者の方々にとっての問題提起となれば、幸いである。

藤原書店社長の藤原良雄さんは長年沖縄の内発的な動きを見守ってきた方だが、本書の出版を快くお引受け頂いた。また、同社編集部の刈屋琢さん、松本恵実さんには本書の成立について親身のお世話を頂いた。

本書の成立にご協力を頂いた多くの方々に心からの謝意を表したい。

二〇一〇年二月

第Ⅰ部　島嶼ネットワークの中の沖縄

1　沖縄から見た島嶼ネットワーク構築
——沖縄・台湾・九州経済圏の構想

嘉数　啓

はじめに

一九九〇年代初頭のソ連崩壊以降、台湾、沖縄の位置する東アジア地域における地政学的・経済的位置づけは急速に変化してきている。日本経済の成熟化、経済成長の低迷の反面、中国の東アジア、また世界での、政治的・経済的地位が昇竜のごとく台頭してきている。アメリカも北朝鮮問題、この地域での領土紛争など、東アジアを「不安定の弧」と見なして、安全保障の均衡が次第に不安定化していることに注意を払っている。

しかしながら、将来的にはEUのような経済共同体を創り出すことを目的として、東アジア首脳会議にみられるような前向きな政治・経済的な動きも起こってきている。

本章では、復帰後の沖縄経済を検証した上で、東アジアの地域変動と関連した将来的な展望、沖縄と台湾の島嶼ネットワーキング、そして、沖縄が東アジアにおける経済協力体制を築くために解決すべき課題について議論する。当然のことながら、「台湾」或いは、「美しの島（Formosa）」とかつて現地の住民が呼んでいた、沖縄にとって最も身近な国境を共有する地域の隣人との交流を通した沖縄の持続可能な発展に議論の重点がおかれるが、同時に東アジア経済の中での発展を考える際、沖縄・台湾・九州を結ぶ経済圏の形成から考えるべきことが主張される。

1　復帰後の沖縄経済と持続可能な発展へ向けての課題

1　沖縄の特徴

二〇〇七年に、沖縄は米軍統治から日本への施政権の返還三五周年を迎えた。復帰以後、アジア太平洋地域における国際的な政治経済の状況は著しく変化したにもかかわらず、「太平洋の礎石」という沖縄の軍事的な意味付けに殆んど変化がない（このテーマについては、スミス（2006）が発表した詳細な研究成果を参照されたい）。詳細については後段に譲るが、日本における在日米軍の軍事施設のうち七五％が、日本の総面積の〇・六％を占めるに過ぎない沖縄に集中しているのだ。それとは対照的な明るい話題としては、二〇〇〇年のG8サミット会議の沖縄開催の成功やその後、二〇〇三年三月に行われた日本・太平洋諸島フォーラム（ＰＩＦ）開催は沖縄を世界に発信し、結果として、沖縄について豊穣な文化をもち、健康的で、国際的な観光地というイメージを広めることができた。

沖縄における経済発展のための課題には、多くの島嶼経済と同様な一般的特徴がみられる（Kakazu 1994A）。（a）経済活動が多様化するのではなく、特化している、（b）小さな域内市場、（c）外部からの収入原資は限られた一次産品と観光に依存し、それと同時に外部からの生産消費物の輸入に依存している、（d）慢性的な貿易赤字、（e）規模の不経済、（f）高い輸送コスト、（g）耕地面積が狭いにもかかわらず上昇する人口圧、（h）所得と雇用の主な源泉としての政府からの財政支出と公共事業への強い依存。経済発展へのこれら阻害要因は、沖縄が高く依存している日本経済の急速なグローバル化の進展により近年ますます強まってきている。

2 開発計画とその結果――一九七二―二〇〇五年

一九七二年の復帰以来、沖縄県は、日本政府による沖縄振興開発政策として四次にわたる開発十年計画を実施してきた。直近の第四次計画（二〇〇二―二〇一一年）は現在、中間評価を行う段階に入っている。前三次の計画では、生活水準、社会経済制度、インフラ整備などを本土水準に引き上げることに力点が置かれていたのに対して、現在の第四次計画では自助努力による「自立経済の構築」と、沖縄のもつ資源を最大限に活用することを基本にした持続可能な発展を目指している。一九七二年以降の沖縄経済の推移については、**図1―A、B、C**にまとめた。

沖縄の総人口は、一九七二年に約一〇〇万人であったものが二〇〇八年現在では一三八万人に増加し、この間の増加は計画で推定されていた水準を超えている。この間の年間人口成長率は、日本全体で〇・七%であるのに対して、沖縄では一・三%となっている。沖縄は戦後、人口が大きく伸びたユニークな県である。第二次世界大戦以前においては、海外移民などによる人口流出によって、沖縄の人口圧力が軽減されていた。

沖縄の実質ＧＤＰは復帰後、年間平均二・五%成長している。しかしながら、同時に、一九七〇年代には九・九%であった成長率は八〇年代には五・五%、九〇年代には一・二%、そして二〇〇〇年代にはほとんどゼロ成長と、一貫して低下してきている。沖縄は八〇年代を通して本土よりも高い経済成長を享受していた。これは沖縄と本土との生活水準の格差是正によるところが大きい。沖縄県の一人当たり県民所得は、一九七二年には四四万円で日本全国の平均の六二%であったが、二〇〇六年には二〇九万円で全国平均の七〇%まで上昇した。しかしながら、これは第一次計画の時期に目標とされた八〇%よりも低い水準である（**図1A**）。

図１Ａ　沖縄県：人口と１人当たり所得（1972–2011 年）

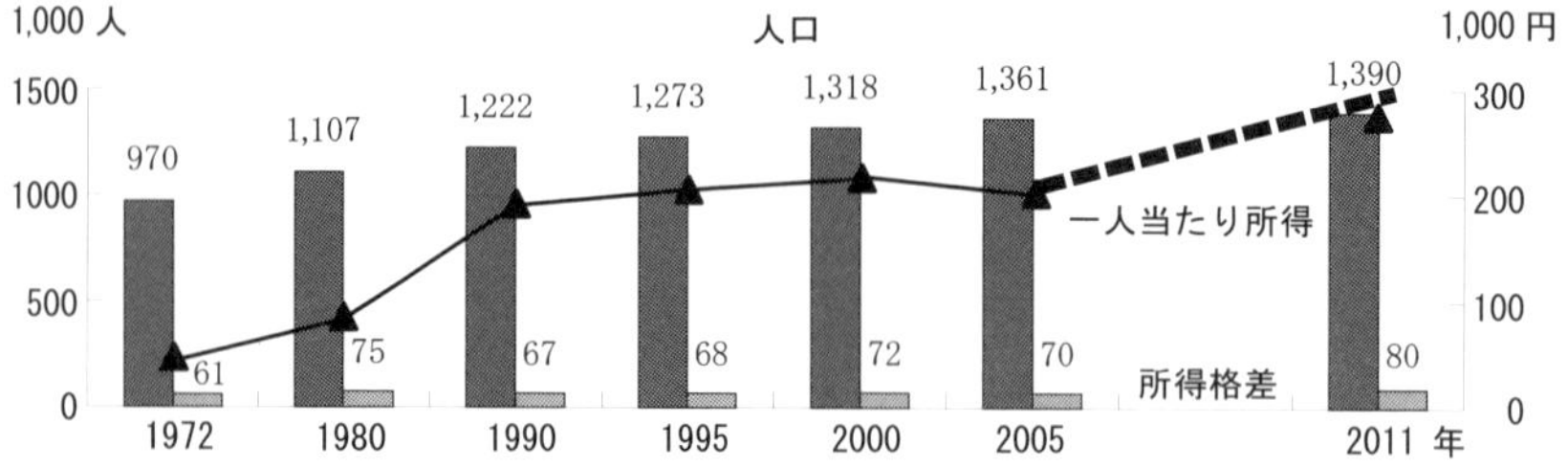

図１Ｂ　労働力の供給と需要、失業（1972–2005 年）

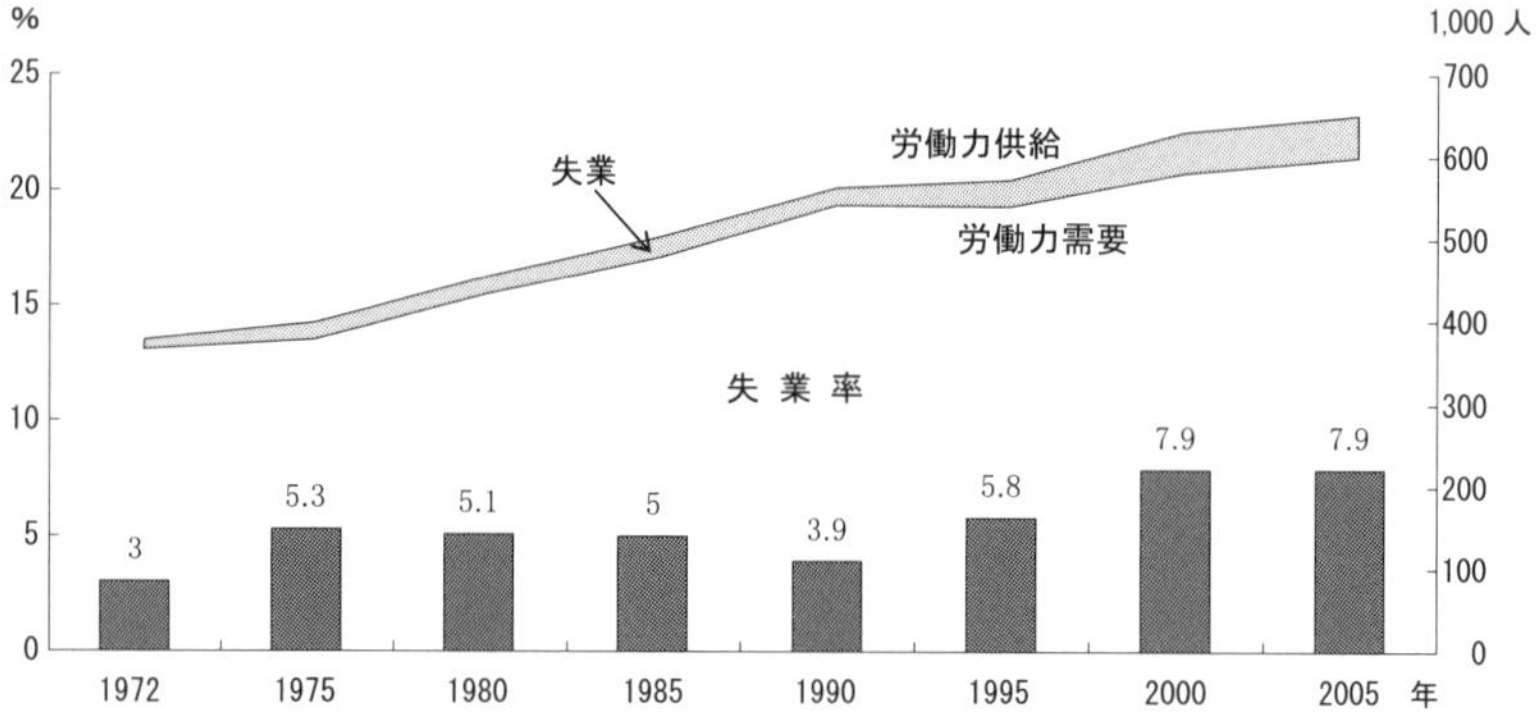

図１Ｃ　観光収入、公共支出と経済自立度（1972–2005 年）

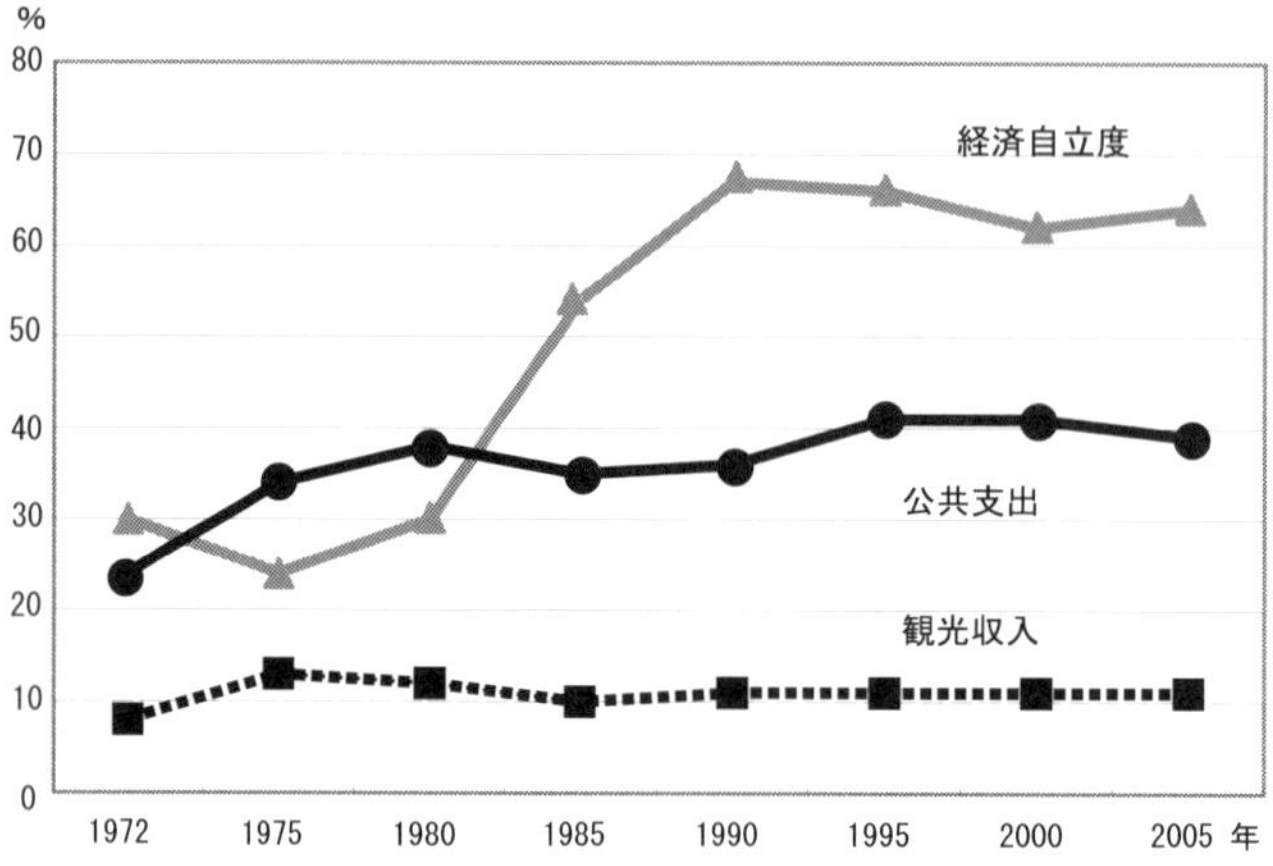

（注）経済自立度＝１－（総輸入／総需要）
（出所）沖縄県統計資料より作成

だが、沖縄の一人当たり県民所得は産業化が高度に進んだG8先進諸国における平均一人当たり国民所得よりも高い。さらに付け加えると、生活の「質」を表す沖縄女性の健康長寿指標は、世界一を誇っている。

復帰後の急速な人口増加と、それに伴う労働力人口の増加は、沖縄の労働市場において慢性的な余剰労働力を生み出した。復帰後、労働力人口は、年率二・三%で増加した（**図1B**）。しかしながら、同時期の地元雇用は年率二%しか増加しておらず、増加した労働力を十分に吸収するに至ってない。結果として、失業率は三%から八%へと上昇し、これは日本全体の水準と比べて二倍ほど高い。雇用の創出は復帰後の最重要な課題となっている。

沖縄の失業構造は若年層（二四歳以下）が全体の三〇%を占め、全国平均の二〇%を大きく上回るという点において、地域的な特徴がみられる。若い失業者は、家族の蓄え、借金、古くからのユイマール、あるいは相互扶助システムによって支えられている。これが高い失業率にも関わらず社会不安が低い要因を説明している。しかしながら、企業の倒産やリストラによって生み出された非自発的失業やパートタイマーとして雇用される人々の増加、早期退職者が近年増えつつあることは注記しておきたい。

復帰後の経済成長をリードしてきた主要な要因を三つ挙げることができる。公共事業は単独で最も重要な項目であり、近年の沖縄のGDPのうち四〇%の割合を占めている。これにつづいて観光（一〇%）、米軍基地収入（五%）となっている（**図1C**）。復帰後、主に日本政府からの公共投資が米軍基地収入にとって代わり、成長の牽引車としての役割を果たすようになった。民間被雇用者の賃金や、基地の賃貸料、米軍人・軍属による基地関連支出を含む基地収入は、一九七〇年にはGDPの二五・六%であったものが、一九八六年にはもう五%に下り、今日までこの水準にとどまっている。米軍基地は現在でも年間一八〇〇億円の支出があり、八〇〇〇人にも及ぶ地域住民の雇用を創出している。安定的でかつ魅力のある職が不足していることもあって、基地の求人は他の求人よりも常に応募者が多い状況である。これとは別に、日本の中央政府からの支出のかなりの部分が直接的にも間接的にも基地の維持に関係している。

経済成長にとって二番目に重要な要因は観光業である。沖縄の観光客数は一九七二年から二〇〇八年の間に年間四四万人から六〇四万人へと一四倍以上に急増し、GDP成長率二・五％をはるかに上回る年率二八％で増加した。

沖縄の経済自立指標（総輸入の総需要に対する比率＝対外依存指標の逆数）は、**図1C**の推移から明らかな通り、経済の拡大と分業の進展を受けて、復帰後から八〇年代にかけて三〇％から六〇％へと継続して改善してきた。しかしながら、一九九〇年代に入ると経済バブルの崩壊とグローバリゼーションの進展もあって、経済自立は足踏み状態にある。

もちろん、全てがバラ色という訳ではない。高い経済成長はジニ係数に見られるように、家計の所得格差を不可避的に拡大する。沖縄のジニ係数は過去二〇年間に〇・三六七八から〇・四〇二六へと上昇した。これは全国四七都道府県中で最も高い不平等度を示している。

もうひとつ重大な問題としては赤土汚染に加えて、大気や水の汚染といった環境悪化がある。経済における、水とエネルギーの供給面において限られた輸送能力や環境的な吸収能力の限界は将来の発展にとって重い足かせとなるであろう。輝く太陽と、エメラルド・グリーンのビーチを売りものにしている沖縄観光にとってこれは特に深刻である。世界的に知られた沖縄のサンゴ礁は、「白化現象」によって絶滅寸前にある。その主な原因としては、地球温暖化、過剰漁労、様々な建設工事による海岸汚染がある。小さな、しかも環境的に壊れやすい多様な自然を抱えた島である沖縄では、再生可能な資源と再生不可能な極度の資源制約下で、増加し続けている人口をいかに持続的に維持するかが問われている。したがって、持続可能な島嶼の発展を推進する能力と、その実行力が試されている。

3　将来の沖縄経済の持続可能性

沖縄はその社会経済活動を将来にわたって維持しうるか。この問題は第一次沖縄振興開発計画の時代から繰り返し問われてきた。これまでに見てきたとおり、観光関連産業によって支えられる形で沖縄の経済自立性は過去と比べて改善されてきている。財政出動（その大部分は中央政府を財源とする）や米軍支出は近年において減少あるいは頭打ちとなっており、これらは将来の経済成長のためのエンジンとしてはもはや期待できない。

様々な制約下にはあるものの、国内的にも国際的にも観光産業が沖縄で最も競争力の高い産業であることには疑う余地はない。観光産業によってもたらされている収入は、復帰後から二〇倍に増大している。仮に、様々な観光関連産業を含めると、観光産業の直接、間接の経済効果は、その直接効果の倍程度に達する。したがって、観光産業を中核として、沖縄の今後の発展の在り方を策定することは自然なことであり、理にも適っている。

もちろん、沖縄の観光産業は地域内の産業との結びつき及び琉球諸島、台湾、香港、上海、韓国のような沖縄と国境を越えた地域との地理的な結びつきの強化を通して多様化させる必要がある。観光業の深化は最近の一人当たり観光消費の減少傾向に対する取り組みでも最も効果的な手段である。

観光関連産業以外には、近年では情報コミュニケーション技術（以下、ＩＣＴ）産業と健康関連産業の台頭が注目を集めている。ＮＴＴの一〇一コールセンターから始まったＩＣＴ産業は、今や一万人に及ぶ雇用を生み出し、オフショア・ソフトウェア会社、コンサルティング会社、銀行及び事務部門を含め一〇〇社以上のＩＣＴ関連会社にまで拡大している。ＩＣＴ産業は、沖縄の抱える小規模経済や遠隔性からくる高いコスト構造の解消につながる。この意味で、アジア太平洋地域の中心に位置する沖縄は軍事的な戦略的要石としてだけでなく、コミュニケーションと訓練の要石、あるいはハブとして再発見されてよい。

観光関連として様々な「癒し」や「スパ」産業、健康食品としてのウコンやニガウリ、天然塩、モズク、シークァーサー、駝鳥牧場、海洋深層水などはよく知られたもののほんの一例である。沖縄で伸びている健康産業について詳細に述べる十分な紙幅はないが、これらの「ニッチ」生産物は資源の賦存及び技術の独自性において比較優位にある。更には、これらの生産物は従来の商業生産物と比較して、一次産品及び労働力といった地域の資源の投入をより必要とし、生産物の「域内循環」を促進する性格をもっている（Kakazu 2004C）。幸いにして、沖縄は、その世界的に知られた「健康の島」のイメージから「健康と長寿」のブランド名ができあがりつつある。

2　沖縄と台湾の経済的関係

1　経済的ネットワーク

沖縄本島は九州（沖縄から一〇〇〇キロ）、経済的に大きく依存している東京（沖縄から一六〇〇キロ）と比べて台湾（沖縄から六三〇キロ）により近接している。那覇から台北まではたった一時間強の飛行時間で到着してしまう。もし、地理的な近さが地域における経済統合を成功させるための鍵となる要因であるならば——それは、旅行、輸送、コミュニケーションなどに対するより安い取引コストになることを意味するから——沖縄が東京よりも台湾と経済的な結びつきをより強めることは自然なことである。しかしながら、実際には全く正反対の状況になっている。長年にわたって、台湾からまず横浜あるいは神戸を経由して、その後沖縄へ貨物が配送されるという大変奇妙な現象が続いている。この現象は、沖縄往復の船荷が少ないことが主な要因である（台湾・沖縄間のタンカー運航は週一便である。Kakazu 2004A）。

沖縄の貿易は日本本土に大きく依存している。外国との交易は、沖縄全体の交易のうちわずか一〇%にすぎない。沖縄から台湾への輸出は二〇〇〇年以降劇的に増加し、二〇〇六年には沖縄の海外からの全輸出の約七〇%を占める

図２　沖縄―台湾―中国間のクリアランス船

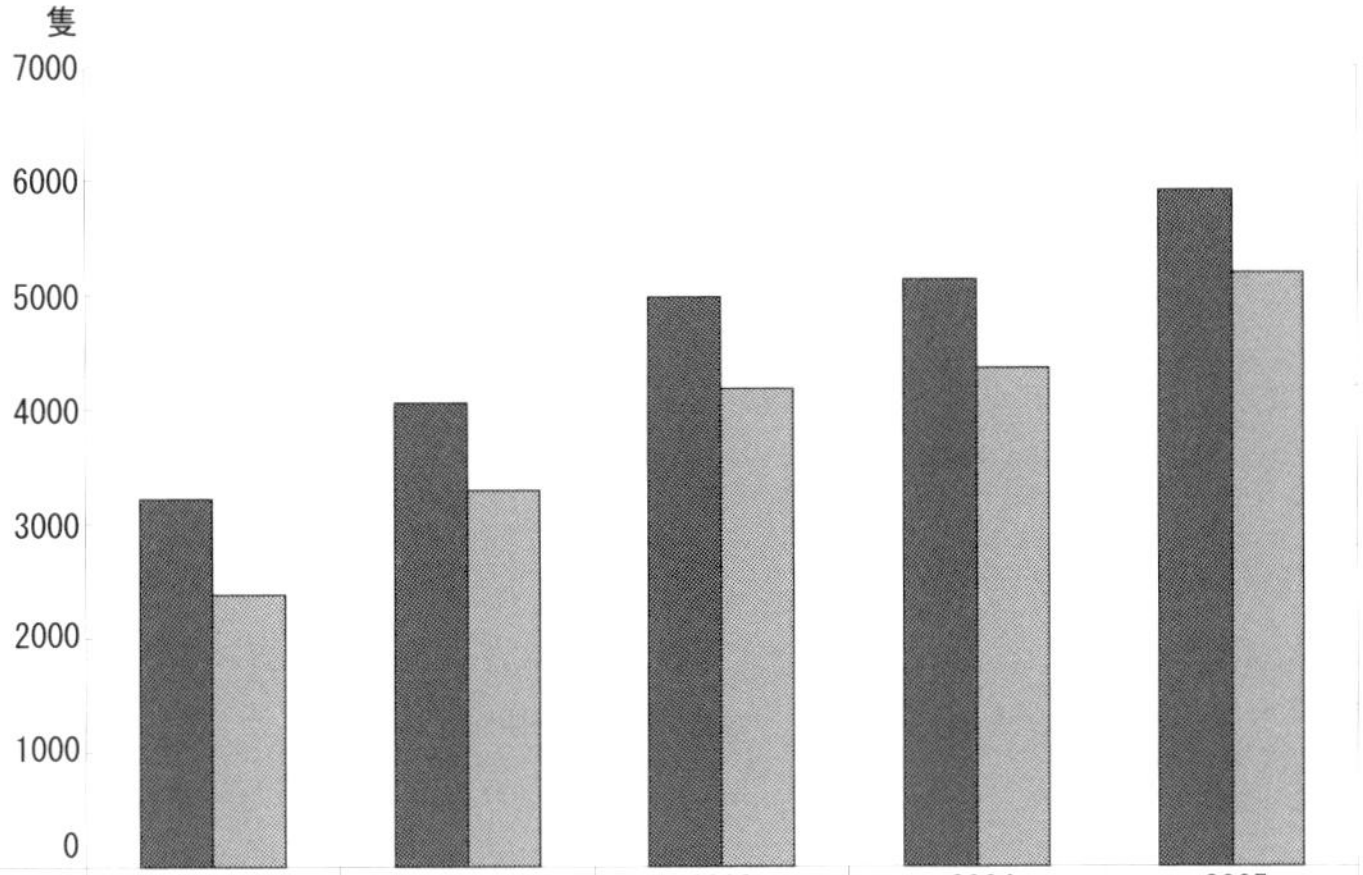

年	2001	2002	2003	2004	2005
全寄港外国船	3217	4051	4978	5132	5907
内クリアランス船	2381	3288	4177	4358	5188

にいたっている。しかし、沖縄の台湾からの輸入は、海外からの全輸入のたったの一〇%に過ぎない。沖縄は総体的には慢性的な貿易赤字にも関わらず、台湾との貿易においては大幅な黒字が継続している。沖縄から台湾への主な輸出品は石油製品、鉄くず、中古機械そして再生紙であるのに対して、台湾からの主な輸入品は食品、家具、砂や大理石等の建設資材である。

台湾による沖縄への投資は特にホテル、IT、不動産の分野で近年増加が見られる。逆に、台湾において沖縄の健康食品やレストランに対する需要は高まっている。

他方、台湾の貿易における沖縄の占める割合は、台湾全貿易の〇・一%に過ぎない。近年、台湾の貿易と投資の対象は従来のアメリカ及び日本から中国大陸へと急速にシフトしている。この傾向は台湾と中国大陸間におけるいわゆる〝クリアランス船〟の推移から明らかである。なぜならば、この二つの地域は政治的理由により直接貿易が行えなかったからである。クリアランス船の典型的なものとして、台湾の貨物船が石垣港へ寄港し、そこで船荷書類を「日本発」に書き換え、中国側での通関手続きを行う例である。クリアランス船は、一九九四年の九〇七隻から二〇〇一年には三二一七隻まで増加し、近年では五〇〇〇隻を超え（**図2**）、一九九四年には沖縄に寄港する船舶の三六%であったものが、二〇〇〇年代には八〇%を超えるまでになった。石垣市は年間約二億円前後のトン税収入をクリアランス船の通関手続で得ている。

那覇港でのクリアランス船の増加は、アジアのハブ港として沖縄の輸送コストと保険費用を減少させる効果がある。ハブ港の位置づけは、港湾施設の改善と輸送コストの低減を意味し、グローバルな交易において沖縄の競争力を強化することにつながる。しかし、二〇〇八年の総統選による国民党馬英九氏の総統就任以降、台湾と大陸の「三道」が進み、直接貿易がクリアランス船による間接貿易に取って代わる可能性も排除できない。沖縄は、この事態をも視野に入れて、東アジア貿易を考えていく必要があろう。

2　人的ネットワーク

すでに見てきたとおり、沖縄の国際交流は復帰以後後退している。このことは那覇空港からの国際線の発着数をみることで検証できる。沖縄から東京へのフライトは一日二二便あるのに対して、国際線は過去には九本だったものが現在では四本となっている（**図3**）。ＪＡＬは二〇〇三年に那覇―香港間の直行便を廃止した。アシアナ航空と中国東方航空は困難な時間調整を行いながらも現在週に二便往復している。中華航空（台湾の航空会社）は日に二便を運行している。台北は最近、沖縄からの乗客にとって重要な乗継「ハブ空港」となりつつある。沖縄の旅行者の大部分が台北で中国、東南アジア、他の地域へ乗り継いでいる。

沖縄からの国際線の数は沖縄の国際交流の厚みを反映している。近年、沖縄からの国際旅行者の六〇%が台湾を訪れており、中国と韓国がこれに続く（**図4**）。

すでに述べたとおり、沖縄への海外渡航者の数は一九九〇年代から二〇〇〇年代の初頭にかけて急速に減少していたが、最近になって再び増加に転じている（**図5**）。台湾からの渡航者は一九九九年には一五万人あったものが、二

図３　沖縄からの航空路線ネットワーク

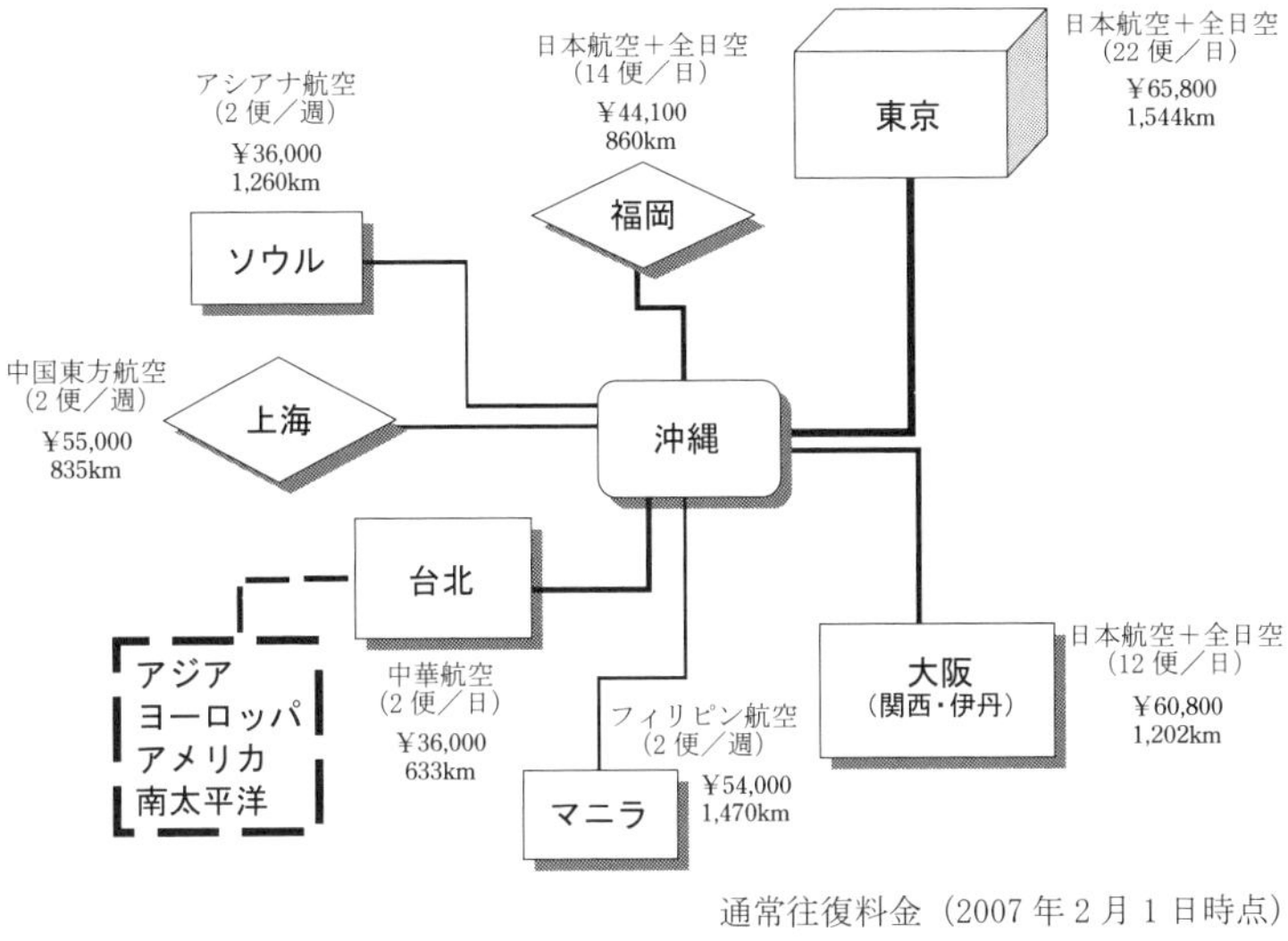

（出所）沖縄ツーリスト株式会社

図４　那覇空港発の国際旅客

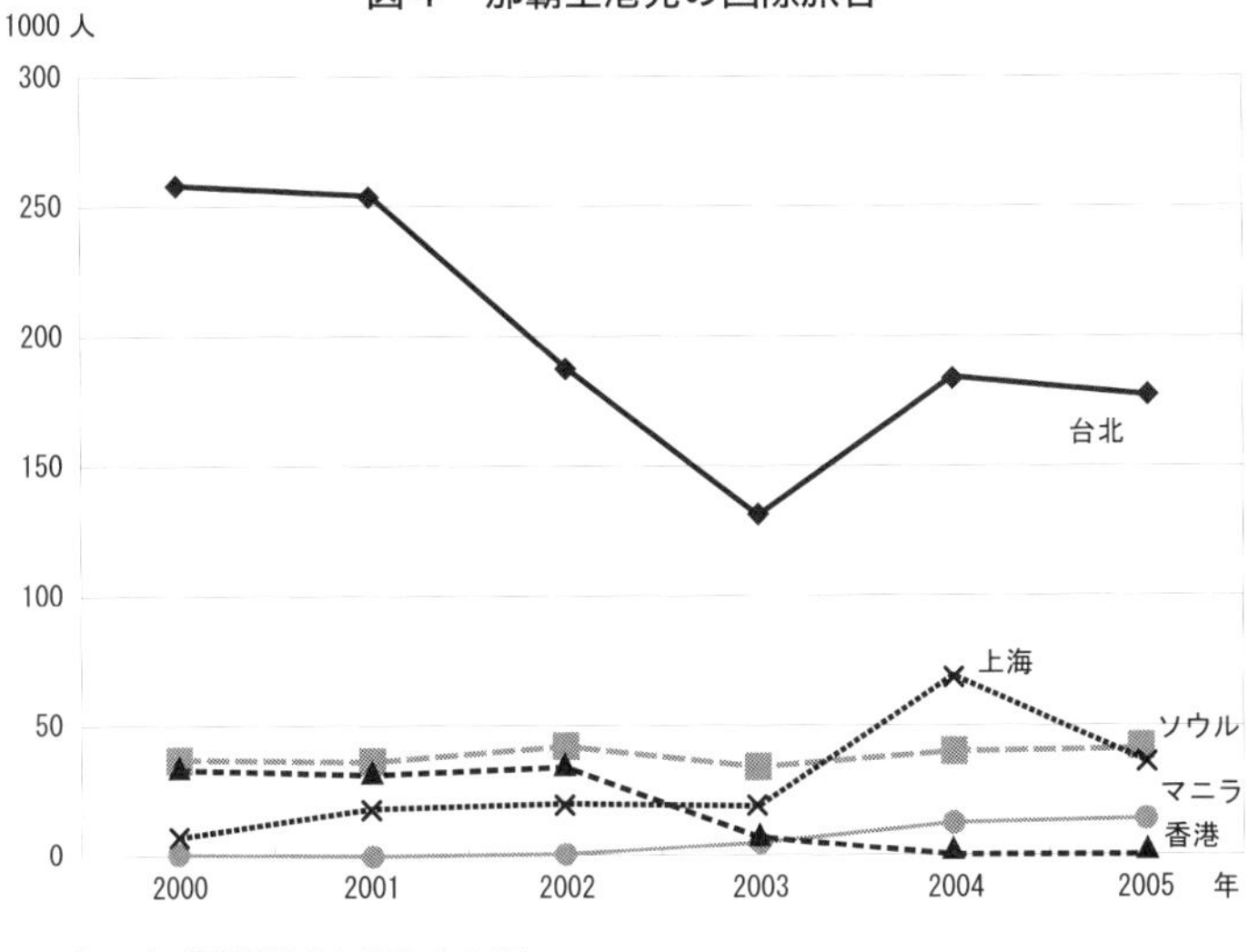

（出所）『沖縄統計年鑑』各年版

図5　沖縄訪問客

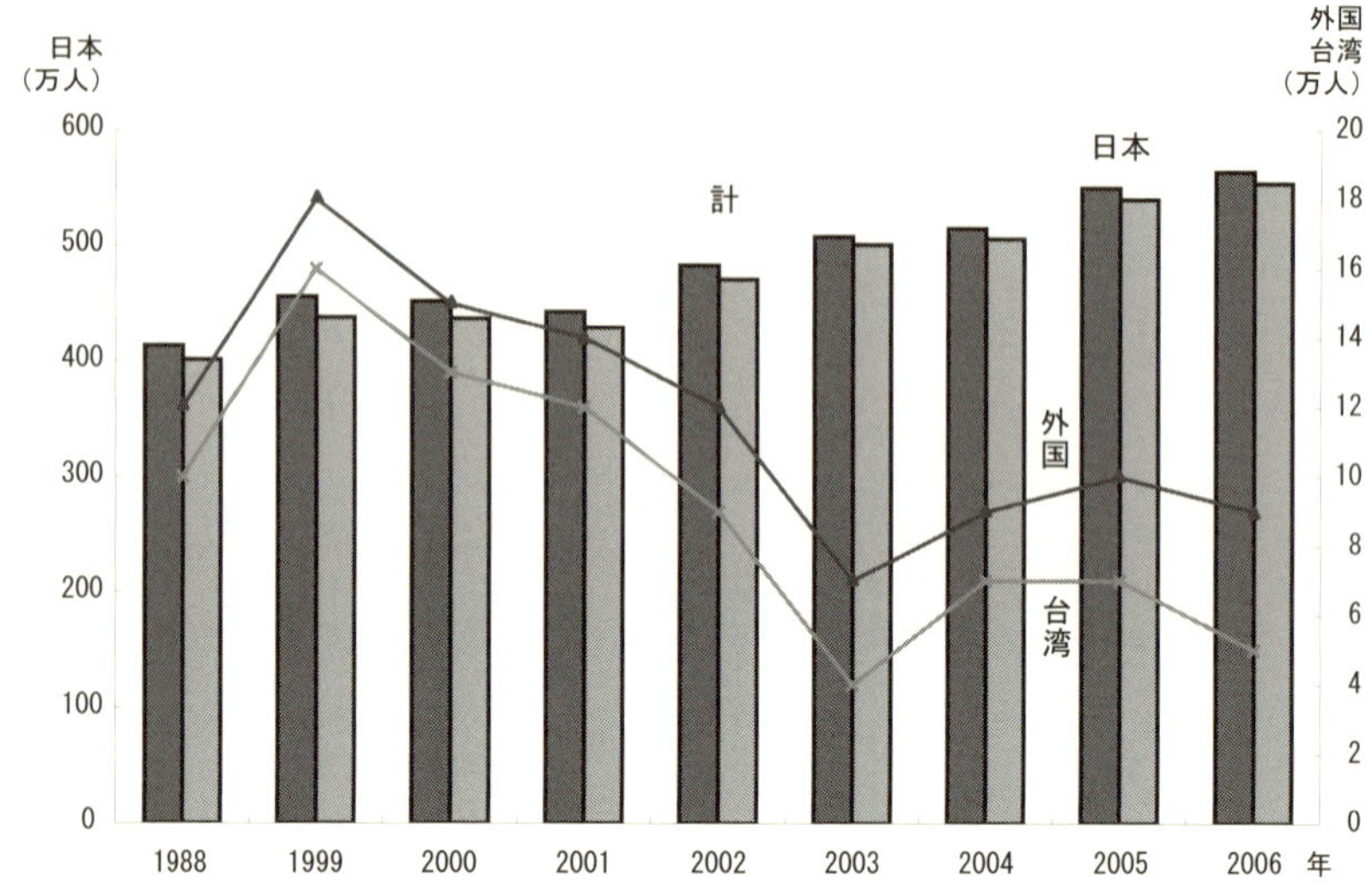

（出所）『沖縄観光統計』。日本の棒グラフの左は入県者、右は出県者。

図6　世界のウチナンチュー協会ネットワーク

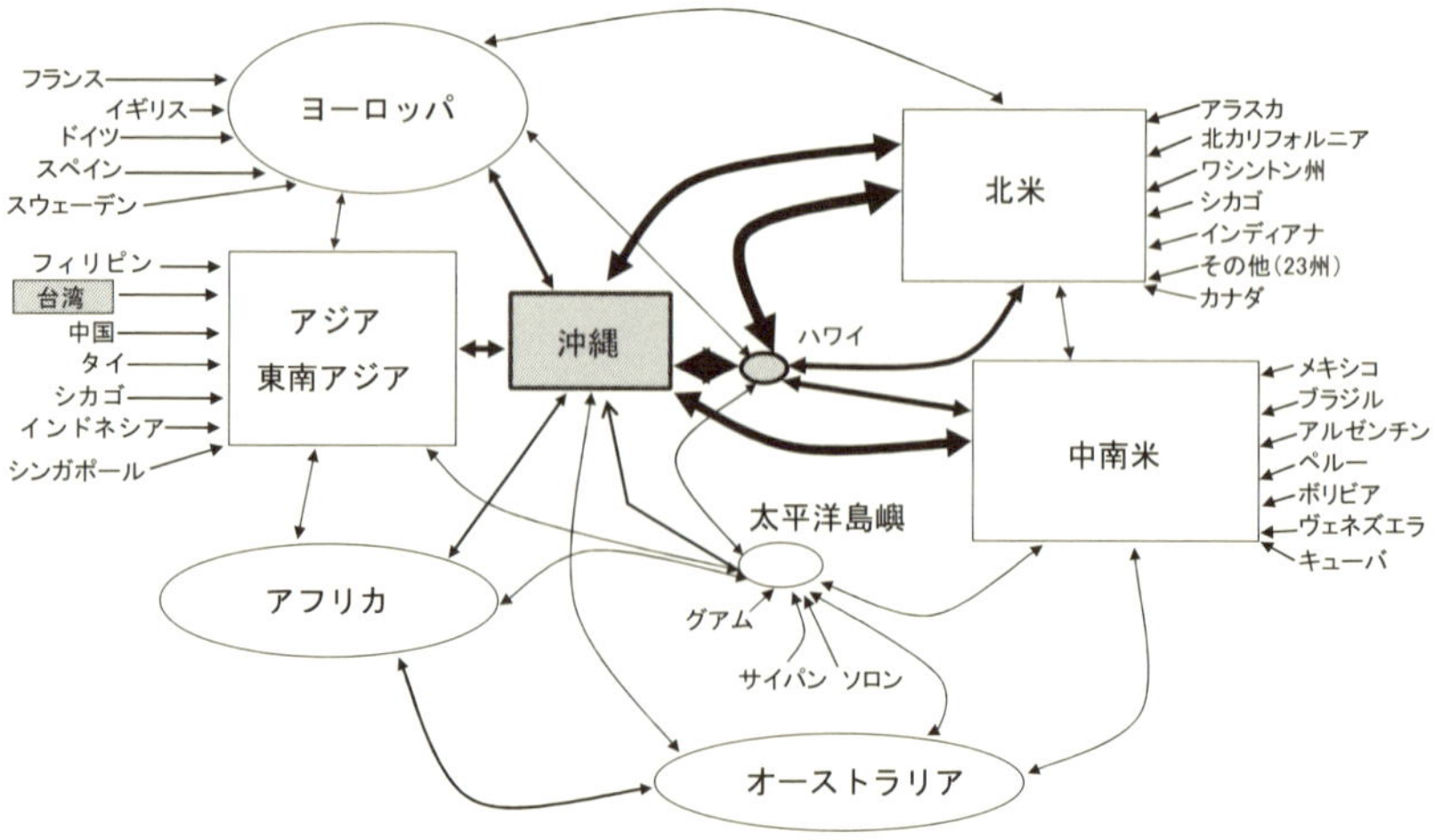

（出所）沖縄県庁資料

〇〇六年には五万人まで下った。それでも台湾は近年の全海外入域者の約七〇%を占めている。二〇〇三年以降、台湾からの渡航者数が増加していることには勇気付けられる。

3 ウチナンチュー（琉僑）ネットワーク

沖縄人、方言では「ウチナンチュー」は戦前、ハワイ、南北アメリカ、東南アジア、南太平洋諸島などの地域へ移民している。これらの海外移民とその子孫は、本土への移住者を除くと、三〇万人に及ぶと推定されている。彼らは移住地で成功を収め、第二次大戦直後まで故郷の地へ物資や金を送り続けていた。送金によって沖縄の貿易赤字のほとんどを埋めていた時代もあった。これは全く最近のことだが、国境を越えた「ウチナンチュー・アイデンティティ」を拡充・強化して、彼ら自身が積極的に組織化あるいはネットワーク化を目指す動きが顕著になってきた。活動的な組織としては、世界に広がる沖縄人のネットワークを通してビジネスの創造を行うことを目的として一九九七年にハワイで結成された〝世界ウチナンチュー・ビジネス・アソシエーション〟（Worldwide Uchinanchu Business Association［以下、WUB］）がある（Kakazu 2006D）。WUBは、台湾の一〇〇名余の会員を含めて、五大陸で組織化されている。そのネットワークの状況を図6に示した。WUBは沖縄の生産物を貿易するグローバル企業の立ち上げを計画している。

3 沖縄・台湾・九州経済圏

沖縄と台湾は「指呼の距離」にある。天気の良い日は日本最西端の島である与那国島から台湾の最も高い山である〝玉山〟（旧称新高山）が望める。東シナ海における沖縄と台湾という、世界の主要市場から離れているものの、隣

図７　沖縄・台湾・九州経済圏

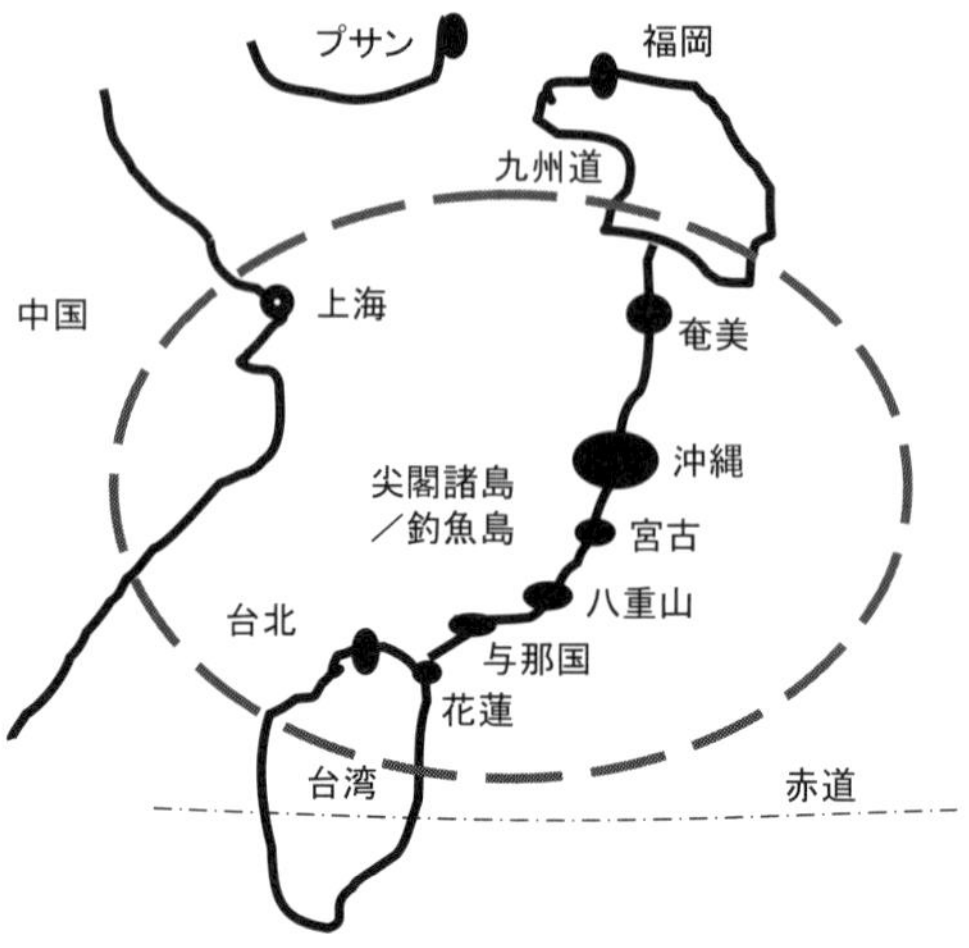

（出所）嘉数作成

接した二つの「周辺地域」間に、より緊密な社会経済的なつながりを構築することはごく自然なことである。貿易や人材交流で、沖縄と台湾間ではより緊密な交流が行われているものの、情報ネットワークの分野ではまだまだ解決すべき課題は多い。二つの地域間のネットワークづくりを強化するために、私は沖縄・台湾・九州経済圏（Okinawa-Taiwan-Kyushu Economic Zone OTKEZ）を提唱したい。この構想については図7に示した。この地域で自由貿易が進めば、後述する尖閣諸島／釣魚島をめぐる国境問題や資源の国際共同開発の問題も、自ずと解決の道をたどるだろう。

この構想を実現するための第一歩として、沖縄台湾特別経済区（Okinawa Taiwan Special Economic Zone OTSEZ）の設置を提案したい。ＯＴＳＥＺは那覇軍港や浦添市のキャンプ・キンザーのような返還を約束された米軍基地の跡地に設置することが望ましい。一九九〇年にフィリピンのスービックで返還されたアメリカ海軍基地の跡地内に設置され、成功している台湾特別経済区がＯＴＳＥＺの良き先行事例となる。

ＯＴＳＥＺは部品倉庫、新製品の展示、部品加工、バックオフィス、デザインセンター、R＆Dセンター、人材開発センターなどを組み込んだ貿易センターとして活用される。既存の沖縄特別自由貿易地域のように、ＯＴＳＥＺは輸出入に係る特別免税制度をとるべきである。だが、ＯＴＳＥＺの実現のために、後で詳述するような幾つかの複雑な問題を解決しなければならない。

日本で台湾に最も近く、台湾の花蓮市と姉妹都市になっている与那国島が、日本政府に対して与那国―台湾国境交流特区を提案し続けている（Oshiro 2007）。この特別区は与那国と台湾の社会経済的な交流、とりわけ直接貿易を通して与那国の持続可能な発展を目指している。与那国は一九五〇年代初頭まで台湾との直接貿易によって繁栄していた（奥野 2005 のノンフィクション小説は、この国境貿易について大変興味のある資料を提供している）。与那国島の海底には、プラトンが記述した古代都市国家の「アトランティス」や「ムー大陸」ではないかと推測されている宮殿を形取った巨石群があり、世界的な関心をひきつけている。疑いなく、与那国島の提案は与那国と台湾双方の利益につながるにも関わらず、政府はこれを受け入れずにいる。与那国―台湾国境交流特区が成立を認められれば、それはＯＴＳＥＺ、ＯＴＫＥＺ実現に向けての確実な一歩となろう。

4　課題

ＯＴＫＥＺとＯＴＳＥＺの計画を実現するには、多くの困難な問題を解決しなければならない。重要課題の中には、米軍基地問題、地域の安全保障、領土紛争、様々な調整、沖縄経済の自由化、地方分権と沖縄県の自律性が含まれる。

1　米軍基地問題

アメリカ軍による沖縄占領が開始されたときから、米軍基地は最も議論となった社会政治的かつ経済的問題である。

図8A　沖縄の米軍基地（2008年現在）

（出所）沖縄県

沖縄の日常生活は、米軍基地を中心に営まれていると言っても過言ではない。一九五〇年代と六〇年代においてはとりわけ、米軍基地は生活の主たる源泉であった。しかしながら、同時に基地は何世紀にも渡って守られてきた沖縄の財産や金銭的価値には還元できない文化的遺産を荒廃させた「沖縄戦」と深く結びついているだけでなく、「命どぅ宝（命こそ宝）」いう「文化的コード」を県民の心に刻み込んだ。反基地闘争が時間の経過に従って激化していったのは反戦感情の側面からだけではなく、沖縄における基地にまつわる環境汚染や、沖縄に駐在している兵士の六〇%以上を構成する海兵隊によって多くの場合引き起こされた凶悪犯罪といった、基地の存在によって社会環境が悪化したことにもよる。カリフォルニア大学デービス校のハマモト教授（ハワイ出身）は沖縄における基地の存在を、「新植民地」や「ポストコロニアリズム」とは異なる、文化的にも生理学的にも不平等かつ搾取的な政治関係を維持する機

図８Ｂ　沖縄の軍事施設（1972 年以降）

	施設	面積（1000ha）	削減（1000ha）	日本全土に占める沖縄の割合（ha）
1972 年	83	28		59
1966 年	38	24	4	75
2006 年	36	23	1	75
201X 年	31	18	5	70

図８Ｃ　沖縄における米軍基地

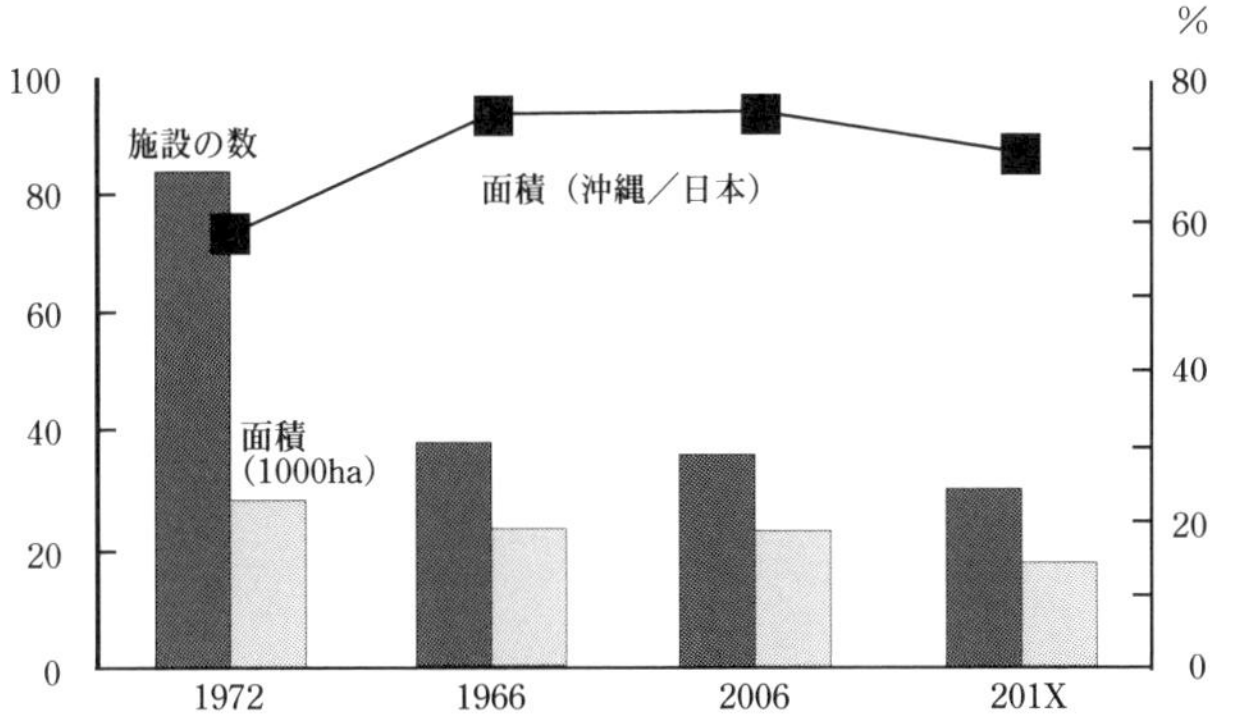

能をもつ「ソフトな植民地主義」と規定している（Hamamoto 2006: 29）。

前沖縄県知事である稲嶺恵一は、「基地の負担は、爆発寸前の熱いマグマを地下で沸き立たせている」と発言している（『朝日新聞』二〇〇六年一一月一五日付）。マグマは一九九五年、一二歳の少女が米兵に強姦された時に爆発した。アメリカ及び日本政府は、住宅地域近辺に位置する軍事基地を削減することを目的とした「沖縄に関する特別行動委員会（以下、「SACO」）」を設置することによって事件の収拾を図った。一九九六年一二月に発表されたSACOの最終報告書には、沖縄の軍事施設と基地面積をそれぞれ約二五％、一八％削減する事項が盛り込まれた。

現在も継続して行われている基地再編の議論のうち、もっとも象徴的かつ最新の問題は、キャンプ・シュワブ付近への移転が計画されている普天間飛行場（**図８Ａ**）である。日本の中における沖縄での米軍施設の負担は、復帰の年である一九七二年の五九％から、近年は七五％に増加している。SACOの計画がうまく履行された後でも、沖縄の負担はまだ七〇％にものぼる。

SACOの最終報告書提出後、二〇〇六年三月に両国の外相、防衛相が構成する日米安全保障協議委員会は沖縄における米軍基地の再編についての新たな文書を承認した。これによると、二〇一四年までに約八〇〇〇名の海兵隊員と九〇〇〇名のその家族をグアムへと配置換えする予定となっている。再編の実施にあたっては、普天間飛行場を含む、嘉手納飛行場以南の六基地、約一五〇〇ヘクタールにおよぶ返還が盛り込まれていた（図8B、C）。しかしながら、基地返還計画の実施は、普天間飛行場の移設にかかっている。この再編計画が予定通りに実施されると、沖縄は返還された基地の跡地利用（編者注─第9章参照）という新たな問題に直面する。県民の多数は、米軍基地の存続に反対しているものの、彼らは基地撤退がもたらす経済への波及についても十分に気づいている。米軍基地の閉鎖は、解決されるべき多くの複雑な問題を内包しているのである。

2 アジア太平洋地域における安全保障問題──不安定の弧

ソビエト連邦の崩壊と9・11におけるアメリカへのテロ攻撃後、アメリカの世界安全保障戦略は冷戦期のそれから新しいグローバルな地政学的脅威への対応と大きく変化している。二〇〇一年、四年ごとにアメリカの世界安全保障戦略を見直す「国防計画見直し」（Quadrennial Defense Review QDR）において、中東から朝鮮半島までの地域は、テロ攻撃の標的とされやすいが地域における安全保障、安定、および繁栄のための戦略的な要衝である「不安定の弧」とされた。QDRにおいて、台湾問題という先送りできない問題や周辺地域との領土問題を抱えた中国という経済的軍事的に強力で「非民主的な」国家の急速な台頭、そして、北朝鮮からの緊迫した脅威にさらされている朝鮮半島のあるアジア・太平洋地域が安全保障の真空地帯となる可能性がとりわけ強調された。

ＱＤＲに付随して、ジョージ・ブッシュ大統領（当時）は、二〇〇四年における軍の再編は、冷戦開始以降の最大級の軍事計画であると明言した。ブッシュ構想は、一〇年かけてアジアとヨーロッパに駐留する兵士を七万人削減することを目指している。「米国国防総省は、ドイツ、韓国、沖縄、そして日本に駐留する米軍の大幅な削減と、東南アジアから西アフリカにかけての地域にまで広がる〝不安定の弧〟に沿って、時には「睡蓮の葉」と呼ばれる、比較的規模が小さく、各地に分散している軍事施設をグアム基地や米本国へと多くの兵士を配置転換する計画を承認している」（Eli Clifton 2007）。この背景には、ブッシュ人気の陰り、反米主義の拡大に対する沈静化圧力、さらには韓国と沖縄に特に見られる反基地感情の高まり、はたまた沖縄の持続可能な発展への取り組みがある。

（編者注） 二〇〇九年一月に発足したアメリカのオバマ政権は、グローバルレベルでは核軍縮による緊張緩和と対テロ政策を、アメリカのアジア太平洋地域では中国との対話（Ｇ２構想）による地域経済圏の発展とそこへのアメリカの参入を、それぞれはかっている。台湾の馬政権の「中台共同市場」政策、更に日本の鳩山政権が提唱する「東アジア共同体構想」とあいまって、これらは本章が述べるＯＴＫＥＺ構想にとっては、好ましい方向への展開と言えよう。

３　東アジア諸地域との経済連携と沖縄経済の自由化

現在、那覇市には国際空港隣地に沖縄振興特別措置法により、約一ヘクタールの「沖縄自由貿易地域」が開設されている。しかし、入居企業は、お土産物屋数軒、食品会社、運送業者、テレホンセンター等、一六にとどまり、自由貿易地域（ＦＴＺ）としてはほとんど機能していない。この沖縄自由貿易地域那覇地区や、空地の目立つ中城の産業高度化地域に台・中企業を招へいして、前記のＯＴＳＥＺを形成することが十分考えられよう。

ＦＴＺは、全県を対象として、沖縄県の主体的運営により進められるべきである。同時にこのようなＦＴＺが、沖縄経済内部の経済活動と関係のない「飛び地」とならないために、経済政策を再構築する必要がある。砂糖やパイナップルのような競争力の低い部門は、高付加価値化をはからない限り、市場を通して淘汰されよう。これらの保護作物の自由化には強い政治的な反発が予想されるため、ソフトランディングに向けて、良く練られたセーフティーネット策やR&D助成、所得保障などの支援策を講じなくてはならない。

また、本章でいう経済圏（OTKEZ）は、自由貿易協定（FTA）を基本とするが、近年ASEANを中心として、東アジアで進んでいる地域経済圏は、貿易にとどまらず、投資、労働力、技術等広汎な経済連携を含めた経済連携協定（Economic Partnership Agreement EPA）となっている。本章で提唱しているOTKEZは、このような経済連携を視野に入れており、その意味ではOTKEPAと呼んでも差し支えない。要は、地域主権の下に、沖縄が主体性を持って、台湾、九州、近隣アジア諸国とEPAを進めていくことである。

4　尖閣諸島（日本名）／釣魚島（中国名）問題

尖閣／釣魚諸島は大陸棚の上にある八つの独立した島から構成され、琉球諸島とは深い海溝によって隔てられている。最も大きな島である魚釣島は八ヘクタールあり、台湾から北東へ一七〇キロ、沖縄から西へ四一〇キロに位置している。この島は第二次大戦後、米軍政府によって、一九七二年以降は日本政府の下で沖縄県によって統治されていたが、一九六九年に国連アジア極東経済委員会（ECAFE）によって、この近辺に大量の石油が埋蔵されている可能性があるとするレポートが公表されて以来、中国（そして台湾）と日本との間で、領有権を巡る紛争が起こっている。

この島を巡る領有権問題は、中国がこの島に隣接した「春暁」で天然ガスの採掘を開始したことによって一躍注目された。国連海洋法条約では、各国領土の海岸線からの排他的経済水域（以下、EEZ）を認めている。明らかに、尖閣／釣魚諸島の領有権は、EEZの絡みで非常に重要となる。両国のEEZが重なり合うことから、日本は両国の海岸線からの中間線でEEZを分割することを主張している。信頼できる歴史資料分析（Suganuma 2000、Taira 2007）によると、尖閣／釣魚諸島周辺の領土問題は一五世紀初頭の明朝の時代、琉球王国が中国との貿易によって黄金時代を謳歌していた頃にまでさかのぼる。日清戦争後の一八九五年に締結された下関条約によって、この島の領有権が日本にあると宣言された後も、琉球諸島の人々や台湾漁民はこれらの島を漁業基地や水産加工基地として利用し続けてきたという歴史がある。中国の鄧小平前総書記はかつて、「我々の世代はこの問題に関して語る共通の言語を持つほどには賢くはない。次の世代は確実に賢くなっているであろう。彼らは必ずや誰もが承認できる解決策を見つけるだろう」と発言している（Taira 2007 からの引用）。二〇〇八年には、中国政府が日本政府に対してこの地域における油田の共同開発を提案し、解決に向かう兆しはある。この問題は、沖縄県と台湾政府に解決を任せたら、双方にとってより平和的に、利益のある形で解決することができるかも知れない。

5　道州制の導入

沖縄には、OTKEZ、OTSEZの推進につながる歴史的な絆だけでなく、両者がアジア太平洋地域における戦略的場所に位置するという共通の「地の利」を有しているにもかかわらず、この計画を実現するためには克服すべき多くの障害や課題がある。克服すべき最も困難な課題は、地政学的な政治・外交・安全保障関係問題である。近年、地方分権の強化によって、地域の自律性は高められているものの、沖縄や九州は台湾や中国と貿易に関する公式協議に参加し、協定書を締結する権限が与えられていない。この権限は、中央政府のみに認められている。さらに日本政府は、北京政府が長年敵視してきた台湾との関係を発展させるような地域のイニシアチブに対して、これまで極めて消極的であった。

OTKEZの成功は参加地域間の補完的な強さにかかっている。地域において沖縄がどのような役割を演じるかは特に重要である。地域における沖縄の戦略的な位置を考えるだけでは、ＯＴＫＥＺ参加地域として繁栄を分かち合うことは出来ない。沖縄は地域における情報ネットワークと貨物集散地の「ハブ」になることと同時に、国際的な「健康リゾート地域」として優位性を確立する必要がある。

沖縄では、域内の市場規模が小さいため、大量生産のために労働力をインフラ産業部門に集中させることに適していない。一方で、台湾は九州道と共に、アジア太平洋地域における競争力の備わった大量生産基地である。沖縄と台湾は、産業及び貿易構造の面で補完的であるだけでなく、労働力の需給面においても補完的である。沖縄の構造的失業は、台湾から沖縄への労働集約的産業への投資によって解決することは可能である。

こうした問題を解決するために、道州制の導入は重要な第一歩となる。道州制については日本のアカデミアだけでなく内閣府においても活発に議論されている。沖縄と九州は、特別な行政上の地位を付与された香港並みの「特別行政区」と見なされることが重要である（Simabukuro 2005を参照）。道州制は、現在、中央省庁の指導の下で認可されている様々な「特区」を、地方自治体に認めさせる特別調整政策を今以上に進めなければならない。道州制は、各地方自治体に自己責任の下で経済外交と地域の自治を行う権限を付与する「一国二制度」を保証しなければならない。復帰以後、「沖縄独立論」は弱まりつつあるものの、地域の住民の中に沖縄独立という考えは深く根付いており、近年も活発に議論が続いている。「一三〇万人の人口をもってすれば、もし、独立を選択するならば、それは可能であり、現在の国連加盟国のうち四〇カ国以上の国よりも人口の多い独立国家になることを模索せよ」（McCormack 2007: 6）。

結びに

復帰後の沖縄は、米軍軍事基地の重圧を担ったまま、年二・五％程度の経済成長を実現し、本土との所得格差もある程度縮小した。経済自立指標にも改善の兆候が見られる。だが、それは、本土からの公共投資や観光収入等、本土への依存によって実現したのであり、一九九〇年代以降のバブル崩壊、グローバリゼーションを通じて、経済自立も足踏み状態にある。三次の沖縄振興開発計画を経て、現在の第四次計画（二〇〇二―一一年）の段階で、沖縄経済が大きな転機にさしかかっていることは間違いない。ポスト振興開発、ポスト基地経済の沖縄経済像を考える時期にある。

沖縄は失業率は高いものの、生活の質はかなりの程度高い。だが、経済成長期に県民間の所得格差が拡大したこと、また、環境破壊が進んだことはポスト振興開発の沖縄経済を考える際に先ず念頭に置かなければならないことである。つまり、持続可能な沖縄経済をどう構築するか、がポスト振興開発期の最大の課題である。この点では、環境と調和した観光、ＩＣＴ部門、健康産業部門などは沖縄の特性を生かした有力な成長部門だろう。

沖縄の持続可能な発展のためには近隣経済とのリンクも必要である。この点では、台湾や中国南部とのリンク、ハワイ、太平洋、中南米、東南アジア等を結ぶウチナンチュー・ネットワークの活用をさらに考えていくことが望ましいが、これらの地域との経済交流にあたっては、沖縄ばかりでなく、沖縄―九州―台湾を結ぶ経済圏の発展を軸としてすすめていくことが、沖縄の国際的展開の基盤となるだろう。そのために日本の側では道州制を推進し、地方分権に沿った地方の主体性を確立する。他方で、台湾からの投資を呼び込んで、ＯＴＳＥＺを米軍基地の跡地に設置することも、沖縄・台湾・九州経済圏の核として考えることができよう。

現在、東アジアで展開している東アジア共同体、東アジア・サミット等の地域協力構想は、沖縄の、日本とアジアを結ぶハブとしての活路に大いに有利である。

東アジア共同体といった新しい地域の枠組みは、中国、アメリカ、そして日本といった大国間のヘゲモニー争いに歯止めをかける可能性があり、周辺地域、特に台湾と沖縄、九州のネットワーク作りにとっても歓迎すべきものである。東アジア共同体とその発展プロセスは、台湾の新しい政権の下で進行している両岸関係の緊張緩和を支える国際的枠組みを提供するだろう。

沖縄は、このような東アジアの国際関係の展開をにらみながら、ポスト振興開発期の独自の経済アイデンティティ形成、持続可能な沖縄経済像の形成に引き続き努めていくべきである。それが、日本と世界とを結ぶ沖縄の国際的存在価値をより確かなものとしていくことにつながるだろう。

参考文献

Calder, K.（2001）“The New Face of Northeast Asia.” *Foreign Affairs*, January/ February 2001, pp. 106-109.

Calder, K.（2006）“China and Japan’s Simmering Rivalry.” *Foreign Affairs*, March/April 2006, pp.129-139.

Clifton, E.（2007）“U.S. Military to Extend Reach Into an ‘Arc of Instability’” Inter Press Service News Agency（IPS）, Jan. 14.

Emmot, B.（1999）“Survey: The 20th Century,” *The Economist*. September 11th-17th.

Hook, G. D. and Richard Siddle eds（2003）*Japan and Okinawa: Structure and Subjectivity*. London: Routledge Curzon.

Hamamoto, Darrelll（2006）“‘Soft Colonialism’: A Nikkei Perspective on Contemporary Okinawa” *The Okinawan Journal of American Studies*, No.3, pp.28-34.

原洋之介（2005）『東アジア経済戦略』ＮＴＴ出版

Kakazu, H.（2006A）*Okinawa*: “Chanpuru” Culture, Tourism and Prospects. A paper presented at the Hong Kong Colloquium on “The Small Island Cultures Research Initiative”, University of Hong Kong, Nov 30-Dec 1（2006）, pp.1-24.

Kakazu, H.（2006B）*Sustainable Island Tourism*: The Case of Okinawa. A paper presented and discussed at the ISLANDS OF THE WORLD IX, Maui Community College, 28 July - 4 August 2006, pp.1-15.

Kakazu, H.（2006C）“A New Frontier of Okinawa’s Agriculture”. *Journal of Agricultural Dvelopment Studies*, Vol.17, No.1, pp.21-29.

Kakazu, H.（2006D）“Networking Island Societies under the Globalizing World: The Case of the Pacific Islands” *The Journal of Island Studies*. No.6（September）, pp. 65-81. A keynote speech presented at the Islands of the World Vlll, Kinmen Island, Taiwan, November 1-5, 2004. 28.

Kakazu, H.（2004A）“Changing Agricultural Environments in Small Islands: Cases of the South Pacific and Okinawa” *INSULA: International Journal of Island Affairs*. Paris Year 13, No.2, pp. 85-88.

Kakazu, H.（2004B）“Okinawa’s Competitive Challenges for Self-Reliant Economic Development”. Lino Briguglio & Gorden Gordina（eds.）*Competitiveness Strategies for Small States*. Islands and Small States Institute of the Foundation for International Studies Malta, The Commonwealth Secretariat, London. pp. 149-169.

Kakazu, H.（2004C）“Strategies and Issues of Establishing an East Asian FTA: A Japanese Perspective” *The Study of Business and Industry*. No.20. pp.39-58.

Kakazu, H.（2002A）“The Challenge for Okinawa: Thriving Locally in a Globalized Economy” Hsin-Huang, Michael Hsiao, et al（eds.）*Sustainable Development for Island Societies: Taiwan and the World*. Taipei: Academia Sinica. pp.180-201.

Kakazu, H.（2002B）*Globalization and Regional Economy: Problems and Prospects of Growth Triangles*（*GT*）*Approach*. Economic Research Center, Monograph. No.139. Nagoya University, pp.1-34.

Kakazu, H.（2001）“Taiwan’s Agro-industry in Comparison with Okinawa,” in Saburo Yamada ed., *A Comparative Study on Economic Crises and Their Impacts on Food-Systems in East Asia*. College of Bioresource Sciences, Nihon University, pp.83-104.

Kakazu, H.（1994A）*Sustainable Development of Small-island Economies*. Boulder: Westview Press.

Kakazu, H., Myo Thant and Min Tang eds（1994B）*Growth Triangles in Asia: A New Approach to Regional Economic Cooperation*. Hong Kong: Oxford University Press.

木村政昭（2006）『新説ムー大陸沈没――沖縄海底遺跡はムー文明か？』実業之日本社

McCormack, G.（2007）“Okinawa and the Revamped US-Japan Alliance.” *Japan Focus*（November 27）, pp.1-7.29.

Ministry of Foreign Affairs of Japan（Dec. 1996）. The SACO Final Report. MOFA HP.

奥野修司（2005）『ナツコ　沖縄密貿易の女王』文芸春秋社

Oshiro, H.（2007）“The Idea of a Special Regional Border Exchange Zone in the Context of State Border Policy.” *The Journal of Nissology*, Center for Asia-Pacific Island Studies, University of the Ryukyus.

Simabukuro, J., Hamazato, H. and Manabu, S.（2005）*Okinawa Region State: What do you think?* Okinawa Region State Study Group, Naha.

Smith, S.A.（2006）*Shifting Terrain: The Domestic Politics of the U.S. Military Presence in Asia*. East-West Center Special Reports, Honolulu.

Suganuma, U.（2000）*Sovereign Rights and Territorial Space in Sino-Japanese Relations: Irredentism and the Diaoyu/Senkaku Islands*. Honolulu: University of Hawaii Press.

Taira, K.（2004）“The China-Japan Clash Over the Diaoyu/Senkaku Islands.” *The Ryukyuanist*（Spring）pp.1-9.

The Economist（January 15th 2005）“A Survey of Taiwan.” pp.3-12.

The Japan Economic Journal（17 January 2007）p.29.

U.S. Department of Defense（2001）*Quadrennial Defense Review Report*. Washington DC, pp.1-71.

与那国町（2005）『与那国国境交流特区提案』

2　辺境島嶼・琉球の経済学
——開発現場の声から考える

松島泰勝

1　「復帰」後の琉球経済の従属化

王国時代、琉球（本章では沖縄諸島、宮古諸島、八重山諸島を指す。なお固有名詞、慣用表現、インフォーマント発言文中では「沖縄」「沖縄県」という言葉を用いた）は海を乗り越えて中継交易活動を展開し、中国、朝鮮、日本、東南アジア諸国等を結ぶ島としてアジア世界の中で固有の存在感を示していた。しかし、一八七九年、日本政府に併合され、沖縄県という日本の一地方になり、外交権、貿易権、内政自治権が奪われた。その後、島嶼経済は疲弊し、琉球は「ソテツ地獄」という飢餓地獄に陥り、多くの人々が生き抜くための場所を求めて国内外に移住するという「辺境島嶼」としての性格を強くするようになった。太平洋戦争後、米軍の統治下におかれた琉球は実質的な米国領土となり、米国最西端の軍事基地の中で人権が否定された生活を強いられた。一九七二年、日本に「復帰」した琉球は、「辺境島嶼」の状況から脱却すべく、沖縄振興開発特別措置法という琉球独自の法制度下において沖縄開発庁（二〇〇一年から内閣府沖縄担当部局に組織改編）が主導して作成し実施する振興計画に従って、経済自立、格差是正を目標にした振興開発が実施されてきた。(1)

「復帰」後、琉球は経済自立を達成したのであろうか。一九七二年から二〇〇九年まで累計で約九兆六五〇四億円の振興開発事業費が投じられてきたが、そのうち公共事業関係費が約八兆九〇〇〇億円を占めている。(2)二〇〇六年度における県外受取の金額と構成比をみると、琉球外から財政への経常移転が約八六五六億円（三八・八％）、観光収入が約四〇八三億円（一八・三％）、軍雇用者所得・軍用地料・米軍等への財・サービス提供が約二〇三九億円（九・一％）である。(3)また財政状況も依存性が増大しており、二〇〇六年度における県と市町村の地方税による自主財源率はそれぞれ一七・八％、二〇・九％であり、全国平均三七・九％、三五・七％の半分程度でしかない。(4)

琉球は「観光立県」といわれているが、琉球外から財政への経常移転（つまり国からの公的支援金）は観光収入の二倍以上であり、国への依存度が深まり、公共事業依存型の典型的な地方経済となり、経済自立という目標から大きく後退した。

振興開発事業において高い補助率が適用されてきたが、振興開発関連公共事業の約半分は琉球外の業者が受注している。主要産業である観光業でも日本の大企業による経済支配が顕著である。経済活動を琉球の島々で行いながら、利益の大半は県外に流れ、納税も本社がある島外で行うという、植民地経済構造が形成されてきた。振興開発による生産や雇用の経済効果も大きいとはいえない。

二〇〇六年度における県内総生産と国内総生産の構成比を比較してみると、第一次産業が一・九％と一・五％、第二次産業が一一・八％（うち製造業が四・一％、建設業が七・五％）と二七・七％（うち製造業が二一・三％、建設業が六・三％）、第三次産業が九〇・三％（うちサービス業が三三・〇％、政府サービス生産者が一六・八％）と七三・

九％（うちサービス業が二三・五％、政府サービス生産者が九・三％）であった。[5] 農林水産業、製造業が大きく衰退する一方で、観光業を中心としたサービス業に偏重し、振興開発により政府部門が肥大化していることがわかる。食料自給、物的生産の基盤が脆弱であり、島外への依存や従属を受け、国内外の経済変動に左右されやすい、歪な経済構造であるといえる。

現在、「沖縄ブーム」といわれ、黒糖、ウコン、ゴーヤー、黒酢、モロミ酢等の琉球関連の特産品が日常的にマスコミに登場している。全国のスーパー、コンビニでも琉球関連商品を目にすることが珍しくない。これらの商品は「沖縄ブランド」とも称され、健康志向の風潮にのって「健康、癒し」という「沖縄イメージ」とともに琉球関連商品が広く日本市場で消費されるようになった。しかし、地元企業、琉球人が先祖伝来の知恵を用いながら大切に育ててきた島の物産を、大量生産、大量消費という資本主義の路線に乗せて市場占有率を高め、多大な利潤を得ているのは日本の大企業である。それは琉球における製造業の比率の低さからも明確である。日本のメディアが喧伝してブームを巻き起こし、それを日本の大企業が活用して利益を得るという経済システムが形成されてきたのである。

また格差是正という振興開発のもう一つの目標も実現していない。二〇〇六年度における琉球の一人当たり県民所得は約二〇九万円であり、全国平均所得二九二万円に比較して、格差は七一・五％である。[6] 低所得の背景には高い失業率という問題がある。二〇〇八年度における琉球の完全失業率は七・四％であり、全国平均四・〇％よりも大きく上回っている。特に若年者の失業率が高く、一五―一九歳が二二・二％（全国八・〇％）、二〇―二四歳が一五・八％（七・一％）である。[7] さらに琉球では不安定な職場で働く人も多く、二〇〇七年における全雇用者に占める非正規雇用者の割合を見ると琉球が三九・〇％、全国が三三・〇％、同年の全雇用者に占める臨時・日雇いの比率をみると、琉球が一九・四％、全国が一四・〇％となっている。[8]

琉球は日本との格差だけではなく、琉球内での格差も深刻化している。二〇〇四年における琉球と全国平均のジニ係数を比較してみると、収入では琉球が〇・三一一、全国が〇・二五七、貯蓄現在高では琉球が〇・六四二、全国が〇・五四三、住宅・宅地資産額では琉球が〇・六四二、全国が〇・五五五である(9)。

以上のように琉球は現在、高失業率、全国最低の県民所得、日本企業による経済支配や利益の日本への還流、補助金依存、脆弱な経済構造、琉球内外における経済格差等の多くの問題を抱えるようになった。その原因の一つとして琉球の島嶼性を挙げることができる。島嶼の多くは、面積が狭く、人口も多くなく、海に囲まれ、大市場から離れているという地理的特性を共有している。そのため、生産や消費において規模の経済が働かず、輸送コストが過大にかかるなどコスト高になりやすく、開発行為による自然破壊や社会生活への影響が大きくなる傾向にある。

このような独自な経済環境にある琉球に対して「復帰」後、四〇年近くも全国画一的な手法による振興開発が適応されてきたことから、開発目標も達成できず、様々な問題を生み出すことになった。本章の目的は、琉球経済の外部従属性、辺境性の実態を琉球人自身の声によって明らかにすることにある。このような琉球経済の実態を踏まえることによって、経済数値に基づいて抽象的に琉球の将来像を描くのではなく、島に生きる琉球人の苦悩、悲しみを超えるための内発的発展の道を歩むことが可能になると考える。

2　島嶼における植民地経済の形成

1　基地跡地開発にみる植民地性

琉球経済の従属性を大きく規定しているのが米軍基地である。琉球は日本国土全面積の〇・六%でしかないが、米軍専用基地の約七五%が集中しており、日本の安全保障の要であるとされている。一九九五年の米軍による少女暴行事件後に高まった反基地運動に対抗して、日本政府は一九九〇年代後半から現在まで、米軍基地を琉球に押し付けるために、北部振興事業、基地所在市町村活性化事業、SACO補助金・交付金事業、米軍再編交付金事業等の基地関連の振興開発を推し進め、振興開発と基地とのリンケージを強化してきた。しかし、基地所在市町村の財政、雇用、地域経済等の諸問題は改善されておらず、基地や振興開発に深く依存する結果に終わっている。

返還された米軍用地の跡地利用の事例においても外部従属性がみられる。那覇市に「新都心」と呼ばれる基地跡地がある。琉球の基地跡地開発事業に対して国の振興資金が投下されているが、「新都心」の再開発計画の策定・実施を行なったのは、独立行政法人・都市再生機構（二〇〇四年に地域振興整備公団から組織変更）である。一九七三年から軍用地の部分返還がはじまり、一九八七年に軍用地が全面的に返還された。一九八九年に沖縄県知事、那覇市長が再開発事業の実施を旧公団に要請した。一九九二年から再開発事業が始まり、大型商業施設、遊技場、文化施設等が建設され始めた。[10]「新都心」には高額所得者用の高層マンションも建設され、不動産の賃貸料や売買価格も県内で上位を占めている。「沖縄のビバリーヒルズ」とも呼ばれており、基地跡地が琉球人間の貧富の格差を助長している。

当初、那覇市役所が跡地利用計画を主体的に作成しており、緑豊かな「田園都市」の形成を目指していた。しかし、遅れていた跡地開発作業を迅速化するためとして、那覇市は都市再生機構に再開発計画を丸投げした。「新都心」という街の名称も同機構により決定されたという。同機構は土地開発から得られる経済利益の確保に最大の力点をおき、那覇市の「田園都市」計画に比べて商業・業務施設用地の開発面積を増やした。大型商業施設だけでなく、パチンコ・スロットマシン店等の大型遊技場の進出も認め、遊技場の近隣に県立博物館・美術館が建設された。経済利益を優先し、乱雑で文化の香りが感じられず、緑も少ない、「人の心を考えない」街に変わり果てた。

「新都心」のビルの一室にある都市再生機構の沖縄総合開発事務所を訪問し、担当者に「パチンコ店が街の景観を壊しているのでは」との質問をしたことがある。担当者は「沖縄の人はパチンコが好きですよね。沖縄には公益ギャンブルが少なく、パチンコ店を問題視する人は少ない」と答えた。[11]琉球人に対する偏見をもって都市開発が進められてきたことがわかる。

二〇〇七年、都市再生機構は島田懇談会事業（沖縄米軍基地所在市町村活性化特別事業）として、約三〇億円の公費を使い、沖縄市の「中の町地区」に音楽施設による地域活性化を目指して「コザ・ミュージックタウン」を完成させた。しかし、店舗の撤退が続き、自治体や地域住民の反対にも関わらずゲームセンターが施設内に設置された。さらに二〇〇八年二月、女子中学生がミュージックタウンで出会った米軍人に連れ去られて暴行されるという事件が発生した[12]。

国の機関である都市再生機構が利益の獲得を目指して、基地跡地を開発するだけでなく、基地関連の公的資金を利用した事業にも参入している。日本政府から琉球に投下される公的資金の大半はこのようにして島外に流れ、島内では循環しない。パチンコ店、スロットマシン店、ゲームセンター等、非生産的な施設が増え、住民の浪費志向をあおり、地域の活性化にもつながらない街や施設が再生産されている。

日本企業にとって琉球はカネを稼ぐことができる格好の場所として位置づけられている。次のような事例も島の地域活性化事業の現場でみられた。日本のデベロッパー会社、コンサルタント会社、銀行等が琉球の地権者に対し土地の再開発計画を持ちかける。しかし、当該事業が完成した後、利益を手に入れるかどうかは地権者に任せられ、日本企業は手数料収入、利潤等を得たら島から出て行く。開発後、経営がうまくいかず、地権者は約束された利益よりも、固定資産税の支払い等の負担の方が大きくなり、土地を手放す場合も少なくないという[13]。

市町村の自治体は、基地関連の公的資金の用途を自ら考えずに、コンサルタント会社に丸投げすることが多い。コンサルタント会社は「バラ色の開発計画」を描いて、数百万円の手数料を得て、島から出て行く。日本への「復帰」後、琉球では数多くの開発計画が振興開発資金によって作成された。しかしその大半は実現されないまま棚の上に放置されている。また、計画が実施され、各種の施設やインフラが整備されても、その維持管理費は市町村の負担となり、財政を圧迫する大きな要因になっている。実際の建設現場においても、大規模な建設事業は日本の大手建設会社が受注し、地元企業は孫受け、ひ孫受けの段階での参入しかできないという従属的な関係性がみられる。

2　石垣島における移住者増加と島共同体の変容

近年、琉球の人口は増加傾向にあるが、琉球の中で最も人口増加率が高いのが八重山諸島である。二〇〇〇年と二〇〇五年の琉球各地における国勢調査人口の推移をみると、沖縄島の北部地区が三・〇%、中部地区が三・七%、南部地区が二・七%、八重山地区が五・一%、那覇が三・八%それぞれ増加したが、宮古地区は一・三%減少した。(14) **表1**は二〇〇四年と二〇〇八年とを比較した八重山諸島各島における人口数、世帯数である。

黒島、波照間島、与那国島では人口減少がみられるなか、八重山諸島での人口増加を大きく押し上げているのが石垣島である。「復帰」後から一九九二年までの石垣島における人口数、世帯数の推移をみると、一九七二年が三万四六七九人、八九三五世帯、一九八二年が四万二〇五三人、一万一五二八世帯、一九九二年が四万二六七六人、一万四五三五世帯となっている。(15)「復帰」後一〇年と、一九九〇年代以降において石垣島の人口や世帯数が大きく増加していることがわかる。

現在、「離島ブーム」といわれ、日本列島から若者や定年退職者を中心とする移住者が増加している。移住者の急激な増加による建設需要の拡大は、景観や環境の破壊等、様々な問題を引き起こしている。住民票を石垣市に移さずに島に住む住民は「幽霊住民」と呼ばれており、これらの住民は市に税金を納めないで、市の行政サービス、インフラ等を享受していると批判する声も聞かれる。**表2**は、石垣島にある八重山公共職業安定所における新規求職申込件数、新規求人数、就職件数を示している。

表2をみると新規求職申込件数、新規求人数、就職件数が年毎に増加していることがわかる。石垣島における一九

表1　八重山諸島における人口数、世帯数の推移

	石垣島	竹富島	西表島	鳩間島	小浜島	黒島	波照間島	与那国島
2004年3月末	45,160（18,503）	316（163）	2,108（1,057）	53（30）	565（291）	231（119）	587（256）	1,718（781）
2008年3月末	47,690（21,018）	322（166）	2,264（1,198）	60（34）	643（360）	222（118）	562（264）	1,618（776）

沖縄県八重山支庁総務課・観光振興課編（2009）『八重山要覧　平成20年度版』2頁をもとにして作成した。（　）内は世帯数。

表2　八重山公共職業安定所の新規求職申込件数、新規求人数、就職件数

	2000年	2001年	2002年	2003年	2004年	2005年	2006年	2007年
新規求職申込件数	2,308	2,494	2,850	2,771	2,963	3,188	3,245	3,224
新規求人件数	2,005	2,101	2,438	2,779	2,884	3,254	3,708	3,921
就職件数	418	646	830	936	1,011	1,174	1,180	1,264

沖縄県八重山支庁総務課・観光振興課編（2006）『八重山要覧　平成17年度版（44）』沖縄県八重山支庁、107頁、沖縄県八重山支庁総務課・観光振興課編（2009）『八重山要覧　平成20年度版（47）』沖縄県八重山支庁、102頁をもとにして作成した。

九〇年、二〇〇〇年、二〇〇五年の就業者数はそれぞれ一万九三四三人、二万一三〇一人、二万三〇二二人となり、各年の失業率は四・二％、七・〇％、七・〇％のように推移した。[16]新規求職申込件数に比べて就職件数は半分以下しかなく、失業率も高くなっている。石垣島で発行されているミニコミ誌には次のような読者の声が掲載されていた。

本土からの移住者がさいきん増えているが、スーパーの売れ行きから考えると石垣市の人口（約四万七千人）は実際は七万人くらいはいるのではないかという人もいる。住民登録をしないいわゆる幽霊住民。彼らは税金は納めずゴミを出し市の社会資本の利を満喫している。行政は何らかの対策を講ずるべきだと思うが、一つの案として職安は住民票提出を義務づけてみてはどうか。

本土からの移住者が増えアパートの建設

ラッシュが続き石垣市の人口がいま急激に増える様相だが、水道、電気、ゴミ処理場などのライフラインのリスク管理は大丈夫だろうか？　行政担当部署はしっかり対策をうっておいてほしい。[17]

税金を納めずに行政サービスを受けている「幽霊住民」に対する不満が示されており、同住民による職安の利用に対し、住民票提示の義務付けを求めている。

移住者の増加とともに島の開発も急速に進んでいる。二〇〇七年三月現在の石垣島における三〇〇〇平方メートル以上の大規模開発計画をみると、リゾート施設が七件、宅地造成が九件ある。これより規模の小さい建築物（高さ一三メートル以上、五〇〇平方メートル以上）の届け出も一八件ある。二〇〇六年における住宅・アパート等の建築確認申請も四〇六件にのぼり、前年比で一七％増加した。[18] 景勝地・川平湾に面する山原（ヤマバレー）地区には、移住者の住宅、店舗、民宿が建ち並んでいる。二〇〇一年に農業振興地域が見直されて以降、宅地分譲が活発になった。海岸沿いにある米原地区では五階建てコテージ四棟、吉原地区では七階建てマンション、元名蔵地区では一三〇戸の分譲住宅の大型開発計画が住民に提示された。

移住者は海の見える高台や海浜の近くに住宅を建設する傾向にあるが、これらの場所の大部分には生活用インフラが整備されていない。移住者は住宅建設のため、石垣市役所に市道や農道の認定、道路の舗装、排水施設の整備、防犯灯の設置、水道管の敷設等を求めている。しかし、石垣市役所は移住者の増加、投資の活発化を歓迎しておらず、むしろ当惑している。市のホームページ上には「石垣島で土地売買、住宅等建築を計画されている皆様へ（ご注意）」と題する次のような文が掲載されている。石垣市は「ばらばらの意匠形態の建築物が建ちならぶ『無国籍』的眺望は好ましくなく、もともとその土地から眺望できた素晴らしい自然景観を知っている市民は胸を痛めています。自然環境や景観は人間が支配してはいけません。眺望を楽しむための住宅が結果として石垣島の自然景観を壊す、あってはならないことです」[19]と訴え、財政難により移住者が求めるインフラ整備は困難であるとの見解を示した。面積が限られた閉鎖空間である島嶼地域において急激に人口が増加することによって、自然景観が破壊されるだけではなく、インフラ整備、行政サービスのための経費が増大しており、移住者の増加が地域の発展を促しているとはいえない。

石垣市は二〇〇七年三月に制定した「風景づくり条例」や、四月に施行した「自然環境保全条例」の改正によって乱開発を防止しようとしている。「風景づくり条例」は五〇〇平方㍍以上の土地開発に届け出を義務付け、市が定めた景観計画の基準に適合しない場合、市長は開発業者に対し指導、勧告を行うことができる。しかし、条例には罰則規定がないため強制力はなく、乱開発が食い止められるとの保障はない。

石垣島ではアパート、マンションも続々と建設されてきた。アパート住民の中には地域共同体で行われる儀礼、祭り、公民館活動等に参加しない人が少なくないといわれる。島への移住の動機として、煩わしい人間関係から解放され、美しい自然や「癒しの生活」だけを楽しみたいとする人間の欲望がある。アパートが増加し、地域社会に関与しない人が増えることで、八重山の共同体が内部から掘り崩されるおそれがある。さらに今後、人里離れた地域に住む高齢者が病気になり、救急車で市街地にある病院まで搬送するケースも増えてくるだろう。また若年者が多い「幽霊住民」が病気、怪我をした場合、財産がなく、身元引受人もおらず、入院費を払えない事例が多発することも予想される。移住者による病院利用が進みすぎると、離島ゆえに病院の数も限られており、元々住んでいた住民による病院利用が困難になるのではないかと不安視する声も聞かれる[20]。

二〇〇八年において石垣島には約七八万人の観光客が押し寄せた。しかし、石垣市街地にある大半の土産品店は日本人（ヤマトンチュー）が経営しているといわれている。歓楽街にあるスナック、飲食店等の女性従業員も圧倒的に日本列島からの移住者が多い。ホテル、レストラン、マリンスポーツ、民宿等、島最大の産業である観光業に従事する労働者の大半も移住者によって占められている。市街地のいたるところに長期滞在者用の格安宿がみられ、観光客の中には島で働く移住者に接しながら情報を得て、新たな移住者になる場合も多いという。

移住者と地域社会との摩擦は学校においてもみられる。移住者が自分の子供が通う学校に対してクレームを言う事例が増えている。日本列島における学校教育の経験を島の学校にそのまま当てはめ、本土の基準から外れているとして学校関係者に対して文句を言い立てているという。その対応で大きなストレスを感じている教員が増えている。また若い移住者の中には「沖縄に行けばなんとかなる」と考えて移住したものの、島の現実とのギャップに悩み、精神科に通う移住者も少なからずいる。[21] 本屋の書棚を埋め尽くしている移住者向けの本や雑誌が、「楽園の島」という、琉球に関する偏った情報を流し、「移住成功方法」を紹介し、「移住すればなんとかなる」という幻想が広がっている。

他方、移住者向けの不動産、ビジネス・就職紹介等の「移住ビジネス」が次々に生れ、リゾート、アパート・マンション等の建設も進んでいる。シャッターが下りた店舗が目立っていた市街地に、若い移住者が個性的な店舗を次々と開き、街が活性化されたとして移住者を評価する向きもある。しかし、「移住ビジネス」によって誰が利益を得ているのであろうか。現在のバブルは持続可能な形で進んでいるのであろうか。島の自然や景観が破壊され、共同体の内実が溶けつつあり、島の人間が存立していくための土台そのものが大きな危機にさらされている。日本列島から島に来る企業や移住者による「島の活性化」は島の中小企業、八重山人を市場競争の中で「敗者」に追い込んでいる。

現在、新石垣空港が着工され、団塊世代が大量に退職して移住先を求めているなか、石垣島への移住、投資はさらに増え、島の破壊と搾取と支配の従属構造が拡大しつつあるという現実に島人は直面している。

3 情報通信産業にみる琉球の搾取構造

1 公的支援・低賃金構造頼みのIT産業

琉球の振興開発策の目玉として、一九九八年に策定された「沖縄県マルチメディアアイランド構想」は次のような目標を掲げている。「沖縄がマルチメディアにおけるフロンティア地域となり、二一世紀の新産業創出及び高度情報通信社会の先行的モデルを形成する。これにより、①沖縄における情報通信産業の振興・集積による自立的な経済発展、②高度情報通信技術を活用した特色ある地域振興の道標、③アジア・太平洋地域における情報通信分野のハブ機能を通した国際貢献の三点を達成する。（中略）本構想においては二〇一〇年の我が国における情報通信産業の雇用規模二四五万人の一％「二・四五万人」を達成の目標とする」[22] インドのバンガロールやアイルランドのダブリン、米国のシリコンバレーを開発のモデルとし、琉球が日本における情報通信産業の先行地域になろうとしている。[23]

IT企業の琉球への投資を促すために次のような施策が実施されてきた。「沖縄県情報産業ハイウェイ」は、日本列島と沖縄島間の通信回線を沖縄県庁が借り上げ、企業に無償提供するという助成策である。県にとり年間約四億円の負担となるが、それにより企業の通信コストの約七〇％が軽減される。[24]

米軍基地関連の振興開発費である、島田懇談会事業費、北部振興事業費を利用して、宜野座村のサイバーファーム、名護市のミライ一号館、二号館等のIT関連施設が建設された。IT産業のインフラ部分が米軍基地関連の振興開発費によって整備されてきたのであり、IT産業の発展と米軍基地は密接に結びついているといえる。

「沖縄若年者雇用奨励金」は、三五歳未満の若年就業者に支払った給与の一定割合を年間一二〇万円まで、二年間支給する制度である。[25] 琉球に進出したある日本企業の幹部は「助成金制度で人件費の二、三割がかえってくる」として同助成制度を評価した(26)。

さらにコールセンターが求めるオペレーターの育成を三ヶ月間行う、「コールセンターオペレーター養成事業」、沖縄島中北部地域に住むコールセンター就業希望者を対象とした無料の講習会である「コールセンター人材育成事業」も進出企業のために用意されている。両事業を実施している雇用開発推進機構は、コールセンターへの就職支援活動も行なっている(27)。

コールセンターはどのような経済効果を与えたのだろうか。二〇〇八年一二月一日現在、琉球に進出したIT企業の数は一九七社に達した。そのうちコールセンターが五五社、情報サービス会社が五〇社、ソフトウェア開発会社が五七社、コンテンツ制作会社が二二社である。IT企業の就業者は一万五四六六人にのぼったが、そのうちコールセンター就業者は一万一七七五人を占めている(28)。コールセンター就業者の労働形態をみると、正規社員が一〇・五％、契約社員が五六・八％、パート・アルバイトが二六・一％、派遣が六・六％である(29)。

IT企業の就業者の中でコールセンターのそれが突出して多いことがわかる。短期間で就業者が急増しており、失業率の高い琉球においてコールセンターは救世主的な存在であるとの指摘もある。しかし正社員は全体の一割程度でしかなく、不安定な労働条件の下で働く雇用者が増えたともいえる。

コールセンターを中心としたIT関連企業進出の背景には、公的機関による手厚い支援策、低賃金・不安定な労働構造がある。公的機関による助成制度が廃止され、賃金が増大すれば企業が琉球から撤退するおそれもあるという、不安定な状況の中でのIT産業の成長であるといえる。企業運営コストの約七〇％を人件費が占めるとされるコールセンターにとって、人件費が安い琉球は大きな魅力となる。通信料、人件費等の各コストを沖縄県庁が負担し、しかも低賃金構造であり、琉球におけるIT企業の利潤率は高くなるだろう。しかし、助成制度の継続は沖縄県財政の負担となり、不安定・低賃金・重労働は琉球人労働者の身体を蝕む。アジア諸国の人件費はさらに安く、琉球は常にアジア諸国との競争にさらされ、低賃金構造の固定化を当然視する風潮にもつながる。

2 コールセンターで働く琉球人女性の労働実態

コールセンターへの就職を促進しているのが雇用開発推進機構である。同機構の幹部であり、琉球人でもあるA氏はコールセンターの存在意義について次のように語った。

沖縄をグローバル経済の中で考える必要がある。アジア諸国での安い賃金を考えると、沖縄の低賃金は問題ではない。中国の大連にも日本企業が進出しており、従業員の給料は月一、二万円程度であるという。沖縄が低賃金といっても一二万円から一五万円はあり、中国との競争に勝つためは、コールセンターの低賃金構造を問題にすべきではない。

また県内企業の大半は中小企業であり、賃金はコールセンターと同じくらいに安い。コールセンターの低賃金に対する批判は、県内に中小企業があってはならないという意見にもつながる。企業が競争に勝つために低賃金策をとるのは仕方がない。

人材育成という面でもコールセンターは沖縄にとって利益がある。コールセンターにより従業員の対話力を向上させることができる。沖縄の人は人間性がよく、それが客によい印象を与えている。沖縄の若者は公務員志向が強く、大学卒業後も公務員試験のために就職浪人をする人が多い。コールセンターでは対人関係の訓練にもなり、無業者にならなくてすみ、若年者の人材育成も進むだろう。同じ二六歳でもコールセンター従業員と公務員浪人との間には人間の質の面でも大きな違いがある。一年契約で三年間働き続ければ、職場でリーダーになることもできる。給料をもらいながら学校に行くと思えばいい。

沖縄の観光業もアルバイト、パートが主流であり、従業員が退職しても、他の人を採用すればいいと経営者は安易に考えている。沖縄の地元企業は人を育てないが、コールセンターは従業員の経済価値を高めている。[30]

A氏は国際競争に勝つために、低賃金構造を問題にすべきではなく、コールセンターが人材開発、雇用の確保のうえで大きな役割を果たしていると考えている。しかし後でみるように、琉球の他の職種に比べてコールセンターではストレスが大きく、離職率も高いという問題がある。琉球以外の日本の各地に設置されたコールセンターでも現代の「女工哀史」として、その過酷な労働実態が報告されている。[31]

琉球に進出したIT企業のある幹部は「沖縄弁は言葉が柔らかく、シルバー層からの問い合わせに向いている」と語っていた。[32] 琉球人の「人の良さや、柔らかい言葉遣い」がコールセンターでは顧客の対応上において効果的であると認識されている。つまり、琉球人の「ホスピタリティー」が商品価値を生み、企業による労働者搾取を助長しているといえる。

しかし、琉球人の身体が蝕まれても就労者の数さえ増えれば良いのだろうか。不安定・低賃金・重労働のコールセンターは、健康や労働の充実感という面から考えて、地元企業よりも優れているといえるのだろうか。海外に企業が逃げるからコールセンター労働者の低賃金はしかたないとして琉球の搾取構造をそのまま固定化することは非人間的な政策ではなかろうか。労働者の健康や生活よりも企業の利潤追求の論理を最優先することで、琉球人は本当に幸福になれるのかという、様々な疑問がA氏の発言内容から湧いてくる。

私は二〇〇六年夏、琉球にあるいくつかのコールセンターを訪問し、関係者に対しインタビューを行った。以下においてコールセンターで働く女性労働者の実態を明らかにしたい。

事例❶（A社支店長へのインタビュー内容）

当社は二〇〇一年に設立され、従業員は七五〇人である。従業員の大部分は女性であり、平均年齢は三〇代半ばである。契約は一年間であり、半年毎に賃金の査定を行う。従業員はマーケッターからマーケッターリーダー、スーパーバイザー、マネージャーへと昇進していく。

沖縄に進出した理由は、沖縄県庁による助成策のほか、男性よりも女性の方がよく働くという県民性を挙げることができる。沖縄では家族、親戚の繋がりが強く、女性従業員は自分の子供を他の家族にあずけて働く場合が多い。コールセンターでは各班の誰かが休んだ場合、他のメンバーが仕事を補わなければならない。沖縄ではエイサー、ハーリー、大綱引き等、集団で行う祭りが多い。チームプレーが求められるコールセンターでは、集団活動を得意とする沖縄社会の特徴をうまく活用することができる。(33)

「琉球人の男性は働かず、女性の方が働き者である」という画一的な「沖縄イメージ」を女性搾取のための方便としている。つまり「企業が女性を追い立てて働かせているのではない。働くのが好きな女性に働く機会を与えている。感謝されることはあっても低賃金等で批判されることはない」という認識につながるのではないか。また、家族の絆が強いという琉球社会の家族制度、仲間意識、団体行動がコストを下げるための手段として企業によって利用されていることがわかる。

私は実際の労働現場を見学した。各ブースではマーケッターと呼ばれる労働者が電話の受け答えを行い、会話内容をパソコンに打ち込んでいた。これらの情報は企業が新たに商品を開発する際にも役立つという。マーケッターの周りを会社幹部が歩き回り、厳しい目で監視を行なっていた。

事例❷（B社幹部へのインタビュー内容）

二〇〇五年に沖縄に進出した。コールセンターの従業員は二一人であり、うち一九人は現地採用である。一九人中一六人が女性であり、平均年齢は二〇代前半である。雇用開発推進機構で研修を受けた人が全体の約三分の二を占めている。

沖縄は地震発生の恐れがほとんどなく、地震等の自然災害によってコンピューターの機能が停止しないですね。貴重な情報を保管し、日本内地から一時的にコンピューター業務を移すことが可能な場所として沖縄への進出を決定した。そのほか人材の確保が容易であること、沖縄県庁による若年者給与助成制度、情報産業ハイウェイを無償で利用できることも進出の大きな理由となった。

従業員は一日九時間働き、休憩は一時間である。二四時間を三交代に分けて業務を行っている。労働者は一人につき、一日平均六〇件から七〇件の電話に対応する。一年契約で働くが、二〇〇六年における平均給与は約一八万円である。一三人の従業員が金融先物取引資格を取得して、金融商品の販売を行っている。沖縄県の標準からすれば高額の賃金を従業員は得ていると思う[34]。

沖縄県、雇用開発推進機構による各種の支援策が企業進出に対して有効にはたらいている。また地震の少ない琉球が企業にとってリスク管理の場所として位置付けられている。

コールセンターの問題の一つとして指摘されているのが、労働者の離職率の高さである。コールセンターに就職した二八四人を対象にした調査によると、女性二三七人中九一人、男性四七人中七人がそれぞれ離職した[35]。就職後三ヶ月以内の離職者は全体の四一・四％に及んだ。そのうち一ヶ月以内の離職率が一五・四％、二ヶ月以内が一七・三％、三ヶ月以内が八・七％であった[36]。コールセンターの離職率が高い原因は何であろうか。その原因を明らかにするために、コールセンターを離職した女性、現在も働いている女性に労働現場について話を聞いた。

事例❸（コールセンターを退職した女性へのインタビュー内容）

二〇〇五年一二月から二〇〇六年四月までコールセンターで働いた。一日五時間の勤務であり、電話での対応、パソコンへの会話内容の打ち込み等の仕事を行った。働いて一ヶ月目の時給は七〇〇円であり、二ヶ月目からは八〇〇円となった。他のコールセンターにおいて、同じ労働時間、労働内容で働く従業員が一〇〇〇円の時給を得ているという話を聞き、納得できない気持ちになった。

会社では従業員の勤務内容を査定して賃金、昇進を決めている。成績の悪い従業員をブラックリストに載せていた。マネージャークラスの社員は本社から来たヤマトンチューであり、半年から二年交代で内地に戻った。

毎日、電話で客から苦情、愚痴を言われ、強いストレスにさらされた。三ヶ月間働くケースは長いほうであり、一週間で仕事を辞める人もいる。客に電話をかける発信業務では、「いいかげんにして、いそがしい、うるさい、電話をかけるな、どうやって電話番号を調べた」などと怒鳴られ、精神的苦痛が大きかった。

上司からは「客を説得してがんばれ」と言われ続けた。「見えないノルマ」があり、常にプレッシャーを感じた。グループ単位での勤務であったが、自分のことだけで精一杯であった。リーダー達は自分らを監視し、電話の会話内容を自分の隣で聞き、問題があると注意し、怒った。数々のストレスがあったが、会社はストレスを緩和するようなケアーを何もしてくれなかった。

コールセンターは他の仕事に比べて時給がいいという理由で働く人も多い。だが仕事の実態は非常に厳しい。以前、自分はバスガイドをしており、性格も明るく積極的であり、話し上手であると思う。このような性格の人はコールセンター業務に適していると言われた。しかしコールセンターの仕事に慣れることは最後までなかった。

会社の雰囲気は事務的、機械的であり、従業員は一つの部品のように働かされた。(37)

IT企業は最先端を走る、華やかな産業として取り上げられることが多い。しかし、コールセンターの実態をみると、客への商品の販売、苦情の受け付け等の業務過程において客から罵声を浴びせられ、厳しいノルマに追いたてられ、上司からの監視・注意・怒声・査定等もあり、精神的苦痛の多い、重労働の一つであるといえる。このような重労働を伴う企業を沖縄県庁は様々な優遇措置を用意して誘致しているのである。コールセンターで働く人々は本当に労働の喜びを感じているのだろうか。なぜコールセンターの離職率が高いのか。ストレスにさらされた琉球人の苦痛の声が離職率の高さとして示されていると考える。

事例❹（現在もコールセンターで働く女性へのインタビュー内容）

現在、派遣社員として働いている。一三〇人の従業員のうち男性は一〇人だけである。二〇代から四〇代の従業員が多い。一ヶ月の研修期間中の時給は八〇〇円、現在の時給は一一〇〇円から一一五〇円である。従業員は外務員資格の取得が義務付けられており、専門知識を必要とするため、他のコールセンターの時給に比べて高い。しかし同じ業務、同じ時間で働く、東京の従業員の時給が沖縄のそれに比べ一・五倍であることを聞いたとき、愕然とした。有給休暇は年間一〇日であり、一日の交通費の上限は一〇〇〇円である。車での通勤が禁止されている。コールセンターは給料が安く、世帯主である男性が働く職場として適していない。

最初、別のコールセンターにおいて、客に電話を掛ける発信業務をしていたが、ストレスが大きかったために退社した。三年前から現在のコールセンターで働き始めた。客からの電話を受ける受信業務であり、以前に比べて仕事はそれほどきつくない。

パソコン入力の際、瞬きしないので目が疲れ、視力も落ちた。一日三〇〇件の電話をかけて五件の「アポ（予約、契約）」がとれれば上出来であると言われている。八時間、電話をかけっぱなしで休む暇がないことも多い。客からのクレームによって精神的に落ち込むこともある。客との会話内容をいかに早く、パソコンに打ち込み、次の電話に対応するかが求められる。会話内容は録音され、電話の発信・受信件数はデータ化されている。これらの情報は従業員の時給査定の判断材料となる。従業員の中には電話が怖くて会社を辞める人もいる。電話で「怒鳴られ、叱られ、嫌われる」コールセンターは沖縄の中できつい職場の一つであると思う。友達には勧めたくない仕事である。ストレスによる偏頭痛等があっても、業務と病気との関係を立証することが困難であるため、治療費を会社に求めたことはない(38)。

視力の低下、偏頭痛等の身体的被害、ストレスに耐えながら仕事を続けているのである。時給の高さが魅力的ではあるが、人に勧めることのできない仕事であると考えている。東京と琉球との賃金格差が企業の琉球進出の一つの要因であるが、労働者自身は納得がいかないと不満を感じていた。

事例❺（現在もコールセンターで働く女性へのインタビュー内容）

以前、消費者金融会社に勤務していたが、今は派遣社員としてコールセンターで働いている。消費者金融会社ではノルマが多く、ストレスが大きかった。それに比べれば今の職場は働きやすい。自分はスーパーバイザーとして、末端業務を行う従業員を指導している。

二〇〇三年九月に会社が設立されたが、現地採用の従業員の中で正社員になった例は現在までない。待遇において正社員と、契約・派遣社員との間には天と地の差がある。派遣社員にはボーナスや育児給与がなく、正社員になると給料が三倍以上になる。早く正社員になりたい。一三〇人の従業員のうち派遣社員が一〇〇人、契約社員が二〇人から三〇人である。観光業は給料が安く、転職先としては魅力的ではない。

他のコールセンターでは、トイレに行くにも上司の許可が必要であり、五分以内に自分の持ち場に戻らなければならない場合もあるという。

沖縄人のホスピタリティーが客から好感を持たれることがある。しかし、沖縄人の「やさしさ、丁寧さ」は客に説明しすぎるために、欠点として指摘されることもある。

沖縄特有の名前を言って自己紹介すると、客の中には沖縄を見下して、沖縄に対する不信感を露にする人もいる。[39]

正社員にしないことで、コストを削減し利益を増やしたいという会社側の論理がみえる。「沖縄人のホスピタリティー」に対しては、観光業だけでなく、IT産業においても経済価値が認められている。戦前そして戦後の一時期、琉球人は日本人から明らかな差別の対象になった。しかし、二一世紀の現在においても、差別が厳然として存在することがコールセンターの現場から窺い知ることができる。米軍基地が過重に押し付けられているだけでなく、観光業、IT産業等の不安定・低賃金・重労働の企業が琉球に集中している状況もまた、琉球に対する差別・搾取の構造を示すものであるといえる。

コールセンターの離職率が高い原因としてストレスの大きさがある。ストレスは、客からの苦情・嫌がらせ・怒り、会社幹部による厳しい管理や監視、「見えないノルマ」や査定によって労働者が追いたてられること等から生じている。沖縄島在住の精神科医もコールセンター労働者の精神病院への通院事例が増加していると指摘している。[40]

強度な心的ストレスを与えるコールセンターは、人を病気にさせる、「危険な職場」の一つであるといえる。雇用者は労働者の健康を守る義務がある。しかし、コールセンターでは契約社員、派遣社員、パート等が中心であり、琉球では失業率も高いため、労働者は泣き寝入りを強いられ、自らの権利を主張することが容易ではない。

4　辺境の島から内発的発展の島へ

日本の政府、企業、機関、移住者によって琉球は利用価値があるとされ、開発、投資の対象となり、米軍基地が押し付けられてきた。振興開発資金への依存、外部企業の支配がさらに強固になり、それらなしには琉球人が生きていけないような従属構造が形成されつつある。振興開発によるインフラ整備の主な目的は島外からの資本投下を促すことにある。島外企業は琉球に投資を行うが、利益を島外に還流させ、島内において資本蓄積が進まない。観光客や移住者は琉球によって「癒し」という自らの欲求を満たそうとしている。資金、技能を有する企業や移住者が中心になって島の開発が進められ、島民は「生まれ島」において脇役の地位に甘んじざるをえない場合が少なくない。

「進んだ日本」と「遅れた琉球」が並存しているのではなく、日本経済の一部として琉球が取り込まれ、政治経済的な搾取や支配が強化されている。観光客数の増加、投資企業の増加等の経済成長は見られるが、中心地域への従属度が増すという「低開発の発展」の状況に陥っているのが琉球である。

コールセンターや観光業に象徴されるように、島外企業が本来負担すべきコストが沖縄県庁、琉球人に転嫁されている。高失業率、全国最下位の所得によって人件費を削減し、沖縄県庁からは各種の経済支援が与えられ、琉球の低賃金・不安定雇用体制はいつまでも続いている。琉球の労働者は搾取されているのであり、沖縄県庁はその搾取構造を強固にするような各種の支援策を実施しているのである。

ＩＴ産業は米軍基地とも無関係ではなく、基地関連の振興開発によってＩＴ関連施設が建設され、人材育成事業が実施されている。琉球に基地を永久に存続させるために、日本政府はIT産業振興事業を利用してきたともいえる。「復帰」後四〇年近くたっても危険な米軍基地が押し付けられたままであり、不安定・低賃金・重労働の観光業、コールセンターも琉球に集中している。琉球を舞台にして島外企業は経済搾取を行い、観光客や移住者は「癒し」という欲望を解消し、政府は「日本の安全保障」という国益を得ていく。日本が琉球から利益を得るという構造は、軍事、政治経済・社会全般にわたって、そして近現代という時代を通じて貫徹している。

辺境状況から脱却するにはどうすればよいのだろうか。まず、開発の計画や実施を日本政府や島外のシンクタンクに丸投げせず、大企業の誘致による経済成長を目指さず、開発資金を日本政府に期待しないという、琉球人自身の自治的自覚が求められる。一人一人の島人が「本当の豊かさとはなにか」と常に問いながら、社会経済活動に主体的に参加することで、琉球の辺境性を打破していく。本章で詳述した琉球の従属構造が形成された最大の原因は、自らの頭で考え、実践するという自治、内発的発展を放棄したことにある。他者に責任を転嫁し続けるだけでは問題は永遠に解決されないだろう。

「復帰」後の開発の嵐に抗するように、琉球の島々では「ゆいまーる（地域の相互扶助関係）」、人・自然・文化が一体化した生活や営み、共同売店の運営、公民館を中心とした住民自治、島の憲章制定、土地の総有制等の自治、内発的発展の試みが行なわれてきた(41)。これらの活動はそれぞれの島の文化、歴史、環境を踏まえながら琉球人自身で考え、実践してきた内発的発展の歩みである。

他方、近代経済学の立場から、このような事例は「小さな島々での小さな取り組み」であり、琉球全体の経済政策とは無関係であるという反論を私はこれまで何度か受けてきた。しかし、琉球は三九の有人島や小さな村であるシマから構成されているのであり、各島やシマにおいて自治や内発的発展が育ち、それが土台となることによって、琉球全体の自治や内発的発展が現実のものとなり、日本への依存や従属、琉球の辺境性から脱却することが可能になるのであり、逆ではない。

沖縄県庁は経済自立という目標を掲げて、世界中の先進地域をモデルにしながら、IT産業の振興をはかってきた。だがこのような表面的に華々しい経済政策と、琉球人の過酷な労働実態とは大きく乖離しており、それを象徴するのがコールセンターの現場である。

琉球において開発、近代化の推進者として旗を振っている人々は琉球人エリート層である。不安定でストレスも多いが、少しでも高い賃金を求めてコールセンター等で働く、契約、派遣、パート、アルバイト労働者と、エリート層との間に考え方、生活スタイルにおいて大きな距離が存在している。国家・地方公務員、教員、銀行員、日本企業の支店・営業店や県内大企業の正社員、軍雇用者等、安定した収入を得られる人々と、そうでない人々との経済格差が琉球内において明確になりつつある。

沖縄県庁は県民所得の増大、失業率の改善、誘致企業数の増加等の数値目標を掲げて経済政策を進めている。だが人間としての琉球人のことを忘れて、数値目標だけが一人歩きしているのではないか。琉球人の精神や肉体に大きなダメージを与える労働内容を強いる島外企業の誘致であっても、数値目標が達成されればそれでいいのだろうか。人間として、琉球人として働くことに喜びを見出せるような職場や企業を一つでも生み出す手助けをすることが行政の責任であると考える。

振興開発により社会インフラを整備することで外部から企業を誘致し、その結果、地域企業が淘汰されるという、手法において安易な、琉球人にとって過酷な政策を再検討すべきである。島外企業の要望に応えるための政策ではなく、地域企業の発展を最優先し、琉球人が労働を通して自己実現し、心身への障害を受けないで働ける職場をつくっていく、内発的発展が今こそ必要とされている。

琉球の代表的な産業である観光業においても低賃金、重労働、不安定雇用の労働者が多く、離職率も高い。経済数値だけに基づいて琉球の現状を分析し、将来像を描くのではなく、実際の経済活動に従事する労働者の悲しみや苦悩の声を同じ当事者として受け止めて、琉球の未来を構想しなければならない。

琉球の内発的発展は、一人一人の琉球人自身の問題であり、自らの頭で考え、悩み、抵抗し、行動することによってしか実現しない。その内発的発展によって琉球は自らの事大主義を乗り越えることができよう。

注

(1) 王国時代から現代までの琉球における経済思想史、経済発展論、経済史については松島泰勝2002を参照されたい。
(2) 沖縄県企画部企画調整課 2009: 26
(3) 沖縄県企画部企画調整課 2009: 12
(4) 沖縄県企画部企画調整課 2009: 24-25
(5) 沖縄県企画部企画調整課 2009: 9
(6) 沖縄県企画部企画調整課 2009: 11
(7) 沖縄県企画部企画調整課 2009: 6
(8) 沖縄県企画部企画調整課 2009: 54
(9) 沖縄県企画部企画調整課 2009: 53
(10) 都市再生機構 2004
(11) 二〇〇六年八月二六日に実施した、都市再生機構・沖縄総合開発事務所職員に対するインタビュー内容に基づく。
(12) 『沖縄タイムス』二〇〇八年二月一一日、一二月四日、二〇〇九年一月二一日の朝刊。
(13) 二〇〇六年八月三〇日に実施した、那覇市在住の税理士に対するインタビュー内容に基づく。
(14) 沖縄県企画部企画調整課 2009: 4
(15) 石垣市企画部企画調整課 2009: 11
(16) 石垣市企画部企画調整課 2009: 21
(17) 『月刊ゆんたく』No. 13、二〇〇六年八月八日。
(18) 『八重山毎日新聞』二〇〇七年三月二五日。

（19）石垣市役所のホームページ（http://www.city.ishigaki.okinawa.jp/110000/110100/tochi/index.html）。
（20）二〇〇六年八月一三日に実施した、石垣市在住の黒川洋二氏に対するインタビュー内容に基づく。
（21）二〇〇六年八月二九日に実施した、那覇市在住の精神科医・稲田隆司氏に対するインタビュー内容に基づく。
（22）沖縄県 2005: 228
（23）沖縄県 2005: 232
（24）沖縄県観光商工部情報産業振興課情報振興・金融特区班内統計資料に基づく。
（25）沖縄県観光商工部情報産業振興課 2006: 10
（26）『読売ウイークリー』二〇〇六年一〇月二二日号、一二一頁。
（27）沖縄県観光商工部情報産業振興課 2006: 12
（28）沖縄県企画部企画調整課 2009: 23
（29）沖縄県観光商工部情報産業振興課情報振興・金融特区班内統計資料に基づく。
（30）二〇〇六年八月二九日に実施した、雇用開発推進機構幹部に対するインタビュー内容に基づく。
（31）二〇〇六年四月二四日に放映された『NHKクローズアップ現在』は全国のコールセンターの実態を紹介し、同番組の中で「現代の女工哀史」という表現がでた。
（32）『読売ウイークリー』二〇〇六年一〇月二二日号前掲、一一九頁。
（33）二〇〇六年八月三一日に実施した、那覇市内のコールセンターA社支店長に対するインタビュー内容に基づく。
（34）二〇〇六年八月三一日に実施した、浦添市内のコールセンターB社幹部に対するインタビュー内容に基づく。
（35）雇用開発推進機構編 2005: 31
（36）雇用開発推進機構編 2005: 13
（37）二〇〇六年九月一日に実施した、那覇市在住のコールセンター元従業員に対するインタビュー内容に基づく。
（38）二〇〇六年九月一日に実施した、那覇市在住のコールセンター従業員Aに対するインタビュー内容に基づく。
（39）二〇〇六年九月一日に実施した、那覇市在住のコールセンター従業員Bに対するインタビュー内容に基づく。
（40）二〇〇六年八月二九日に実施した、那覇市在住の精神科医・稲田隆司氏に対するインタビュー内容に基づく。
（41）琉球における内発的発展の試みについては、松島泰勝 2006 の第三部「島々の「経世済民」」を参照されたい。

参考文献

石垣市企画部企画調整課（2009）『統計いしがき　平成20年度版』第32号、石垣市企画部企画調整課
沖縄県企画部企画調整課（2009）『経済情勢　平成20年度版』沖縄県企画部企画調整課
沖縄県企画部（2008）『経済情勢　平成19年度版』沖縄県企画部
沖縄県企画部統計課（2005）『沖縄県平成17年人口移動報告年報（平成一六年一〇月―平成一七年九月）』沖縄県企画部統計課
沖縄県（2005）「沖縄県マルチメディアアイランド構想」（雇用開発推進機構編『「全国求職支援コールセンターおきなわ　はたらコール」「テレ・ビジネス人材育成センター」事業実績』沖縄県観光商工部）
沖縄県観光商工部情報産業振興課（2006）『情報通信産業立地ガイド――沖縄県における情報通信産業支援制度』沖縄県観光商工部情報産業振興課
沖縄県八重山支庁総務課・観光振興課編（2006）『八重山要覧　平成17年度版（44）』沖縄県八重山支庁
沖縄県八重山支庁総務課・観光振興課編（2009）『八重山要覧　平成20年度版（47）』沖縄県八重山支庁
雇用開発推進機構（2005）「全国求職支援コールセンターおきなわ　はたらコール事業実績」（雇用開発推進機構編『「全国求職支援コールセンターおきなわ　はたらコール」「テレ・ビジネス人材育成センター」事業実績』沖縄県観光商工部）
都市再生機構（2004）『なはしんとしん――那覇新都心』都市再生機構
松島泰勝（2002）『沖縄島嶼経済史――一二世紀から現在まで』藤原書店
松島泰勝（2006）『琉球の「自治」』藤原書店

3 〈島嶼・平和学〉から見た沖縄
——開発回路の「再審」を通して

佐藤幸男

はじめに

二〇世紀世界を征服したのはアメリカが造りだした「平和」、「民主主義」、「自由市場」そして「開発＝近代化」といった思想である。世界統治をもくろむアメリカのこうした姿を「帝国」と読み解く国際関係思想も生まれた。しかし、現実には時代の潮流となったグローバリゼィションは、皮肉にもアメリカ帝国の終わりを予兆させ、経済面のみならず社会や文化面でも国境を超えたトランスナショナルな繋がりを緊密化させるいっぽう、強制力を背景にした法と規律に特化した国家を再強化しようとする動きをも活発化させている。

このグローバリゼィションの動態をめぐって、これまでさまざまな定義がなされてきた。とはいえグローバリゼィションが問いかけているのは、国家と資本の関係ばかりでなく、「ひとつの国民」という社会統合の物語が説得力を失い、多様な人びとの存在が認知され、彼らが自らのポジショナリティを基盤にグローバリゼィションを語ることで、その政治的言説がかたちづけられるということである。もちろん、この政治的言説は、つねに生存の危機と裏返しの関係にあるからこそ、暴力性を内包した力学が作動していることにかわりはない。

こうしたなかで、沖縄が揺れている。沖縄は日本と米国、そして省庁をはさんで幅広い利害が錯綜している。このポジショニングはどうつくられてきたのか。その背後に外交「密約」という欺きの構図を隠しながら〈地域〉としての沖縄は「アジア」と共鳴し続けてきた。

山室信一（2006: 1-18）は、グローバリゼィションによって引き裂かれた二一世紀における地球（グローバル）、地域世界（リージョナル）、国家（ナショナル）と地区（ローカル）という四つの〈地域〉空間層の再審を呼びかけ、人の生きる空間として多中心性をもって同時重層的な世界の実在を感知しうる知性と新たな眼の獲得に期待している。かれによれば、これまでの〈地域〉空間は、政治的統治のあり方を決する枢要な要因であり、とくに近代以降は、空間管理のための技法と実践とによって資本と政治権力による空間的ゾーニングとその域内での監視体制の強化が進められた。そこにおいては、都市計画や国土計画、開発計画によって空間とその成員の規律化が行なわれたことで空間の再編成を迫られたのである。いわば無限の広がりをもった空間が境界づけられ、区切られた場で生じた事態の変化に眼を奪われることで、空間の関係性や秩序とその変化を促す要因については自明のものとして退けてきた。それゆえに、二一世紀の空間の相貌は、自然環境と人間活動との相関、生活空間としての都市・建築などの形成のされ方、さらにはそれらが世界認識としていかに把握されてきたのか、これらの学知と実践知そのものを再審に付して具体的な社会的コンテクストから逆照射し、グローバル化する世界に対応した「新たな空間思想」による社会認知の理論を構築する必要を訴えている。

本章は、[1]グローバリゼィションという妖気を浴びて循環する世界に反響しながら流動化する沖縄の姿を知るために、新たな眼としての〈島嶼・平和学[2]〉から検討を試みるものである。いうまでもなく、グローバリゼィションの動力は、植民地主義の影響をまともに受け継いだ文化や身体との緊張関係をともないながら、現在も続く覇権主義による抑圧、近代の統一性や普遍性への批判と多様な現実の提示を不可避としている。いわゆるポスト・コロニアルな思考（Hoogvelt, A. 1997: 154-158）を〈島嶼世界空間〉に読み込みながら、沖縄の自立構想を再審することにねらいがある。

1　東アジアのなかの沖縄

「東アジア」世界の原像を探ろうとすれば、そこには政治経済的要因や地理的要因からのみ描けるわけではなく、〈地域〉（region）としての社会的世界の要素や住民の日常経験の世界、さらには道徳的秩序や人間の生態的環境をも視野に入れた「一つの歴史的構造体」としてとらえなければならないだろう。とくに、これまで世界の残差領域に追いやられた観のあるアジア世界の〈空間〉や東アジアという〈場所〉を措定する作業はきわめて困難性を帯びている。それは、たんに物理的な位置としてではなく、東アジアという〈場所〉としての特異性や空間的な関係性、ついで文化的社会的な位置、コンテクストや時間の経過によって構築された場所、過程としての場所など多岐にわたる要素から構成される〈地域性〉が政治的言説として動員されているこんにち的な状況認識の検証が不可欠な作業となる（Staeheli, L. 2003: 158-170）。

このような問題認識を踏まえれば、「東アジア」の地域像を語るとき、漢字文化を共有してこなかった人びとや、近現代史の最後の一瞬に国家を持ちそびれた人びと（例えばチベット、ウイグルといった）を疎外し、抑圧するという暴力性がそこにひそんでいることに留意しなければならない（杉山清彦 2009: 21）。別言すれば、支配的な国際関係学のフォーマリズムではこれら世界を構成する問題群の相互連携性は理解不可能だということである。G・フランクの

『リオリエント――アジア時代のグローバル・エコノミー』はアジア・ヘゲモニーの構図として、一方では中国東北部、シベリア／極東ロシア、韓国、日本とのあいだの四角貿易が展開する環日本海地域、他方では香港、広州回廊を中心に上海、揚子江流域の諸都市と日本とのあいだの南シナ海地域をそれぞれ置き、両者が相互連関しつつ世界経済を牽引する世界を描いている。これは、いうまでもなく、網野善彦や赤坂憲雄（2006: 40-47）らの海域史観であり、東アジア内海世界論と通底している視角でもある。

こうした視点をさらに敷衍すれば、東アジアに連なる内海は五つの巨大な内海からなる。

（1）「ベーリング海」／アリューシャン列島、アラスカ、シベリア、カムチャッカ半島、米・ロに挟まれた内海

（2）「オホーツク海」／シベリア、カムチャッカ半島、千島列島、サハリン、北海道にかこまれた内海

（3）「日本海」／サハリン、北海道、本州、四国、九州、沿海州、朝鮮半島に囲まれた内海

（4）「東シナ海」／中国大陸、朝鮮半島、南西諸島、台湾に囲まれた内海

（5）「南シナ海」／中国大陸南部、インドシナ半島、マレー半島、フィリピン諸島、ボルネオ島に囲まれた内海

これらの内海を舞台として、ヒト、モノが交流しあうことで形成された世界が永々として継承され、無主・無縁の海から豊饒な内海のイメージへとつながっていく。

じじつ、地域連結子としての半島・湾が、陸域と海域とを結びつける。この接合を通じて島嶼経済と中心都市の影響圏／ヒンターランドとの地域複合体が互恵的、相互依存的な関係をつくりだし、全体として有機的なトランスナショナルなネットワークを構築する。ここに内海世界のダイナミズムが生まれる（米田巌 2006: 75-89）。

東アジア世界という場の措定において、脈々と流れる歴史的な海域交流ネットワークによって開かれた空間のなかに沖縄と東アジア世界がおかれていることを見落としてはならない（佐藤幸男 1993: 15-50）。しかも、これら海洋民・島嶼民にとって、海は航海技術をもつ者にとっては行動の自由を提供してくれる平原であり、島は非農業的な生業に

よる豊富な海産物と交易、交換によって楽に生活が成り立つ生活空間ネットワーク社会である。また、島々の配置が点在することで海路によって結びついた世界観をもち、その世界像は中心と周辺あるいは〈南北〉の差異を反転させる思考方法からなっている。ましてや、これら小さな共同体は、個人、島嶼地域社会、人間性の複層構造からなる世界観とサブシステンスの持続的な原初的自治の政治を維持しているのである。

しかし、〈地域〉が形成されると同時に、その領有への主張が背後にすべり込むことでもたちまちにして緊張して政治の磁場が作りだされることになる（田中克彦 1996: 13-14）。なかでもヨーロッパ近代主権国民国家は、世界を包領（エンクレーブ）するために国民主権国家の空間的母体としての「領土」を必然とし、領土は国民国家に固有の空間化となり、人びとを国家装置へと囲い込むことで差異を消し、等質化によって閉じ込める装置と化した（Poulantzas, N. 1978: 110-118）のである。それはまた、領土の内と外とを別け隔てる境界を内在化させるものでもあった。このようにして、ヨーロッパ近代世界に誕生した主権国民国家は、海の領有をめぐる世界観や国際関係思想に投影されることになる。

本来、多様性に富む島嶼海域世界は、ともすれば外部世界から持ち込まれた幻想、つまりは「小さい」「未開」「遅れ」さらには「楽園」として語られることで沈黙を強いられ、非対称的な政治関係のもとで植民地主義と物質文明によって変容を余儀なくされてきた（Smith, N. Michelle Pace, and Donna Lee 2005: 251）。しかも、ヨーロッパの外部領域にあった島嶼・海域世界は、行動の自由を奪う障壁のような存在であり、恐怖に満ち溢れたものであったに相違ないからこそ、ヨーロッパが発動する法の合法性のもと、文明化という価値基準による主権的な法への服従を要求されることとなった。これはまた、逆説的には法による規制から免れる領域となったことを意味しているのである。

ニコラス・トーマスは、島嶼社会における植民地主義をつぎのようにとらえている。かれによれば、植民地主義とは、アイデンティティや商品や支配の様式を「もつれされる」プロセスであり、植民地化は、けっして一方向からの支配―非支配の関係に留まらず、つねに植民地化される人びとだけでなく、植民者をも変容させてきたとするのである（Thomas, N. 1991: 54-71）。この幻想の「楽園」の陰にひそむ文化暴力の事例は枚挙にいとまがない（佐藤幸男 1999: 13-68）ほど、辺境に堆積し、放置されたまま、〈第三世界〉化している。[3]

ところで、「近代」をめぐるアジアと日本の関係において明確なのは、「万国公法」を積極的に受容した日本が後発帝国として一九世紀半ば以降、「ジャパン・グランド」（日本の島々と奄美・沖縄諸島を北西から南西に有し、小笠原諸島を南東隅に有する北西太平洋の海域を我が物顔に移動する捕鯨船員たちによって名付けられた）を主権的な介入の標的としていくことで、文明化の旗印を掲げる自称「法治国家」となったことである（石原俊 2006: 94-115）。その結果、後発帝国たる日本は、大小六六〇〇もの島々からなり、その海岸線が三万四千キロと世界で六番目の長さを誇る面積を有する海洋国家になったのである。その過程には島嶼先占をめぐる隣接地域との対立や摩擦が生じたことはいうまでもない。竹島／独島、硫黄島、魚釣島／尖閣諸島、南鳥島、沖大東島など領土、領海、領水をめぐる国家領域の占有権争いが絶えず、国難は海からやってくるとばかりに、日本と隣接するすべての国・地域と「国境紛争」を展開している。そこでは島嶼地域社会に根付いていた原初的自治としての「共生」や「共感」が失われ、多くの人びとが「個」に分断され、「個」が「孤」に陥ることで「生きづらさ」を感じさせる事態が生起していることも忘れてはならない。

この東アジア海域世界は、本来島嶼民からみれば、行動の自由を提供してくれる平原のような場であり、原初的自治を確立していた世界であったが、主権国民国家による領有の対象となったことから、分断と占有をめぐる領有権紛争と歴史論争が展開される誘因となった。これにくわえて、戦略的水路の安全と海洋安全保障にかかわる国家戦略に呼応して、日本政府は新たに「海洋基本法」の制定を検討しはじめ、公法による海洋ガバナンスの重要性が強調されている。[4] 不可視化されてきたこの島嶼の歴史や島嶼先住民たちの記憶が等閑視されるなか、一九九三年一一月二三日アメリカのクリントン政権は、一八九三年一月一七日のハワイ王朝転覆とその併合について正式に謝罪し、ハワイ先住民の自己決定／自律の気運が盛り上がりをみせている。他方で、アフガン戦争の拠点基地となったインド洋英領チャゴス（ディエゴ・ガルシア島）諸島民の強制移住にたいする英高等法院の違法判決が下されたにもかかわらず、イギリスはアメリカに軍事基地を供与し、住民の帰還要求を拒否しつづけている厳しい現実がある。そのほか、ヘルシンキ沖合のスオメンリンナ島や北極圏バインツ海とグリーンランド海のあいだにあるスバールバル諸島の領有・帰属問題など多岐にわたる問題群がある。

そのいっぽう、バルト海のオーランド諸島自治[5]や二〇〇六年七月韓国・済州島特別自治道[6]が成立するなど、新たな自治権問題が浮上している。そのほかにも、仏領ニューカレドニア、パプアニューギニア、ソロモンなどの南太平洋島嶼地域においても自己決定／自律の動き、さらにそれにくわえてアイスランドの米軍基地問題と重ねて沖縄の動向などを考えあわせるならば、近代以降、数奇な運命に翻弄されてきた海域島嶼世界の伸長は、近代性に彩られてきた陸地史観にたいする異議申し立てのうねりとして理解することができよう。

かくして、島嶼海域地域世界は、その問題構制からして、当初からグローバル性を帯びていると同時に、ローカル性を合わせもつ存在であることが理解できよう。これまで近代性を烙印した価値基準に照らして描きだされる島嶼とはいったいどのように定義されてきたのだろうか。そもそも島嶼（Insularity）とは、国連やユネスコなどの国際機関などにおいては、孤立性、隔絶性、島国として位置付けられ、対外貿易依存度が高く、資源の狭小性ゆえに、経済特化が激しい。また、対外依存が単一地域に限定されがちであり、資源をコントロールされ、外国からのサービス（教育、金融、保健など）に多くを依存し、熟練労働力が少なく、市場規模も小さいなどによって特徴づけられ、後進性の象徴のように語られているにすぎないのである（Biagini, E.& Brian Hoyle 1999: 1-14）。

2 〈島嶼・平和学〉とはなにか

ところで、アメリカが二〇世紀世界を征服した理念が岐路に立たされていると同様に、学問運動としての平和研究も危機的状況にあることに気づかされる。(7) そもそも、〈学〉としての平和研究は、平和という価値実現に役立つ条件や方法を科学的・客観的に探究する学問である。それは、先達・故高柳先男の言を借りれば、本質的に規範的な性格をもち、現実にたいして批判的であり、実証主義や経験主義に立脚するかぎりにおいて、平和運動や平和思想とは一線を画するものである(高柳先男 1981: 299-327)。それゆえ、戦争の原因についての科学的・経験的データと研究による発見がどんなに蓄積されようとも、平和が実現されるわけではなく、平和の意味と性格についてのオルターナティヴを常に提示することによって、現に支配的な平和についての思考様式や通念を転回するのに寄与するものでなくてはならない。平和研究や平和学にたいするこの基本的な認識はいまも変わるものではない。

平和学は、周知のとおり一九五〇年代政治学・経済学・社会学・心理学などの社会科学の領域を超えて、新しい学際的な社会科学として誕生した。そこでは「平和」を暴力のない世界と定義したことで、まず冷戦時代に核戦争の脅威に対抗した戦争研究からスタートした。つづいて、一九六〇年代には国連が注目する南北の経済格差問題を、北から南への援助に対抗するために貧困、経済格差などを引きおこす淵源から「構造的暴力」の問題に着目し、平和学の研究対象に加えたのである。この南北格差はただたんに、資源配分の問題としてではなく、不均衡な交易条件のもとに造り出された経済構造が不公正性や不平等性に起因すると考え、正義の回復と物理的暴力と倫理的行為にたいする破壊と認定したからである。九〇年代に入ると、冷戦の終結やこんにちのグローバル化時代が顕在化したことで平和学は新たに問題に対峙しなければならなくなった。それは、文化暴力の問題と人間の不安全(Human Insecurity)の問題が浮上したことである。

ヨハン・ガルトゥングらは、「暴力」事象を次の三つの概念規定から学際的に押しすすめてきた。先ず、戦争や紛争による直接的な暴力の形態、第二に貧富の格差を造り出す構造的暴力の形態、そして第三に複雑化した生活世界の空間に忍び込む新たな暴力形態としての文化暴力形態。これらの暴力が、人間生存の不安全性という課題を深化させてきているのである（武者小路公秀 2003）。

このような時代の要請にはたしていまの平和学は応えられるのであろうか。冷戦期には一定の成果を上げてきた平和学が、直面するグローバル化に対応する処方を持ち合わせているのかが問われているのである。なかでも文化暴力を克服するための倫理的・法的な諸原則の探究にくわえて、文化的な自己決定権を外部からの文化や文明の名を借りた押し付けを除去するうえで再帰的・批判主義的な理論研究を深める努力が必要となっている。

〈島嶼・平和学〉という新たな研究領域の提唱は、これまで等閑視されてきた問題群に光をあてることで、閉塞状況にある平和学の現状を打破するねらいがある。平和学のサブカテゴリーに属するものであっても、平和学の見地から島嶼海域世界の問題群に接近し、分析を深化させようと試みる研究姿勢にほかならない。すなわち、〈島嶼・平和学〉が取り組もうとする問題群とは、近代以降、〈第三世界〉化された島嶼世界を呪縛から解放し、自己拡大過程としての開発主義に倫理的に切り込むことにある（佐藤幸男 2010: 203-232）。

それは、島嶼海域世界を覆いつづけてきた近代性に裏打ちされた植民地主義の遺産といまも継続されている開発、土地収奪、人種／ジェンダー差別、軍事基地化、情報格差、国際的公法秩序の強制、貿易不均衡、環境破壊、西欧民主主義による危機の創出、統治の不在など非暴力的な変革に立ち向かうべき課題を再定義すること、その視角には、暴力現象の拡大と深化、その連鎖の構造が世界的・空間的であると同時に、歴史的・文際的領域にまで押し広げる必要がある。また、〈島嶼・平和学〉の視座から接近する沖縄をめぐっては、さらなる問題群が存在している。それは沖縄という地域空間が単に地域固有の問題にとどまらず、これを東アジアという広い文脈のなかから読み解く必要があるということである。つまり、東アジアでは、島嶼世界がつねに帝国的領土拡張の突端に位置づけられ、また未開拓の領域でなければならない「女の身体」として描きだされてきたことに注意したい（新城郁夫 2006: 64-79）。

かくして〈島嶼・平和学〉とは、世界的暴力の連鎖体系やその矛盾がなかんずく辺境にこそ集約されている現実を明らかにし、分析することで辺境の問題を反対に世界に解き放つことをめざしている。それは国家暴力による世界編成のベクトルを変換させうる視座にほかならず、再主体化の戦略を生み出していくことなのである。つまりは、島嶼世界を可視化し、島嶼世界に足場を置き、島嶼世界を再発見し、島嶼世界を再構築する過程で、問題の歴史性を振り返り、歴史的構造の意味を読み取り、それを平和戦略に読み替えていくことで新たな主体化の方策を見いだすことにある（中島康予 2006: 413-442）。

この観点からすれば、二〇〇七年沖縄は本土復帰三五年目の節目を迎えたのだが、この時点で、沖縄をめぐる「基地神話」が説得力を失い、本土依存経済も沈滞し、島嶼・沖縄の歴史や思想が再審問されるべきことが明らかとなった。いまや、沖縄喪失という事態をまえにして自立、独立沖縄という構想力と直結した自己決定のあり方が真に問われようとしている（比屋根照夫 2005: 24-41、仲里効 2006: 55-60、仲地博 2006: 503-526）。そればかりか、琉球弧の島々として自立を模索するなかで、「島連合社会」として広域的な東アジア海域交流ネットワークを構想する与那国町の「国境交流特区」による地域活性化モデルも日本政府の規制によって拒まれつづけている現実があり、自己決定が民主主義的な抑圧への異議申し立てをする装置ともなることは明らかである。本来、自律と結びつく自己決定と、人権概念上の権利としての自己決定とがあり、①個人の自律＝私的自治の原則のレベル、②集団のレベルとしての民族自決が社会的弱者の権利主張としての思想を育んできた。

津覇実明（2006）によれば、自己決定の「自己」の連続性にクサビを打ち込む自己と対象化される自己とのかかわりは、自己同一性＝アイデンティティの問題となる。それでは沖縄のアイデンティティとはなにか。かつて沖縄の思想家、伊波普猷は明治末期から大正期に民衆の自己改造、意識改革を呼びかけ、民衆個々の救済と沖縄の政治・経済・文化の向上とを同一に扱って琉球民族の自律を求めたことが思い起こされる。沖縄が現在置かれた問題状況は、世界の島嶼地域が抱える問題の縮図であり、植民地主義的構造の是正を求める市民社会の方向性と共鳴している。

こんにちの「沖縄問題」とは、「日本本土＝加害」vs「沖縄＝被害」という構図のもとで利権が固定化され、米軍基地と振興策とがリンクする「補償型政治」のもとで、日本政府にたいして県政は基地問題の解決を直訴しつつ、その見返りとしての補助金によって保守勢力に支えられた地元企業が利権として呑み込まれる悪循環を淵源としている（大久保潤 2009）。

「開発」もまたこうした文脈から読み解けば、欲望の果てに創造された植民地主義を即興化し、「発展なき開発」の典型として「植民地近代性」の言語論的転回を意識させることになる。「国内植民地」、「植民地公共性」論を共鳴する不断の成長神話批判を前景化したものといえよう。なぜなら、環境と調和しながら生きてきた人びとを「豊かさ」というひとつの価値基準のもとに統合しようとすることで生存の持続可能性がはく奪され、不安全にするからである（佐藤幸男 1998: 159-181）。開発暴力によって翻弄され、生存の危機の縁に立たされる人びとを目撃する事例に事欠かないのは、「開発」そのものに内在する問題の所産だからである（Goncalves, B. 2006: 1151-1165、佐藤 2006: 3-9）。

ところで、ここでいう開発暴力とは、ひとつはA・エスコバル（Escobar, A. 1995）が提起する「言説としての開発」にみられるような開発をめぐる修辞的・言説的な戦略からうまれる政治的文化的過程とそのフィクション性から開発の意図されない結果としての統治支配に根ざした問題をさしている。いまひとつは、開発言説にまとわりつく象徴体系に内在している植民地主義的視線とその開発実践から生じる統治のあり方をローカルな場に刻まれた歴史と記憶から民族誌的に明らかにする視点である（足立明 2003: 412-423）。別言すれば、振興開発策が成果をあげられないにもかかわらず、いつまでも存在しつづける言説の動態を分析することにある。その好例は、フランスを代表する国（仏語辞典である『プチ・ロベール』改訂版に記載された「植民地化」の定義に依然として「開発」という言葉が使用されていることに端的にしめされていることである。[8] こうしてみてくると、植民地主義言説と通底した問題構制が沖縄には存在し、日本の〈内なる第三世界〉として定立する必然性が見出されることがわかろう。

3　沖縄をめぐる開発政治空間

路上観察を通じて日本の無意識的な官僚制的秩序をみごとに描き出した藤田弘夫の『路上の国柄』は、開発言説にみられる「官尊民卑」の統治のあり方が暴力的にまで日常を支配している現実を知るうえで貴重である。これにくわえて、沖縄が日本復帰後、「経済的に遅れた貧しい地域」という烙印と劣等感を植え付けられ、格差是正、経済自立を掲げた開発の諸施策を積極的に受けいれてきたにもかかわらず、自立は達成されないばかりか、自然環境は破壊され、文化の商品化がすすみ、米軍基地と経済振興策との連関が強化され、日米政府や本土企業への依存を一段と深めてきたのである（松島泰勝 2006: 11-14）。いわば、日常のなかにある開発の場は、戦場の記憶と共鳴して沖縄のこんにち的な状況が造りだされているともいえる（冨山一郎 2006）。

なぜなら、戦後沖縄の歩みは戦後復興と経済振興と開発とが連鎖するひとつの世界に置かれつづけているからである。基地と経済との呪縛から解き放たれ、脱基地のシナリオを描くことの困難性は、なによりもこの依存構造の連関にある。沖縄の地域的課題はたしかに多様であるが、地域的な課題が日米両政府ばかりではなく、地方自治政府のあり方にまで影響を与え、国際環境からも無縁ではないという独自の問題構制をもった地域であることに着目しなければならない。なかでもアメリカ政府のアジア戦略の一翼を担う軍事基地固定化と開発支援策との連動性を無視するわけにはいかない。とりわけ、戦後日本の国是となった開発至上主義の経済、あるいは「護送船団行政」による開発主義の暴走は、沖縄に重くのしかかった多くの問題の根源になっているのである。

開発至上経済あるいは経済成長神話の風圧に置かれた戦後日本社会、そのなかでも佐久間ダムを分析した町村敬志（2006: 7）は、その著の序章でつぎのように開発実践を活写している。「開発とは、資本との連携を強める国家による国土空間の包摂とそれに向けた社会の再編（＝開発政策）であると同時に、貧困に打ちひしがれるなかで戦後啓蒙と二重写しになった「豊かさ」を探究しようとする人びとのローカルな集合的実践（＝開発運動）でもあった。第二に、開発とは、その現場に降りていけばいくほど不確実性を増し、しかも暴力的な一面をもつようになり、開発はたしかに「豊かさ」の実現と結び付けられて語られるが、実際には利益を得られるかどうかの確証もないまま、人びとは開発というプロジェクトに巻き込まれ、そこには明らかに犠牲や損失を被る数多くの人びとがおり、彼らの納得と諦めなしには実現しない。したがって、開発とは、つねにそこに関わる膨大なアクターたちの動員、そして主体化をめざす政治的・文化的な実践をともなっている」のである。

かくして、国土開発政策をめぐる政治空間は、中央―地方関係に制度として現われるとともに、国―都道府県―市町村という階層的な序列体系のなかで戦後運用されてきた。なかでも、特異であるのは、北海道と沖縄にそれぞれ関連の開発庁が設置され、地域開発・振興政策が法律によって定められてきたことである。ただし、北海道地域開発にあっては、日本経済社会への波及効果という国家的見地から諸計画が立案されてきたのにたいして、沖縄のばあいは、他府県との地域間格差是正、沖縄県民の福祉向上と沖縄の地域特性を活かした「自律的」な発展を国策として掲げて、目標が設定されてきたのである。

このことは、北海道振興開発とは法制度上異なり、沖縄振興開発政策が日本経済社会全体への寄与を追求することを意図していないことをさしている。それゆえ、計画作成における計画目標の設定、決定手続き、政策資源の制度規定などをめぐって、沖縄県と沖縄開発庁とのあいだでの関係形成にさまざまな影響を与えることになった。つまり、自治体の首長である沖縄県知事に計画原案作成権があるにもかかわらず、内閣総理大臣の主導的権限が法的に保障されてきたことで、振興開発計画の決定手続きやその結果としての計画の性格づけをめぐって問題を生じせしめるものとなった。

いずれにしても、沖縄振興開発体制は、北海道開発体制を模して整備されたものの、沖縄振興開発特別措置法、沖縄開発庁設置法、沖縄振興開発金融公庫法、沖縄復帰にともなう特別措置に関する法律等によって沖縄と他府県との地域間格差是正、県民の福祉向上を図る手段を多様に整備することで開発庁が各省庁との調整活動を行なう「機能別省庁」のうえに築かれたのである（山崎幹根 2006）。

戦後日本の開発政策をすすめる体制の特徴をなしたこの「領域別」開発体制はその役割をすでに終え、二〇〇一年には北海道開発庁が国土交通省へ統廃合され、沖縄開発庁もまた廃止され、沖縄開発庁と内閣官房内政審議室沖縄問題担当室とが統合した沖縄担当部局が内閣府に設けられた。このことは、地域開発政策の担い手としての地方自治体が占める位置も大きく変化することを意味するとはいえ、たんに道州制や地方自治州の創設と直結するものではないこともまた明らかである（次頁図参照）。

それでは、この間に展開されてきた沖縄開発体制はどのような政策的帰結をもたらしたのであろうか。中央大学経済研究所・沖縄経済調査団の報告（2005: 405-542）によれば、一九七二年から九一年までの沖縄開発事業費総額三兆三八四〇億円が投下された開発諸施策と近代化過程は、琉球弧の原風景をいっぺんさせ、「沖縄的形態」を創出させた。沖縄的形態とは、沖縄の都市化、また沖縄をリゾート開発に特化し、本土企業と産業資本および銀行資本の循環構造を肥大化させ、沖縄の消費生活を「本土化」させたことである。その帰結は、本土政府の優遇措置なくしては企業も人材も誘致できないばかりか、自立的発展にとっては沖縄がもつ社会経済の基盤が未熟であるという「現実」である。

開発政治空間の構図(9)

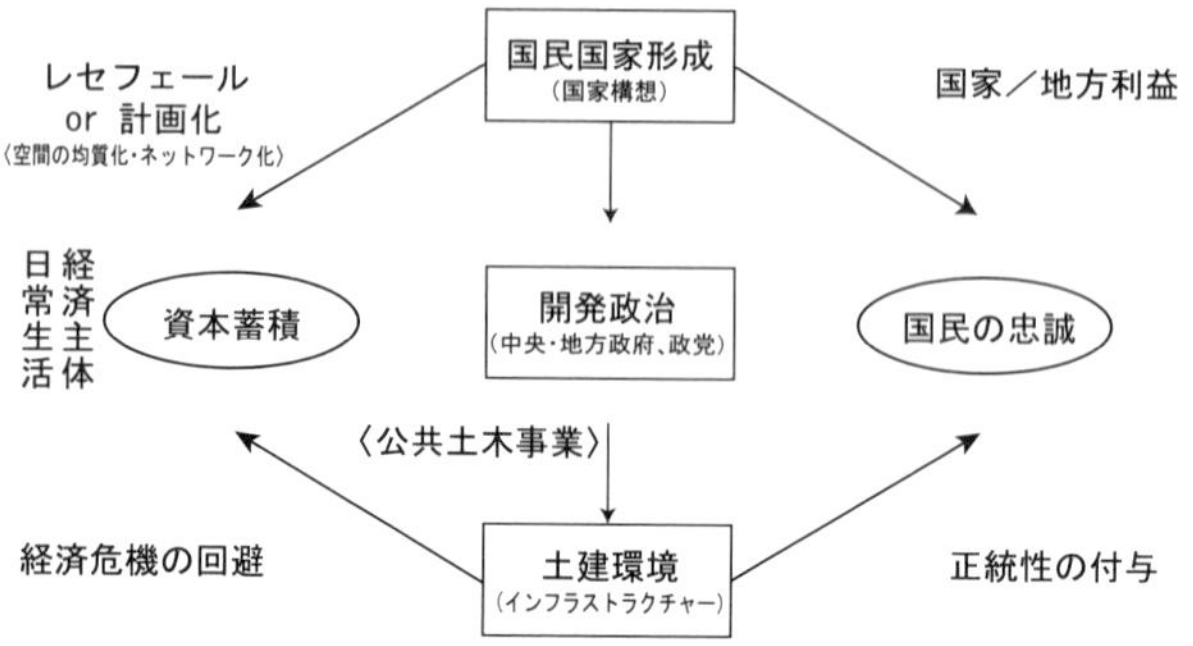

抽象レベル：国民国家形成、空間の生産
地理的スケールによる認識、分析手法
　ナショナル：国民国家形成、開発政治体制
　　　⟷軍備体制、植民地経営
　リージョナル：国土空間、ネットワーク化、均質化、地方政治、地方の声
　　　⟷鉄道、港湾、治水、道路
　ローカル：地域社会の声、地域社会の変貌、自治体政治
　　　⟷市町村レベル事業、都市計画

沖縄の地域的特質である第一次産業を基盤とする「島嶼産業経済構造」が戦後米軍統治下での「経済振興開発計画」と本土復帰後の「振興開発事業」とを通じて第三次産業の構造的肥大化を特徴とする産業経済構造への転換を余儀なくされた。このことは、基地経済と観光経済を柱とする沖縄の社会経済構造を莫大な開発資金で誘導し、結果として所得格差や就労格差、さらには環境保全の基幹産業である農林漁業の社会的価値の構造的衰退化を引き起こしていることを意味している。つまりは、七二年の沖縄本土復帰以降、「沖縄の振興開発」が少なくとも所期の目的を果たすことができず、大きな負の遺産を負わされたままになっていることである。そればかりか、同報告書で前田利光(2005: 534)が指摘するように、「日米政治経済」(R・ギルピン)に包摂された日本経済のもとで沖縄の社会経済は翻弄され、疲弊していくことになった。先ず、変動相場制への移行、次いで八五年の「プラザ合意」を転換軸として沖縄経済は、この間に投入された振興開発資金投資を通じ、日本経済に深く組み込まれていく。「円高＝ドル安」の基調のなかでグローバル

な規制緩和路線と民営化によるバブル経済の肥大化という虚偽の資本蓄積構造に日本経済は深く組み込まれていくのだが、この日本経済と相似の関係におかれることになった。こうして沖縄開発経済は疲弊していくのである（百瀬恵夫・前泊博盛 2002: 48-53）。しかも、沖縄振興開発経費は、本土復帰後の沖縄振興開発計画にもとづく公共事業費が内閣府沖縄担当部局（旧沖縄開発庁）の予算として一括計上され（その総事業費は復帰から〇六年度まで約八兆三〇〇〇億円にのぼる）、関係省庁に移し替えられて執行されたことで、予算執行権の乏しい補助金漬け自治体を創出しているのである（重森暁 2001: 118-134、蓮見音彦 1995: 9-49）。

くわえて、二〇〇六年国会に提案された米軍再編促進のための「特別措置法」案では、沖縄在日米軍基地や訓練の移転の進捗に応じて再編交付金を支払い、負担の大きい地域の振興事業では国の補助金割合を最大九五％にまでかさあげする高率補助制度が採用されることが予定された（『沖縄タイムス』社説、二〇〇六年一二月二二日）。基地交付金（鈴木滋 2007: 99-122）とともに振興開発事業は基地容認の見返りという性格を帯びていることが明白である。こうして、ますます沖縄の自立が遠のき、中央政府への依存が深まり、ひいては沖縄住民の精神にもその影響が及びかねない事態が深化しているのである。

現に、二〇〇七年五月五日、朝日新聞社と沖縄タイムス社が共同で行った県民世論調査では、従来にまして沖縄と本土との所得・就労格差が拡大していることに対する関心が強まっていることが示された。同時に県民は、基地問題よりも県民意識の扶養（アイデンティティの確立―筆者）が肝要であるとの認識を持っていることも明らかになった。これらは、沖縄国際大学産業総合研究所の調査結果と符合する結果を示している。

このことはなによりも、「沖縄人」をカテゴリー化することによって、分断統治による沖縄の軍事占領を正当化したアメリカ政府の強弁と、同化と差別を巧みに使い分けながら米軍・自衛隊基地を沖縄に押し付けてはばからない日本政府の詭弁とが、それぞれに異なった時代の発話であっても地続きであり、沖縄が日米両国政府の合作による植民地主義的な暴力にさらされてきた帰結であることをさしている。中野敏男はこの植民地主義を「たんに領土的・主権剥奪的な支配としてではなく、人間のカテゴリー化を本質属性として、差別的な秩序を構成して支配しようとする統治の形式」(中野敏男 2006: 357-358) と定義しているが、これは開発言説に内包された支配の構図からけっして無縁ではなく、むしろ内実そのものである。と同時に、いまひとつ忘れてはならないのは、島国としての沖縄という観念に潜む島嶼観である。島国沖縄に住む人びとが異なる意見を持っていたとしても、しょせん島国であるがゆえに、外にでていくことができず、他との妥協を重ねて生きていかざるをえない閉鎖された環境のなかで夜郎自大的な思考をもっているにすぎないとする観点がそこにはある。

島嶼世界・沖縄の多様な空間認識の欠落がその根底に根深くあることで「開発か、基地か」の二項対立的な政治空間が造り出されるのである。ここにこそ、開発暴力の動態があるといえよう。しかも、この開発暴力は、桃原が指摘するように、安全保障の名のもとに日本人が免れてきた軍事要塞的実態を隠しもつ基地返還跡地に「遊園地化」する都市を創出することで隠蔽されようとしている。現実はむしろ逆に、第三世界的な郊外空間と化した沖縄と植民地主義とのあいだには依然として連綿とした一本の糸が紡まれているのである (桃原一彦 2007)。

4　沖縄の自己決定／自律への道標――「エンデの島」は可能か

戦後沖縄は、民族としてのアイデンティティ不明のまま主権を行使しえず、占領統治による無権利状態に閉じ込められ、抑圧されてきた。そして、この抑圧から解き放たれるために多様な思想や運動を生みだしてきた。人間らしい経済を取り戻すために「地域通貨」の必要性を晩年主張した作家・エンデの着想をもとに、架空の島嶼経済と生活を描いた高任和夫の著作『エンデの島』(光文社、二〇〇七年) では、高齢者が安心して生涯を終えられる医療と介護の仕組み、食べ物とエネルギーを島内産でまかなえるような工夫、内地の大規模店やホテルが島を支配するのを制限する条例づくり、そして原則無利子による島民への貸し付け、競争と経済成長で疲れた内地からの独立への想いが地域通貨「オッキ」を軸に展開している。

この架空小説はけっして空想からうまれたわけではない。想い浮かぶのは西川潤がブータンにみる「国民総幸福量」やタイ・プミポン国王による「足を知る経済」といった考えに共通した「心の豊かさ」にアジアの幸福・平和観を見いだし（本書第7章、西川潤 2003: 83-109）、またこれを理論化したのが「内発的発展」論であろうか。

内発的発展とは、第一に、「外」からの圧力にたいして自己の独自性、伝統や文化の重要性を強調することで対抗的側面があり、第二に、外圧にたいして主体的に受け止めながら、自己変革によって外とのかかわりを維持しつつ、主体的な発展を実現していく相互触発的な側面があり、第三に、外圧にたいして自己をその圧力に沿いながら開き、替えていきながら外圧を利用して自己の活路をみいだしていく従属的側面とがあるように、人間と環境とが不可分なものとして環境保全や文化に留意して、地域社会の質的な発展に資することである（西川潤 2004: 36-43）。

地域主義的運動と共鳴するこの内発的発展の考えは、グローバリゼィションへの応答としても重要であるが、より規模の小さい経済をもつ沖縄のような島嶼社会にとっては、小回りのきく、柔軟な経済政策や特産的専門化の可能性に加えて、固有の社会的凝集力をうみだすうえで肝要なものである（中村文夫 1982）。

とくに、ここでは内発的発展を敷衍しながら、沖縄の自律の道標として以下の三点を簡単に提唱していきたい。第一に、国連第一次ミレニアム開発目標（ＭＤＧｓ）に直結して「ミレニアム村落イニシアティブ」を沖縄が発揮し、市町村単位での環境的に持続可能な方法で住民の基本的ニーズを満たす方策に取り組むことである。第二に、これまでの沖縄の開発回路から等閑視されてきた土地と資源を再発見することである。その好例は、キューバに見る都市型農業の再生である。周知のように、キューバは冷戦崩壊後瀕死の経済状態であったが、その克服のために採用されたのが都市での有機農業と植林事業である。これをつうじた自給社会への転換に成功したキューバは、協同農場を中心に持続可能な農業をすすめているのである。このキューバ・モデルは、いわば、「地産地消」による地域経済の活性化策にほかならない。

沖縄で実践される「ゲリラ的農業」、すなわち気象の好条件を活かして、均一・均質で整然と区画された大規模農地よりもスポット的に存在する好適な土壌のもとで生食用の熱帯果樹生産という新たな農業の方向性をさしている（永田淳嗣・新井祥穂 2008: 58-76）。高良亀友の『戦後沖縄農業・農政の軌跡と課題』（沖縄自分史センター、二〇〇六年）によれば、沖縄農業は、その戸数にして八五年以来下落の一途を辿り、またその産出額は二二％に減少し、沖縄農業の基幹作物であるさとうきび生産は、六二％失われたとしている。沖縄のローカル・ガバナンスが問われるゆえんともなる。

第三に、琉球弧の島々として自立を模索するなかで、「島連合社会」として広域的な東アジア海域交流ネットワークを構想する与那国町の「国境交流特区」による地域活性化モデルも日本政府の規制によって拒まれつづけている現実があるとはいえ、自己決定が民主主義的な抑圧への異議申し立てをする装置ともなることは明らかであるように、自治の背景にある「市民権」意識を扶養することである。そのためにも、自己決定の「自己」の連続性にクサビを打ち込む自己と対象化される自己とのかかわりは、自己同一性＝アイデンティティの問題と共鳴するからこそ、沖縄のポジショナリティが問われることになる。生活物質をみずからが調達する能力を取り戻し、地域住民として生きるために風土に根ざした地域的自給の方策を模索する必要がある。この観点からすれば、こんにち、本土復帰後三八年を経て、沖縄をめぐる環境にも大きな変化が生じている。いまや島嶼・沖縄の歴史や思想が再審問されるべきときとなった。沖縄が自己喪失に身を委ねるのか、それとも自立、独立沖縄という構想力と直結した自己決定のあり方に進み出るのか、それが問われようとしているのである。

まとめ

自己決定・自律の問題は自己完結的な関係に目を奪われることなく、多文化的な価値創造にむかって、「和」の公共哲学（山脇直司 2000: 6-10、小林正弥 2001: 12-17）をアジアや沖縄をはじめとする世界の島嶼地域の問題にもあてはめることである。それは、近代国家の版図拡大競争に巻き込まれ、島嶼民らは武装せず、小さな島がこの近代化の野蛮を生き抜くために犠牲を最小限に食い止めることでのんびりした気性で警戒心のすくない心性を保持してきたとはいえ、島嶼世界の問題構制に鑑みた〈アジア〉の構想力が真に埋め込まれているからである。

アンソニー・リードの『大航海時代の東南アジア』（平野秀秋・田中優子訳、法政大学出版局、二〇〇二年）では、マラッカのスルタンから琉球王に宛てた手紙をとりあげ、「われわれは、青い太陽を支配するためには、たとえ貧しくとも、人びとは商業や交易に従事すべきであるということを学んだ。海に浮かぶすべての陸地はひとつに繋がっており、そこに生きるすべての生き物は、愛によって養われている。生活がこれまでの世代ではこんにちほど豊かであったことはない」（一二頁）と。そして、いまフィリピン・ミンダナオ島ピキットでは「平和の場所」宣言が住民らによって宣せられ、「和」をモチーフに〈しま〉の平和を世界に伝播させる運動が開花しようとしている。

カッチャリーの「多島海」論で提示した群島＝多島海というメタファーは、境界侵犯を歓迎した議論である。それは、境界に閉じこもり、他者を排除し、他者から免疫化された場を破壊することで、他者との関係や接触に開かれた世界を創出する思考の試みにほかならない（栗原彬 1997: 11-27、岡田温司 2006: 288-313）。

画定された領土にもとづく主権の時代は終わり、国家が明確に区切られた空間の内部で動く時代も終わりを告げているいま、沖縄をはじめとする島嶼海域世界という無化された境界＝場から平和を構想することは〈しま〉の平和から無数の平和の〈しま〉を世界に押し広げ、絶望の海に浮かぶ希望の島とならねばならないのである。島嶼・沖縄とはこうした磁場をもつ世界であることを再確認し、〈島嶼・平和学〉がさらに前進していくことを期して本章を閉じることにしたい。

注

(1) 二〇〇七年三月をもって早稲田大学を定年退職された西川潤先生に本論文を捧げる。西川先生からこれまでに賜った学恩に感謝するとともに、早稲田大学大学院アジア太平洋研究科創設に尽力されるなか、「太平洋島嶼部研究」講座を設置された英断に敬意を表したい。また、その講座開設にあたって、筆者をお招きいただいたことに心より御礼申し上げ、拙稿を捧げたい。

(2)〈島嶼・平和学〉(Peace Islands Studies)という新たな研究関心を呼びおこさせてくれたのは、韓国・国立済洲島大学(Cheju National University)のKo Changhoon教授であり、これまで筆者が取り組んできた平和研究と島嶼研究との学問的な接合・発展させる契機を与えてくれたことに心から感謝を申し上げたい。もちろん、島嶼・平和学はたんに島嶼研究と平和研究の諸成果を融合させるわけではなく、平和学の視座転回に不可欠な問題構制に着目しようとする新たな取り組みなのである。なお、本章は佐藤幸男・前田幸男編『世界政治を思想するⅡ』(国際書院、二〇一〇年)所収の拙稿と一部重複していることをあらかじめお断りしておく。

(3) ヨーロッパ世界で構築された「楽園」イメージは、陸地が閉ざされた世界であるがゆえに、想像世界のなかで、とりわけ好まれる場所があるとすればそれが島であり、ギリシャ神話をそこに投影することでなりたち、再利用しようとすることで「未知」の世界あるいはユートピアを演出させようとしている(J・ドリュモー『楽園の歴史1』西澤文昭・小野潮訳、新評論、二〇〇〇年[Jaen Delumeau, *Le jardin des délices*, Paris, 1992])。第5章が詳しい。

(4)『読売新聞』社説、二〇〇六年一二月二一日付朝刊。

(5) 六五〇〇の島からなるオーランド諸島は、二万六〇〇〇人の人口をもちつつも非武装中立の理念を掲げると同時に、フィンランド領でありながらスウェーデンの言語文化を保持し、高度の自治が認められた自治州である(『Skyward』[JAL機内誌]二〇〇六年一一月号、六二―七四頁および長谷川秀樹「オーランド諸島の自治権とその将来」『島嶼研究』三号。二〇〇二年。一〇五―一一四頁が詳しい)。

（6）金石範の長篇小説『火山島』で名高いばかりか、日本軍による強制連行、強制労働の場であった韓国・済州島が二〇〇五年自治権を付与された革新的な地方自治体として、規制緩和や国際基準が提供された国際自由都市となり、「平和の島」宣言がなされたことで〈島嶼・平和学〉発祥の地となった。

（7）とくに、日本の平和学が危機的であるのは、学問運動として平和研究者が「平和」概念の深化に貢献しえていないばかりか、一線を画するべき平和運動に身をすり寄せることである。日本の平和主義は「植民地主義」と決別することなく、つねに日本中心主義の論理をかざすなかで推移してきたことである。「平和」という理念が感情のレベルに押し留まり、意思として具現化できずに、反知性主義が現実化しつつある日本の知的情況への根本的な批判を欠落させていることである。問うべきは、日本がなぜ沖縄の「平和ならざる状態」を放任してきたのか、平和憲法の内実化にむけた明晰な研究を学会自体が怠ってきたのかである。これらを放置してきた日本の知的風土や研究姿勢そのものではなかったのではないだろうか。

（8）『朝日新聞』二〇〇六年九月二二日付朝刊。

（9）水内俊雄「近代日本の開発政策」水内他著『「開発」の変容と地域文化』青弓社、二〇〇六年、一四頁。および Toshio MIZUUCHI, "Development Policies and Spacial Integration in Japan form 1868 to 1941," Nation, Region and the Politics o Geography in East Asia. Osaka City University. pp. 30-42, 1999. をあわせて参照のこと。

参考文献

赤坂憲雄（2006）「東アジア内海世界は可能か」『神奈川大学評論』五三
足立明（2003）「開発の記憶」『民族学研究』六七巻四号
石原俊（2006）「移動民と文明国のはざまから」『思想』一〇月号
今福龍太・吉増剛造（2006）『アーキペラゴ——群島としての世界へ』岩波書店
浦部浩之（2002）「民主化後チリの地域開発」高木彰彦編『日本の政治地理学』古今書院
大久保潤（2009）『幻想の島　沖縄』日本経済新聞出版社
岡田温司（2006）「「帝国」と「ヨーロッパ」をめぐって」『RATIO』二号
沖縄国際大学産業総合研究所編（2007）『沖縄における地域内格差と均衡的発展に関する研究』泉文堂
栗原彬（1997）「共生ということ」（『差別の社会学4　共生の方へ』）、弘文堂

小林正弥（2001）「社会諸科学の哲学・政治哲学・公共哲学」『UP』九月号
佐藤幸男（1993）「アジア地域国際関係の原像」（溝口雄三・濱下武志・平石直昭・宮嶋博史編『アジアから考える　2地域システム』）東京大学出版会
佐藤幸男（1998）「近代世界システムと太平洋」（佐藤幸男編『世界史のなかの太平洋』）国際書院
佐藤幸男（1999）「アジア国際体系のダイナミズムと構造」（濱下武志編『東アジア世界の地域ネットワーク』）山川出版社
佐藤幸男（2004）「〈文化〉としての国際秩序認識とその学知の系譜学――最近の「帝国」論をめぐって」『文明21』一三
佐藤幸男（2006）「Human Development の政治学」『人間発達科学』一
佐藤幸男（2010）「世界政治の惑星的思考とその転回」佐藤幸男・前田幸男編『世界政治を思想するII』国際書院
重森暁（2001）「沖縄経済の自立的発展と県財政」（日本地方財政学会編『環境と開発の地方財政』）、勁草書房
新城郁夫（2006）「帝国のステレオタイプ」『文学』七（六）
杉山清彦（2009）「「東アジア」という抑圧」『機』二一一号
鈴木滋（2007）「米軍海外基地・施設の整備と費用負担」『レファレンス』一月号
高柳先男（1981）「平和研究のパラダイム」関寛治編『国際政治学を学ぶ』有斐閣
田中克彦（1996）『名前と人間』岩波書店
津覇実明（2006）「思潮 2006」『沖縄タイムス』（八月一一日）
中央大学経済研究所・沖縄経済調査団（2005）「沖縄経済調査報告」『中央大学経済研究所年報』三六号
桃原一彦（2007）「移住ブームの中の新都心論〈中〉」『沖縄タイムス』（五月二日付文化欄）
冨山一郎（2006）『増補戦場の記憶』日本経済評論社
仲里効（2006）「「独立琉球」という想像力」『世界』一月号
中島康予（2006）「沖縄における／沖縄からの市民連携と〈女性〉」『法学新報』一一二（七・八）
永田淳嗣・新井祥穂（2008）「進化する資源へのまなざし」佐藤仁編『資源を見る眼』東信堂
仲地博（2006）「沖縄自立構想の歴史的展開」『日本法学』七二（二）
中村丈夫（1982）「80年代の沖縄と島嶼住民の自決権」（http://www5b.biglobe.ne.jp/^WHOYOU/nakamura/htm）
中野敏男（2006）「植民地主義概念の新たな定位に向かって」（中野敏男・波平恒男・屋嘉比収・李孝徳編著『沖縄の占領と日本の復興』）、青弓社
西川潤（2003）「開発と幸福」『アジア新世紀4』岩波書店

西川潤（2004）「内発的発展の理論と政策」『早稲田政治経済学雑誌』三五四号
蓮見音彦（1995）「沖縄振興開発の展開と問題」（山本英治・高橋明善・蓮見音彦編『沖縄の都市と農村』）、東京大学出版会
比屋根照夫（2005）「戦後日本における沖縄論の思想的系譜」『思想』一二月号
藤田弘夫（2006）『路上の国柄』文芸春秋
A・G・フランク（2000）『リオリエント』山下範久訳、藤原書店
町村敬志（2006）『開発の時間　開発の空間』東京大学出版会
松島泰勝（2006）『琉球の「自治」』藤原書店
水内俊雄（2006）「近代日本の開発政策」（水内他著『「開発」の変容と地域文化』）、青弓社
武者小路公秀（2003）『人間安全保障論序説』国際書院
百瀬恵夫・前泊博盛（2002）『検証「沖縄問題」』東洋経済新報社
山崎幹根（2006）『国土開発の時代』東京大学出版会
山室信一（2006）「空間認識の視角と空間の生産」（山室信一編『岩波講座「帝国」日本の学知』第八巻）、岩波書店
米田巌（2006）「東アジア共同体の形成と黄海・東シナ海圏域を中核とする経済ネットワーク」『専修人文論集』七八
Biagini, E.& Brian Hoyle（1999）“Insularity and Development on an Oceanic Planet,” in *Insularity and Development*, Biagini, Emilio & Brian Hoyle eds., Pinter.N.Y.
Escobar,A.（1995）*Encountering Development*, N.Y.: Princeton U.P.
Goncalves,B.（2006）“‘Epistemological Dependency’-cognitive relativism in development thinking,” *Journal of International Development* 18（8）.
Hoogvelt,A.（1997）*Globalization and the Postcolonial World*, Baltimore: The Johns Hopkins U.P.
MIZUUCHI, Toshio（1999）“Development Policies and Spacial Integration in Japan from 1868 to 1941,” in *Nation, Region and the Politics of Geography in East Asia*, pp.30-42, Osaka: Osaka City University.
Staeheli,L（2003）“place,” in *A Companion to Political Geography*, Agnew, J., K.Mitchell, and G.Toal eds.
Thomas,N.（1991）*Entangled Objects: exchange, material culture and colonialism in the Pacific* , London: Harvard U.P.

第II部　沖縄とアジア

4　周辺における内発的発展
――沖縄と東南アジア（タイ）

鈴木規之

はじめに

沖縄は日本の中では「周辺」的な位置にある。日本に帰属しつつも第三世界的な要素を持ち、一九七二年の日本復帰後のこれまでの振興開発政策の中でも国内ＯＤＡとでも呼べるような性質の政府の資金が流入してきた。このような状況の中で、政府の資金や基地経済、観光に依存してきた開発・発展のあり方が問われてきたが、今のところは様々なディスコースが生み出される一方で消費されているというのが現状である。本章は、沖縄の開発・発展のありかたについて周辺性、内発的発展、アジアからのまなざしをキーワードに、現状を分析しながらオルターナティブな（もうひとつの）道を探る試みである。

1　沖縄と東南アジア（タイ）

1　共通する周辺性

沖縄は、その歴史性、地理的条件から東京を中心とする日本の中では第三世界的、ウォーラーステインの世界システム論の概念を用いれば周辺（もしくは辺境）としての特徴を持つ。格差、依存、収奪など「中心―周辺」の関係がもたらした帰結が問題性として語られる。米軍基地の問題も、周辺に押しつけられた「痛み」として語られる。沖縄はまた、日本の中では有数の観光地であり、観光への依存、換言すれば本土からの観光客が落とす観光収入への依存はますます強まる傾向にある。

このような沖縄の現状は、地理的・文化的に近いアジア、とりわけ東南アジアと共通するものがある（鈴木 2002）。近代化の流れの中でアジアは世界システムに包摂され、商品化を通して周辺として中心に支配・収奪されていった。ベトナム戦争当時は、タイ、フィリピン、韓国などにも米軍基地は存在した。さらに、アジアもまた有数の観光地を抱える。プーケット、バリ、セブなどの海岸リゾート、ボロブドゥール、アンコールワットなどの遺跡、バンコク、香港などアジア消費ブームの中で発展してきた観光地など多様であるが、やはり外国人観光客が落とす観光収入の多寡に一喜一憂する構造となっている。このように沖縄とアジアは周辺としての共通する困難を抱えることになったのである。

2　タイにおける内発的発展

これまで筆者が主なフィールドとしてきた東南アジアのタイは、一九五〇年代より近代化論的アプローチによる開発・発展の流れに巻き込まれた。経済成長、モノの豊かさを第一に求める開発主義を国民が共有していったのである。一九八五年のプラザ合意によるドル安円高が追い風となって日本を中心とする外国からの投資が急増し、それが牽引力となって一九八八年以降一〇%をこえる高度経済成長がもたらされた。しかしその結果、都市と農村との格差、環境破壊、地域文化の衰退、消費主義の蔓延といった問題点が発生した。政府や経済界をはじめ、研究者のマジョリティは、このような問題は急速な経済成長がもたらした一時的な弊害であるとみていたが、危機を感じた研究者や思想家、僧侶、NGOなどはこの状況を放置できないとして解決するためのオルターナティブな開発・発展を提起した（鈴木1993）。多様なオルターナティブな方策が提起され、内発的発展としての仏教的開発・発展のあり方、地域文化の尊重、参加と自助努力のあり方、サステイナビリティー（持続可能性）の提起など理論的に成熟するばかりでなくさまざまな実践も試みられた。特に、仏教的開発・発展のあり方は、タイにおける独自の内発性として注目されたのである（鈴木2001、西川・野田2001）。

一九九七年のバーツ危機によるタイ経済の頓挫によりオルターナティブな開発・発展はその重要性が再認識された。これまでの開発主義的な開発・発展のありかたを見直すような、国王による「もう十分な（足るを知る）経済」の提案もあった。しかし、二〇〇一年に首相に就任したタクシンによる一村一品運動や百万バーツ基金など新たなバージョンの開発主義が国民に共有され、特に貧困地帯である北部や東北タイの農村で熱狂的に支持された。だが、このような状況にあっても農村におけるオルターナティブを求める動きは続き、筆者が調査した東北部のコーンケーン県ウボンラット郡T行政村の事例にみられるように、農民たちの主体的な参加による内発性やサステイナビリティーを強調した実践はタイにしっかりと根を下ろしたのである（鈴木2006）。

3　沖縄へのまなざし

沖縄にはどのような開発・発展のあり方がふさわしいか。周辺としてどのような針路をとるべきなのか。中心から自立するのか、依存・従属の中でおこぼれでも現実的な利益を享受すべきなのか。これらのことについては、タイのこれまでの苦悩と重なるところが多い。沖縄の今後を考えるときに、アジアとの関係をどう再構築していくかはしばしば議論されてきた。筆者は、これまでの沖縄とアジアとの関係の議論では、「アジアから儲けよう」「アジアに教えてやろう」という論調があまりにも多く、これは沖縄がアジアの新たな中心となってアジアを再周辺化させるものだと批判してきた。そして沖縄のとるべき道は、オルターナティブな開発・発展のあり方をアジア（やタイ）から学び、アジアとともに実践、格闘することだと論じてきた（鈴木 1997）。また、沖縄は日本で最もアジアに近い「アジアの隣人」であることが強調されるが、アジアへの関心は県庁サイドの掛け声だけで、沖縄の人々の本当の関心は欧米に向けられていることも筆者は明らかにしてきた（鈴木 2000、2003）。

残念なことに、二一世紀に入っても沖縄の主流は日本本土や東京・欧米並みの経済成長、モノの豊かさをまず第一に求める開発主義的な発想である。本土との格差を減らすことばかりが強調され、そのために本土から金を引っぱるような振興策がいまだに幅を利かせている。米軍基地との関係というアポリアはあるものの、基地問題も振興策とリンクされ沖縄は翻弄されている。後述する読谷村のような事例はあるものの、タイにみられたような本格的なオルターナティブな開発・発展の試みがなかなか出てこないもどかしさを筆者は日々感じている。サステイナビリティー（持続可能性）を強調した「持続可能な開発・発展」の概念も、沖縄においては経済成長が続けばいいという「持続的発展」「持続的成長」といった、理念を失った造語に絡めとられてしまうことが多いのである。

2　沖縄の開発・発展をめぐる動き――復帰三五年をめぐる新聞記事を中心に

二〇〇七年五月一五日に沖縄は復帰三五年を迎えた。復帰から三五年経った沖縄の開発・発展をめぐる動きは、地元紙を中心として中央紙でも論じられた。論じられたテーマを筆者が分類してみたところ、（1）沖縄振興開発計画を中心とする振興の方向性、（2）解決できない米軍基地との関係、（3）本土との格差の問題、（4）観光の役割、（5）復帰三五年の評価の五つに大別することができた。本節では、この五つのポイントについて二〇〇七年三―六月の『琉球新報』および『朝日新聞』をテキストに開発・発展をめぐる動きを分析する。

1　沖縄振興開発計画を中心とする振興の方向性

沖縄振興審議会は二〇〇七年三月二六日に沖縄振興計画後半五年の施策展開の方向性を示す「後期展望」を決定した。その内容は沖縄の優位性を強調し、県民の意識改革と競争による主体的な取り組みとしての「選択と集中」を強調したものであった（『琉球新報』三月二七日）。この三月の審議会では、地域間競争を通じて沖縄の優位性を発揮していく必要性が指摘され、また沖縄の成長力は全国上位であることも強調された。そして、計画後期の具体的な方向性として、より一層の「選択と集中」を進め①観光・健康など沖縄の優位性を生かせる分野②沖縄の持つ不利性への影響が少ない情報通信や金融などの分野に力を注ぐ必要があるとしている（『琉球新報』五月一五日）。

しかし、五月一一日『琉球新報』「検証復帰三五年　沖縄の光と影（六）」では「政府の沖縄振興予算が、右肩下がりで減り続けている。復帰から三五年、沖縄の現状は、高まる財政依存度と完全失業率にあえぎ、伸び悩む自主財源の確保に苦戦する。目指す『自立経済』の目標からはむしろ遠のき、高財政依存と政府の振興策依存という『官主導・

官依存経済』の色を深めている。」として政府主導の沖縄振興のありかたへの懸念が示された。

五月一六日の『朝日新聞』も本土復帰から三五年の特集記事の中で「これまで米軍基地の代償として、また本土との格差是正のために、沖縄には様々な振興策や保護策が講じられてきたが、それ自身が経済の自立を妨げてきたことも否めない。沖縄には復帰以来、八兆円以上の国費が投じられてきたが、一人あたりの県民所得は一九九万円と全国最低だ。どうやって国への依存体質を脱し、自立を果たすのか。」とし、これまで沖縄経済を支えてきた『3K』(公共事業と基地、観光の三つ)への依存を批判した。そのうえで、「自立経済に向けて県がつくったプロジェクトチームが掲げた『新3K』(健康、環境、研究)で沖縄らしさを生かし、活路を切り開こうとしている。」と論じ、新たな試みを評価した。

このように、振興の方向性に多少の軌道修正はみられるものの、「振興策」が必要であるとの動きに変化はない。そして、これまで長く沖縄振興開発計画に関わった沖縄協会会長で前法政大学総長の清成忠男は、「沖縄はグローバル化の影響を受けやすいし、グローバル化に挑戦することによって大きな利益を得ることもできる。『アジアのための沖縄』をどう構築するかが重要であり、そのためのビジョンと戦略が必要である。持続可能な地域を形成することはもちろんであるが、産業においては高付加価値部門にシフトしなければならない。低付加価値部門は低賃金国に移転することになる。また、高付加価値を支えるのは、質の高い人材である。」(「日曜評論」『琉球新報』六月一〇日)と論じ、アジアとの関係性のあり方を示唆したが、これは沖縄の振興のためにその周辺性をアジアに押し付けるという最悪の選択肢である。

2 解決できない米軍基地との関係

復帰から三五年経っても解決しない基地問題に沖縄の人々はつねに振り回されている。復帰三五年の記念日に合わせて行った嘉手納基地包囲行動の「人間の鎖」は繋がらなかった。危機を感じた佐藤学は、五月一四日『琉球新報』の識者評論において、「大きくは『基地は嫌だけど、食えなくなるのも困る』と考える大方の県民に向けて、説得力のある代案を作り出すこと。小さくは運動独特のやり方を全く運動に縁のない人々も入れる形に変えること。誰にも分かっているこの課題に本気で取り組まねば、基地反対の側が多数を占める可能性はなくなりかねない。」と論じた。

基地があることへの「アメ」については「基地の移設を前提とした米軍再編特別措置法案にある自治体への交付金制度では、負担を引き受けてくれる地方自治体を探すために、政府は、今年度予算に五一億円を盛り込んだ」（『朝日新聞』五月一六日）と報じられたように、沖縄の人々が「アメ」を求めざるを得ない状況につけこむ政府の戦略は復帰三五年でも変化はない。

しかし、桜井国俊は「基地依存が環境を壊す」として「振興開発による環境破壊は極めて深刻である。高率補助による土木公共事業は、事業費の多くが本土企業に還流し地元はそのおこぼれにあずかるだけなのだが、土木工事が自己目的化し、いまや沖縄は乱開発のデパートの様相を呈している。それを防止し、対策を講ずるはずのアセス法は、法の手続きを無視した事前調査の横行などにより機能不全に陥っている。」（『朝日新聞』五月二一日）と論じ、基地受け入れによる「アメ」の危険性を警告している。

3　本土との格差の問題

沖縄は、所得、失業率などが、つねに本土との比較、すなわち格差問題として語られる。『朝日新聞』が行った沖縄県民調査でも、沖縄と本土に「さまざまな格差がある」と考える人は七七％に上った。そのなかで最も格差を感じるのは「所得」であり、「基地」は三番目であった。復帰三〇周年を前にした〇二年四月の調査では「さまざまな格差がある」と考える人は七四％で、大きな変化はなかった（『朝日新聞』五月五日）。

二〇〇四年の一人当たり県民所得の全国平均を一〇〇とすると、沖縄は六七である。このことから最低賃金引き上げはつねに論議になるが、全国の地域別最低賃金の平均は時給六七三円で最も低い青森、岩手、秋田、沖縄の四県は六一〇円にとどまっている(『琉球新報』六月一一日)。

格差の固定化防止を目指す県成長力円卓会議では「成長力底上げ戦略」について意見交換した結果、経済団体からは「引き上げありきではない」との意見が大勢を占めた。労働団体からは「県内は全国に比べ低いので大幅に賃上げすべきだ」などの意見があり、意見は割れた(『琉球新報』六月一五日)。

また、近年の重要課題である「失業」「ニート」の問題でも、「ニートの比率全国一　若年層の雇用対策」として「先ごろ県がまとめた労働力調査では、四月の完全失業率(原数値)は八・〇%で、前月比で〇・五%悪化、前年同月比でも〇・三ポイント悪化している。県内の雇用環境が全国に比較して改善が進まない理由の一つに、若年層の雇用環境が考えられる。本県における一五―三四歳間の失業率は二〇〇六年平均では一一・四%となり、全国平均の六・一%の二倍近い数値となり、若年層の失業率は高くなっている。全国のニートは三九万人で、人口比では一・二二%となっている。人口比でニートの比率が高いのは沖縄県(一・九一%)、高知県、奈良県、の順で、本県は全国の比率を〇・七%も上回っている。」と論じられた(『琉球新報』六月二三日)。

沖縄はその独特の魅力から本土より移住者が増え、ブームとさえなっている。しかし、沖縄の人々にとっては金に換算できない独特の豊かさは開発・発展を考える際には顧みる対象にはなりにくい。そのことが、「つねに本土と比較する」という視点につながるのである。

4　観光の役割

沖縄の観光については、観光客の数と彼らの消費額が重要なものとして語られる。「県観光商工部は二〇〇六年の観光収入（確定値）が前年比三・〇％増の四一〇四億八〇〇〇万円になったと発表した。五六三万七八〇〇人と過去最多を記録した昨年の観光入域客数に支えられ、初めて四千億円を突破し過去最高を記録した。観光客一人当たりの県内消費額は七万二七九七円で、前年より〇・五％の微増となった。しかし、前年比二・五％増の入域客数の伸びに比べ一人当たりの消費額は〇・五％増と鈍い。目標値の七万七〇〇〇円には届かなかった。」（『琉球新報』六月二一日）のようにである。

しかし、観光業の将来には以下のような厳しい見方もある。例えば、「県は十年後の観光客一千万人、観光収入一兆円を掲げている。一兆円の実現には単純計算で一人あたり十万円の消費が必要だ。県内消費額を増やすには多様な観光商品の開発に加え、土産など買い物消費が見込める初回来訪者や外国人観光客の誘客強化も重要だ。」（「経済アングル二〇〇七」『琉球新報』六月二二日）

「ＮＰＯ法人観光連盟は、県内宿泊施設動向調査をまとめた。沖縄振興計画に準じて入域観光客数の伸び率を年二・四五％と設定。一方で個々のホテル新設計画からホテルの収容人員をはじき出した。その結果、二〇一〇年の平均稼働率は五五・二％となり、米中枢同時テロがあった二〇〇一年の五六・四％を割り込む結果となった。」（『琉球新報』六月二六日）などのようにであるが、ここでも数と額で将来を語っている。

観光は余暇の一環であり、余裕資金から支出されるものである。グローバル化した現在では、沖縄のようなリゾート観光地は国内・国外の他のリゾートと厳しい競争にさらされる。その結果、観光産業で働く人々を取り巻く環境は厳しい。ＮＰＯ法人沖縄観光連盟は、県内ホテルの従業員雇用実態調査を行い、「勤務年数は四年以下が五五・四％と過半数を占め、八年以上は一七・二％にとどまる結果となった。正社員は三六・六％で、契約社員・パートは五割を超え、月額給与の手取額は一四万円以下が六五・六％に上る。ボーナスは『無し』が四二・六％で最多で、仕事に就いた理由は『他に仕事がない』が五八・五％と突出している。」（『琉球新報』六月八日）とまとめた。

このホテル雇用調査を、『琉球新報』は社説において「ホテルを支える人材の問題である。勤務年数四年以下が半数以上を占め、ホテルサービスのプロが育ちにくい現状が浮き彫りになった。リピーターを長くつなぎとめ、さらに新規客を生み出すプロのホテル従業員の養成は急務である。自然も、もてなしの心も魅力的であれば、沖縄観光の可能性は広がる。現状のような雇用実態が続けば、有数の観光地として安定的な地位を確立するのは難しいのではないか。」（『琉球新報』六月九日）と論じたが、この社説ではグローバル化での観光地どうしの価格競争という現実が認識されていない。観光をメインの産業に位置づけることへの批判的な議論が必要である。

5　復帰三五年の評価

以下は、復帰三五年県民世論調査（『琉球新報』五月八日）の結果である。「本土に復帰したこと」については「とても良かった」（四三・〇%）、「どちらかといえば良かった」（三九・三%）沖縄が本土復帰してから良かったと思うこと」については、「道路や橋、港湾などが整備された」（五〇・三%）、「本土との交流情報量が増えた」（四六・一%）が多く、「逆に悪くなったと思うこと」については「自然破壊が進んだ」（四六・三%）、「失業者が増えた」（三一・三%）が多くなった。そして「国や県に今後、特に力を入れて取り組んでほしいこと」については「社会福祉の充実」（三七・六%）、「米軍基地の整理縮小と跡地利用」（三三・二%）、「観光産業の振興」（二八・八%）、「自然環境保全の充実」（二八・六%）となり、「沖縄と本土との格差」については「変わらない」（四〇・五%）、「逆に拡大したと思う」（二八・〇%）、「縮まったと思う」（二六・三%）となった。復帰してよかったものの格差は縮まらず、基地、自然破壊、失業の問題の中で観光を中心とした産業をいかに振興させていけばいいのかという県民の悩みがみてとれる。

また、朝日新聞社と沖縄タイムス社の四月の世論調査では、「沖縄の経済のためには『国の支援』より『県民の努力』の方が重要だと答えた人が多かった。しかも、その傾向は二〇—三〇代の若い世代にいっそう目立ち、基地や公共事業への依存から抜け出そうとする芽がないわけではない。」（『朝日新聞』五月一五日）と論じられた。

復帰三五年を検証して『琉球新報』で五月一五日に掲載された特集記事では、「政府依存の経済定着　観光、ＩＴがけん引　『基地収入』は割合低下　所得七〇パーセント台で低迷　失業率、全国二倍で高止まり」という見出しが躍った。「国民所得を一〇〇とした場合の県民所得との所得格差を見ると、復帰の一九七二年の六一・〇％は、八六年に七五・一％まで縮まった。しかし以降はその差が縮まらず、二〇〇四年度は七〇・六％となり、全国平均の六〇―七〇％台にとどまる形で格差が固定化している。復帰前の失業率は一％以下だったが、近年は全国平均の二倍近い七％台で高止まりしている。」という格差論・比較論がここでも展開された。そして「復帰以降の高率補助による社会資本整備は、公共事業や政府予算に依存した経済構造を定着させた。沖縄振興計画は、「民間主導による自立型経済の構築」を打ち出す。自立型経済をけん引するのは、観光と情報通信（ＩＴ）関連事業だ。一方で復帰時に県民総生産の一五・六％を占めていた基地関連収入は現在は五％台で推移し、県経済に占めるウェートが相対的に縮小している。」という、飽き飽きした議論が繰り返されたのである。

この特集の中で、大城常夫は「依存体質むしろ悪化、人材育成と観光が鍵握る」とありきたりの議論をする中で、「一定の生活水準があるならば所得水準の格差は問題ではない。沖縄の水準も世界的に見れば先進諸国の平均以上だ。」と格差問題について注目すべききわめて大胆な論を展開した。なまじ比較をするから格差を意識し、その是正を求めて右往左往してきたのがこれまでの沖縄の姿であった。沖縄のオルターナティブな開発・発展を考えていく上で、このような発想が沖縄（ウチナーンチュ）の研究者から出てきたことはきわめて重要である。

3 沖縄の開発・発展をめぐるディスコース

前節で論じた沖縄の開発・発展の現状については、筆者を含めた関心を持つ研究者たちによってその方向性ともリンクさせながらそれぞれの視点で分析され、ディスコースが生産されてきた。ここでは、前節の五つのポイントの中で開発・発展をテーマとする研究者たちが特に関心を持つ、振興の方向性に関わる「内発的発展」と、最も重要な産業として位置づけられつつある「観光と開発・発展」の二つの視点から生産されたディスコースについて論じる。

1 内発的発展

内発的発展とは、開発・発展について近代化論的アプローチを批判したオルターナティブな開発・発展の一つとして位置づけられ、地域の内発的な潜在力とサステイナビリティーが強調される。

沖縄の内発的発展の研究については、宮本憲一らの総合的研究である『沖縄二一世紀の挑戦』に触れないわけにはいかないだろう。久場政彦やガバン・マコーマックなど沖縄や外国の研究者を含む碩学による学際的研究で、沖縄の持続可能な発展のために復帰後の沖縄の政策を検証し、さらに今後の沖縄政策を検討したものである（宮本・佐々木 2000）。米軍基地撤去、基地依存経済からの脱却を基本に沖縄の内発的発展とサステイナビリティーの可能性を提案しているが、基本的にはソフトランディング路線である。これまでの沖縄の開発主義的な発想とは対立する議論ではあるが、「所得の増加」「格差の是正」からの呪縛は解けず、オルターナティブには至っていない。

沖縄のさまざまな開発の弊害が「本土並み」を追求するキャッチアップ型の開発からきているという藤原正博の主張も大変興味深い。しかし、「これから沖縄の振興開発においては、沖縄の地域的特質を活かした個性的な開発への転換が求められている。……他の地域で開発された先進的な技術や手法を沖縄の諸条件に適した形に改良して利用することで、沖縄の有する『後発性の利益』を活用していくこともまた必要とされる。……キャッチアップの論理ではなく、島嶼生態系という沖縄の自然・生態の論理に基づくその特異性、経済学的にいえば絶対優位性を主軸とする開発戦略を、歴史の再発見を通して構築していくことが求められている。」(藤原 2002) という主張は、ソフトではあるが「周辺から中心になるべきだ」との開発主義的な発想が見え隠れする。

これに対して、ポランニーをその源流とする経済学主義批判の立場からの松島泰勝の懸念は傾聴すべきものがある。彼は、

「琉球の開発計画は、歴史性を喪失した経済学を理論的基盤においている。……自然や人間を資源として効率的に使用することで、生産性を高めることが経済学の目的となった。また、経済学では現在の満足を満たすことが優先され、環境破壊や資本源枯渇等の問題は副次的な扱いをされてきた。……

このまま貨幣経済を最優先する開発計画が実施され続けると、経済が琉球社会のすべてを飲み込むまで拡大するだろう。すべてのモノが価格をもつようになり、人間は市場の奴隷となり、自然や生活が切り売りされ、それらの価値も減少していくだろう。」(松島 2006) と論じ、社会が経済に埋め込まれたことに警告を発している。この発想は、沖縄のオルターナティブな開発・発展の方向性を示唆していると筆者は考える。

2　観光と開発・発展

沖縄の観光については、前節の新聞の論調からも明らかなように、旅行者数と彼らが落とす金額が主要な論点であり、基本的にはマス・ツーリズムの範疇である。このマス・ツーリズムに沖縄の文化やイメージが絡め取られているという。

たとえば、梅田英春は、「沖縄観光における『文化』の多くは、ローカルな文化を強調し、それを失うことなく操作が加えられたり、創作されたりしながら、沖縄観光という名のショーウィンドーの文化コーナーの中に『商品』としてこぎれいに並べられたものである。その一方、多くの観光地で見られるようなグローバルな『文化』に、沖縄のさまざまなイメージが付与され、同じ場所に『商品』として陳列された。その一部は、沖縄のローカリティと結びつき、『ちゃんぷるー』という商標が付けられた。……

この店に並べられたローカルな、グローバルな、あるいは『ちゃんぷるー』なモノ、すなわちこの多様な『商品』こそが、今の沖縄観光における『文化』のありようを象徴しているのである。」（梅田 2003）と論じ、多田治は海洋博以降の沖縄の観光リゾート化のプロセスについて、「沖縄の現実に即してイメージが描かれるのではなく、逆に観光振興に適合的な〈沖縄〉イメージから現実の〈県民〉を構築していくような事態が生じ始めている」（多田 2004）と論じている。

沖縄県内のシンクタンクである沖縄雇用開発推進機構（エンパクト）は、ウェルネス社会の創造、喜びを生み出す沖縄観光をテーマとして、沖縄の観光の現状を今後の展望について論じている。「リゾートウェディング」や「ヘルシー&ウェルネス」「シニア」などをキーワードに新たな雇用の可能性を示唆するものの、一人あたりの平均消費額が減った沖縄観光にいかに金を落とさせるか、観光客総数を増やしていく中でいかに「金を出す」観光客を獲得していくかが課題であるという論調（うつみ 2005）である。

筆者の勤務する琉球大学でも、二〇〇五年の政府の「観光立国行動計画」を受けて、沖縄における観光産業の高度な人材育成の必要から二〇〇五年に国立大学法人として初めて法文学部に観光科学科を設立し、二〇〇八年には観光産業科学部として独立させた。ここでもエコ・ツーリズムやウェルネスがキーワードとなっているものの、全体の流れはマス・ツーリズムにいかにエコ・ツーリズムをとり込むかという流れであるといってよい。

ところで、このマス・ツーリズムに対するオルターナティブは、たとえば以下のグリーン・ツーリズムについての議論、「先進諸国における国際観光志向の高まりを背景に、発展途上国の自然環境資源を商品とする『リゾートツアー』の増加によって、発展途上国における経済開発と環境保護という課題が浮上するのである。つまり、それまでの大規模開発、大量輸送、大量消費を目的とするマス・ツーリズムの延長としての『自然体験観光』の是非が問われることになるのである。」（青木 2004）や「マス・ツーリズムの弊害をふまえた新たな観光のあり方は、……『環境破壊型』『略奪型』ではなく、地域発展を阻害しないものでなければならない。それは、……地域社会に『穏やかな』変化をもたらす『ロー・インパクト』で、地域の自律性のもとに『内発的』に進められる『ソフト』な観光のあり方をめざそうとするものである。」（森本 1999）にみられるように、マス・ツーリズムと簡単には両立しない。さらに、マス・ツーリズムを批判したオルターナティブ・ツーリズムはグリーン・ツーリズム、エコ・ツーリズム、持続可能な観光などいろいろな呼び方をされているが、「環境にやさしい」「サステイナブルである」というメリットばかり強調され、「金にならない」ということについては隠蔽されるのである。

沖縄の周辺離島である竹富島でフィールドワークを行った森田真也は、「観光開発は、地域社会や地域の伝統文化を破壊するような否定的側面だけではない。竹富島では、企業による大型開発を牽制しながら、観光をしたたかに自分たちの生活へと取り込んでいる。それは、なんとか自分たちの手で、企業や行政に依存せずに地域を維持していこうとする試行錯誤の結果である。……観光開発の本質は経済現象であるとともに、流行に左右されるきわめて移り気なものである。気をつけないと、絵に描いただけの振興計画で大きな予算を消化して終わってしまったり、外部からの大きな資本によって利用されてしまうだけということもありうるだろう。……地域社会の人々は、過度に観光経済に期待しないこと。行政や企業に頼らず、それぞれが知恵を出しあい、行動して、観光開発を自分たちのものとして飼い慣らしていくようにしていくことが必要である。」（森田 2006）と論じ、マス・ツーリズムに絡め取られず、逆にしたたかに飼い慣らすことを提言していることは痛快ですらある。観光は、エコ・ツーリズムのようなオルターナティブ・ツーリズムでは決して儲からない。換言すれば、サステイナビリティーを重視した観光をメインの産業として本土並みの所得をあげることはまず困難である。オルターナティブな開発・発展を模索するとき、観光産業の持つ限界を認識することは不可欠である。

4　開発・発展をめぐる沖縄の人々の意識

これまで、沖縄の開発・発展をめぐって新聞や研究者の論調、ディスコースを分析してきたが、本節では筆者が関わった二つの調査から生活者としての沖縄の人々の意識を分析する。

1　二〇〇〇年北谷・読谷調査

ここでは、二〇〇〇年に筆者が調査を行った沖縄のサステイナブルな開発と発展に向けての試論をもとに分析したい（鈴木 2005）。

事例として選択した地域は、沖縄本島中部の北谷町と読谷村である。それぞれの自治体から二つの地区（旧市街と新市街）を抽出し、サンプル調査を行った。この二つの地域は、沖縄の中でも自治体を中心にした個性的なまちづくり・むらづくりを行っており、開発・発展の方向性も異なったものとなっている。北谷町は「アメリカンビレッジ」という複合的な商業・娯楽施設を展開し、外からの資本を積極的に受け入れて資本主義的な発展を進めていくという、いわゆる「外発的」な発展を強く打ち出している。これに対して、読谷村は反戦平和の活動が著名であった山内徳信元村長をキーパーソンに、紅いもや伝統工芸を中心とした「文化」にこだわった村の特徴を打ち出すという典型的な

「内発的」な発展を打ち出している。このような二つの開発・発展の方向性は、今日のまちづくり・むらづくりの典型的なパターンでもある。

北谷町は、基地返還後の開発・発展の一つのモデルとなっている。その代表が美浜地区で、ハンビー、アメリカンビレッジに隣接したニュータウンにその多くの住民が居住し、対象者もそのほとんどがニュータウンの住民である。他市町村からの移住者が多く、那覇を中心とした町外への通勤者も数多い。謝苅地区は北谷町の旧市街にあり、米軍基地に土地の大部分を接収された町民が細い路地の間にひしめき合うように居住している。居住年数は長いが、やはり町外への通勤者は多い。

これに対して、読谷村は宮本憲一の研究グループをはじめ多くの研究に取りあげられたように典型的な内発的発展を指向する自治体である（宮本・佐々木 2000）。ここも、米軍によって多くの土地が基地として接収されているが、「闘う」読谷村として反戦・平和を旗頭に独特の内発的な発展を模索してきた。渡慶次地区はその中心の一つをなす地区であり、「平和」「地域文化」「ゆいまーる」などをキーワードとする地域コミュニティが強固である。自治会の役割もかなり重要なものとなっている。読谷村内で他の地区に移住しても自治会所属は渡慶次地区のままという例に見られるように、その凝集性は非常に強い。共有財産としての軍用地が大きな要因となっているのである。大添地区は共有財産としての軍用地がなく、また他からの移住者が多いため渡慶次地区とは全く様相が異なる。国道五八号線に近く、村外への通勤者も渡慶次地区に比べて多くなっている。

二つの自治体の住民たちは、理念の異なったそれぞれの自治体が主導して進めてきた地域の開発・発展のありかたを、ある程度は肯定的に受け入れているものの、まちづくり・むらづくりの方向性には違和感をもっていることが調査から明らかになった。北谷では、生活は便利になったものの環境問題や伝統的文化の衰退、新旧住民のギャップといった、筆者がタイの調査で経験したことを追体験するような状況が生じた。一方、読谷村では「文化」や「平和」

で食えるかという不満がくすぶっていた。内発的発展の成功例とされているが、人々の心の中にタイの実践例のような深いオルターナティブな発想は浸透していないと感じられた。このような状況を考えると、沖縄の「サステイナブルな開発・発展」の現状と方向性は大きな問題をはらみ続けているアポリアといえよう。

2　二〇〇六―〇七年沖縄総合社会調査

次に、琉球大学社会学研究室が二〇〇六年一一月―二〇〇七年二月に実施した、「沖縄県民の生活・福祉・社会意識についてのアンケート」（沖縄総合社会調査、対象者一六〇〇人、有効回答者数八八五人）のデータから沖縄の開発や発展のあり方についていてたずねた部分を抽出し、沖縄の振興開発や環境保護についての県民の意識を分析する（詳細は、鈴木（2008）および（2009）を参照されたい）。

「これまでの開発で沖縄は良くなったか」とたずねたところ、「どちらかというと良くなった」も含めると、回答者全体の八一・八％は開発によって沖縄は「良くなった」と考えている。年代別・性別集計でみても、同様の傾向がみられた。

「沖縄にとっての望ましい開発の担い手」については「沖縄県民や沖縄企業」（七〇・九％）「国や県の補助金による開発」（二一・七％）、「県外企業」（五・一％）、「海外企業」（二・四％）の順となり、対象者の多くは、沖縄の担い手による開発を志向しているといえる。

調査時点（二〇〇六年一一月―二〇〇七年二月）からみて過去五年間の暮らし向きの変化をたずねた質問では、回答者全体の四〇・七％が「変わらない」と回答している。ただし、「どちらかといえば良くなった」「良くなった」と肯定的に感じている人は合わせて二〇・九％、「どちらかといえば悪くなった」「悪くなった」と否定的に感じる人は合わせて三八・四％となっており、暮らし向きに変化があったと感じる人の中では、悪くなったと感じる人の割合が高くなっている。また、年代別にみると、年長の世代ほど否定的に感じる人の割合が高くなっている。

沖縄の未来に対するイメージをたずねた質問では、各世代を通じて「どちらかといえば明るい方だと思う」という回答が五割以上となっており、「とても明るいと思う」を合わせると、多くの回答者は沖縄の未来に対し、明るいイメージをもっているようである。年代別で見ると、年長の世代になるにつれ、「どちらかといえば暗い方だと思う」の回答割合が高くなる傾向がみられる。

環境と開発に関して、「A 経済発展のためには、自然環境をある程度犠牲にしてもやむを得ない」(経済発展派)と「B 自然環境を守るためには、経済発展をある程度犠牲にしてもやむを得ない」(環境派)という二つの意見のうち、どちらに自分の考えが近いかをたずねた質問では、各世代とも「どちらかといえばBに近い」という回答が一番多い回答となった。「Bに近い」を合わせると、経済発展派よりも環境派の割合が高い結果となった。ただし、年長の世代になるにつれ「Aに近い」と回答する人の割合が高くなる傾向もみられる。

次に、環境に配慮した買い物(電化製品)について、「A 環境への配慮は特になくても、安いものを買う」(現実派)「B 値段が高くても、環境に配慮したものを買う」(環境派)という二つの考え方のどちらに近いかをたずねた。年代別に見ると各世代とも「どちらかといえばBに近い」という回答が多くなり、環境派が現実派を上回った。しかし、若い世代ほど現実派の割合が高くなっている。

沖縄の開発や発展についてであるが、沖縄の人々は復帰後に国が進めてきた開発のあり方によって沖縄は良くなったと楽観的に考えている。一方で、資本力や政治力の圧倒的な差があるにもかかわらず、開発の主体は沖縄県民や沖縄企業であるべきだと考えている。この五年間の暮らし向きはあまり良くなっていないと考えているが、沖縄の将来のイメージはどちらかといえば明るいとここでも楽観的に考えている。この楽観的な考え方は、これまでの状況が作り出した事大主義(自主性を欠き、勢力の強大な者につき従って自分の存立を維持するやりかた)の現われと見ることもできよう。

開発・発展と環境との関係では、理念としては経済発展よりも自然環境を重視するものの、電化製品の購入のように実際の消費行動になるとより現実的な選択をしてしまうようで、サステイナビリティーについては懸念される。性別との関係では、男性の方がより経済的な豊かさを重視し、女性は環境や心の豊かさなどの側面を重視する傾向にあるようである。年齢との関係をみると、若い人ほど自然環境を重視するという理念をもっているものの、実際の消費行動で考えると上の世代ほど環境への配慮があるという結果が出ており、楽観的な県民性も含めて若者の行動がやはり懸念されるのである。

5　東南アジア（タイ）の経験と沖縄

東南アジアの一国であるタイは、もともと米の輸出で栄えた国だが、一九八八年以降の高度成長の時代になると繊維製品や軽工業品、農水産加工物などが輸出の中心となり、近年では外国資本による自動車、電化製品などの東南アジアにおける生産基地としての役割も果たすようになった。それに伴った問題の発生についてはすでに論じたが、その一方で観光も重要な産業として位置づけられてきた。チェンマイやプーケット、アユタヤなど世界的な観光地をもつタイは、一九九八年に“Amazing Thailand”をキーワードに観光を推進し、二〇〇〇年にはこれまでタイ政府観光庁だった機関を観光スポーツ省に格上げした。

しかし、この観光も決して安定的なものではない。イラクのクウェート侵攻や二〇〇一年のニューヨークの9・11事件の際は観光客が世界的に減少し、タイも大きな打撃を受けた。近年では、ＳＡＲＳ（新型肺炎）の影響を受けた二〇〇三年には外国人観光客が四・三九％、大津波の影響を受けた二〇〇五年は六・九〇％と、前年比に比べて外国人観光客が減少したことが観光スポーツ省のデータ（http://www.tourismthailand_org/downloads/annual_report2005/stat.pdf）でも報告されている。

二〇〇一年には外国人観光客は一〇〇〇万人に達した。観光収入は名目GDPの五・九％、二〇〇一年の貿易黒字額の二・七倍となり、重要な外貨獲得源となった（ジェトロ・バンコクセンター 2003）。しかしながら、タイは沖縄ほどには観光に依存してはいない。全く観光とは縁のない地域も多い。それでも観光客が減れば大きな影響を受けるのである。

沖縄は、「9・11事件」では観光客の中で「大事なお客さん」である修学旅行生のキャンセルが相次いだ。田仲康博は、その際の動きを「住民が米軍基地と隣り合わせに生きる『基地の島』の危険性は、以前から指摘されていたことで、キャンセルそれ自体はごく当然の反応だと思われた。むしろ、観光沖縄のイメージそのものがいかに脆いものであるかを再確認する契機になりうるものだった。しかし、『9・11事件』以降、高まりを見せていた基地の危険性を訴える住民の声は、官民挙げての観光客誘致キャンペーン『だいじょうぶさぁ〜沖縄』にかき消されてしまうことになる。」（田仲 2007）と論じている。

このように考えると、観光産業は不安定なものであることを前提とすべきで、メインの産業に、そして観光客が来なくなったら経済的に立ち行かないという状況にしてはならないのである。まして、環境や文化、日常生活を維持できるオルターナティブ・ツーリズムは、「金にならない」という前提で推進すべきものである。

タイから学ぶべきは、都市と農村との格差、環境問題、地域文化の衰退、消費主義の蔓延といった問題点に立ち向かったオルターナティブな開発・発展の理論と実践にもあるだろう。特に、沖縄が「内発性」をどう発揮できるか、松島の言う「経済に絡めとられない」社会の構築が可能かを、沖縄が文化や自然環境というサステイナビリティーを失わないうちに具体的に模索すべきである。観光も、オルターナティブ・ツーリズムとしてこの流れの中に位置づける必要がある。

田中耕司は「沖縄もまた、東南アジアの辺境地域と同じ歴史を歩んできた。そして、いま、経済グローバル化とともに社会経済開発や地域振興策に沿ったさまざまな開発計画が実行に移されている。その一方で、辺境地域であったゆえに残された地域固有の自然や文化を基礎にした、地域の特色を活かした経済開発を進めようという試みも各地で始まっている。……


地理的には日本の版図の周縁に位置する沖縄は、その周縁性を逆手にとって、日本という中心型社会の『辺境』ではなく、外に開かれたネットワーク型社会のハブとして将来を構想していくことができないだろうか。同じく周縁部に位置して、開発と環境のせめぎあいのなかで大きく揺らいでいる東南アジアの島嶼部や山地部から学ぶことはまだ多いように思われる。」（田中 2005）と論じている。ここでも経済開発の視点から切り離されていないのは気になるが、沖縄と東南アジアとの関係について共通する周辺（辺境）性から開発・発展のあり方を考えようとするのは筆者ばかりではないのである。

おわりに

筆者は東京で生まれ育ち、大学時代からタイをフィールドとして国際社会学の視点から開発・発展の研究を行い、沖縄の琉球大学の教員になって一五年以上になる。東京・タイ・沖縄の三地点をつねに移動するようなディアスポラ的な生活の中で実感していることは、豊かさや幸せには地域固有のものがあり、ドルや円のような中心の通貨に換算しても全く意味がないということである。

筆者がまだ大学生だった一九八〇年代の初頭に、「貧しい」というイメージしかなかったタイのあまりの豊かさに驚き、研究に足を踏み入れた。ドル換算した所得は低くても、物価は安く市場や屋台、小規模な交通網が発達しており、友人となったバンコクの平均的な大学生の生活、特に食生活は当時の筆者より明らかに恵まれていた。食べ物のおいしさは格別で、筆者がタイで研究・留学したいという動機づけになったほどであった。農村に行けば、屋敷地からとってくる野菜や果物、鶏やアヒルなどで食料などもまかなうことができ、ほとんど金はいらないサブシスタンスな社会であった。時間の流れもゆったりとしていた。

アジアにはまっていた筆者は、幸運にも日本で最も東南アジアの香りの強い沖縄に希望して職を得ることができた。就職してからも沖縄の東南アジアに近い食生活と東京とは違うリズムで流れる時間の中に心地よく身を置いている。そして、冬の寒さのない沖縄の生活コストの低さを実感している。日本の周辺である沖縄がオルターナティブな内発性を模索するとき、日本本土の平均値や東京と数字の比較をしても全く意味がなく、比較するという発想が残っている限りオルターナティブは構想できないのである。

大城常夫の「一定の生活水準があるならば所得水準の格差は問題ではない。沖縄の水準も世界的に見れば先進諸国の平均以上だ。」という議論は沖縄の格差問題を脱構築する可能性を秘めているが、さらに押し進めて「皆が食べていけるのなら、中心の通貨に換算しての比較はしない」と考えられるようになれば、松島泰勝が懸念するように経済に絡め取られることもなく、森田真也が懸念するように観光が外部の資本に利用されるだけになってしまうこともない。基地の受け入れによる「アメ」も政府への依存も必要ない。周辺が中心に蹂躙されることなくサステイナビリティーを保持するためには、このような発想でオルターナティブな開発・発展を模索すべきである。アジア、とりわけ東南アジア（タイ）から学び、ともに実践することはそのためのヒントをつかむことでもある。

付記　本章は、二〇〇七年八月に執筆したものである。二〇〇八年一一月リーマン・ショックに始まる世界的不況や、二〇〇九年八月、日本での政権交代は沖縄にも大きな影響を及ぼした。本章の主張は、今後の沖縄のあり方を考えるうえで大きな意味があると筆者は確信する。

参考文献

青木辰司（2004）『グリーン・ツーリズム実践の社会学』丸善株式会社
うつみ恵美子監修（2005）『沖縄の新観光ビジネス』（財）沖縄雇用開発推進機構
梅田英春（2003）「ローカル・グローバル・もしくは「ちゃんぷるー」――沖縄観光における文化の多様性とその真正性をめぐる議論」、橋本和也・佐藤幸男編『観光開発と文化――南からの問いかけ』世界思想社
ジェトロ・バンコクセンター編著（2003）『ビジネスガイド　タイ〔新版〕』ジェトロ
鈴木規之（1993）『第三世界におけるもうひとつの発展理論――タイ農村の危機と再生の可能性』国際書院
鈴木規之（1997）「タイに学ぶ共生の社会」『アジアのダイナミズムと沖縄』沖縄国際大学公開講座5、ボーダーインク
鈴木規之（2000）「沖縄の国際化とアジア――サステイナブルな関係の構築に向けて（1）」『人間科学』第五号、琉球大学法文学部
鈴木規之（2001）「農村社会の変容と仏教寺院――東北タイ・チャイヤプーム県ターマファイワーン村を事例として」西川潤・野田真里編『仏教・開発・NGO』新評論
鈴木規之（2002）「タイと沖縄――グローバル化の中でのサステイナブルな関係の構築のために」『琉球アジアの民族と文化』（比嘉政夫教授退官記念論集）、榕樹書林
鈴木規之（2003）「沖縄の国際化とアジア――サステイナブルな関係の構築に向けて（2）」『人間科学』第一一号、琉球大学法文学部
鈴木規之（2005）「沖縄のサステイナブルな開発・発展に向けての試論――北谷町・読谷村の4地区の事例から」『戦後60年沖縄社会の構造変動と生活世界』琉球大学教育重点化経費報告書（研究代表者 鈴木規之）
鈴木規之（2006）「グローバル化の中での都市と農村――開発と市民社会化、文化変容との交差」、田巻松雄他編『地域研究の課題と方法――アジア・アフリカ社会研究入門　理論編』文化書房博文社

鈴木規之（2008）「開発と発展」『沖縄の社会構造と生活世界――二次利用として公開可能なミクロデータの構築をめざして――沖縄総合社会調査二〇〇六』平成17―19年度文部科学省科学研究費補助金（基盤研究（B）一般）成果報告書（研究代表者 鈴木規之）
鈴木規之（2009）「沖縄における開発・発展をめぐる県民の意識――沖縄総合社会調査二〇〇六を中心として」安藤由美・鈴木規之編『沖縄総合社会調査二〇〇六――第二次報告書』沖縄総合社会調査二〇〇六委員会
多田治（2004）『沖縄イメージの誕生――青い海のカルチュラル・スタディーズ』東洋経済新社
田中耕司（2006）「地域の資源を誰が利用するのか――「周縁」からの視点」、新崎盛暉・比嘉政夫・家中茂編『地域の自立シマの力 上』コモンズ
田仲康博（2007）「風景――エキゾチック・オキナワの生産と受容」、佐藤健二・吉見俊哉編『文化の社会学』有斐閣
西川潤・野田真里編（2000）『仏教・開発・NGO』新評論
藤原昌樹（2002）「振興開発と環境――「開発」の捉え方を見直す」、松井健編『開発と環境の文化学――沖縄地域社会変動の諸契機』榕樹書林
松島泰勝（2006）『琉球の「自治」』藤原書店
宮本憲一・佐々木雅幸編（2000）『沖縄21世紀への挑戦』岩波書店
森田真也（2006）「観光開発と地域文化の変容」、水内俊雄他編『「開発」の変容と地域社会』青弓社
森本正夫監修、塚本珪一・東徹編著（1999）『持続可能な観光と地域発展へのアプローチ』泉文堂

5　泡盛とタイ米の経済史

宮田敏之

はじめに

泡盛は沖縄を代表する蒸留酒である。二〇〇八年の泡盛出荷量は二万四三〇五キロリットル（沖縄県酒造協同組合 2009）に達し、沖縄本土復帰後の一九七四年の出荷量七五〇七キロリットル（「沖縄県酒連50年誌」検討委員会 2000: 125）に比べると、およそ三・二倍に増加している。一九八〇年代前半以降、沖縄県内でブームとなった泡盛は、一九九〇年代半には日本国内で消費が拡大し、この三〇数年の間に出荷量が、急激な伸びを示した。その背景には、一九七二年から開催された泡盛鑑評会などによる品質改善の強化、沖縄県工業試験場による麹菌などの開発・研究、さらには沖縄県酒造組合連合会など業界関係者による県内外への泡盛紹介などがあった。官民あげて泡盛の品質向上と市場拡大に向けた努力が粘り強くおこなわれたわけである。それと呼応するかのように、「泡盛同好会」（儀間眞喜代表）など国内各地に泡盛愛好者の同好組織が広がりを見せ、泡盛ブームの裾野は確実に拡大している。

また、二〇〇四年六月一日、沖縄県酒造組合連合会は、泡盛の品質に対する消費者からの信頼をより確実なものとするため、泡盛の古酒（クース）に関する規則の厳格化と表示の統一を行った。古酒は、三年以上貯蔵した泡盛とされているが、その年数を表示する場合には、全量が当該表示年数以上貯蔵したもの、あるいは当該表示年数以上貯蔵した他の古酒を混和したものにするという基準に統一し、泡盛と泡盛業界への信頼を高めようとした。実は、この規則により、数年貯蔵した泡盛に新酒等を混和していた従来の古酒銘柄のうち、終売または休売になったものが二七〇銘柄（従来の古酒銘柄の約半分）に及んだといわれる（琉球銀行 2006: 19）。また、瓶の詰め口に付すようになった製造日付が賞味期限と誤解されるなど、この新しい品質表示基準は、一部に混乱をもたらした。しかし、こうした基準の厳格化自体は、泡盛業界が、泡盛の品質基準について、消費者に対する説明責任の重要性を強く認識していることを示すものであり、泡盛の長期的な消費拡大にとって不可欠の思い切った対策であった。

泡盛は、黒麹菌を用いた沖縄酒文化の伝統を引き継ぎながら、沖縄の本土復帰以後、このような出荷量の拡大と品質の向上を実現し、質量ともに顕著な発展を見せている。その泡盛は、沖縄伝統の酒として発展してきたが、実のところ、主原料は、東南アジアのタイから輸入された米である。特に、タイ産うるち米の籾を白米に精米する段階で生ずる砕米（White broken rice タイ語で Khao hak 以下、タイ砕米）が用いられている。なぜ、沖縄酒文化の、いわば象徴的存在である泡盛の主原料にタイ米、しかも、その砕米が用いられているのだろうか？　この一見不思議な取り合わせの背景は何か？

今からおよそ五〇〇年前の一五三四年、明から来琉した冊封使の陳侃は「王酒を奉じて勧む、清くして烈し、暹羅より来る」と報告した（坂口 1970: 224）。かつて琉球王国には、暹羅、当時のシャム（アユタヤ朝）、つまり、現在のタイから酒が渡ってきており、こうした外来の強い酒が、後の泡盛のひとつの源流になったといわれている（高良 1988: 130）。しかし、タイの米までが、当時、輸入されていたわけではなく、泡盛の原料としては、沖縄産の米や粟などが用いられていた（高良 1988: 136）。では、一体、いつごろから、タイの米が泡盛の原料として用いられるようになったのか？

本章は、泡盛原料としてのタイ米、特にその砕米に着目し、それが、どのような経緯で泡盛の原料となり、どのようなルートで輸入されてきたのか？　を中心に検討を加える。

1　タイ砕米とは何か？

泡盛原料用のタイ砕米とは、タイの輸出基準にいうところの普通米・うるち米の砕米である。タイの米輸出の分類では、香り米の高級米がタイ・ホーム・マリ米（Thai Hom Mali Rice）とされ、やや低級の香り米がタイ・パトムタニー香り米（Thai Pathumthani Fragrant Rice）、それ以外が非香り米の普通米（Non-Fragrant Rice）として分類される。この輸出用の分類では、普通米には、うるち米も、もち米も含まれる。泡盛用原料用の砕米は、非香り米の普通米・うるち米の砕米である。二〇〇八年のタイ砕米の輸出量は四一万トン、普通米に占める割合は五・七%、米輸出量全体に占める割合は四・二%であった[1]。

砕米は、**表1**に示したように、一九九七年にタイ国商業省が定めた『米の商品基準に関する商業省令』の砕米基準に従って、主にA1スーパースペシャル、A1スーパー、A1スペシャルに分類されている[2]（タイ商業省 1997）。この分類からわかるように、砕米の粒の大きいものが多く含まれている順に、A1スーパースペシャル、A1スーパー、A1スペシャルと定められており、価格もA1スーパースペシャルが最も高く、次にA1スーパー、A1スペシャルが続き、二〇〇六年のバンコクの平均輸出価格は、一トンあたりA1スーパースペシャルが、二五九・二ドル、A1スーパーが二二一・七ドル、A1スペシャルが二一九・二であり、国際的に米価高騰が見られた二〇〇八年には、そ

表1　タイ砕米の基準

（タイ商業省『米の商品基準に関する商業省令（仏暦2540年）』1997年）

砕米分類	白砕米 A1スーパースペシャル	白砕米 A1スーパー	白砕米 A1スペシャル
精米時の白米の種類	白米100%	白米100%、 白米5%、 白米10%	白米15%、 白米25% スーパー
白米の割合	≦15.0（%）		
砕米の大きさが6.5以上		≦15.0（%）	≦15.0（%）
砕米の大きさが5.0以上	≧74.0（%）		
砕米の大きさが6.5未満で7号網の網目よりも大きい		≧80.0（%）	≧79.0（%）
砕米の大きさが5.0未満で7号網の網目よりも大きい	≦10.0（%）		
白砕米C1	≦1.0（%）	≦5.0（%）	≦6.0（%）
もち米の混入度	<1.5（%）	1.5（%）	<2.5（%）
もち米の砕米C 1	<0.5（%）	<0.5（%）	<0.5（%）
その他混入物	<0.5（%）	<0.5（%）	<1.0（%）

（注1）7号篩（ふるい）とは、厚さ0.79ミリメートルの網に、直径1.75ミリメートルの網目があるものをいう。

（注2）C 1の砕米とは、タイ商業省が1997年に定めた『米の商品基準に関する商業省令（仏暦2540年）』には、上記の第7号篩の網目を通過する小さい砕米であると規定されている。

（出所）Krasuang Phanit, Prakat krasuang phanit ruang matrathan sinkha khao pho.so.2540, 2540.（タイ商業省『米の商品基準に関する商業省令（仏暦2540年）』1997年）

れぞれ、五七三・八ドル、五〇七・〇ドル、五〇三・八ドルと二倍以上の上昇を見せた。

2 泡盛生産の推移

泡盛は、東南アジアや中国を通じて伝えられた蒸留技術をもとに沖縄独特の黒麹を用いて作られる。いうまでもなく、その歴史は古く、「泡盛酒」という名前で史料に登場するのは、琉球の尚貞王が江戸幕府に献上した目録の中で確認される一六七一年である（坂口 1970: 236）。しかし、泡盛自体の誕生は、さらにそれより遡ると考えられている。高良倉吉は、泡盛の「おそらく母は沖縄の風土、特にその風土が生んだシゲチ酒（引用注、王への貢物にも供された保存のきく「どぶろく」のごとき酒）」、また、「「父」の出自は、中国南部から東南アジアにかけての大稲作地帯であり、そこで生まれた米を原料とする蒸留酒と想定できる」としている（高良 1988: 130）。さらに、こうした「シゲチ酒」と外国産の酒や外国の酒造技術が融合したのは、東南アジアと琉球の交易が最も活発であった一五世紀頃であり、それが「琉球の酒」として成長したのは、一五七七年の記録に泡盛らしき酒が外国への献上品として登場していることからすると、一六世紀頃であったといわれている（高良 1988: 130）。その後、首里王府は、長く、首里の三箇《さんか》（崎山・赤田・鳥堀）といわれる酒造家に泡盛の製造を限定し、一八七六年の製造条件の緩和まで厳しく管理を続け、結果的に、沖縄独自のその品質の「高度化」（高良 1988: 131）を可能にした。

泡盛の戦前の生産量は、**図1**に示すように、一八八三年から一九四〇年の年平均で約五千キロリットルであった。しかし、一九八〇年代には一万キロリットルを越え、二〇〇〇年代には、二万六千トンに達し、戦前の平均生産量に比べると、五倍以上もの伸びを示していることになる。この泡盛の発展を支える重要な柱であり続けたのが、原料としてのタイ米である。

図１　泡盛生産量の推移：1883 年—2008 年

（単位：キロリットル）

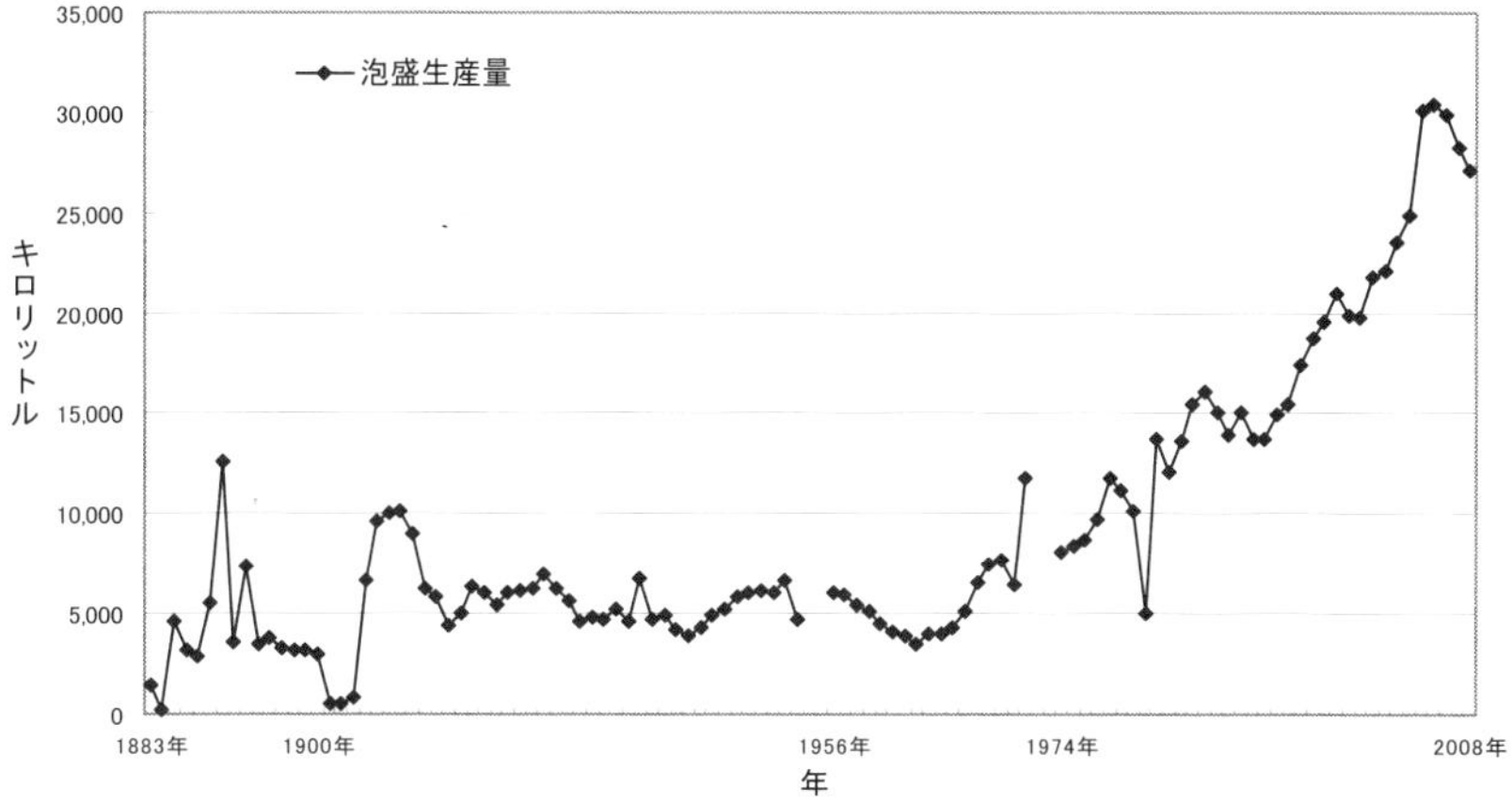

（注 1）1883 年—1940 年の統計は、石で示されていたが、これをキロリットル（1 石＝ 5.5 キロリットル）で計算して示している。

（出所）1883 年—1940 年原資料『沖縄県統計書』（所収：沖縄県立博物館編『あわもり：その歴史と文化』沖縄県立博物館友の会、1992 年、79—80 頁。）；1923 年—1933 年原資料「沖縄県酒造組合連合会」（所収：泡盛産業株式会社「琉球の酒：「泡盛」」『輸入食糧協議会報』284 号、1972 年 5 月、29 頁。）；1956 年—1972 年沖縄県酒造組合連合会編『沖縄県酒造組合連合会誌』沖縄県酒造組合連合会、1977 年、32 頁。；1974 年—2000 年「沖縄県酒連 50 年誌」検討委員会編集『沖縄県酒連 50 年誌』沖縄県酒造組合連合会、2000 年、125 頁。4 月から翌 3 月。30 度換算。；2001 年—2005 年「泡盛製成高」（沖縄県 PR・普及委員会）；2006 年—2008 年沖縄県酒造協同組合資料。

3 泡盛の発展とタイ米——戦前

一八七六年首里王府は首里三箇《さんか》(赤田、崎山、鳥堀)以外の住民にも、泡盛製造免許料支払いを条件に、泡盛製造を許可した。さらに、一八七九年首里王府の解体にともない、酒造業が自由化され、一八九三年には泡盛酒造業者は四四七戸に増加した。一九〇八年には沖縄県泡盛製造組合が設立されたが、正式認可の前に解散することとなり、一九一一年ようやく沖縄本島の泡盛業者の組織として琉球泡盛酒造組合が設立された。出港税の減額と原料米の価格負担の軽減を政府へ要請するなどした。その後、一九二八年には沖縄本島、宮古、八重山の酒造組合が合同して、沖縄県酒造組合連合会が設立され、泡盛の品質向上と価格安定、業界の団結と相互協力を進めた。また、一九三五年には「酒は泡盛」がポリドールレコードより発売され、泡盛の本土市場への売り込みが拡大した。戦前の泡盛原料用の米は、照屋比呂子の整理によれば、一九〇一年には「唐米(トーグミ)」といわれる中国米であったとされるが(3)、一九二四年になると、タイ砕米が泡盛原料として使用されていたという記録が確認できるという(照屋 1988: 176-185)。これら原料用タイ米は、基本的に自由貿易の中で外国から輸入され、一九三五年頃までは、那覇市内の米穀商から各酒造所が随時購入していた(佐久本 1998: 85、沖縄県酒造組合連合会 1977: 70-71)。

しかし、戦時体制になり、一九四〇年頃から、政府は国策として外米の輸入を制限するようになった。沖縄県は、他県に先駆けて食料米の配給制を実施していたが、飯米さえ不足している状態であったため、輸入タイ砕米にかわる原料米を購入するのは困難をきわめた。やがて、戦時体制は厳しさを増し、酒造組合等の民間団体への原料米の割り当ても厳しくなった。そこで、沖縄県が日本政府から原料米の割り当てを受けることとなり、三井物産や三菱商事を通じて、泡盛業者はタイ米を購入することが可能になったという(佐久本 1998: 83-84)。結局、一九三五年には、六万三〇五四石のタイ砕米が泡盛用に使用されたが、一九三六年には、二万九二五二石、一九三七年三万九三〇九石、一九三八年四万三二一〇石、一九三九年三万七四二四石、そして一九四〇年には一万〇四二〇石に減じてしまった（石川 1977［1941］: 111-112）。

一九四一年に全国統制令が出され、沖縄の酒造業界でも資本金三〇万円の全県組織の沖縄県酒類販売株式会社が設立され、泡盛の販売も切符制度に切り替わった（佐久本 1998: 85）。酒類生産配分法により、日本酒造組合中央会は、沖縄の泡盛の生産高を四分の一減産すると決定した。「節米」という戦時下の国策に基づく減産であった（大城 1988: 153）。さらに、一九四三年初頭からは海上輸送が困難になり、さらに従業員の応召で生産力は低下してしまい、原料米も入手困難になって、ついに本土への出荷は全面停止となった。沖縄県酒造組合連合会そのものは一九四五年三月頃まで活動を続けたが（佐久本 1998: 85）、一九四五年には、首里城の軍司令部に対する米軍の激しい砲撃により、首里三箇の泡盛酒造所は徹底的に破壊された。

4　泡盛の発展とタイ米——戦後

米軍政府の諮問機関として住民代表で構成されていた沖縄諮詢会では、一九四六年発足予定の沖縄民政府の財源確保の意味も込めて財務部の管理下で酒造業復活を検討した。また、米軍政府も、密造酒の横行による無秩序状態を憂慮し、一九四六年四月発足した沖縄民政府に対し、正式に酒類の製造と民間への配給を指示した。これを受けて、沖縄民政府は官営酒造試験場、真和志酒造廠、首里酒造廠、伊芸酒造廠、羽地酒造廠の官営工場で製造し、専売制を敷くとした（大城 1988: 165-166）。

しかし、原料の米は不足し、分蜜糖、あるいは米軍から送られた廃棄米、砂糖、メリケン粉、チョコレート、パン粉（大城 1988: 167）、芋、イースト菌、蘇鉄の澱粉（佐久本 1998: 96）なども利用して、酒を造らねばならなかった。ただ、この困難な時期、首里酒造廠を担当していた佐久本政良が廃墟となった首里の酒造場跡で、稲藁で作った「ニクブク」という蓙《ござ》の中に黒麹菌を見つけた（大城 1988: 166-168、佐久本 1998: 96-98）。この再発見は後の泡盛の復活に大きな役割を果たした。

その後、酒の需要は徐々に増えたものの、官営工場ではまかないきれず、密造酒も撲滅にはほど遠い状態であった。そこで、一九四八年沖縄民政府は、酒造業の民営化によって酒造の振興をはかり、あわせて税収も確保すると決定し、一九四九年酒造業の民営化を実施した。九八件（南部四〇件、中部二〇件、北部三三件）の免許が交付されたが、原料米の手配が思うにまかせず、黒糖分蜜糖を原料とした焼酎が主流で、甘藷、澱粉、甘蔗汁などが原料であった（佐久本 1998: 103-104）。

やがて、戦前からの泡盛業者や沖縄民政府の間で、泡盛の復活を目指す動きが強まり、南部、中部、北部の税務署管轄ごとに酒造組合が組織され、一九五〇年四月にはそれらを統合する形で琉球酒造組合連合会が設立され、戦前の業者の組合連合組織が再建された。正式な認可は一九五七年であるが、この連合会の第一の課題は原料米の調達であった。そこで、琉球酒造組合連合会は、一九五一年米軍政府の許可を得て、日本政府からの払い下げという形で、東京の第一物産という商社を通じて、一〇〇〇トンのタイ砕米を購入した。さらに、この連合会とは別に、一九五一年八月には原料米を確保して酒造業者に供給し、泡盛の本土輸出を円滑に行うために、泡盛酒造業者によって、琉球泡盛産業株式会社が設立された。その営業種目は、①泡盛の輸移出、②酒造用諸物資の購入、③内外国との諸種の貿易、④内外国製品の販売・購入、⑤倉庫業であった（大城 1988: 170）。一九五二年には、沖縄食糧会社がタイやビルマで砕米の買付を行い（沖縄食糧 2000: 100）、以後、沖縄食糧会社を通じて、琉球泡盛産業はタイからの砕米を確保することとなった。タイ砕米の購入が増えたことで、原料が黒糖分蜜糖から砕米へと転換し、一九五〇年代半ばには泡盛の八五%あまりが、砕米を原料とするようになった（大城 1988: 170）。

　しかしながら、一九六〇年代になると、酒造工場の増大と泡盛価格の低下による乱売を原因として、泡盛業界には大きな混乱が生じていた。琉球酒造組合連合会会長の玉那覇有義は、乱売の背景とその対策について、次のように語っている。「乱売の原因は、安易に工業用原料米が入手できるためで、原料米の窓口を一本化することにより、酒価の安定と乱売を防ぐという趣旨で、原料米の統一を図ろうとした。そこで、沖縄食糧、琉球食糧、第一食糧の各社と相談、工業用原料米は泡盛産業の窓口一本にしぼってほしいという理由を説明した。しかし、担当幹事会社の翁長琉食社長は、協力はしたいが泡盛産業がＡ１（上質食糧米）を流しているので対抗上Ｃ１（工業用原料米）を購入販売しているのだと強硬であった。それで、工業用原料米は泡盛産業にまかせてくれ、その替り、食糧米の購入販売は今後一切しないからと協力方申し入れた。その後、一九六二年八月二五日、某亭に於いて会合を持ち、五日間の猶予期間を置き実行に移すことになった。工業用原料米の在庫はすべて泡盛産業が引き取り、今後、ＬＣも組まないという誓約ができ、これで原料米の一本化が実現、業界も次第に安定するようになった。原料米の窓口一本化が解決したので、次の課題である製造規制をし、乱売防止と安定した販路の拡張策を打ち出した」（玉那覇 1977: 90）。

　タイからの砕米は当時の沖縄においては、単に泡盛原料であるだけではなく、その一部は食用にまわされており、沖縄における米販売業者間では、その販売について、競争と対立が一部に生じており、それが泡盛の原料米価格の低下と泡盛自体の乱売につながっていたわけである。一九六二年に泡盛原料タイ砕米の供給を琉球泡盛産業会社に一本化するという業者間の合意がなされ、泡盛価格安定への道が開かれた。さらに、一九六三年には、泡盛供給の安定、過当競争の防止、出荷額の完全把握、脱税・乱売防止のため、泡盛にキャップシールを付して、出荷の管理をおこなうキャップシール制が導入された。一九六二年の原料米の供給一本化と並んで、当時、泡盛業界建て直しのため、こうした数々の取り組みがなされた（大城 1988: 171）。

図2　沖縄の米流通過程（1971 年度流通量予想）

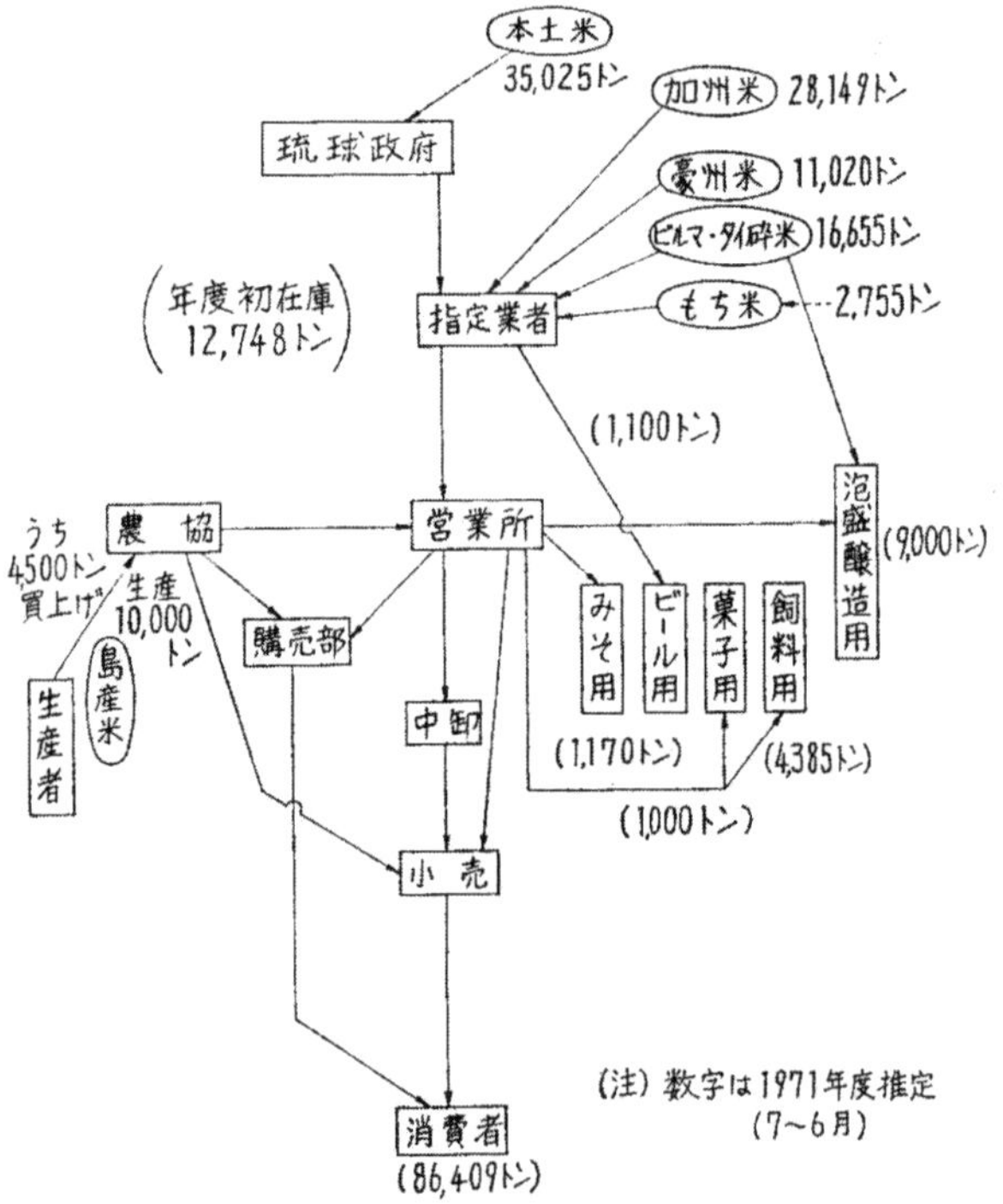

（注）　数字は 1971 年度（1971 年 7 月—1972 年 6 月）

（出所）藤木盛康「沖縄の食糧管理の現状と本土復帰に当っての問題について」『輸入食糧協議会報』273 号、1971 年 6 月、18 頁。

図2には、沖縄の日本復帰前の一九七一年における米の流通量予想が示されている。同図に記されている泡盛醸造用の九〇〇〇トンというのは、琉球泡盛産業が輸入していたビルマ砕米およびタイ砕米の需要計画で（藤木 1971: 18）、一九六九年度の輸入実績は五〇二八トン、一九七〇年が七一六七トンであった（夏目 1971: 41）。ここで注意しておかねばならないのは、第一に、タイ砕米だけではなく、数量は不明ながら、ビルマ砕米も輸入されていたという点、第二に、琉球政府が輸入食糧取扱指定業者として認めた琉球食糧、沖縄食糧、第一食糧、全琉球商事およびパシフィック・グレーンが、沖縄の人々の主食として本土米、外国米（特選米として販売されたカルフォルニア米や豪州米および徳用米として販売されたビルマ米とタイ米）さらにはビルマ砕米やタイ砕米を輸入していたという点である。八重山などから供給される沖縄産の米は、沖縄の米需要の一割程度しかまかなえず、本土米、外国米に大きく依存していた（夏目 1971: 34）。また、第三に、前述の玉那覇有義の解説にあったように、一九六二年に琉球泡盛産業と輸入食料取扱指定業者であった琉球食糧、沖縄食糧、第一食糧との間で結ばれた輸入砕米取扱の合意により、琉球泡盛産業のみが泡盛原料用砕米の輸入業務と泡盛酒造業者への供給を行っていたという点である（玉那覇 1977: 90）。

5　泡盛の発展とタイ米――復帰後

図3には、一九七二年沖縄の日本復帰後、泡盛の出荷量と泡盛原料用タイ米の調達量がどのように推移したかを示している。この資料にいう泡盛原料用タイ米調達量は、日本政府が沖縄酒造協同組合に対して売却した数量を指す。本図でわかるように、泡盛出荷量は一九七四年七五〇二キロリットルであったものが、二〇〇四年には二万八七四八キロリットルに達し、その後、やや減少して二〇〇八年には二万一七八五キロリットルになったが、それでも、一九七四年の三・二倍となった。泡盛原料用タイ米の調達量も一九七四年の七五八一トンから二〇〇四年二万三二七八ト

図３　沖縄復帰後の泡盛出荷量と原料用タイ米の調達数量の推移 1974 年—2008 年

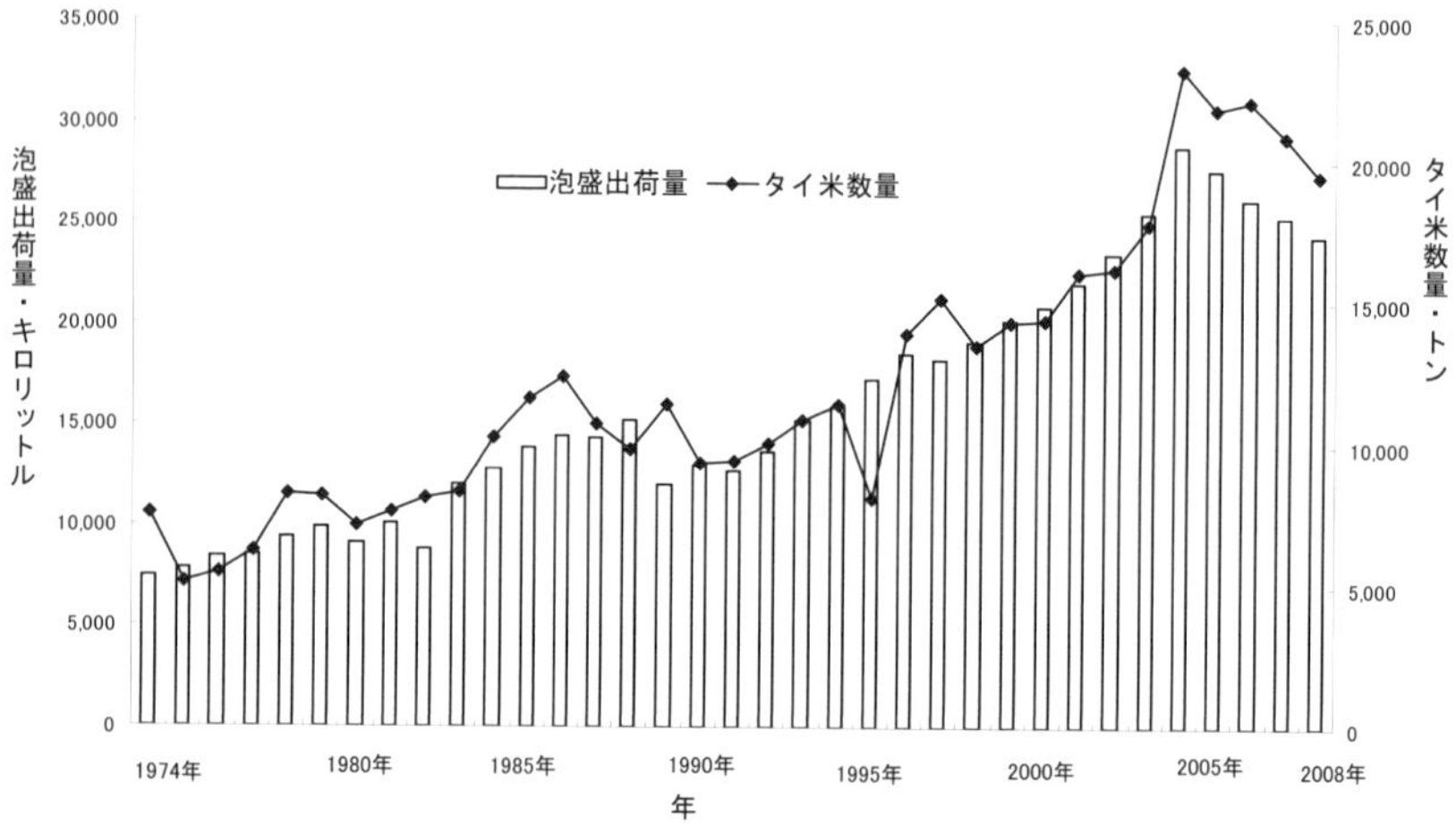

（注）　本表の原料用タイ米数量とは、日本政府が泡盛醸造業者に泡盛原料用として売却した数量である。1972 年度—1990 年度までは会計年度（4 月—翌年 3 月）で集計、1991 年度—2003 年度までは米穀年度（11 月—翌年 10 月）で集計、2004 年度からは会計年度で集計した数値である。1994 年以降は、タイ米の砕米だけでなく、丸米の数量も含む。

（出所）原料用タイ米数量：総務省沖縄総合事務局および沖縄県酒造協同組合資料。
泡盛出荷量 1974 年—2000 年：「沖縄県酒連 50 年誌」検討委員会編集『沖縄県酒連 50 年誌』沖縄県酒造組合連合会、2000 年、125 頁。4 月から翌 3 月。30 度換算。
泡盛出荷量 2001 年—2005 年：「泡盛出荷量（移出量）」原資料「沖縄県酒造組合連合会資料」（所収：琉球銀行「泡盛業界の現状と課題、展望」『りゅうぎん調査』2006 年 5 月、20 頁）。の統計。
泡盛出荷量 2006 年—2008 年：沖縄県酒造協同組合資料。

ンとなり、その後減少して二〇〇八年には二万一八七五トンとなったが、一九七四年に比べると二・六倍に増加している。沖縄県内のみならず、日本国内でも、高まる泡盛ブームを背景に増加する泡盛の出荷量に比例する形で、原料となるタイ米の調達量も増加してきたことがわかる。

沖縄の日本復帰後、このように泡盛原料用タイ米の調達量が増加してきたわけだが、それは決してあらかじめ約束されていたものではなかった。そこで、泡盛原料用タイ米の増加に関わって確認しておくべき点を、以下三点にわたって整理しておきたい。

第一に、沖縄の本土復帰に際し、日本政府は、当初、泡盛原料用としてのタイ砕米利用の継続を容認していたわけではなく、日本産の古米や古古米に代替させようとしていた。これに対し、沖縄の泡盛業界側は、琉球酒造組合連合会が中心となって、一九七二年の本土復帰に向けて、農林水産省や食糧庁に、タイ砕米の輸入許可の陳情を幾度となく繰り返した（佐久本 1998: 149）。さらに、国税庁への働きかけもおこなった。その後、一九七二年七月には、沖縄国税事務所鑑定官・西谷尚道が原料米の比較試験を実施し、「泡盛原料米についての見解」を提示し、タイ砕米の適性を技術面から明らかにした（『沖縄県酒連50年誌』検討委員会 2000: 85-90）。また、同年一〇月には国税庁長官が食糧庁長官へ「沖縄県産泡盛の原料とする米穀の輸入および売却方の依頼について」の要請をおこない、①泡盛業者がすでにタイ砕米用の製造機械を設置している点、②泡盛の香味は、外国産砕米（タイ砕米）に基づき、消費者の嗜好もすでになじんでいる点を強調した（『沖縄県酒連50年誌』検討委員会 2000: 91-95）。その結果、最終的に、特例として、タイ砕米の使用が食糧庁によって認められた。

第二に、一九七二年の沖縄の日本復帰に際し、泡盛業界は、泡盛の品質向上やタイ砕米の円滑な輸入に向けて、組織の再編に着手した。まず、一九七二年八月には、沖縄の日本復帰に伴い、泡盛業者の業界を取りまとめてきた琉球酒造組合連合会が、沖縄県酒造組合連合会になった。五九の業者がそこに参集し（佐久本 1998: 151）、酒税負担やタイ米の輸入に関する泡盛業界の意見を集約し、政府等に対する窓口の役割を担った。また、一九七六年六月には、琉球泡盛産業株式会社が、組合組織に変更となり、沖縄県酒造協同組合として再出発した（『沖縄県酒連50年誌』検討委員会 2000: 73）。組合としての目的は、「各製造業者の生産する泡盛を仕入れ、長期貯蔵し、〝古酒〟として、良質の泡盛を県外に移出するとともに原料米及びその他諸物資の共同購入を行い、業界の安定と経済的地位の向上を図る」であった。この組合には、沖縄県内の全業者が参加し、泡盛原料である輸入タイ砕米を政府から購入して、各工場に配給し、醸造用資材（瓶類、消耗品、機械など）の共同購入などもおこなった。また、琉球泡盛産業から引き継いだ泡盛の販売事業もおこない、一九八〇年には、組合独自のブランド古酒「紺碧」を発売するなど、泡盛酒造業者としての顔もあった。

なお、沖縄の日本復帰に伴い、沖縄国税事務所に鑑定官制度が設けられ、一九七二年一一月には泡盛の品質向上のために初めての泡盛鑑評会が開催され、一九七九年には、同鑑定官室が「泡盛酵母一号」の開発に成功した。同酵母は、泡盛の収量を増加させ、腐造防止に優れ、香りの良い泡盛の醸造を可能にし、一九八〇年から実用化された（佐久本 1998: 161-162）。また、その後は、改良品種の「泡盛一〇一号酵母」が広く用いられている。沖縄県工業試験場も積極的に麹菌などの開発・研究をすすめており、泡盛の品質向上に力を注いでいる。

第三に、**図4**に示すように、一九七二年から一九九三年まではタイ砕米のみの調達であったが、一九九四年以降、タイ丸米が日本に輸入されたため、泡盛原料としても利用されるようになったという点である。本土復帰以降、泡盛原料に使用されたタイ砕米は、砕米の三種類、すなわち、A1スーパースペシャル、A1スーパー、A1スペシャルが輸入されていたが、A1スーパースペシャルに次ぐ価格帯のA1スーパーの利用が多かった（『沖縄県酒連50年誌』検討委員会 2000: 81）。ところが、一九九四年以降は、一九九三年の日本の米不作に際して、日本がタイから緊急輸入したタイ米の丸米が原料として取引されており、**図4**に示されるように、一九九五年には、タイ米の丸米が砕米よりも

図４　沖縄復帰後の日本政府による
泡盛原料用タイ米売却量の推移 1972 年―2008 年

（単位：トン）

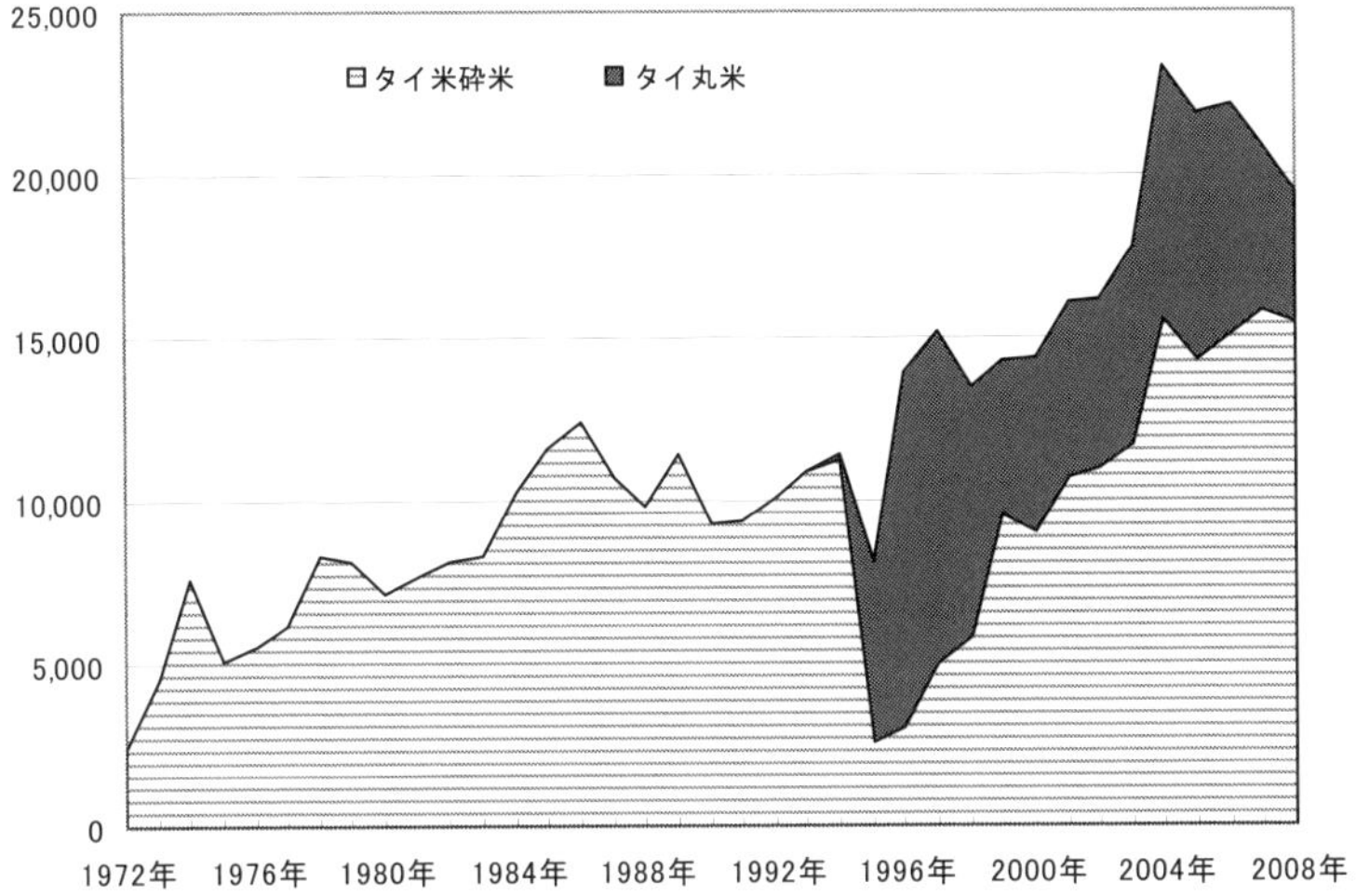

（注）　本資料のタイ砕米とタイ丸米は、ともにうるち米である。タイ丸米とは、いわゆる白米である。1972 年度―1990 年度までは会計年度（4 月―翌年 3 月）で集計、1991 年度―2003 年度までは米穀年度（11 月―翌年 10 月）で集計、2004 年度と 2005 年度は会計年度、2006 年から 2008 年は 1 月―12 月数値である。

（出所）内閣府沖縄総合事務局及び沖縄県酒造協同組合資料をもとに宮田作成。

多く泡盛原料として泡盛業界に売却されるようになった。泡盛業界が調達した泡盛原料用タイ米は、一九九五年から一九九九年までは丸米の比率が六割から八割近くまで占め、一九九五年が六七・五%、一九九六年七八・〇%、一九九七年六六・九%、一九九八年五七・二%であった。しかし、一九九九年以降は、砕米の割合が上昇し、一九九九年の砕米の割合は、六六・七%で、丸米が三三・三%となり、その数量は逆転し、二〇〇八年では、砕米が一万五四二三トンで、七九・一%を占め、丸米は四〇八五トンで、わずか二〇・九%となっている。

この一九九五年以降のタイの丸米の泡盛原料としての使用は、一九九三年の日本の米不作に端を発する緊急米輸入によって、中国、オーストラリア、アメリカだけではなく、タイからも食用の丸米が輸入されたからである。緊急輸入の契約は一九九三年一〇月から順次始まり、一九九三年一一月から一九九四年八月までの間に緊急輸入米として日本に到着した総量は二五四万五千トン、そのうち、アメリカからが五三万七千トン、中国からが一〇七万二千トン、オーストラリアからが一八万三千トン、そしてタイからが七五万三千トンであった（輸入食糧協議会事務局 1995: 65）。この時、タイから日本に輸入された丸米は、タイの輸出基準にいう、普通米・うるち米の白米一〇〇％（七〇万九六〇〇トン）ともち米の白米一〇〇％（四万三千トン）であった（輸入食糧協議会事務局 1995: 79）。ただ、輸入されたうるち米のタイ米は、インディカ種であり、ジャポニカ種を主食とする日本人の食味に適しない、あるいは、輸入米にカビなどが発生していたという問題がマスコミに取り上げられ、食用として人気を博するまでにはいかなかった。そのため、緊急輸入されたタイ米の一部は、泡盛原料用にまわされることとなった。

なお、緊急輸入されたタイ米の一部にカビが発生したが、これに関し、次の二点を特に確認しておきたい。第一に、バンコクでは、検査会社や商社によって、米の品質の安定のための検査や本船上で燻蒸作業なども行われていた。第二に、冬場のタイ米海上輸送をおこなった際、不幸にも発生した海難事故による水漏れ事故で、一部にカビが発生したといわれる。必ずしも、積地タイおよびタイ米そのものの問題ではなかった（輸入食糧協議会事務局 1995: 78-79）。

一九九五年からは、ガット（ＧＡＴＴ）ウルグアイ・ラウンドで決定されたミニマムアクセスに基づいて、日本は米の輸入（一般輸入米と輸入業者・国内卸業者が共同入札するＳＢＳ輸入米）が義務付けられ、一九九九年からは関税化に移行している（清水 2004: 50-51）。泡盛原料用のタイ砕米もそのミニマムアクセスの一般輸入枠の一部に計上されることになった。泡盛業界の泡盛原料米の調達は、食糧庁沖縄事務所を通じて沖縄県酒造協同組合がタイ砕米とタイ丸米を購入するというそれまでの形が踏襲された。しかし、その後、日本政府の省庁改編にともない、二〇〇一年以降は、**図5**に示したように、内閣府沖縄総合事務局農水部食糧課を通じて、沖縄県酒造協同組合はタイ砕米とタイ丸米を調達している。

図５　泡盛原料用タイ米買付のプロセス（2001年以降）

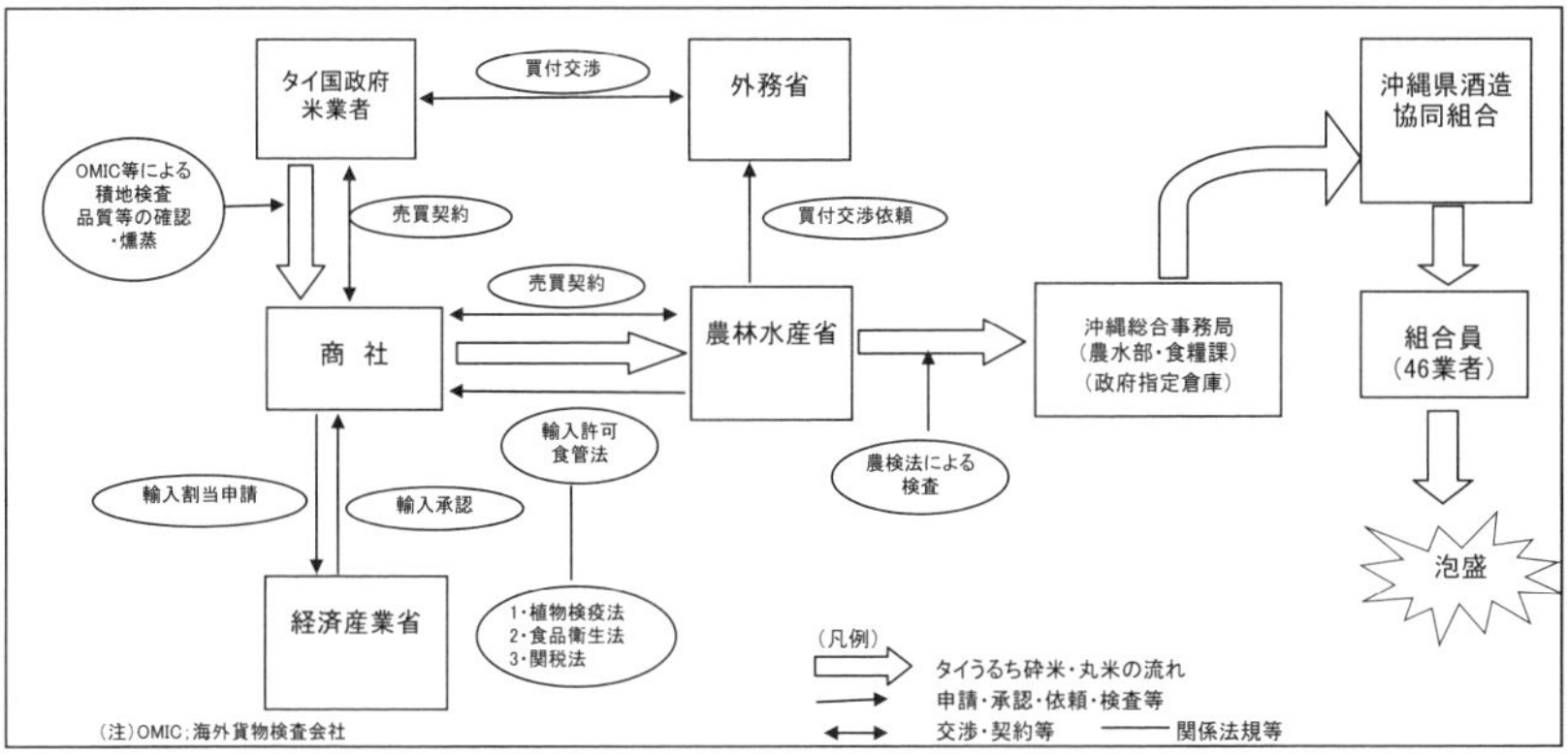

（出所）沖縄県酒造協同組合資料および各種資料を参照して宮田作成。

一九九九年以降割合が、低下したとはいえ、現実には、丸米が一部泡盛原料として使用されている。たとえば、泡盛業者の中には、沖縄県豊見城市の「忠孝酒造」のように、泡盛醸造過程の中の米蒸しや製麹の段階で手間のかかる丸米をあえて利用して、新たな風味の泡盛の製造に取り組んだところもあった[4]（忠孝酒造でのインタビュー、二〇〇六年八月）。このように、沖縄の泡盛業界では、二〇〇四年の古酒表示の統一による品質基準の強化に取り組むと同時に、「忠孝酒造」のように、タイ米輸入をめぐる環境の変化を新たなビジネスチャンスとして、泡盛のさらなる可能性を積極的に追求する業者も現れていたわけである。泡盛業界は、黒麹の利用などに代表されるように「伝統」の製法によりつつ、新たな古酒基準を導入して、トレーサビリティや品質基準の厳格化を求める時代の流れに対応している。と同時に、原料米としてのタイ丸米利用の拡大という環境に積極的に対応し、新たな風味を持つ泡盛の可能性を模索してきた。言い換えれば、「伝統」の製法に依拠しながら、さまざまな変化を取り込みながら発展してきた泡盛の「懐の深さ」が、ここでも発揮されたといえよう。

おわりに

泡盛は沖縄の酒文化、さらには沖縄の食文化を代表する蒸留酒である。泡盛醸造業は、沖縄独自の伝統的食文化を基盤にしつつ、消費者の嗜好に対応しながら、地場産業の旗手として、沖縄県の地域経済の発展に大きく貢献してきた。泡盛は、近世以降の沖縄に成立し、沖縄の文化・社会的「伝統」そのものとなり、また、その「伝統」を継承しつつ、地域の産業発展の柱にもなってきた。この意味で、泡盛は、「地域のアイデンティティを守る経済基盤」（西川 1989: 33）であり、いわば、沖縄の「内発的発展」そのものを体現しているといっても差し支えあるまい。また、これからの沖縄の「内発的発展」の可能性を指し示す一つの重要な柱であるともいえる。

しかしながら、その泡盛は、決してある閉鎖的な空間の中で醸成されたものではない。その原型は、「シゲチ酒」と「中国・東南アジアの酒と酒造技術」の中で形作られ、沖縄独自の黒麹をもとにした技術とタイの砕米という主原料によって生産されている。特に、泡盛の主原料は東南アジア・タイから輸入される外国の米である。すなわち、沖縄の伝統的な蒸留酒に成長した泡盛は、沖縄独自の製法を基礎に発展してはいるものの、その主原料については、泡盛独特の風味を引き出すために、そして醸造工程におけるタイの砕米の利便性の理由から、さらにはその価格の相対的な低さから、外国産であるタイの砕米をあえて用いている。伝統的な風味を重視する泡盛にとって、その特性を守るために、タイ産の外国米こそが必要とされているわけである。このように泡盛は、「伝統的」醸造法を基盤としつつ、「外国産」のタイ米の特性を融合させ、さらには、消費者の味覚の変化に対応しながら、沖縄「独自」の蒸留酒として発展を見せている。沖縄という場の「伝統」や「地域性」というものを基盤にしながら、実は、「外部」の要素を融合することによって、泡盛はその独自性を発揮している。

泡盛は、沖縄の「伝統」を基盤にした「内発的発展」を体現する重要な物産の一つである。しかし、その泡盛の特性あるいは「伝統」の味を引き出す重要な要素である主原料はタイの米である。とすれば、「内発的」であることは、逆に、外に対して「閉じる」という意味ではなく、「内なる」「伝統」や「地域性」を基盤にしつつ、その特性を生かすために、「外部」の要素を積極的に取り入れ、融合させつつ、「伝統」と「地域性」を不断に紡ぎだしていくプロセスであるともいえる。沖縄「伝統」の泡盛は、海に対して絶えず開かれた島嶼という風土の中で、「外部」との積極的な交流と接触を背景に「伝統」を作り上げてきた、まさに沖縄の姿を映し出す鏡であり、いわば、開放体系としての「内発的発展」(5)を体現する重要な存在であるともいえよう。

注

(1) ただし、砕米は、それだけで輸出されだけではなく、丸米に混入した状態でも輸出されており、砕米の混入度が五%、一〇%、一五%、二〇―二五%、三五%という形に分類され、輸出地の需要に応じて輸出されている。

(2) 戦前期においても、タイの米貿易においては、精米過程で生じる砕米の管理と丸米への混入は、大変重要な作業であり、タイの米輸出基準は基本的に砕米をどの程度混入させているかで決まっていた。たとえば、一九二一年に古口賢治は『南洋の米』(南洋協会新嘉坡商品陳列館)の中で、戦前期のタイにおける米の分類を以下のように紹介していた。砕米は「粒の大小に依りて等級を付け、二分の一以上の砕米(引用注、砕米)をA1と呼び、……三分の一大の砕米をC1と為し、四分の一大の砕米をC3と言ひ、より以上小粒より為る砕米をC4と呼名し居れり」と解説している。

(3) この「唐米(トーグミ)」は、中国の米であるというよりも、中国が輸入し、再輸出されたシャム米やサイゴン米の可能性もある。というのも、一九二九(昭和四)年には、「専ら西貢又はシャム等より輸入し来るところの所謂唐粉米を使用して」いたという記録があり(照屋 1988: 176-185)、サイゴン米やシャム米の粉米が、実は、「唐粉米」、と呼ばれていたからである。「唐米」と称されたタイ米の利用は、二〇世紀初頭まで遡るともいえる。

(4) ただし、忠孝酒造は、二〇〇七年以降、砕米に紛れ込む異物を除去する技術が向上したことにより、丸米ではなく、砕米の利用を拡大している(忠孝酒造でのインタビュー、二〇〇九年七月)。

(5) 川勝平太は、鶴見和子『鶴見和子曼荼羅第IX巻　環の巻——内発的発展論によるパラダイム転換』(藤原書店、一九九九年）に寄せた解説「内発的発展論の可能性」の中で、「内発的発展」は、閉じた世界の現象ではなく、「外部との出会い」が契機となり、「潜在しているものが創発（emerge）する」プロセスであるとし、開放体系としての「内発的発展論」の可能性を示している（川勝 2008: 18）。

参考文献

泡盛産業株式会社「琉球の酒――「泡盛」」『輸入食糧協議会報』二八四号、一九七二年五月、二八―三二頁
石川逢元「泡盛の研究」沖縄県酒造組合連合会編『沖縄県酒造組合連合会誌』沖縄県酒造組合連合会、一九七七（一九四一）年、一一一―一三九頁
大城将保「近現代の泡盛」沖縄県酒造協同組合編『紺碧とともに――沖縄県酒造協同組合10年記念誌』沖縄県酒造協同組合、一九八八年、一四〇―一七三頁
沖縄県酒造協同組合編『紺碧とともに――沖縄県酒造協同組合10周年記念誌』沖縄県酒造協同組合、一九八八年
沖縄県酒造協同組合編『沖縄県酒造協同組合30周年史』沖縄県酒造協同組合、二〇〇七年
沖縄県酒造組合連合会編『沖縄県酒造組合連合会誌』沖縄県酒造組合連合会、一九七七年
『沖縄県酒連50年誌』検討委員会編『沖縄県酒連50年誌』沖縄県酒造組合連合会、二〇〇〇年
沖縄県立博物館編『あわもり――その歴史と文化』沖縄県立博物館友の会、一九九二年
沖縄県商工労働部中小企業指導課『泡盛製造行構造改善診断報告書――昭和63年度』沖縄県商工労働部、一九八九年
沖縄食糧株式会社・創立50周年記念史編集委員会編『沖縄食糧五十年史』沖縄食糧、二〇〇〇年
川勝平太「内発的発展論の可能性」鶴見和子・川勝平太『「内発的発展」とは何か――新しい学問に向けて』藤原書店、二〇〇八年、一四―三三頁
小阪巳代治『タイ米事情』輸入食糧協議会、一九七八年
小室英一「輸入食糧の検査について（四）」『輸入食糧協議会報』七四号、一九五四年一一月、四三―四九頁
坂口謹一郎「君知るや名酒泡盛」『世界』第二九二号、一九七〇年三月、二二二―二三七頁
佐久本政敦『泡盛とともに――佐久本政敦自叙伝』瑞泉酒造、一九九八年
清水徹朗「日・タイFTA交渉における農業問題――アジア地域の経済連携と日本農業」『農林金融』二〇〇四年七月号、四

二―六一頁
下地玄康「泡盛業界の現状と課題」『りゅうぎん調査』二〇〇〇年三月、一―一〇頁
高良倉吉「泡盛に関する史料探訪（その1）―（その4）」『地域と文化』第五号、第六・七合併号、第八号、第九号、一九八一年
高良倉吉「泡盛の社会史――名酒をめぐるエピソード」『沖縄総合事務局報』第一五三号、一九八五年、四―六頁
高良倉吉「王国時代の泡盛」沖縄県酒造協同組合編『紺碧とともに――沖縄県酒造協同組合10年記念誌』沖縄県酒造協同組合、一九八八年、一二六―一三八頁
玉那覇有義「ビルマの泡盛工場と戦後の混乱期」沖縄県酒造組合連合会編『沖縄県酒造組合連合会誌』沖縄県酒造組合連合会、一九七七年、八八―九二頁
築島立吉「最近のタイ米事情について」『輸入食糧協議会報』一二一号、一九五八年一〇月、三八―四四頁
鶴見和子『鶴見和子曼荼羅　IX環の巻　内発的発展論によるパラダイム転換』藤原書店、一九九九年
鶴見和子・川勝平太『「内発的発展」とは何か――新しい学問に向けて』藤原書店、二〇〇八年
照屋比呂子「泡盛の醸造技術――大正・昭和初期の醸造法と現在の醸造法の比較について」沖縄県酒造協同組合編『紺碧とともに――沖縄県酒造協同組合10年記念誌』沖縄県酒造協同組合、一九八八年、一七六―一八五頁
夏目楠也「沖縄を視察して」『輸入食糧協議会報』二六八号、一九七一年一月、三一―四四頁
西川潤「内発的発展論の起源と今日的意義」鶴見和子・川田侃編『内発的発展論』東京大学出版会、一九八九年、三―三七頁
東恩納寛惇「泡盛雑考」東恩納寛惇『東恩納寛惇全集3』一九七九年、三三三―三五〇頁
平安名盛秀「復帰後の輸入食糧受渡業務の思い出」『輸入食糧協議会報』五九四号、一九九八年三月、四九―五六頁
萩尾俊章『泡盛の文化誌――沖縄の酒をめぐる歴史と民俗』ボーダーインク、二〇〇四年
藤木盛康「沖縄の食糧管理の現状と本土復帰に当っての問題について」『輸入食糧協議会報』二七三号、一九七一年六月、一六―二二頁
古口賢治『南洋の米』南洋協会新嘉披商品陳列館、一九二一年
水野宏平「暹羅の米（1）―（5）」『南洋協会雑誌』第八巻第二号―第六号、一九二二年
宮田敏之「タイ産高級米ジャスミン・ライスと東北タイ」『東洋文化』東京大学東洋文化研究所、第八八号、二〇〇八年三月、八七―一二一頁

輸入食糧協議会事務局『輸入食糧協議会報・緊急輸入米特別号』輸入食糧協議会、一九九五年
琉球銀行「泡盛業界の現状と課題、展望」『りゅうぎん調査』二〇〇六年五月、一五―二九頁

タイ語・英語

Krasuang Phanit, *Prakat krasuang phanit ruang matrathan sinkha khao pho.so.2540*, 2540.（タイ商業省『米の商品基準に関する商業省令（仏暦二五四〇年）』一九九七年）
Krasuang Phanit, *Prakat krasuang phanit ruang kamnot hai khao hom mali thai pen sinkha matrathan lae matrathan sinkha khao hom mali thai pho.so.2544*, 2544.（タイ商業省『タイ・ホーム・マリ米を基準商品とし、タイ・ホーム・マリ米の商品基準を定める商業省令（仏暦二五四四年）』二〇〇一年）
Krasuang Phanit, *Prakat krasuang phanit ruang matrathan khao hom pathumthani pho.so.2547*, 2547.（タイ商業省『パトゥムタニー香り米の基準に関する商業省令（仏暦二五四七年）』二〇〇四年）
Krom kankha tang prathet krasuang phanit, *Matrathan khao thai lae matrathan khao hom mali thai*, Krasuang phanit, 2546.（タイ商業省外国貿易局『タイ米の基準およびタイ・ホーム・マリ米の基準』二〇〇三年）

インターネット情報

忠孝酒造（http://www.chuko-awamori.com）

6 現代中国の琉球・沖縄観

三田剛史

1 中国における琉球問題の所在

東シナ海を巡っては、日本と中国の間で、尖閣諸島の帰属、排他的経済水域の境界画定、海底ガス田など、いくつかの懸案がある。中国は、沖縄トラフまでを排他的経済水域と主張し、尖閣諸島を中国固有の領土と主張している。(1)直接的には、東シナ海海底に埋蔵されている地下資源の権益獲得を動機として、中国はこのような主張を行っているように見える。だがそれだけでなく、現場は沖縄県の海域であり、中国がこの海域の権益を主張しようとする背景には、沖縄県はかつて明清時代の朝貢国たる琉球王国であり純然たる日本の領域ではないという中国側の認識があるように思われる。

そこで本章では、現代中国における研究者の言論を、

1 琉球処分に対する見解

2　第二次世界大戦後の沖縄の処遇に対する見解の二つの側面から検討し、現代中国における沖縄観の一端を明らかにしたい。

中国における琉球処分に対する見解の主流は、中国の朝貢国の一つであった琉球王国が、日本の軍事力行使によって一方的に「併呑」されたというものである。ここで、琉球処分に対する現代中国の学者の見解を紹介していく。中国側の琉球処分研究において、琉球処分を巡る中国側の中心人物とされているのが、清朝が派遣した初代駐日公使何如璋である。本章では、何如璋の事績に対する現代中国での評価にも関心を向ける。

第二次世界大戦でアメリカ軍が沖縄本島に上陸、日本軍を殲滅し、一九七二年に沖縄の施政権が日本に返還されるまで、沖縄はアメリカの統治下におかれ、現在もなお沖縄にはアメリカの大きな軍事的プレゼンスがある。第二次世界大戦後の琉球の処遇を巡る中国の研究は、日米関係及び中米関係の中で琉球を論じている。第二次世界大戦の連合国であった中国は、本来ならば琉球の処遇について発言権があったという点に、戦後琉球を巡る中国側の研究の重点があると思われる。

2　琉球処分に対する中国の見解

1　琉球処分以前の琉球

本章では、一八七二年から一八七九年にかけての琉球処分に対する中国側の見方を紹介する。明治維新後の一八七二年、日本政府は、琉球藩を設置して琉球国王尚泰を藩王とし、いわゆる「琉球処分」を開始した。琉球藩設置と同時に琉球の外交権を停止させ、琉球藩を外務省の管轄とした。さらに、一八七四年には琉球藩を内務省の管轄に移した。一八七五年七月、内務省の松田道之が琉球に対して、中国への入貢・冊封を禁じ、中国が授与する暦でなく日本の年号を使用させ、日本の法律を施行すると共に日本の軍隊を駐屯させることを宣言した。一八七九年には日本が軍隊を送り、廃藩置県を強行して沖縄県を設置した。以上が「琉球処分」の概要である。

中国における「琉球処分」研究では、一般的に近代以前の琉球が中国の朝貢国であったということがまず確認される。例えば、中国近代史研究者賀琤は、「歴史的に琉球は中国の冊封体制下にあった藩属国であり、同時に日本の幕藩体制下にあって薩摩の属国でもあった。清朝は琉球と日本の関係を問題にしたことはなく、中日両属を黙認していた。」[2]と、近代以前の琉球の情況を紹介している。復旦大学の王海浜は、「琉球は中華朝貢属国体系の中の重要構成員の一つであった」と述べている。[3]また、一八五五年から一八五九年にかけて、アメリカ、フランス、オランダが、琉球と通商条約を結んでいたことを指摘し、琉球王国の独立国家としての性格を強調する研究者もいる。[4]

また、明清時代の中国と琉球王国の朝貢関係だけでなく、琉球と閩南[5]との関係も言及されている。王暁雲と謝必震は、閩南と琉球の関係を述べた文章の中で、琉球は中国の中原地帯よりも先に閩南と接触しており、琉球人が中華帝国の存在を認識するのは、閩南を知った後だったという。また、閩南人が難破した琉球船を、琉球人が難破した閩南船を、お互いに救助していたこと、明朝が倭寇対策として日本の貿易船入港を禁じたときは琉球を通じて日本が明に交渉を行い、その交渉を琉球在住の閩南人末裔が担ったこと、中国側は閩南を拠点に琉球を通じて日本の情報を得ていたこと等を挙げて、琉球は日本よりも閩南との関係が密接かつ良好であったことを述べている。[6]

2 外交交渉からみた琉球処分

日本が琉球処分を開始すると、一八七六年一二月琉球が向徳宏を清朝に派遣して救援を請うた。そこで一八七七年一月清朝は、何如璋（一八三八―一八九一年）を欽差大臣として日本に派遣し交渉に当たらせることにした。欽差大臣として初めて日本に派遣された何如璋は、初代駐日公使として一八七七年一二月に国書を持って琉球事件について日本と交渉を開始した。

賀璋は、清朝による琉球保全を画策した清朝の何如璋を、中国の外交近代化の観点から論じた。何如璋は科挙に合格した清朝の官僚であったが、若い頃に天津、上海などで宣教師から西洋の知識を摂取し、「洋務派」の李鴻章からも西洋の実用知識に長けた人物と評価されていたという[7]。何如璋の基本的な交渉姿勢は、「先んずれば人を制し、後れれば人に制される」というものであった。つまり、頻発する士族の反乱や農民一揆などまだ不安定性の残る明治維新後の日本は、軍事的近代化を始めているものの清朝に対してまだ決定的優位に立っておらず、琉球について軍事的手段を含む強い態度で臨めば、琉球の帰属問題について中国が主導権を確保できると、何如璋は考えていた[8]。

一八七八年一〇月には、外務卿寺島宗則に口上書を提出し、強硬な態度で日本による琉球の清朝への朝貢阻止を抗議し、日本の行動は隣国との信義に背き弱国を欺くものだと非難し、琉球王国廃止の撤回を要求した。しかし、日本側の態度は、琉球が数百年来の日本の土地であり、清朝側の主張は全く受け入れられないというもので、琉球問題に関する日清交渉は膠着した[9]。

琉球が日本との間で問題となる一方、新疆を巡って帝政ロシアと緊張状態にあった清朝では、日本と連携すべき時であり必要以上に琉球を巡って日本と対立すべきではないとの意見が大勢を占めた。そのため、何如璋の対日強硬論は琉球を巡る日本との交渉で主流にならず、琉球に対する主導権は日本が握るようになっていった[10]。何如璋自身も、清朝の実力者であった北洋大臣李鴻章や清朝の外交を司る総理各国事務衙門の支持を失い孤立していった[11]。

賀璋は琉球処分問題における何如璋の態度を、次のようにまとめている。何如璋が琉球を巡って当初は武力行使を含む強硬策を主張したのは、積極的な対日態度により主導権を得ようとしたからであって、これは現実を顧みない好戦的主張ではなかった。琉球問題を巡る過程で、何如璋の態度は決して不正確なものではなかったが、清朝は何如璋の意見を取り入れず、琉球を巡る主導権は徐々に日本に奪われ、日本は琉球を処分し「夷」は「沖縄県」とされてしまった。[12]

賀瑋は、軍事力と条約を使い分ける近代的国際問題処理を他の清朝官僚に先駆けて習得していた何如璋の方針が受け入れられなかったため、いわば「中華の夷」であった「琉球」を日本に処分され沖縄県にされてしまったと、琉球処分を見ている。また、清朝は伝統的な思考法で国際紛争を処理しようとしたため、外国駐在の外交使節を外交に役立てられなかったと見ている。[13]

3　地政学的にみた琉球処分

西華師範大学の范春昕は、一八七七年から一八八一年に至る日清間での琉球問題を巡る交渉を、地政学的に考察している。范春昕は、清末以前の地政学的情勢を以下のようにまとめている。

（1）北部の蒙古高原は地政学的に「心臓部」であり、この地帯が戦争の発動地になり、この地帯を抑えれば世界を抑えるともいわれた。

（2）北部は遊牧民族の地域であり、騎馬と刀剣が主たる軍事力であった時代には、機動性に富む彼らはよく戦争を発動した。

（3）黄河以北は天然の要害が存在しないため、中原の歴代王朝はつねに遊牧民の脅威にさらされた。

（4）東南部は海に面しており、清末までの航海術では海が天然の要害であった。[14]

つまり、清末以前の国防の重点は北部、西北部の遊牧民族対策であり、東南の海防は伝統的に軽視されてきた。アヘン戦争以後、東南の海からの脅威が高まり海防の必要性が説かれるようになった。

一八七〇年代になると、清朝は陸と海の双方から国防戦略を練り直し、海防を備えるようになっていったが、清朝の海防の重点は終始北洋にあった。なぜならば、最も重要なのは清朝の首都北京を防衛することであり、清王朝を支配する満州族発祥の地である東北三省を防衛することだったからである。また、東北三省の防壁となっている朝鮮を守るためでもあった。[15]つまり清朝は、地政学的観点から琉球を重視していなかったのである。このような清朝の国防戦略は、琉球を巡る日本との交渉にも影響を及ぼさざるを得なかった。一方、当時海上覇権を握っていたイギリスは、東アジアにおける覇権をロシアと競争する過程で琉球の価値を重視していた。イギリス国内では、琉球に軍を駐留させること、琉球を第二のシンガポールとすることが主張されていたという。范春昕は、このようなイギリスの形勢が、英露とともに東アジアの覇権をねらう日本を刺激し、琉球併合を急がせたのだと見ている。

范春昕は、清朝は琉球が持つ東アジア地政学上の戦略的地位を見誤ったと考えている。更に、厳しい地政学的情勢下にあってどのような外交国防戦略を優先にするかは現代中国にとっても重大な課題であり、琉球交渉を教訓としなければならないと主張している。[16]

現代中国の関係者は、明清時代以来の朝貢国、藩属国であった琉球にたいして中国は一定の権利を有しており、琉球処分を巡る日清間の交渉でそれを確保できなかったのは、清朝の失策であったと捉えている。また、新疆への影響力を強めようとするロシアを牽制するために、日本には譲歩する必要があったとの考え方も出されている。

次章では、第二次世界大戦後の沖縄の処遇を巡る中国の研究者の見解を見ていく。

3　第二次世界大戦後の沖縄の処遇に対する見解

1　日米中関係の中の琉球

復旦大学国際関係と公共事務学院の王海浜は、論文「琉球名称的演変与問題的産生」で、琉球地域の呼称の変遷に注目し、琉球と中国、日本、アメリカとの関係を論じている。王海浜は同論文の中で、まず、琉球と沖縄という二つの呼称が、如何にして日中両国で使われるようになり、また国際的に通用するようになったかを、次のように説明している(17)。

琉球に関する中国の史書への記載は、早くも『隋書』に現れる。中国の史書において琉球は、「流虬」、「流求」、「溜求」等と記されてきた。明朝時代の一三七二年以来、「琉球」が使われるようになり現代に至っている。欧語においては、これら中国の呼称に基づいて、「Liuqiu」、「Luchou」、「Loochoo」、「Lewchew」、「Liukiu」等と記されてきた。一四世紀にひとたび日本が明朝の冊封体制の中に入ると、日本も「琉球」の表記を受け入れ、「Ryukyu」と発音するようになった。一方、日本側の史料では、『唐大和上東征伝』において、七五三年に鑑真が「阿児奈波」に渡ったとの記述がある。日本語では「阿児奈波」を「Okinawa《（ママ）》」と読み、すなわち「沖縄」を指している。一八七九年には、日本が最終的に琉球を統治下に組み入れ、琉球の呼称も廃止し、沖縄県を設置した(18)。サンフランシスコ講和条約では、この地域の呼称として「琉球」ではなく「沖縄」が使われた。これ以後、「沖縄」が国際的に通用する地理的名称となった。

次に王海浜は、主にアメリカの資料に依拠して、琉球・沖縄とアメリカの関係史を次のように説明している(19)。

アメリカが琉球に関心を持った最初は一八五三年で、開国交渉のため日本へ向かったペリーが途中琉球に寄港した。ペリーは琉球を極東海域におけるアメリカ艦船の適当な寄港地と見込み、ここを確保するよう政府に建議したが、アメリカ政府はこれを拒否した。第二次世界大戦中に至り、アメリカの軍部によって、アリューシャン列島からフィリピンに至るアメリカの防衛線の中心に琉球が位置していることが認識されるようになった。さらに、琉球諸島が日本を攻撃するための最適な基地になりうるだけでなく、東シナ海へのアメリカの通路として確保しなければならないと考えられるようになった。また、琉球にアメリカ軍基地を置くことは、日本の侵略を阻止するだけでなく、ソ連が中国の港から太平洋に進出してくることを防ぐ役割も果たすと考えられた。このような琉球に対する見方によって、アメリカは日本攻撃という名目で沖縄占領を果たし、沖縄戦終結後は琉球をアメリカの軍事的統制下においた。一方で、アメリカ国務省は一九四一年八月に「大西洋憲章」の規定に基づいて定めた「領土不拡張」の原則の下、戦後の対日政策を策定していた。一九四四年一〇月には、アメリカ国務省極東地区委員会のヒュー・ボルトンは、地理的歴史的に見て日本が琉球諸島に対して固有の権利を持っているとする報告を提出した。ボルトンの報告は、政府と軍の間に琉球の処遇を巡る対立をもたらした。一九四五年一二月、アメリカ国務省極東調査部のルパート・エマーソンは「琉球諸島の処置」と題する報告を提出し、日本が琉球に対する主権を保留しようとすることにアメリカは反対すべきではなく、中国政府が琉球諸島の全部ないし一部に対し信託統治を要求することも不可能であろう、と主張した。ここに、アメリカ政府によって、琉球と中国との伝統的関係を抹殺しようとする動きが始まった。この報告の後、一九四五年一二月二〇日に、アメリカ国務省は琉球の表記について、中国語の発音に基づいた「Liuchiu」、「Luchu」、「Loo Choo」等を廃し、「Ryukyu」に改めることにした。これは単に発音の問題ではなく、アメリカはこの呼称変更によって、琉球諸島が中国の一部分ではなく、日本の一部分であると認識するに至ったことを意味する。しかし、琉球の処遇を巡るアメリカの政軍対立は解けなかった。一九四七年五月には、対ソ「封じ込め政策」の提出者であるジョージ・ケナンがアメリカ国務省政策計画委員会主任に就任し、日本でマッカーサーと会見し、琉球諸島を視察した。ケナンが一九四八年三月に提出した報告書「PPS―28・アメリカの対日政策に関する建議」では、冷戦下にあって東側への対抗の観点から琉球問題を処理することを主張した。国務省もこのケナン報告に従うこととなり、一九四八年一〇月の国家安全委員会（NSC）一三／二号文書によって、アメリカが長期にわたって琉球諸島を戦略的観点から確保することが策定された。しかし、アメリカは琉球諸島を長期的に戦略的統制下におくことを目指したのであって、日本に向かって琉球に対する主権の放棄を要求したわけではなく、日本が法理的に琉球諸島を取り戻す余地を残していた。一九五一年、アメリカは対日講和条約草案を策定の過程で、琉球諸島と小笠原諸島に関する日本との合意を形成しようとした。日本は琉球に対する最終的主権を確保するためにアメリカと交渉した。アメリカは、「北緯二九度以南の琉球諸島」を連合国の信託統治の下におきアメリカ信託統治を行う、という案を作成していた。しかし、日本側は「北緯二九度以南の琉球諸島」を「北緯二九度以南の南西諸島」という名称にかえさせようとした。当時の外務次官井口貞夫によるアメリカ側への説明は、北緯二九度以南に含まれる奄美諸島は琉球諸島に含まれず、南西諸島という表現なら奄美諸島と琉球諸島を含むというものであった。アメリカはこれを受け入れ、一九五一年七月、講和条約草案第三条の「北緯二九度以南の琉球諸島」を「北緯二九度以南の南西諸島（琉球諸島及び大東諸島を含む）」と書き換えた。アメリカ政府内部の調整と日米間の交渉をへて、対日講和条約で信託統治される島嶼地域の名称が確定した。アメリカは極東戦略において日本を引きつけておく必要から、琉球問題に関して講和条約草案を日本に有利なように修正したのであった。一九五一年九月、サンフランシスコで対日講和会議が行われたとき、中国の代表権を巡るアメリカ、ソ連などの対立のため、中国は代表を送ることが出来なかった。サンフランシスコ講和条約は、参加五二カ国の内、ソ連、チェコスロバキア、ポーランドを除く四九カ国が調印し、「北緯二九度以南の南西諸島（琉球諸島及び大東諸島を含む）」のアメリカによる信託統治を可能とした。サンフランシスコ講和条約を通じて、日本は琉球に対する主権を「取り戻す」法理的基礎を確保した。アメリカは、徐々に琉球の呼称を変えていき、中国と琉球との伝統的関係を徹底的に抹殺し、日本が実現出来ていなかった琉球併合の「国際的承認」をついに実現したのであった。同時に、「琉球」の名称は政治的属性を喪失し、単なる歴史的地理的名詞に変わってしまった。

以上のように米国主導で決められていった第二次世界大戦後の琉球の処遇について、中国がどのような立場にあるのかを、王海浜は次のように論じた[20]。

中国政府は未だ正式に日本による琉球併合の合法性を認めたことはなく、琉球に対する中国固有の権利を放棄すると宣言したこともない。国民党政府の琉球問題に対する取り組みについていえば、第二次世界大戦中のカイロ会談で、蒋介石はアメリカ大統領ルーズベルトに対し、琉球をアメリカと共同管理することを申し出ていた。しかし、「カイロ宣言」に琉球問題は書き込まれず、「ポツダム宣言」や「ヤルタ協定」にも琉球への言及はなかった。このため、中国は琉球問題への発言権を失い、琉球が中国の属国であると法理的に確認する唯一の機会を逸してしまった。台湾に逃避した国民党政府はアメリカの支持を得るために、アメリカによる対日講和政策の既成事実を承認せざるを得なかった。この既成事実に対する「愛国者」たちの抗議に対し、一九五一年七月には蒋介石が「琉球と台湾は、我が国歴史上地位が異なる。琉球は一つの王国であり、その地位は朝鮮に等しく、カイロ会談では連合国の承認を経て中米共同管理とすることを提案した」と弁明した。それでもやはり、アメリカの圧力下で一九五二年に日本と台湾が締結した「日華平和条約」では、琉球問題に言及せず、実際上サンフランシスコ講和条約による琉球の処理を追認した。一方中華人民共和国では、一九五〇年一二月に周恩来首相が対日講和条約案に対する政府声明を発表し、「琉球諸島と小笠原諸島は、カイロ宣言でもポツダム宣言でも信託統治の決定はなく、ましてアメリカが管理当局となる事由はない」と抗議した。一九五一年八月には、間もなく開かれるサンフランシスコ講和会議に対し、中華人民共和国を排斥した上でアメリカが一手に主導する対日講和は非合法であると、周恩来は再び抗議した。

最後に王海浜は、琉球問題が日米主導で琉球問題から沖縄問題に変えられてしまったことの重大な結果として以下の二点を挙げている。

「第一、一九七二年五月、アメリカは一方的に琉球と釣魚島の〝行政権〟を日本に返還してしまい、琉球諸島が再び日本の実効支配下に置かれることになった。第二、現在中日両国の矛盾の焦点は琉球問題から釣魚島の主権帰属問題論争に移り、琉球問題の重要性が次第に副次的なものへと下がっていった。[21]」

2　蒋介石の責任

人民日報系のウェブサイト「人民網」には、琉球は中国が管理すべきというルーズベルトの勧告を蒋介石が二度にわたって拒否したという文章「蒋介石両拒接収琉球群島　事後大為後悔」[22]が掲載されている。作者不明である上、参照文献等も一切挙げられていないが、大手サイト「人民網」に掲載されており、現代中国における琉球問題への関心の一端を示すものとして、その内容を以下に紹介する。

一九四三年一一月二三日から二六日まで開かれたカイロ会談で、アメリカ大統領ルーズベルトは四度蒋介石と単独会談した。二三日にルーズベルトは、「琉球諸島は日本が不当な手段で簒奪したものであり、戦後は日本から剥奪すべきである。歴史的に琉球は中国と密接な関係があり、中国がのぞむなら琉球を中国の管理に渡してもよい」と蒋介石に持ちかけた。思いもかけず琉球諸島を中国に渡すとアメリカ大統領から持ちかけられた蒋介石は、半日考えた末、米中共同管理による信託統治を提案した。ルーズベルトはこの答えを聞き、蒋介石は琉球を欲していないと考えた。また、日本が武力占領した琉球を中国に引き渡すことは自然なことだと考えていたが、蒋介石の曖昧な態度のために、ルーズベルトはこの提案を一度取り下げた。二五日になってルーズベルトは再び、「中国が将来台湾を獲得した際、琉球を抑えておかなければ台湾も安全ではない」として、再び中国が琉球を管理することを持ちかけた。蒋介石は答えを躊躇したが、ルーズベルトは「中国は沖縄が要るのか要らないのか？　要るなら戦後琉球諸島を中国に渡そう。」と迫った。しかし、蒋介石は再び中米共同管理を逆提案した。ルーズベルトにとって不可解なことではあったが、ルーズベルトはこれで蒋介石が本当に琉球を欲していないと分かった。カイロ会談に同行した国民党員の分析によると、蒋介石は東北と台湾及び澎湖諸島を回収することで十分と考えており、琉球諸島の問題まで考えていなかった。また、琉球を獲得することで日本の怨みをかうことを恐れていた。しかし、カイロ宣言が出された後、蒋介石はルーズベルトの提案を拒否したことを後悔し、側近にこの件を口止めした。そのため、国民党の記録文書類では、カイロ会談では琉球問題が提起されなかったことになっている。第二次世界大戦後、中華人民共和国が成立し朝鮮戦争が勃発すると、アメリカは日中両国に対する態度を変え、日本をアメリカのアジア戦略に奉仕させると共に、琉球問題での立場も大きく変えた。一九六二年にアメリカのケネディ大統領が琉球の主権が完全に日本にあると認め、一九七二年にはアメリカが琉球諸島を日本に引き渡し、日本は完全に琉球諸島を統制することになった。蒋介石が琉球諸島を不要としたために、戦後日米は大きな利益を得ることになった。今日この地区が複雑な政治軍事情勢をかかえ、各種の資源問題で紛糾しているのは、カイロ会談で作られた枠組みのなせる業なのである。

この作者不詳の文章によると、日本の琉球支配が不当なもので中国が琉球に対する権利を有するということは、第二次世界大戦末期アメリカも認めるところであった。ルーズベルトは、第二次世界大戦後の琉球を中国に渡そうとしたにもかかわらず、蒋介石が琉球を支配下に治めることに消極的であったため、中国は琉球に対する権利を失ってしまったという。ことの真偽は管見の限り不明であるが、現在問題となっている東シナ海の海底資源に対する権利などは、第二次世界大戦後の敗戦国日本に対する処理の中で確保できるはずであったとの考え方がにじむ。

北京大学歴史学系教授の徐勇は、日本による沖縄県設置が軍国主義侵略の結果であり、戦後日本がアメリカから琉球列島を返還されたのも同様に国際法の根拠がないとしている。徐勇は、琉球処分以来の歴史を以下のように説明している[23]。

一八七九年に日本が沖縄県を設置してから、清朝は日本と交渉を行い、仲介者となったアメリカのグラント前大統領は、琉球諸島南部を清朝、中部を琉球王国、北部を日本の領土とする三分割案を提示した。日本はこれに対し宮古、八重山諸島を清朝、沖縄諸島以北を日本の帰属とする対案を提示した。清朝はいずれの琉球分割案も受け入れなかった。清朝に領土的要求はなく、日本が琉球王国を滅亡させたことに理がないことを明らかにしたかっただけであると、李鴻章はグラントに対し答えたという。しかし、一八九四年にいたって日清戦争で清が敗北すると、近代日本軍国主義は国際法に依拠することなく、完全に暴力的侵略の結果として琉球を占領してしまった。同様に、第二次世界大戦後琉球諸島を統治していたアメリカが琉球諸島を日本に返還したことも、第二次世界大戦の連合国の同意を経ておらず、国際法上の根拠はない。それゆえ、一八七九年以来琉球の国際的地位は未定である。

4 現代中国の琉球・沖縄観

現在の沖縄県の位置づけが確定する契機となったのは、一九世紀の琉球処分と、二〇世紀の第二次世界大戦戦後処理である。この二つの契機における琉球の扱いを、現代中国の研究者がどのように見ているかを紹介してきた。現代中国における琉球・沖縄観は以下の五点にまとめられる。

(1) 中国に朝貢していた琉球王国は、中国の藩属国である。
(2) 日本による琉球処分は軍事力を背景としたもので不当である。
(3) 当時の国際情勢のため、清朝は琉球への権利を確保できなかった。
(4) 中国は第二次世界大戦の連合国の一員であり、日本に対する戦後処理に関して、本来琉球の処遇に対する発言権を持つ。
(5) 国共分裂、冷戦などの影響で、中国は琉球に対する権利を行使する機会を逸した。

中国の研究者の見方では、中国は二重の意味で琉球に対する権利を持っていることになる。一点目は、琉球が明清時代の藩属国であり、その帰属は中国に決定権があるということである。二点目は、中国は第二次世界大戦の連合国であり、サンフランシスコ講和条約などで琉球の処遇を決定する過程には、当然参与する権利があったはずである、という論理である。この二点に共通するのは、日本が不当に琉球王国を併合したという認識である。

先述の王海浜は「歴史的に見ても法理的に見ても」琉球の主権とその地位は依然として未解決の問題である、と述べている。「歴史的に」とは「藩属国」であった琉球王国併合の不当性、「法理的に」とは中国抜きに決められた対日講和の不当性を指していると考えられる。

現代中国における琉球・沖縄の歴史に対する見方は以下のようにまとめられよう。中国にとって琉球問題は本来日中間の問題であった。中国の藩属国であった琉球を、日本は不当に自らの版図に組み入れた。しかし、第二次世界大戦と戦後の冷戦という状況下、琉球におけるプレゼンスを確保したいアメリカによって、琉球を直接的、間接的にアメリカの影響下におくことが企図された。対日講和の過程で、琉球が日本に所属するという法理的根拠が準備され、琉球問題は日米両国関係の中の沖縄問題へとすり替わってしまった。結局、琉球は日本に「返還」され、中国と琉球の歴史的関係、中国の琉球に対する権利は抹殺された。

このような現代中国の琉球・沖縄観は、東シナ海の海底資源や排他的経済水域に対する権利を主張する過程で外交交渉上顕在化してはおらず、まして目下のところ中国政府が琉球諸島に対する権利を主張するということもない。それでも、日本の琉球支配が不当であるという意識、この地域に対して本来中国が権利を有するという意識は、潜在的に存在しているのではなかろうか。

もちろん、現代中国の琉球・沖縄観は、中国、日本、アメリカというういわば国際政治におけ大国の視点に偏っている。そして、琉球の帰属について発言権があるのは琉球の住民に外ならないという、当然あり得べき視点が欠落している。

注

（1）『毎日新聞』二〇〇七年四月一三日朝刊二面など。
（2）賀 2006: 107。賀琤は、日本でいう琉球処分を琉球事件と称している。
（3）王 2006: 29
（4）馬 2002: 20
（5）福建省南部で、厦門、泉州などを含む地域。ほぼ台湾の対岸にあたる。
（6）王・謝 2006
（7）賀 2006: 107
（8）賀 2006: 108
（9）孔 2004: 96-97
（10）賀 2006: 108
（11）孔 2004: 96-97。孔祥吉は、日本の外務省外交史料館で調査を行い、これまで注目されていなかった何如璋の手紙の内容を明らかにした。何如璋の手紙は、何如璋が本国に召還された後の一八八三年七月に書かれ、在清国日本公使館の渡部書記生の求めに応じて、琉球問題に対する清朝の見方を伝えた密書である。この中で何如璋は、清朝が琉球問題に対して強硬論に傾き、特に総理各国事務衙門に武力解決を主張するものが多いことを伝えている。
（12）賀 2006: 110
（13）賀 2006: 110-111
（14）范 2006: 304。ただし范春昕は倭寇の経験を看過しているといえよう。
（15）一九世紀末にあっても、清朝は西北辺疆の防衛に多額の出費が必要で、一八七五年から一八八四年まで西部防衛に支出したのが銀八〇〇〇万両であったのに対し、海防に支出したのは一八七五年から一八九四年までで銀三〇〇〇万両であったという（范 2006: 306）。
（16）范 2006: 306-307
（17）王 2006: 29-31
（18）王海浜は、沖縄県の地理的領域が琉球本来の地理的範囲とは異なり、琉球に含まれていた奄美諸島以北が鹿児島県に組み込まれ、本来の琉球は二分されてしまったと説明している（王 2006: 31）。
（19）王 2006: 31-38

(20) 王 2006: 39-41
(21) 王 2006: 41
(22) 作者不詳 2006
(23) 徐勇 2006

参考文献

王海浜（2006）「琉球名称的演変与問題的産生」『日本学刊』二〇〇六年第二期
王暁雲・謝必震（2006）「閩南与琉球関係略考」（福建僑聯網 http://www.fjql.org/qszl/xsyj18.htm、二〇〇六年一一月二九日閲覧）
賀琤（2006）「琉球事件期間的何如璋――兼論晩清駐外大使対外交近代化的影響」『衡陽師範学院学報』第二七巻第一期
孔祥吉（2004）「首任駐日公使何如璋新論」『広東社会科学』二〇〇四年第三期
徐勇（2006）「1879――琉球的血色黄昏」（http://news.xinhuanet.com/world/2005-08/18/content_3371993_4htm、二〇〇六年一一月九日閲覧）
范春昕（2006）「地縁政治視野下的琉球交渉」『三明学院学報』第二三巻第三期
馬鈺（2002）「日本呑併琉球与清政府対日交渉」『史海存真』二〇〇二年第八期
作者不詳（2006）「蒋介石両拒接収琉球群島　事後大為後悔」（http://culture.people.com.cn/GB/40479/40480/4866977.html、二〇〇六年一〇月二八日閲覧）

第Ⅲ部　内発的発展の可能性

7 沖縄の豊かさをどう計るか？

西川 潤

はじめに

ある人なり社会の豊かさを何で計るか？ 今日までの経済学ではそれは一人当たりの所得、GNPの程度で計るのが通例だった。しかし、それで本当に人間や社会の持つ豊かさがどれだけ判るのか？ 沖縄の例は通念的な理解へのこのような疑問を投げかけている。

一人当たり所得で見ると、沖縄の県民所得は二〇〇六年度に二〇八万九〇〇〇円で、全国平均（三〇〇万六九〇〇円）の約七割に過ぎない。また、全国一位の東京都（四八二万円）と比べると、約四三%にとどまる。[1]

このような数字で見ると、沖縄県は日本で一番「貧しい」県ということになる。

しかし、反面、この県は日本でも一番長寿県（女性の出生時期待寿命は八七歳、男性は七八歳で、全国平均はそれぞれ八五歳と七七歳）で、子どもの出生率も全国一高い（二〇〇四年の合計特殊出生率は一・七二で、全国平均の一・

二九を大きく上回る)。これだけなら「貧乏人の子だくさん」ではないか、と片付けられそうだが、沖縄県は一九九〇年代の末ころから東京都と並んで、人口の流入数が流出数を一貫して上回っている地域なのである(2)。長寿県で、子どもの数も多く、県外からの人の流入も多い(じつは沖縄出身者の帰県も多い)。これは、私たちのイメージする「貧困県」とはかけはなれた地域社会の姿である。長寿や子だくさんの理由として、社会学者や保健学者たちはしばしば、「ストレスの少ない社会環境」や「共同社会の互助精神」(ゆいまーる、模合い、門中等)を挙げる。

本章での仮説は、沖縄には、たんに国民経済(GNP)計算では計れない社会環境の豊かさが存在し、これがこの県の「住みやすさ」を形作っている、というものである。

ところが、今日までの経済学では、「豊かさ」とはつねに市場を経由して生産される財・サービスの総体によって計られる、つまり、「モノの豊かさ」と考えられてきたのである。この目に見えない社会環境の豊かさ、あるいは精神的な豊かさを計る発想は存在しなかった。そのため、既存の学問ではなかなか、沖縄県(あるいは琉球列島)の持つ豊かさを示すことができない。

このような目に見えない豊かさをどう計るか、についての学問的視点を構築するために、本章では、先ず、目に見えない豊かさを計る手段、特にOECDの場で発達してきた「社会指標」の概念を検討する。社会指標の一例として、日本で経済企画庁が開発してきた「国民生活指標」で、沖縄がどう位置付けられてきたか、を眺めることにしたい。次いで、社会指標の作成についていては、社会の発達をどう把握するかという学問的な視点が必要になる。この点で、人々の心の豊かさ、充足度を仏教に根ざして位置付けようとしたE・F・シュマッハーと、ケーパビリティの概念に基いて「生活の質」を計ろうとしたヌスバウム＝セン、そして「サブシステンス」概念を土台に「開発」概念を根本から問うたI・イリイチの思想を検討する。第三に、一九九〇年代以降、従来の経済発展＝GNP成長と考えたGNP信仰の時代が終わり、開発＝発展のパラダイムが著しく多様化した時代に、内発的発展、人間開発、社会開発、持続可能な発展等、新たな開発＝発展概念が次々に登場し、それと共に、豊かさの概念も多様化してきた（あるいは豊かさの概念が多様化してきたからこそ、新たな開発＝発展のパラダイムが登場してきた）事情を簡単に説明し、新しい豊かさの概念として、ブータンの「国民総幸福」（Gross National Happiness GNH）とタイで一九九七—九八年の経済危機以降、広まってきた「足るを知る経済」（Sufficiency Economy）の概念を眺めることにしよう。

これらの「もうひとつの豊かさ」を分析する学問の流れの再検討をつうじて、沖縄の「目に見えない豊かさ」をどう分析するかについての視点を得ることに努めたい。このような分析はじつは沖縄に限らず、ひろく南の世界に存在する目に見えない豊かさ、サブシステンスの豊かさ、精神的な豊かさを見直していく視点に通じるだろうし、それはじつは、わたしたちが安住しているモノの豊かさの世界——生産と浪費と廃棄物を絶えず増やしていく先行き不透明な世界——を見直していく視点に通じるのである。

1　GNPで計れない「豊かさ」——社会指標は何をどれだけ現わすか？

近代世界では、つねに市場を通じて生産を増大させていく（資本の無限の蓄積）ことが社会目的とされ、そのために資本蓄積と経済均衡を説明することを主眼として近代の経済学が発達してきた。

しかし、第二次世界大戦後の経済成長全盛の時代のさなか、早くも一九六〇年代に国連の社会開発研究所（UNRISD、ジュネーブに本拠を置く）が、GNP指標以外の指標で社会開発を見る必要を提起し、社会指標の開発を始めた。(3)

この試みは間もなく、OECDの場で引き継がれ、OECDの社会開発作業部会で新しい指標の開発がすすめられ、一九七〇年代前半には先進各国の政府が、それぞれの国について社会指標を策定するしごとをはじめた。(4)

日本では、経済企画庁が一九七四年から「社会指標」（Social Indicators SI）という名で非貨幣的な社会現象を測定する諸指標の策定を始めた。これを土台に一九八六年から「新社会指標」（New Social Indicators NSI）、次いで、一九九二年にはＮＳＩを改良した「新国民生活指標」（People's Life Indicators PLI）が公表され、これが一九九九年まで毎年、白書として公刊された。

最後の報告書となった平成一一年版では、ＰＬＩ制定の経緯を「生活の豊かさは、ＧＤＰや所得などの貨幣的な指標で捉えられがちであったのに対し、本指標は、豊かさを非貨幣的な指標を中心に、多面的にとらえるものである。」（経済企画庁国民生活局 1999: 3、傍線は原文）としている。また、一九九二年に、ＰＬＩ制定を提言した国民生活審議会（第一三次）調査委員会報告では、ＰＬＩの必要性を次のように説明している。

「国民意識が物の豊かさから心の豊かさへと移行し、単に経済的な豊かさを求めるだけでなく、その豊かさを個人生活充実のために活用する方向へと転換したにもかかわらず、現実の制度改革はこれに適切に対応した形で進まなかった。とくに、戦後の経済発展の原動力となってきた企業優先社会が、国民の多様化する豊かさ意識と乖離した状態にとどまった。」（第１章　新国民生活指標策定の経緯　同審議会サイト http://wp.cao.go.jp/zenbun/kokuseishin/spc13/houkoku_d/spc13-houkoku_d-1.html による）

このような認識から、国民生活の充実度が「心の豊かさ」を示すと考え、その充実度を測定して、経済社会制度の改革に資することを目的として、ＰＬＩが発表されたのである。

ＰＬＩの特徴は、「住む」「費やす」「働く」「育てる」「癒す」「遊ぶ」「学ぶ」「交わる」の八つの個人の活動領域について、「安全・安心」「公正」「自由」「快適」という四つの視点（「生活評価軸」）のそれぞれ毎に計一九〇余にのぼる指標を集めて（たとえば「住む」では住居や住環境、「働く」では賃金や労働時間、労働環境等）、これらの指標が一つは時系列的にどう動いているか、また他方では、他と比較した場合にどうか、の二つの点から社会の発達度、個

図1　1980－90年代にGDPの伸びに比例して、(1) 快適、(2) 公正、(3) 自由の生活評価は伸びたが、(4) 安全・安心は低下した。

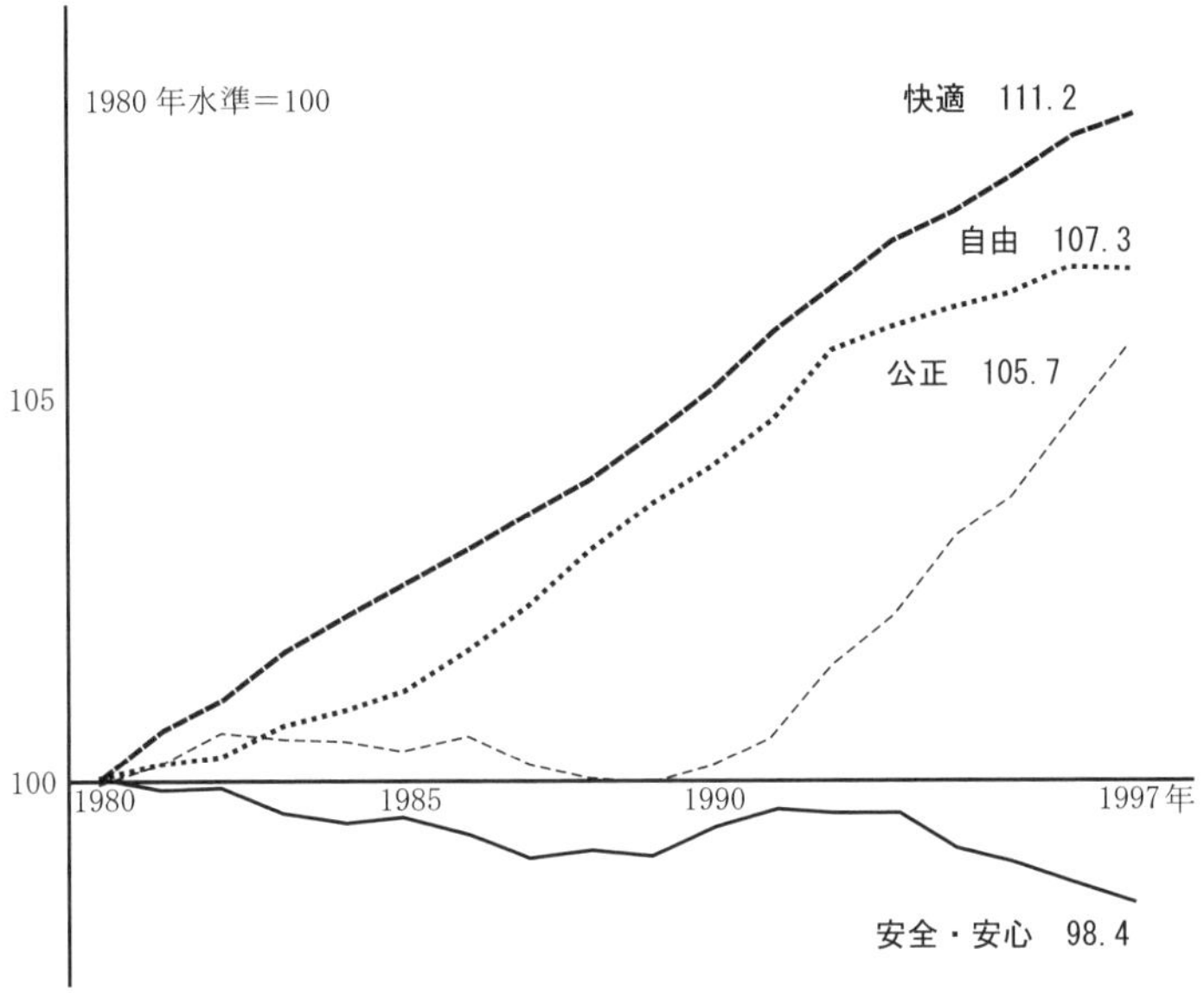

（出所）経済企画庁国民生活局編『平成11年版新国民生活指標』第1―1―5図より作成

人の満足度を計ろうとしたものである。[5]

先ず、時系列的な測定の例として日本社会における前述の四つの生活評価軸の動きを見ると、一九八〇―九七年の一八年間に、「公正」「自由」「快適」の三指標はいずれも六―一一ポイントの増加を見せたが、「安全・安心」はむしろマイナスに下がって、ＧＮＰの増加にもかかわらず、「安全・安心」指標はむしろ下がったことが知られる（**図1**）。

ある地域単位の動きも時系列的に見ることができ、例えば同じ一九八〇―九七年に東京都でも、沖縄県でもよいのだが、「働く」や「費やす」は増加しても「住む」「交わる」等の指数がそれに遅れたり、あるいは全国水準から比べて低い状態が続けば、「住みやすさ」「快適な生活」または「生活の質」が改善したとは言い難い。

ある地域単位を全国平均や他地域単位と比べたとき、ＰＬＩは興味深い結果を示してくれる。ここでは、その例を、東京都、千葉県、石川県、沖

図2　国民生活指標で見た東京都、千葉県、石川県、沖縄県の「暮らしの豊かさ」(1997年)

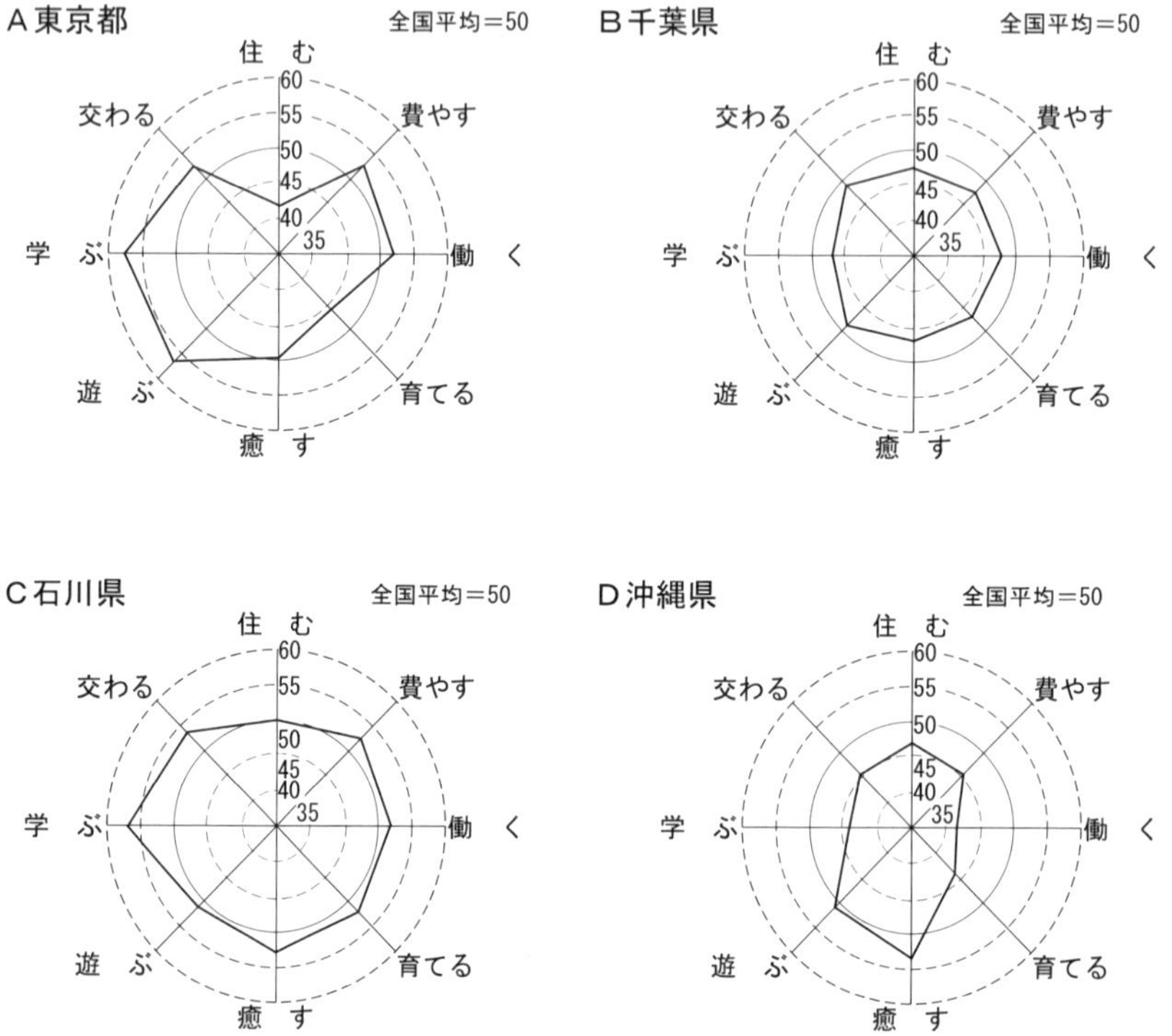

（出所）経済企画庁国民生活局編『平成9年度新国民生活指標』より。

縄県の四地域について見てみよう（**図2A—D**）。

先ず東京都は全国で一人当たり所得ではもっとも豊かな地域だが、**図2A**で見るように、「働く」「費やす」「交わる」「学ぶ」「遊ぶ」の諸指標は全国平均を大きく上回るものの、「住む」「癒す」「育てる」の諸指標は、全国平均をかなり下回り、生活の八つの領域間のバランスがとれず、生活の快適度は必ずしもよくないことが示されている。

千葉県の場合は、一人当たり所得は全国六位（三〇八万円）で、全国平均を上回るが、**図2B**で見るように、「遊ぶ」を除いて、他の七領域の全部で全国平均を下回り、あまり住みよい地域ではないことが示されている。これは東京都周辺の神奈川県（全国五位）、埼玉県についても同様であり、これらの県では生活諸領域の発達度が全国平均よりもかなり低く出ている。

これに反して、石川県、富山県、福井県の場合は大きく異なり、これらの県は一人当たり所得では全国平均並み（富山県）か、それよりも低い（石川、福井の両県）が、**図2C**で知られるように（ここでは石川県のみ掲げたが、他の二県も同様）、八つの生活領域のほとんど全部で、全国平均を大きく上回り、「住みよい」県であることを示している。これは実際、生活実感をある程度反映している面があると思われる。

沖縄県の場合を**図2D**に示したが、沖縄県は青森県と並んで、一人当たり所得では全国最低ランクであることは前述した。それではＰＬＩではどうかというと、「癒す」が全国平均を上回るのみで、「遊ぶ」が全国並み、あとの六つの指標はいずれも全国水準を下回り、冒頭に仮説として設定したような「精神的な豊かさ」がここには表れていない。

これには二つの理由があると考えられる。

第一は、社会指標はつねにある種の目的のために指標を集めて行われるので、「精神的な富」を示すためにはそれに関連した指標を集める必要があるが、ＰＬＩでは「快適な生活」の実現度を示す指標が集められているために、必ずしも、沖縄という特定地域の独自性を示すような指標が採用されていないことがある。社会指標は従って、全国的な社会発達度を示すために、算出の過程でバイアスも生じる。これが、千葉県や神奈川県、埼玉県の低い数字に現われることになる。つまり、これらの県はかなりの程度、首都東京のベッドタウン的性格をも持つために、昼間人口と夜間人口の差が大きい。ところが、社会開発の程度を見るために用いられる社会施設（学校、病院、保健所、図書館、公民館等々）は昼間人口に対して設けられているために、これを夜間人口で割ると、施設の不足が強調されることになる。

ＰＬＩが発表されて、埼玉県や千葉県の知事が、自分の県が日本で一番貧しい県とは何事か、と経済企画庁に抗議を申し入れたことがあったが、これはこのような「統計の誤謬」と関連した誤解から発している。

第二は、沖縄県の特殊事情がある。沖縄県は本島中部の最良地の多くを軍用地にとられており、南部と北部が分断されていて、まとまった発展が難しい。また、復帰以来「沖縄振興開発特別措置法」により、膨大な本土からの補助金がこの県に注ぎ込まれてきたが、それは県民の意思とかかわりなく、トップダウン型の開発行政だった。それが沖縄県民のニーズに即した社会設備の整備よりも（例えば琉舞の国立劇場が浦添に設置されたのはつい最近の二〇〇五年になってのことだった）、環境を破壊するような土木工事に向けられ、民生の充実を妨げた事情がある。

このように、本来「生活の豊かさ」を示す社会指標、PLIにおいても沖縄の持つ「生活の質」の豊かさが必ずしも示されない状況を見た。

PLIそのものは今指摘したような、地方ごとの特性を十分表現しないことから、批判が強まったこと、また、近年ではグローバリゼーションとそれに対応した構造改革により、日本社会内部における格差の進展、拡大を社会指標として表現したことから[6]、小泉内閣の方針に添わなくなったこと、の双方の理由から、行政改革により経済企画庁が内閣府に吸収されたことをよい機会として、作成が中止された。

著者としては、PLIはいくつかの欠陥があるにせよ、地方が持つ目に見えない豊かさをある程度表現し、地方が東京コンプレックスを脱して、地域社会の持つ豊かさに自信を持つきっかけとなると考えており、PLIの再編・復活を望むものだが、いずれにしても社会指標が特定目的のために特定指標を集めて作成されること、そして沖縄の持つ豊かさが既存の社会指標では必ずしも表現されていないことが明らかになったわけである。

ある社会目的のために指標を作成するためには、社会の発展度に関する理論を整備しなければならない。そこで、次にこのような国民経済計算で計れない豊かさを示す理論として、シュマッハー、イリイチ、ヌスバウム＝センの社会発展理論を検討することにしたい。

2　基本的必要と人間選択の拡大を基礎に置いた豊かさの理論

シュマッハーは、生産と消費を目的とする社会理論に代わって、必要に根差した豊かさの理論を構築した思想家であり、イリイチは欲望が人間を振り回す資本蓄積社会を厳しく批判した。また、ヌスバウム＝センは、モノの支配よりも、人間の自由な選択を豊かさの基礎に置いた理論家である。

経済成長の全盛時代に、ドイツで生まれ、イギリスで仕事をしたE・フリッツ・シュマッハー（一九一一—一九七七年）は、早くも絶えざる規模拡大と無限の成長を求める現代経済の行き先を憂慮した。このような経済は、巨大な生産力の拡大を自己目的とするようになるが、それと同時に社会では組織の管理化と全体主義的な統制が進展する。誰もが欲望に衝き動かされ、人間としての倫理を忘れ、絶えずあい争うようになり、「自然という資本」を食いつぶし、平和が脅かされる。

「欲望には限りがなく、無限の欲望は物質世界では満たすことができず精神界でしか達成できないのであるから、このような生き方では、どうしても人が人と対立し、国と国とが対立することになる。」（シュマッハー 1986: 49）

つまり、このような経済は持続可能性を欠くばかりでなく、人間を疎外し、環境や平和を損ない、他人をモノや手段としてしか見ず、「経済以外の人間的な観点」を忘れ、暴力に明け暮れするような世界へとわれわれを導くことになる。それは、人類にとっての「破局の道」にほかならない。

それではこのような道を突っ走ることから人々が自分を取り戻し、精神生活の価値を重視していくような方向へと舵の切り替えをする要因は何だろうか。

それは、われわれの持つ豊かさの概念を切り替えることから始まる。われわれは近代の経済学では絶えず消費を増やすように教えられ、消費の増大を「豊かさ」と信じている。しかし、消費は、人間が幸福を得る一つの手段に過ぎず、消費や浪費の増大が人間の幸福を損なうことも十分考えられる。だいじなことは最小限度の消費で、最大限の幸福を獲得することではないだろうか。

この点で参考になるのは、仏教の「中道」の教えである。極端な苦も、極端な本能むきだしの追求をも避け、適正な活動を模索するなかで、人間としての倫理を見出していくことである。そのためには、簡素な生活、非暴力の日常を送るなかで、「正しい生活」(right livelihood) を実践していくことが重要である。

こうして、シュマッハーは、暴力と人間、環境破壊を推し進めるような近代の経済学に対して、「中道」の価値を重視する「仏教経済学」がわれわれに自分を、人間性を、平和な世界を取り戻す手段を与えることを指摘する。つまり、人間の絶えざる欲望の追求が、一方では富の蓄積を進める反面、他方では貧困や環境の破壊を推しすすめ、社会の分裂、人間間の対立、宇宙船地球号の病状の悪化を導いている。

「近代世界の経済システムは、人間の必要という観点からすれば、信じられないほど浪費的なのだ。」(Shumacher 1997: 213)

そして、この経済はたんに浪費的であるのではない。人間が欲望に駆り立てられる結果、人々の精神の自立性も損なわれてしまう。シュマッハーはイエスの教えを引いて述べる。

「人々の職務は本当はその魂を救済するものであるのに、この目的に必要なもの以上にはるかに多くの物質的な手段をかれらは使っている。その結果、人々は著しく妨害され、自分の魂を救済できなくなっているのだ。」(Schumacher 1977: Appendix “A Metaphysical Basis for Decentralization”)

中道の経済学とは、人間の必要に根差し、このような無限の生産増大、無限の欲望増大の追求のなかで自分を忘れている人間が自分を、自らの持つ精神性 (spirituality) を取り戻していく道なのである。

郵便はがき

料金受取人払

牛込局承認

2649

差出有効期間
平成23年1月
5日まで

162-8790

東京都新宿区
早稲田鶴巻町五二三番地

株式会社 藤原書店 行

（受取人）

ご購入ありがとうございました。このカードは小社の今後の刊行計画および新刊等のご案内の資料といたします。ご記入のうえ、ご投函ください。

お名前	年齢
ご住所 〒 TEL　E-mail	
ご職業（または学校・学年、できるだけくわしくお書き下さい）	
所属グループ・団体名　連絡先	
本書をお買い求めの書店 市区 郡町　書店	■新刊案内のご希望 □ある □ない ■図書目録のご希望 □ある □ない ■小社主催の催し物案内のご希望 □ある □ない

読者カード

書のご感想および今後の出版へのご意見・ご希望など、お書きください。
ゝ社PR誌『機』に「読者の声」として掲載させて戴く場合もございます。)

本書をお求めの動機。広告・書評には新聞・雑誌名もお書き添えください。
店頭でみて　□広告　□書評・紹介記事　□その他
小社の案内で　(　)　(　)　(　)

ご購読の新聞・雑誌名

小社の出版案内を送って欲しい友人・知人のお名前・ご住所

ご住所　〒

購入申込書(小社刊行物のご注文にご利用ください。その際書店名を必ずご記入ください。)

冊	書名　冊
冊	書名　冊

指定書店名　住所

都道府県　市区郡町

ブッダは、縁起（物事の因果関係）を理解し、中道の道に生きることを「悟り」、真理の把握として示したが、シュマッハーはイエスの教えにおいてもそれは同様であることを示した。イエスが真理についてあかしをするためにこの世に来たと述べたとき、総督ポンティウス・ピラトは「真理とは何か？」と問うた。そのとき、イエスは言う。「あなたは真理が何であるかを知るだろう。そのときこそ、あなたが自由になるときなのだ（「ヨハネによる福音書」18・38、8・32）。真理とは、この世の中で人間を縛り、自分の持つ精神性を覆い隠しているものから自分を解放する道である。それはブッダにおいても、イエスにおいても変わるところがない。

このように、人間の自由（キリスト教の言葉）、自立性（仏教の言葉）を阻んでいるものが明らかになるとき、シューマッハーは続けて言うのである。「従って、豊かな社会、言うならば人間が豊かさの頂点にあるような社会は、世界全体のモデルとはならないのです。」（Schumacher 1977: ibid.）

世界全体のモデルとなるような社会、それは規模拡大の誘惑に負けず、身の丈レベルの経済を実現するような分権的社会、人々が簡素な生活になじむような社会、そして非暴力的な社会にほかならない。そのような社会を実現することは決して容易ではないが、そのような道を見出し、その方向に励んでいくとき、人は精神的な生活を取り戻しているのである。

イヴァン・イリイチ（一九二六—二〇〇二年）は、シュマッハーと同じく近代市場経済の展開が、人間の自律的な生活を奪ってきた経済史的な事実に注目し、人間が地域に根差した自律的な生活をヴァナキュラーな生活と呼び、このような生活において人間が持っていたようなサブシステンス（「人間生活の自立と自存の基盤」と玉野井芳郎は訳している）が、資本蓄積の経済により破壊されてきた（「サブシステンスに対する戦争」）ことが、近代社会の特徴であると述べている（イリイチ 1982: 序及び第4章）。近代世界の進展、経済のめざましい成長と共に、かつてわれわれが持っていた仕事（work）は、賃労働と対価を計上されないシャドウワークとに分裂し、差別と人間社会の分裂、非平和的な状況が一般化することになった。近代社会の開発は、人間を豊かにしたのではなく、むしろ人間社会を貧しくしたのである。かつて、サブシステンスの上に保障されていた人間の必要（needs）はいまやシステムの潤滑油と化し、人々は絶えずつくり出される欲望に踊らされるようになった。この欲望に対する供給を作り出す厚い専門家層が生まれるようになった。

こうして医療システムは絶えず病人をつくり出すメカニズムと化し、人々を薬や専門家に依存させる用具となっている。また、学校は、人々の能力を伸ばすのではなく、むしろ人々を社会分裂や格差の存在を当然としてこのシステムを受け入れる歯車へとつくり変えていく。人々は自律的な思考を放棄して、システムに対する依存性を強める労働力と化するのだが、そのことによって、社会対立や環境破壊がむしろ促進されている。つまり、人間たちからヴァナキュラーな場を奪い、サブシステンスを破壊する開発が生み出す戦争はいま現在も続いているのである。[7]

イリイチは、近代世界が常に豊かさをつくり出してきたとする通念（幻想）を厳しく打ち砕いた。かれの議論のキーワードは、サブシステンスと同時に「必要」（欲求）である。

生産力の増大、豊かさの追求（enrichment 成金）はそれを支える消費の人工的な膨張を伴ってきた。人々の必要は以前は、自然の一部、地域社会、ヴァナキュラーな生活の一部として、衣食住等人間の自然的な存在を、またお互いの共生を保証する条件として互いに調和を保ち（公正）、成立していたのだが、いまや必要は人工的にふくらませられ、人々は絶えずこのふくらんだ欲求（want 不足感＝欲望と言ってもよい）を追いかけて、あるいは欲求に追いかけられて生活するようになる。

ここに近代の貧困（modernized poverty）が現れる。人々がこのようにモノの支配欲（欲求）に追いかけられるようになるとき、人々はだんだん本来持っている自由（誰もが使用価値を生み出す自由）を忘れて、財の生産、効率的な富の形成に追われ、ますます交換価値の形成＝富とする固定観念に縛られて、本来の人間的自由を忘れてしまう。

こうして、近代世界は富を形成するように見えて、じつはサブシステンスな富を破壊してきたのであり、開発を進めるように見えて、じつは低開発をすすめてきたのである。近現代世界における貧困はこうしてつくられた貧困である(Illich 1977: Introduction, chap. 2 Outwitting Developed Nations; chap. 4 Tantalizing Needs)。

ここで議論を整理するために、「必要」(needs)とは何か、ということを考えておこう。必要とは通常、人間が身体的、社会的生存を維持し、保障するために必要とする基本財・サービスと考えられる。必要の問題を包括的に議論したのはK・マルクスであった。

マルクスは、必要を「自然的」「生物学的」必要と「社会的」(につくり出された)必要とに区分した。前者は衣食住等、人間の生存を支えるのに必要な財である。後者は、ある社会的条件の下でつくり出されるものだが、この欲求が肥大して人間を動かすに至る。これが必要の「疎外」と呼ばれる現象である(Heller 1976: chap.2 and 3)。

人間が必要をコントロールするのではなく、つねに肥大化する欲求が人間を動かしていく逆立ちした社会がここに実現する。このような欲求の疎外が人間を支配する社会が、資本制社会が成り立っていくための条件なのだが、それは人間的な選択を奪い、人間を貧しくするような社会にほかならない。

それでは、そのようなシステムから自らを解放する(イリイチ流に言えば、自由を取り戻す、本章のコンテキストでは貧しさを克服する)道は何か、というと、マルクスはそれを「連合した生産者」の社会の形成に求めた。なぜなら、資本制システムの下で、人々がひたすら欲求に衝き動かされ、システムの歯車として富の形成に励み、自分を忘れていることが低開発、貧しさの原因だとするならば、人々が自律性を回復し、お互いに主体的な生産・生活のステークホルダーとして連合して社会の管理運営に当たっていくことが、自由、豊かさの回復につながるからである。このような資本制経済から連合経済(associational economy)、連帯経済(solidarity-based economy)への転換の具体的様相についてはここでは立入らないが(8)、イリイチの議論は人間が本来持っていた「必要」が、ある特定の社会体制の下で「欲求」としてそこから離され、膨らませられ、(イリイチはこれをTantalizing needs、「満たされることのない欲求」

と呼んだ。これは、ギリシア神話のタンタロスから生まれた言葉である。タンタロスは欲望に任せて、神々の秘密に触れ、食物や水を目の前にしながら永遠に口にすることができない罰を受けた）人間の自由を奪う（貧困化する）現象を指摘したのである。

この人間の必要は何か、という原点に回帰する議論から、一九七〇年代に「人間の基本的必要」の充足こそ、開発の目的とするべきであるとする見方が生まれ、これが一九八〇年代に人間の基本的必要（Basic Human Needs BHN）を重視する議論として展開し、一九九〇年代に、人間開発理論へと展開する。

こうして、必要重視型の開発批判論は、物質的富（生産力）の絶えざる増大を開発目的とする主流派の富形成論に対して「もうひとつの豊かさ」（自由、人間の主体性、人権）を重視する流れを強めることになった。

ここから、一九九〇年代には、開発論の流れのなかで出てきた人間開発論を土台として、「生活の質」（Quolity of Life QOL）を重視するヌスバウム＝センらの議論が出てくるので、次にこれを検討しよう。

ベンガル出身の経済学者アマーティア・センが「ケーパビリティ」のいかんにより、人間の発達度を示す理論的視座をうち立て、ノーベル経済学賞を受賞したことはよく知られている。かれの協力者マルタ・ヌスバウムはケーパビリティ論を女性に適用して、『女性と人間開発』を著したが、この二人が協力して国連大学の世界経済開発研究所（WIDER）の場で「生活の質」と題する研究プロジェクトを遂行し、そのシンポジウムの記録を同名書として一九九三年に公にした（Sen and Nusbaum 1993）。本書の邦訳には、原題にはない「豊かさの本質とは」という副題がつけられている。

今日までの経済学は基本的には、人間が常に自分の効用の最大化を追求するものとして、このような人間行動が資本蓄積を推進し、富を増大させると考えた。しかし、センは、人間行動は単に効用を最大化させるのではなく、むしろ、自分が何かにコミットメントし、そこに生き甲斐を見出すことが豊かさの本質であると考えた。人間はこのようなコミットメント活動を通じて、自分の持つ能力（ケーパビリティ）を拡大していくことができる。ケーパビリティは、人間の持つ色々な機能（栄養や保健であるとか、教育による知的発達だとか、社会関係のなかの助け合いであるとか）が発現される程度に応じて、強まり、拡大するが、それは人間的な選択の自由の幅を拡大することになる。このような選択の自由の幅の拡大が「良い生き方」（well-being）として現われ、人の豊かさはモノの支配、統制（所得の程度）よりもむしろ、このような良い生き方がどれだけ実現しているかによって計られることになる。

ところが、人は常に良い生き方を実現しているわけではない。その大きな理由は個人的な問題よりも、それぞれの人が本来手に入れてしかるべき諸資源へのアクセス（entitlement.「権原」と訳されているが、本来入手して然るべき資源やサービスを利用する権利）を阻まれていることにある。そこに「権利の剥奪」「人間貧困」（human deprivation）が出てくる。

この認識が正しいとするならば、貧困をなくし、豊かさを実現する道は、人間の基本的人権を保障し、人間のケーパビリティ実現を阻んでいるような諸要因の解決に取り組んでいくことにほかならない。これが人間開発（発展）である。(9)

センン自身は、人間開発という言葉は用いなかったが、センのケーパビリティ理論に着目して、従来の経済成長＝富（成長地域のおこぼれ trickle down による貧困の解消）と考えた正統派の開発論（それは実際は貧困人口を増大させた）に代わる新しい開発パラダイムとして人間開発論を提起した国連開発計画（ＵＮＤＰ）は、この人間開発を実現する要因として、保健、教育、雇用の三要因を取り上げ、これらについて指標を作成して、その合成値としての「人間開発指標」（Human Development Indicators ＨＤＩ）を国際開発の目標とした。

前述の「生活の質」報告書は、この人間開発論がどの程度、生活の質、豊かな生活を表示しうるか、また、この研究会が北欧のフィンランドに位置するＷＩＤＥＲにより主催されたことを反映して、生活の質＝ケーパビリティの実現がどの程度、分配や平等と関連しているか、を検討したものである。また、この報告書では、国連の「豊かさ」指標を、スェーデン等北欧の国々で実行されている「生活水準」測定の諸指標と突合せて、望ましい豊かさ（ＱＯＬ）

指標がどのようなものかを探っている。

北欧諸国の生活水準調査では、「必要」に関連した指標と共に「リソース」（ある人が生活のために支配し得る諸資源）に関連した指標の両者が使われている（Sen and Nusbaum: chap.5）。

前者の例としては、「保健」（一〇〇メートルを歩く能力、病気の症状、医師や看護師との連絡等）、「雇用」（失業、労働条件、労働所得等）、「教育・技能」（就学年数、最終学歴等）、「住居」（面積、一室当たりの居住人数、アメニティー、住宅取得に必要な所得等）、「生活や財産の安全」（犯罪、保険加入率等）、「余暇・文化」（余暇活動、文化関連活動等）がある。また、後者の例としては、「経済的諸資源」（所得、資産、金融の利用可能性等）、「家族・社会的一体性」（婚姻、友人や親類との連絡、ボランティア等の非営利・地域活動等）、「政治的諸資源」（投票行動、政党や組合への所属、苦情申し立ての能力等）などが挙げられている。

容易に知られるように、これらは第一節で見た「国民生活指標」の原型となっているものである。これら北欧のQOL指標は、UNDPの人間開発指標が必要重視型なのに対し、各種（経済的、社会的、政治的）リソースをも考慮に入れ、より洗練されたものとも言えるが、ここでも問題はある。一つは、どこからどこまでが「必要」で、どれが「リソース」型か、その境界が必ずしも明確でない。生活の安全は、「必要」だろうか、「リソース」だろうか。

また、これらの指標は、国や地域社会の置かれた条件や、これらが持つ価値観によりかなり異なり、単一のQOL指標を作成することには無理がある。例えば、アメリカのようにクレディット・カードが発達し、消費が促進されて、国民の貯蓄率がゼロに近く、クレディット破産が多いところでは「金融の利用可能性」が高いことは、生活水準が高いことと考えてよいのだろうか。同じく、離婚率の高い国では、それは自由の象徴であるかもしれないが、日本のような女性の平均所得が男性の半分という国ではそれは不安の象徴であるかもしれない。同じ指標が、ある国ではQOLを高め、他の国ではQOLを低めることがあるのだ。

このように考えると、QOL等の社会指標を一元的に作成することには困難がつきまとい、簡単に「豊かさ指標」を作成するわけにはいかないことが理解される。

UNDPが「人間の選択の自由」を示す指標として提示している「人間開発指標」が「必要」に関する「保健」「教育」と、「リソース」に関する「実質所得」と性質の異なる二種の指標を混ぜて使っているのも、このような困難の表現であることがわかる。(10)

以上、正統派経済理論が、豊かさを保障する要因として「生産、消費の絶えざる拡大」を設定するのに対し、オールタナティヴの考え方として、「必要の充足」「自律性」「ケーパビリティの拡大」「人間的選択の幅の増大」「人権」「良い生活」という一連の、新しい豊かさを求める理論を紹介してきた。それでは、このようなオールタナティヴ理論の実践として、次に「国民総幸福」(GNH)、「充足経済」の政策を見ることにしよう。

3 国民総幸福と充足経済

ここでは、ヒマラヤ山岳(麓)の小国ブータンで実施されている国民総幸福(Gross National Happiness GNH)を先ず「精神的な豊かさ」を計る尺度として検討し、次いで、タイで同じく経済社会発展計画に盛り込まれた「足るを知る」(Sufficiency)経済の概念を見ることにしょう。

GNHの問題提起は、二〇〇六年末に長男に王位を譲って引退したブータン前国王ジグミ・シンギ・ウォンチュック(一九五五―)によってなされた。彼はロンドン留学から帰国して間もなく、七二年に第四代国王の座に就いた。その後、七六年にコロンボで開かれた第五回非同盟諸国会議に出席した際、「GNHはGNPよりもはるかに重要だ」と発言したと伝えられる。この言葉にも見られるように、GNHとはGNPに対比して使われる言葉である。

二〇〇〇年に発表された「ブータン二〇二〇年国家発展計画」は、次のように述べている。「GNH概念は、ひとたび物的な基本的必要が満たされた後には、幸福のカギは非物質的な必要の充足、感情的精神的な成長にこそ見出されるという信念に根ざしている。GNH概念は、従って、富と幸福との間に直接的で一義的な関係が存在するという考え方を退ける。もし、そのような関係が正しいとするならば、最も豊かな国に住む人々こそが世界で最も幸福な人々であるということになる。しかし、われわれはそれが事実でないことを知っている。豊かな国で成長が続いたにせよ、それは多くの社会問題の拡大やストレスに発する人々の病気、さらには自殺などを伴い、これらの現象が幸福とは正に反対の現象であることは誰もが知っていることだ。」(Planning Commissin (Bhutan) 2000)

こうして、ブータン二〇二〇年国家発展計画は、単なるGNP成長とは異なる人間発展、文化伝統の保持、社会的公正を重視した発展、良い統治形態、環境保全等の発展目標を導入している。

また、GNHとこれらの発展目標は、二〇〇八年国民投票によって採択されたブータン最初の成文憲法においても明示されている。例えば新憲法では、国土の三分の二を森林面積とすることを定めているが、これは経済成長よりも環境保全を重視した思考だと言える。

GNHを国是とした背景にはもちろん、経済成長を国家目標とした場合には、たちまち隣国の大国インドの資本や、ネパールの労働力にこの人口七〇万人の小国が飲み込まれかねない地政学的事情がある(西川 2005)。しかしながら、GNHは同時に、この地政学的条件とも関連して、多文化民族国家の持つ強い国民統合思考、山国としての文化的アイデンティティ確立の必要にも根ざしている。(11)

このような国民統合のためにとられた伝統的文化の重視が、ブータンを含むいくつかの東南アジア国家が依拠する仏教の中道思想に現れている。

この中道思想は、タイにおいても近年重視されるようになった。

二〇〇二年から始まった第九次国家経済社会開発五ヵ年計画は、経済危機でアウトとなった第八次五ヵ年計画を立て直し、経済再建と共に、経済グローバル化で深刻化した都市と農村、貧富の格差問題に対応して、「質の高い社会」(quality society)の実現をめざし、教育学習をすすめ、知識集約化をはかる一方で、互いの配慮(ケア)による国民の統合をすすめようとする理念を立てていた。その基礎となっているのが、プーミポン・アデュンヤデート国王の唱える「足るを知る」(セタキットポーピアン、sufficiency economy)の哲学である。

これは、一九九七年—九八年の通貨・金融危機の際に、動揺する国民に対して国王が何度か講話を行った際の主要なテーマである。もともと、農村の発展に強い関心を持ち、実際、自らの財団を通じて農村での開発事業を行っている国王にとって、経済危機は、過度の対外依存、市場経済化を戒め、タイ人が祖先代々営んできた農業と自給自足的生活の価値を人々に思い起こさせるよい機会であった。国王がこの際説いたメイド・イン・タイランドの勧め、身の丈に合った投資、借金経済の戒め、水管理と組み合わされた有機複合農業等は、「新しい理論」(The New Theory)と呼ばれ、この第九次計画、またそれを引き継ぐ諸政権の経済政策に、大きな影響を及ぼしている。タクシン前首相の下で進められた地方分権、一村一品運動等もかなりの程度、国王の開発理論を具体化する面があった。

プーミポン国王の演説集や、「足るを知る」経済に関するシンポジウムや論文集などから、この「足るを知る」経済、「新しい理論」の概略を知ることができる。

国王は既に、一九七四年石油危機でタイ経済が大きな打撃を受けた時期に、急速な工業化がもたらす歪みに注意し、開発は「段階的に」(step by step)行われるべきこと、人々の「生活の充足」を先ず開発の目的とするべきことを説いて、バンコクの一点集中、工業化最優先の風潮に際して、開発の目的が人々の生活にあるべきことに世人の注意を喚起した。「基礎的な条件がしっかりと整えられた後に、経済成長や開発のより進んだ段階が用意されるべきなのです。」(カセサート大学での講演、一九七四年七月一八日)

一九九〇年代の初め、資本が自由化され、外資の膨大な流入と共に、タイ経済がバブル期に入った時期に、都市の繁栄と引き替え、沈滞した農村での発展の道を、巨大開発に頼るのではなく、それぞれの地域が小灌漑施設をつくり、それを中心に協同して農業、畜産、水産を結びつけて自給を達成していく方向が重要であると説いた。「この新しい理論は、人々が農業で自足（self-sufficiency）を達成していくためのものです。」（King Bhumipol: vol. 3, p.75）

「足るを知る経済とは、各家族が自分のための食料を生産し、衣服を織ったり、縫ったりすることを意味するのではない。私が言いたいことは、それぞれの村や地区が相対的に自給自足状態を維持するということなのです。余ったものは地域外に出せばよい。でも、先ず同じ地域で売るということを前提にすることです。あまり、遠隔の地では輸送費も嵩むことでしょう。」（Alternative Development: Sufficiency Economy: 8）

「〝足るを知る〟経済は、家族、地域社会から政府に至るまで、国を発展させるためには、いかに生き、行動しなければならないかについての指針となる哲学です。わが国の経済を今日のグローバリゼーション時代に対応して発展させていくためには、中道の道を歩まなければならないという考え方です。

足るを知るとは、中庸（moderation）と分別（reasonableness）を意味します。ここで分別とは、内外からのショックに対して十分備えられる状態を整備することを含みます。……

また、人々、とりわけ政府のあらゆるレベルの役人、学者、実業家たちが、高い道徳と正直さとを心がける精神を常に身につけ、この精神を強めていくことを望みます。これらの人々は、その任務にふさわしい知識を備え、ねばり強く、がまん強く、智慧と他人に対する配慮によって、バランスのとれた生活の範を示し、外部世界から急速にもたらされる、大幅に物質的な、社会的変化、また、環境や文化の面での変化に対応していくことが望まれるのです。」（King Bhumipol 2005: 77-78）。

これらの言明やタイでの「足るを知る」経済に関する討論から判ることは、開放体制、市場経済化が急速に進むタイにおいて、人々が外部からの衝撃に対する精神的、物質的基盤の支えを求めており、国王がそれを仏教の中道思想に基く「足るを知る」経済という形で提出していることである。

経済的な自足は、仏教哲学の教える「知足」に支えられる。それが戒定慧の実践を通じて「自律」(自由、自在)に至る道にほかならない。[12] これは明らかにすべてを商品化、金銭化に巻き込んでいく近代市場経済から一歩距離をとることによって、自分を取り戻そうとする考え方にほかならない。それゆえに、経済危機の際にオールタナティヴの道として「足るを知る」経済概念が打ち出されたのである。

それは同時に、タイの経済成長を担ってきた工業化、外資導入、海外市場依存、国内の都市―農村格差、農村からの労働力流出という、世界市場と国際資本に依拠した開発パターンのもつ脆さへの反省に立ち、農村、地場産業重視、小農ベースの自立経済、人々の間の助け合い、互助、慈悲の精神の復興等、新たな「内発型の発展」をめざすものだと言ってよいだろう。

このような新しい発展方向として、三つの要因が挙げられる。

第一はある程度、自家消費、地域自給を重視することである。国王は九七年一二月の講話で、「自給経済を再興するとは、一〇〇%、あるいは五〇%でさえも自給をするということではなく、多分二五%程度でも自給できれば上等でしょう。自給という方策はけっして簡単なものではなく、それを進めていくためには時間がかかるでしょう。……しかし、経済の回復という目的のためには、今からその方向に努力しなければならないのです。」(ADSE: 15) ここから「自給の程度」について色々な議論が出てきたために、国王は翌九八年の講話では、二五%の意味は経済行為の二五%であるとして、「必要とするものを過不足なく入手し、過不足なく暮らしていく」という意味をこめている、と補足している。重要なことは基本的な物資を国の色々のレベルで自給し、外部市場に振り回されないことなのだ。

第二は、このような「足るを知る」経済を確立するためには、国民の精神が欲求の後追いをし、モノに依存しているようであってはならない。過度な物的欲望を減らし、足るを知ることは精神の自立を意味する。国民は生産者か消費者に分裂するのではなく、両者を統合した自立者、生活者（producer + consumer = prosumer）として経済社会の主体となっていくことになる。[13] これら生活者は協同組織を通じて、地域社会の主体となり、農業から加工業、さらにはサービス業、知識集約産業へと産業の高度化をはかっていくことになるだろう。

第三に、つくられた欲求に動ぜず、貪欲を去り、自ら「足るを知って」いくためには、心の開発、精神的な開発が必要になる。これは仏教で「パワナー」と言われており、日本語では「かいほつ」と呼ばれる真理（悟り）への到達のプロセスを意味している。タイで政府の開発政策は「パッタナー」と呼ばれているが、仏教僧の中にはこうした近代化、開発政策が、人々の貪欲心を高め、バンコク一点集中型成長の反面、農村との格差を増大させ、不和と争いと一家分裂を引き起こす現象を批判して、村人たちと共に生活の規律を守り（戒）、瞑想を実践しつつ（定）、真理の道を歩んで（慧）、地域興しを村人たちと協同してすすめる運動を生んだ（西川・野田 2000B）。こうした運動が、経済危機に先立つ一九九七年憲法のなかの地方分権や天然資源（環境）保全条項に結果したのだが、近年では一村一品運動、地場産品振興運動として、全国的に拡がっている。このように消費社会の進展のなかで人間の主体性を確立し、貪欲心を去ろうとする努力は、経済グローバリゼーション時代に資本の支配を拒否して、自立的な人間像を求める努力と言ってよいだろう。この意味で、中道精神に基く「足るを知る」経済の追求は、貪欲や飽くことのない私利の追求を否定することにより、より平和な社会への希求を示すものとこれを見ることができる。更に進んで言えば、「足るを知る」経済理論は、たんなる人間能力の拡大をめざす人間開発論と異なり、精神的な完成度をめざす精神性（spirituality）の領域を重視するもので、開発論の倫理的側面についての問題提起を行い、グローバリゼーションを見直す理論的基礎を与えていると言えるだろう。

一九九〇年代以来、開発パラダイムの多様化が著しく進んでいるが（西川 2006）、二〇〇〇年代に入り、新たに開発における倫理的次元のパラダイムが生まれ、理論から政策レベルへと展開している実情を本節では見た。以上、ブータンのGNHと、タイの「足るを知る」経済の問題提起とその実践を通じて、人間の自立、精神性、「心の豊かさ」を求める理論が、たんに理論の領域から出て、政策の領域へと展開していることが理解された。

結びに

沖縄には独自の豊かさがある。それは、単に一人当たりの所得だけでは測り得ない豊かさである。この豊かさは、沖縄にとどまらず、じつはどこの地域社会にも存在する豊かさなのである。

このような豊かさを、さしあたって次の四つの言葉、「てーげー」「ゆんたく」「いちゃりばちょーでー」「ゆいまーる」とその言葉が表す社会現象によって、示すことにしたい。

第一の「てーげー」は「大概」の沖縄語だが、人生と向き合う態度を示している。近代資本主義の精神を具現するロビンソン・クルーソーは孤島での自立生活を、暦をつけ、規律正しい生活を送ることから始めたが[14]、てーげーはこのような禁欲的生活の対極に位置する。スローライフと言ってもよい。何でもほどほどに、「大したことない」と受け止め、楽観的な生活を送る人生態度を表す。「なんくる、なんくるないさ」(「なんとかなるさぁ」)という言葉もよく使われる言葉である。これは他人を寛容に受け入れるコミュニティ的な生活様式を表していると言ってもよいだろう。人生を特定の物差しにより限定しないことから生まれる豊かさの表現である。

第二は、「ゆんたく」(zuntaku) だが、これは隣人との交流を重視する生活態度を示す。文字通りには、おしゃべり、茶飲み話を通じる近隣交流を指す。だが、隣人との交わりは同時に「満足」「豊か」(jjutakka) を指す言葉でもある (国立国語研究所『沖縄語辞典』三三八頁) のだ。私はこの言葉の語源を調べて、それが、豊かさから来ることを知り、目の中のウロコが落ちる思いだった。ゆんたくの語感は確かに、楽しい機会を指すのだが、これはまさしく豊かさから来る言葉だった。ゆんたくは近代資本主義の原点である個人主義を吹き飛ばしてしまうような言葉であり、社会認識であると言える。

第三の「いちゃりばちょーでー」は文字通りには「出会えば兄弟」を意味する。これは、沖縄人の親切さ、世話好きをあらわす言葉である。東京の街路で子どもが転んで泣いているとき、「どうしたの、大丈夫か?」と駆け寄って、子どもを抱き上げる人は通行人の中で何人いるだろうか? 多数の人はそのまま行き過ぎてしまうだろう。だが、沖縄であれば一〇人に九人は子どもを抱き上げて、親を探すのではないだろうか。このような他人への共感、また他人との連帯感は「ちむぐりさ」(肝苦さ)という言葉にも現れている。あなたがつらい状況にあるとき、私は決して無視できない、あなたの気持はよくわかるという社会的連帯感をこの言葉は示している。そこに、モノの支配によるのではなく、人間のつながり合いから生まれる豊かさがある。

第四の「ゆいまーる」(お互い様の精神)は精神状態をも表せば、具体的な慣習的共同作業をも意味している。冠婚葬祭や農事暦、漁業等における相互協力を指し、そこから資金の融通をも意味する。人びとの行動様式における結び付きを指している。ゆんたくが出会いや交流における豊かさを指すとすれば、ゆいまーるは、隣人間の助け合いに発する相互の充足感、豊かさを示している。だが、ゆいまーるが、共同体べったりの自己埋没ではないことに注意しよう。ゆいまーるの根本には自立した各人がおり、その自立性はそれぞれが所有する「あたい(り)」という名の私有地、この私有地によって保障される自足経済に支えられている。ゆいまーるは自立した経済主体間の協働経済を指す言葉だといってよい。

今日、国民総幸福(GNH)や「足るを知る」経済(Sufficiency Economy)など、グローバリゼーションのもたらす社会的歪み、環境破壊を是正するためのいくつかのオールタナティブ発展の考え方が現れているが、ウチナー(沖縄人）の生き方、つまり、寛容、人間同士の交流、他者への共感と連帯、相互協働を重視する生き方には、これらの新発展パラダイムの形成に大きく貢献する面があると考えられる。

このような豊かさを理解すること、それを正確に評価することは、じつは私たちが一人当たり所得の上昇、GNPの世界に心を奪われないために必要なGNP指標に代わる豊かさの指標を持たなければならない。このような社会指標のいくつかの例を、本章では紹介した。

社会指標は、国連やOECDで開発され、日本を含む多くの国で実用に移されている。

日本の新国民生活指標（PLI）は、ある程度、一人当たり所得やGNPで測れない生活の豊かさを示す社会指標として有用だが、政治的理由により近年発表されなくなったことは残念である。だが、このPLIも沖縄の持つ豊かさを示すには至らなかった。

そのため、精神的な富、心の豊かさ、生活の豊かさを何で測るかをきちんと念頭に置いた上で、その時々の目的に添い、目に見えない豊かさを示す指標を私たち自身で作成していかなければならない。

本章では、このような心の豊かさを示す基本概念として、必要（BHN）の充足、自律性の確保、サブシステンス（コモンズ）の保障、ケーパビリティの発現、これらによる生活の質の向上（生活の豊かさ）を挙げた。沖縄の例に学んで、寛容、交流、共感、協働などをここに加えることも十分に考えられよう。

BHNやケーパビリティをある程度示す指標として、UNDP等の努力による人間開発指標（HDI）が機能しうることを見たが、これも自由や自律度を示すには至っていない。サブシステンスの保障も未だ指標化の段階には至っていない。

沖縄が生活実感としてある程度、豊かさを持つにもかかわらず、社会指標で見ると全国水準と比べて低く出るには理由がある。

その第一は、日本のＰＬＩが示す生活の豊かさには、物的基盤（学校や保健施設、公園等々）の充実度と地域社会（コミュニティ）の持つ支え合いやつながり、連帯の両方の側面があるが、現在までのＰＬＩが前者の指標に重点を置いているために、後者の持つ豊かさが必ずしも示されていない事情がある。また、実際、沖縄では雇用や住宅等の基礎的生活条件が、軍用地による占拠や工業立地に不向きな地勢により、必ずしも発達していない。そして、物的基盤がある程度整備されたにせよ、その持つコスト（狭い土地での工事の連続、環境破壊）も、社会指標を高めることにはなっていない。

第二は、いまの社会指標では、自由や自律性、人々の連帯度等を測定するに至っていない。「結びに」で挙げた沖縄特有の豊かさは、これらの目に見えない条件にかなりの程度かかっていると考えられる。それならば、こうした条件を示し得るような社会指標を作成しなければならない。社会の「発達度」はかなりの程度、人々や地域社会の持つ価値観により左右される。このことを考えると、沖縄では沖縄の思考や現実、また課題に即したような開発指標の作成が必要になることが本章での検討から知られた。それをむりに全国一律の指標（ＧＮＰやＰＬＩ）で測定しようとすると、沖縄の持つ「先進性」ではなく、「後進性」がクローズアップされることになる。

こうした点で、ヒマラヤの山岳国ブータンのＧＮＨや、タイがグローバリゼーション下で重視するようになっている「足るを知る」経済は、それぞれ、その国（地域社会）の持つ独自の条件を踏まえて、独自の価値観に沿った発展指標を提起するものとして参考になるだろう。

ＧＮＨの場合は、社会の発達度を人間開発、社会的公正、良い統治等の社会条件と、文化伝統や環境の保全といった文化的条件、環境条件と結び付いて独自の「住み良い」社会を描き出そうとしている。

「足るを知る」経済の場合は、グローバル化に流されないＢＨＮの充実、大地と農業に根差した郷土愛と地場産業の興隆、そして精神の自律性と国民相互の思いやりの精神を掲げている。これらは未だ、ＧＮＰ指標に取って代わるものではないが、少なくともGNP追求、カネ獲得を万能とする社会を客観的に見ようとする智慧が働いている。

これら、GNHや「足るを知る」経済はいずれも仏教の中道思想に根差し、必要、サブシステンス、人間と環境の調和を重視するものだが、その根本は、人間がモノに押し流されない精神の自律性の回復への志向にあることを、本章では見た。つまり、開発のパラダイムとして、倫理の問題をこれらの新しい指標は提起しており、その意味で、国連の人間開発指標を超える新たな開発の方向を提示していると言える。

これが、「心の豊かさ」の基礎なのである。この考え方の流れを、私たちは、シュマッハー、イリイチ、セン＝ヌスバウムらにおいて検討した。この流れは同時に、経済学の中に「精神性」(Spirituality) の座を復権していこうとする流れにほかならない。そして、これらの思想家は共通して、このような個人、そして地域社会のレベルでの精神性の確立が平和の基礎となることを指摘していた。

このように考えると、沖縄の持つ見えない富をどう正当に評価するかが、日本自身の新しいポスト開発時代の価値観を形成していく際に重要となるだろう。このような精神的な豊かさが必ずしも評価されていない背景には、じつは、沖縄人自身が、本土(ヤマト)にモノとカネを期待する依存思考から必ずしも解放されておらず、GNP信仰と独自の平和文化志向との間に分裂している事情があるかもしれない。それは、じつは、日本全体についても言えることなので、私たちはちょっと経済成長が低迷すると「景気回復」を掲げる政党に投票し、今の日本にとって最も重要なことが、景気対策(それはアメリカとの二人三脚の道、世界資本主義との心中の道を必然とする)ではなく、社会の質的な発展(住み良い地域社会の形成、環境との調和、非暴力の世界)であることを忘れがちである。[15]

沖縄や日本の持つ発展のジレンマがこうして、「豊かさの指標」の面でも現れることになる。日本政府がPLI指標を放棄したのは、国民に根強い成長志向を反映しているのかもしれない。

このように考えると、沖縄や日本にとって「目に見えない豊かさ」をどう考えるか、それをどのように指標等明確な形で表現するかは、私たちの社会の将来の進路を占う上できわめて重要であることが知られる。

注

（1）矢野常太記念会『日本国勢図絵』二〇〇九／二〇一〇年版、同『データ県勢』二〇〇九年版。

（2）沖縄県企画部「統計情報ホームページ」（http://www.prf.okinawa.jp/toukeika/）。

（3）UNRISD 1985。UNRISDの場での社会開発指標の開発経緯については、当時の所長McGranahan, "Measurement of Development: Research at the UNRISD," *International Social Science Journal*, March 1995, No.143, pp.39-57 に詳しい。

（4）OECDの場での社会指標作成過程については、第五次国民生活審議会（一九七三―七五年）の調査部会中間報告でまとめられている。（http://wp.cao.go.jp/zenbun/kokuseishin/spc05/houkoku-b html）。石油危機のさなか、OECDの場で出てきた新しい富の測定概念を、日本の識者たちが消化するのに懸命だった様子が読み取れる。

（5）これらの指標の内容については、経済企画庁一九九九の冒頭に掲げられたPLI体系表を見られたい。

（6）『新国民生活指標』平成一一年版（最終版）は、第3章で「トピック 所得等の格差の分析」を扱い、ジニ係数でみた所得格差が八〇年代中葉以降拡大傾向（八五年の三六％から、九六年に四〇％）にあることを示している。

（7）これらの点については、I・イリイチ 1977、1979、1984 等を参照。なお、サブシステンス保障を平和の原因と考えて、平和研究を展開している業績として、郭・戸崎・横山 2004、郭・戸崎・横山 2005 がある。

　ヒマラヤ山岳地帯のラダックで長年暮らしたH・ノーバーグ 1993 は、この地に生命への感謝を持ち、心の平安と生きる喜びを実感し、持続可能な生活を送っている人々が存在することを驚きを持って報告している。「共同体や大地との親密な関係が、物質的な富や技術的な洗練などを超えて、人間の生活をとても豊かにすることができるのだということを知るようになった。」（二二四頁）。だが、同時にノーバーグは、この人類全体にとっての平和な世界の未来像を先取りしているような場所で、近代化や開発の導入と共に、特に青年層の価値観の変化がそのサブシステンス社会を急速に損なっている姿を報告している。この伝統的な豊かさを持つ社会と近代化、開発との相克は、次節に述べるブータンにおいても全く同様である。

（8）連帯経済については、西川潤 2007 を参照されたい。

（9）ここで、ヨハン・ガルトゥング 1997 が、構造的暴力について次のように定義していることを想起しておこう。暴力はある人が「肉体的精神的に実現できたものが、潜在的な実現可能性（potential realization）を下回るとき、存在する」

とかれは言う。このような暴力は目に見えないものであり、社会構造に内在的な暴力であるため、人びとや社会の平和を損なう。ここに単に戦争や紛争の不在と区別される平和研究の重要な新たな次元が開かれたのは有名な話だが、ここでガルトゥングの言う「潜在的な実現可能性」と、センらのいう「ケーパビリティ」はどう違うかという問題が出てくる。結論的に言うならば、この両者は三点において異なる。第一点は、ガルトゥングの言う「実現可能性」とは社会にとってその成員が実現可能な肉体的・精神的発達の水準が必ずしも実現していないマクロな状況を指している。ところが、ケーパビリティ論は、基本的にはある個人の能力が社会的に発現されている状況と関連している。第二に従って、ガルトゥングでは「実現可能性」は未だ実現されていない状態だが、ケーパビリティは、ある面で発揮されている場合もあれば、他の面で隠されていて必ずしも表現に至っていない場合もある（この意味では邦訳の多くがとっている「潜在的可能性」という訳は誤訳である。西川 2000A: 第12章参照）。その程度は、人間活動の機能（functionings）がどれだけ現れているかによって異なる。栄養を十二分に満たし、ぶくぶく肥っていても、ニート（NEET）で社会活動を自ら拒んでいるような場合には、ケーパビリティは一部（この場合には「栄養」）は現れ、他の分野（「社会活動」）では現れていないのである。第三点は、ガルトゥングの「潜在的実現可能性」は理念的な状況であるのに対し、ケーパビリティ論は社会に現在存在する諸資源の賦与状況（entitlement）と対比して、これら諸資源へのアクセスが否定されていることからケーパビリティの発現が阻まれていると考える。従って、保健や教育や雇用などを公共政策によって人権を保障することによって、ケーパビリティの発現を助けようとする。つまり、前者は理念的、哲学的だが、後者は、具体的、政策的な概念である。ここに後者が、国連の場での開発政策の根拠となり得た理由がある。

（10）UNDPは実際、一九九四年に大胆にも、人間の自由な選択範囲の拡大という人間開発の目的をより直接的に表現するために、「政治的自由指数」（Political Freedom Index PFI）なる開発指数を発表した。しかし、当然のことながらPFIが低く出る発展途上国からの抗議にあい、翌年には早くもPFIの作成・公表を取り止めざるを得なかった。PFIの概念については、当時の人間開発報告書の責任者マーブル・ハク 1997: 第5章に詳しい。

（11）ラダック、シッキム、ブータンでは、それはチベットと同じくチベット仏教に求められている。

（12）ダライ・ラマは、このような悟りの道に至るために「心の修練」が必要であることを強調している（Dalai Lama 1998）。

（13）Apichai Puntasen（2006）の言葉である。日本で、高度成長期に主婦たちの協同組合運動が興ったとき、彼女たちが「消費者」という受身の言葉を拒否して、「生活者」と名乗り、今日では政治面にまで進出している生活クラブ生協運動を準備したことを考え合わせると興味深い。

（14）大塚久雄 1948 はマックス・ウェバーの問題提起を受けて、早くから西欧近代化がプロテスタンティズムに基く個人主義を動因としていたことを指摘し、戦後日本の近代化論に影響を与えた。しかし、大塚の議論では、個人主義が犠牲にしたものについての眼配りがない。このような問題提起は、鶴見和子（例えば『殺されたもののゆくえ』はる書房、一九八五年）によってなされた。

(15) 二〇〇九年九月、OECDは韓国釜山市で「社会進歩」に関する国際シンポジウムを開催し、GNPに代わって社会進歩を測る新たな指標の開発にのり出した。日本でも、民主党政権の発足と共に地方分権、自治、住民参加が奨励される空気が生まれている。世界的にマネー優先のグローバリゼーションが行き詰まり、社会の質的発展が重視されるようになるにつれ、沖縄社会の持つ「生活の豊かさ」への関心もまた強まってくるにちがいない。

参考文献

I・イリイチ（1977）『脱学校の社会』東洋・小沢周三訳、東京創元社
I・イリイチ（1979）『脱病院化社会　医療の限界』金子嗣郎訳、晶文社
I・イリイチ（1982）『シャドウワーク』玉野井芳郎・栗原彬訳、岩波書店
I・イリイチ他（1984）『専門家時代の幻想』尾崎浩訳、新評論
大塚久雄（1948）『近代化の人間的基礎』白日書院（後に岩波書店から復刊）
J・ガルトング（1991）『構造的暴力と平和』高柳先男他、中央大学出版部（第一章「暴力、平和、平和研究」）なお、本章はGaltung, J.（1975）に収録されている。
郭洋春・戸崎純・横山正樹編（2004）『脱「開発」へのサブシステンス論』法律文化社
郭洋春・戸崎純・横山正樹編（2005）『環境平和学――サブシステンスの危機にどう立ち向かうか』法律文化社
経済企画庁国民生活局（1998）『平成10年度国民生活指標』大蔵省印刷局
経済企画庁国民生活局（1999）『平成11年度国民生活指標』大蔵省印刷局
E・F・シュマッハー（1986）『スモール・イズ・ビューティフル』小島慶三・酒井懋訳、講談社学術文庫（原書は一九七三年刊行）
西川潤（2000A）『人間のための経済学』岩波書店
西川潤・野田真里編（2000B）『開発・仏教・NGO』新評論
西川潤（2005）「ブータンにみる国民総幸福」『アジア太平洋討究』第八号、一七―二八頁
西川潤（2006）「開発とグローバリゼーション」（西川・高橋・山下編『国際開発とグローバリゼーション』「シリーズ国際開

発」第五巻）序章、日本評論社
西川　潤編（2007）『連帯経済』明石書店
H・ノーバーグ（2003）『ラダック　懐かしい未来』、『懐かしい未来』翻訳委員会訳、山と渓谷社
M・ハク（1997）『人間開発戦略　共生への挑戦』植村和子他訳、日本評論社
Apichai Puntasen（2006）, "Human Development through Sufficiency Economy", in Asian Rural Sociological Association, Symposium Proceedings, *Rural Livelihoods and Human Insecurities in Globalizing Asian Economies*, Chulalongkorn University
Alternative Development: Sufficiency Economy（*ADSE*）, s.l.n.d. 43pages
Dalai Lama（1988）, *The Art of Happiness*, compiled by H. C. Cutler, London: Hodder& Sroughtonac
Galtung, J.（1975）, *Essays in Peace Research, vol.1 Peace: Resarch, Education, Action, Copenhagen: Ejlers*
Heller, A.（1976）, *Theorie der Bediirfnisse bei Marx*, Berlin, VSA（『マルクスの欲求理論』良知力・小箕俊介訳、法政大学出版局、一九八二年）
Illich,I.（1977）, *Toward a History of Needs*, Berkelay, CA:Hey Day Books
King Bhumibol Adulyadey（2006）, *By the Light of Your Wisdom, vol.3 of Bhumilbol Adulyaderj, King of Thailand*, Bongkok: DOMG Books
National Economic and Social Development Bureau［NESDB］（2002）, *The Ninth Economic and Social Development Plan*, Bangkok
Planning Commission（Bhutan）（2000）, *The 2020 National Development Plan*, The Government of the Kingdom of Bhutan
Schmacher, E. F.（1997）, *This I Believe and Other Essays*, London: Resurgence Book.
Sen, A. and Nussbaum M.C.（1993）, *Quality of Life*, The UNU Press.（邦訳『クオリティー・オブ・ライフ』竹友安彦監修・水谷めぐみ訳、里文出版、二〇〇六年）
The National Research Council Committee on Economic Branch（2003）, *The King's Sufficiency Economy and the Analysis of Meanings by Economists*, The National Research Council
United Nations Research Institute for Social Development（1985）, *Measurement and analysis of Socio-Economic Development. An Enquiry into International Indicators of Development and Quantitative Interrelations of Social and Economic Components of Development*, Genera: UNRISD

8 沖縄・その平和と発展のためのデザイン
——沖縄産品と内発的発展に関する一考察

照屋みどり

はじめに

1 「県産品愛用運動」(1)

財政依存や基地依存など、現在の沖縄経済が依存型であることは否めない。しかし、沖縄の経済界、各企業には、沖縄の経済自立への悲願がある。そして市民の側にも自立への強い願望がある。

例えば、米軍占領下の一九五〇年代、貿易の自由化により日本からの製品が大量に輸入されるようになると、琉球政府は産業振興計画を策定し、その取組みの一つとして、一九五四年、経済団体と共催し「島産品愛用運動」をスタートさせた。その運動の趣旨は、「一、産業生産の担い手である生産者の生産意欲の高揚を図る。二、島民の島産品に対する意識の啓発を促し、もって琉球島内産業振興に資する」というものだった（工連五十年史編纂委員会［以下、工連］

2003: 45)。「島産品愛用運動」は、その後「日本復帰」に伴い「県産品愛用運動」と名称を変え今日まで続けられている。約四〇〇の企業が所属する沖縄工業連合会（工連）等を中心に、一九七七年からは毎年秋に「沖縄の産業まつり」が、一九八四年からは毎年七月が県産品奨励月間と設定され、各種事業およびキャンペーンが実施されている。

また、一九七七年には、「沖縄県婦人連合会」と「かしこい消費者の会」が「県産品の愛用は、まず味噌・醤油から」と題する消費者向けチラシを作成、配布した。文面は次の通りだった。

「県産品は、郷土でつくられた手づくりの商品です。私たち消費者がすすんで使用することによって需要が伸び、よい商品が開発され、ひいては県経済を豊かにし、私たちの生活がうるおうことになります。とくに不況のなかで失業者の多い沖縄では、地場における企業の育成は重大な意義を持っています（以下、略）」（工連 2003: 97）。

上述の「沖縄の産業まつり」にも例年多くの市民が参加する。入場者数は二一万九千人（二〇〇八年一〇月二四日─二六日開催）と、市民の沖縄産品への関心は非常に高い。

2　内発的発展の定義

内発的発展の定義は、西川（2001: 14）によると、「第一に単に外生的な発展の波に追随するのではなく、自分固有の文化を重視した発展を実現していく自立的な考え方であり、第二に人間を含む発展の主要な資源を地域内に求め、同時に地域環境の保全をはかっていく持続可能な発展であり、第三に地域レベルで住民が基本的必要を充足していくと共に、発展過程に参加して自己実現をはかっていくような路線」である。

先に述べたように沖縄には「県産品愛用運動」など、行政・経済界・各企業・市民の側それぞれに、内発的発展の土壌があると考えられる。本章では、「伝統工芸品」と「かりゆしウェア」という沖縄産品の業界の現状を内発的発展の視点から考察してみたい。

1　外国産商品に脅かされる伝統工芸業界

1　沖縄の伝統工芸品の歴史と現状

沖縄の伝統工芸品は、独自の歴史と文化を背景に発展し、日本への併合や沖縄戦での多大な打撃を経た後も、職人たちの尽力によって甦り、さらなる発展の可能性を有している。しかし、以前から沖縄以外でつくられた沖縄産風の商品が市場に出まわり、本物の沖縄産伝統工芸品が少なからず影響を受けてきた。さらに、近年では外国産商品の技法が高度化したり、沖縄の企業が外国に生産の拠点を持つようになるなど、その影響が強まっている。本節では、外国産商品によって特に脅かされている陶器、琉球ガラス、琉球漆器について簡単にその歴史と現状を述べる。

（1）陶器

琉球の陶器は、大交易時代（一四世紀後半—一六世紀）に中国や東南アジア諸国との交易を通して質的向上が図られ、一七世紀には朝鮮陶工の指導を得たり、沖縄人自身が中国に渡り技術を磨くなどして発展した。沖縄戦でも壺屋（当時の主たる窯場であった）は、奇跡的に他地域より被害が少なくてすみ、戦後、早い時期から生活必需品がつくられるようになった。また、魔よけとされる「シーサー」を専門につくる工房も多い。

沖縄には陶器に適した土が豊富にあり、原料である陶土もほとんどが沖縄内で供給されている。資源の面でも内発的発展的側面を持つ。二〇〇七年の従業者数は三七二人、生産額は九億九千三百万円だった（沖縄県観光商工部商工振興課 2009: 47-48）。

（2）琉球ガラス

沖縄でガラス製造が開始されたのは約一〇〇年前だといわれている。当時は「ランプのほや」や「蝿取り器」などの生活必需品がつくられていた。沖縄戦によってガラス工場も破壊されてしまうが、戦後、関係者の強い要望で再開される。戦後は、駐留する米軍人向けの「水差し」「コップ類」「パンチボール・セット」などの需要が大きく、この時期に琉球ガラスとしての産業の基盤が出来あがった。

現在では、珪砂等の原料から製造する工房も多いが、伝統的である、廃瓶やガラス片を原料とした製造を守る工房もあり、「地域環境の保全をはかっていく持続可能な発展」という内発的発展の要素も持つ。二〇〇七年の従業者数は二四一人、生産額は八億九千六百万円だった(2)（前掲）。

（3）琉球漆器

琉球漆器は、中国からいろいろな技術を導入し、一四世紀頃からつくられたといわれている。一六世紀の終わり頃には琉球王府が貝摺奉行所を設け漆器づくりを守り育てた。元々は、デイゴやガジュマルなど地元の木材を使用していたが、調達が困難になったため、四〇年程前からさとうきびのしぼりかすからつくられるバガスを木地とする製品もつくられるようになっている。「発展の主要な資源を地域内に求め、同時に地域環境の保全をはかっていく持続可能な発展」の要素を持つ。二〇〇七年の従業者数は八二人、生産額は二億七千七百万円だった（前掲）。

2　外国・他県産の沖縄風工芸品

（1）愛知県の業者によるシーサーの卸

二〇〇五年、筆者が勤務している会社の工芸品専門店に愛知県の業者がシーサーの営業に訪れたことがある。同店の店長が沖縄産のものしか扱っていない旨を説明すると、それ以上の売り込みはなかったという。しかし沖縄産にこだわっていない店舗では、「他県で作られたシーサー、あるいは他県の業者によって企画され、外国で製造されているシーサーが扱われている」との批判もある。

(2) R組合

R組合は、一九八五年に開業した沖縄のガラス工芸の協業組合である。一九九五年、ベトナムに一〇〇%出資の子会社を立ち上げ、二〇〇四年一一月現在で、二八〇人の従業員を抱え、ベトナムの平均給与六千円に対して、同組合では、平均一万円を支払っているとのことである。年間生産個数三〇〇万個の大半が日本に輸入されている（『沖縄タイムス』二〇〇四年一一月一三日）。

同組合は、「デザインなど基本拠点となるのは沖縄であることには違いない」（『沖縄タイムス』一九九八年二月一三日）と主張している。また、二〇〇六年七月の同組合の小売店舗での説明は、「沖縄の職人が、ベトナムに行って作っている」「『仕入れ』ではなく、自分たちの組合で作っているのだから、自信をもって、琉球ガラスである」というものであった。また、同店の商品の約八割がベトナムで生産されているとのことだった。

同組合関連企業に対して、二〇〇七年六月、ベトナム製造のガラス製品を沖縄で製造したかのように表示し販売していたとして、公正取引委員会が景品表示法に基づく排除命令を出した。その後、同関連企業はベトナム産か沖縄産かを示すシールを商品に貼るようになったが、シールの文字が小さかったり、ＰＯＰ（ポスター等、店舗に掲示される広告）等での説明も不十分で、消費者にはその区別が難しい状態が続いているとの指摘もある。

(3) O社

O社は、沖縄の大手企業の子会社で、二〇〇六年三月、琉球ガラス等の製造のためにベトナム工場を完成させた。同社はベトナム進出の理由として、ガラスの原料となる珪石が豊富にあることや人件費の安さ、工場を置く工業・工芸区への投資優遇措置の適用などを挙げている。製品は、沖縄に設立した子会社が輸入し県内外に販売するとしている（『琉球新報』二〇〇六年二月八日）。

（4）**琉球漆器業界**

移輸入された半製品を沖縄で再加工した漆器や、生地加工から加飾まで全工程を海外で行なったとみられる漆器が、それらの説明が無く、あるいは説明が不十分な状態で販売されているようだとの懸念が関係者の間で広がっている。沖縄産ではないとみられる漆器のなかには、木地（器）が割れてしまうなどの品質上の問題も起きており、琉球漆器への信頼を損ねかねない事態にもなっている。

3　外国産沖縄風商品の問題点

（1）**消費者からの信頼失墜**

現在最も問題になっているのが、外国で製造した商品を、原産国を表示せずに販売しているケース、もしくは表示・説明が不十分なケースである。

沖縄の伝統工芸品の大きな特徴は、その背景に沖縄という土地の文化・歴史を有しているということにあるだろう。沖縄の伝統工芸品を購入している消費者のほとんどは、それらが沖縄でつくられていて、沖縄の文化を内包していることに魅力を感じて購入しているのではないだろうか。実際、ブログなどでも、沖縄産だと信じて購入したにもかかわらず、その後その商品が外国産だとわかり落胆したとの声が多くみられる。

沖縄でつくられていないものを、原産国をきちんと表示せずあたかも沖縄でつくったかのようにみせることは、原産国虚偽表示・原産地誤認惹起行為であり、消費者を騙す行為だといっても過言ではない。また、そのような行為によって沖縄の伝統工芸品全体が信頼を失いかねない。

（2）価格競争・他地域への技術移転による沖縄伝統工芸業界停滞の恐れ

海外で製造する理由に、製造原価が押さえられることが挙げられているが、それはまた、価格競争を沖縄の伝統工芸業界に持ち込むということでもある。例えば、先にふれたように、外国での平均一万円という給与は、沖縄の一〇分の一以下である。このような状況では、沖縄の工房が従業員に適正な給与を支払ったり、発展のための投資を行なったりすることは困難である。業界の停滞が懸念される。

また、沖縄の伝統工芸品づくりが他地域に技術移転されている点も、沖縄で地道に生産している職人にとって脅威である。R組合によると、「ベトナムで生産しているのはガラス商品、小皿や灰皿など、比較的簡単な日用雑貨品が中心ですが、現在ベトナム工場で働く職人の技術力は沖縄の職人たちでさえ脅威に感じるほど上達しています。技術的に少し難しい新商品の開発依頼をするとすぐに技を吸収するので、沖縄の職人も中途半端な技術力しかないと、逆にベトナム人から笑われてしまうような状況です」（中小企業基盤整備機構ホームページ www.smrj.go.jp/keiei/kokurepo/case/backnumber/007123.html より、二〇〇五年七月掲載記事）。

4　沖縄伝統工芸業界の新たな取組み

原産国非表示商品に悩まされ、大手企業が新たに外国に拠点を設立することなどに危機感を持った関係者によって、二〇〇六年八月、「沖縄産工芸品販売推進協議会」が設立された。会員は、多くの組合員が加盟している壷屋陶器事業協同組合や、琉球びんがた事業協同組合、県の第三セクターである㈱沖縄県物産公社などを含め五五団体で構成されている。

協議会の目的は、「沖縄工芸業界の様々な工房や個人・企業・団体を組織化し、消費者に誤解を与えるような海外製沖縄風工芸品や、模倣製品に対する予防対策と沖縄産工芸品販売に関するキャンペーン活動」である。当面は、消費者に誤認を与えている外国産沖縄風工芸品に対する民事警告や、同問題の認識を広めるキャンペーンなどを事業活動とする。

同協議会の動きを背景に、沖縄で地道に琉球ガラスをつくり続けている工房と流通業者が、二〇〇八年一月、ベトナムで製造されたガラス製品を販売する際に「琉球ガラス」の表示を使用するのは不正競争防止法に違反するとしてR組合関連企業を提訴した。

また、二〇〇八年三月には、沖縄で琉球ガラスを生産している工房と、沖縄産の琉球ガラスのみを扱う流通業者によって「琉球ガラス生産・販売協同組合」が設立された。安価な外国産のガラス製品が出回り、消費者の琉球ガラスへの信頼を損ねかねない状況を改善することを目的とし、効率性の良い窯の研究をすすめたり、協同販売等積極的な活動を行っている。

琉球漆器業界でも、沖縄産にこだわった工房が、輸入品をごまかして販売しているとみられる工房に注意を促したり、行政に不正な販売の阻止にむけた協力を求めるなどの動きがある。

2　かりゆしウェア

1　かりゆしウェアの歴史

今日、沖縄のビジネスの場や、冠婚葬祭などフォーマルな場で多く着用されているかりゆしウェア（「かりゆし」とは、沖縄語で「めでたいこと」や「縁起の良いこと」を意味する）の誕生のきっかけは、一九六八年といわれている。元沖縄県ホテル旅館生活衛生同業組合（以下、ホテル組合）の理事長・宮里定三氏が、ハワイの観光視察に行った際、沖縄の観光を活性化させるためには「南国のムード作り」が重要だと考え、一九七〇年、デザインを公募して「おきなわシャツ」という名称でスタートさせた。しかし、その後の普及運動は、価格の高さや、粗悪な輸入アロハシャツが出まわる等、平坦なものではなかった。名称も、「トロピカルウェア」「かりゆしウェア」「オキナワシャツ」など各メーカーによって様々だった。

一九九〇年、「めんそーれ沖縄県民運動推進協議会」[3]がウェアの普及を目的として名称を募集し、「万人の幸福を願う県民の心を表現するもの、沖縄の気候や風土・文化をイメージする、めでたい・縁起がよい」との理由で、「かりゆしウェア」の名称が採用される。その時の定義は、「沖縄の伝統工芸絵柄をモチーフにしていること、通気性があること、開襟シャツであること」であった。

しかし、同定義が狭義なものであったため、普及に至らず、かりゆしウェアの生みの親であるホテル組合でさえ、沖縄観光宣伝のためには人目につくことが重要ということで、伝統柄ではなくハイビスカス柄のオリジナルウェアを「アロハシャツ」として普及着用運動を行なわざるを得ないなど、沖縄産ウェアは様々な呼ばれ方をされた状況だった。

だが、その後もホテル組合を中心とする関係者の努力によって沖縄産ウェアは広がり、一九九九年には沖縄県議会や那覇市議会でかりゆしウェアが着用されるようになる。二〇〇〇年の九州・沖縄サミットを機に、自治体、企業、各種団体でも定着するようになった。

そのため、混在する名称の統一・定義に向け「ウェアネーミング検討委員会」（委員長・副知事）が設置され、二〇〇〇年、「かりゆしウェア」が改めて沖縄産ウェアの名称とされた。一方、定義は緩められ、「県産品であること、沖縄らしさを表現したものであること」となった。定義が緩められたこと等によりかりゆしウェアが急速に普及するようになったといわれる。二〇〇一年には、工連によって商標登録（登録商標「かりゆし」、登録第四七八五七一号）された（以上は、ホテル組合 2004、工連 2003、沖縄県観光商工部ホームページ www.pref.okinawa.jp/syoukou/、『沖縄タイムス』二〇〇〇年六月二三日より）。

二〇〇五年には、日本政府のクールビズ政策の提唱の一環でかりゆしウェアが広く紹介され、県外でもその認知度・需要が高まった。

2　かりゆしウェア認定組合とかりゆしウェアタグ発行資格要件

先述したように、「かりゆし」は、工連によって商標登録されているが、実際には、一九九九年に設立された沖縄県衣類縫製品工業組合（以下、縫製組合）が使用許諾されている。具体的には、同組合が認定した沖縄県内の工場で製造されたかりゆしウェアに対してのみ、かりゆしウェアタグ（下げ札）を発行しており、現在かりゆしウェアの認定は、縫製組合が行なっているといえる。

先に述べたように、かりゆしウェアの定義は、二〇〇〇年から、「県産品であること、沖縄らしさを表現したものであること」となっているが、縫製組合のタグ発行資格要件は、より厳密で、同定義に加えて、「沖縄県内に事業所を置く事業者が企画・製造したもの」としている。つまり、「県産品」について、「沖縄で企画したもの」で、かつ、「沖縄で縫製したもの」と位置付けているのだ。この点は、かりゆしウェアのブランド化の面、そして内発的発展の面で重要だと考えられる。かりゆしウェアの生み・育ての親は、ホテル組合を中心とする観光業界であるが、観光業界の普及運動は、同業界の枠を越え、地場産業の発展につながり始めている。(4)

3　かりゆしウェア着用の広がり

かりゆしウェアの製造は、一九九九年に製造枚数五万八千枚、製造企業数八社であったのに対して、二〇〇七年には三七万四千枚、一九社に増加している。(5)

二〇〇二年には、ホテル組合によって告別式用かりゆしウェアが発売され、かりゆしウェアメーカー各社も冠婚葬祭用のウェアを製造するようになり一気に普及した。現在では告別式や結婚式の披露宴でもかりゆしウェアの着用が広がっている。その理由としては、沖縄の気候・風土に適したウェアであるということだけでなく、かりゆしウェア購入・着用は、沖縄人の「県産品愛用」の精神・自立への願いが込められていると考えられる。また、かりゆしウェアの着用は、着用者が自覚的であれ、無自覚であれ、沖縄人アイデンティティの確認、強化につながっていると筆者は考える。内発的発展の定義の「地域レベルで住民が基本的必要を充足していくと共に、発展過程に参加して自己実現をはかっていくような路線」に当てはまるといえるだろう。

4　かりゆしウェア製造発展への取組み

縫製組合等は、かりゆしウェア発展への取組みとして沖縄産素材の活用を模索している。月桃の茎の部分を利用した月桃素材や珊瑚を利用した珊瑚素材、また、沖縄産の貝を使ったボタンなどの利用を組合員に呼びかけている。コストが高いなどの理由で普及には至っていないが、沖縄産素材を活用することによって、沖縄の独自性をより強く打ち出すことが出来ると同時に、沖縄の農業・漁業と共に発展することが期待出来る。

また、沖縄に染色工場がないため、これまでかりゆしウェアの生地の印刷は県外で行なわれていたが、二〇〇八年には沖縄のかりゆしウェア製造会社が布用印刷機を導入し、沖縄での一貫生産体制を始めた。同社は将来的には他製造業者からの印刷工程の外注にも対応予定という（『琉球新報』二〇〇八年六月一二日）。沖縄における付加価値を高める取組みとして期待される。

5 日本大手アパレル企業提携のかりゆしウェア製造・販売の問題点

かりゆしウェアの認知度が高まってきたことによって、日本の大手アパレル企業が沖縄の縫製工場と組んでかりゆしウェアを製造する動きがあった。この問題は縫製組合で大きな議論になった。多くの組合員は、大手アパレル企業と組むことによって販路が広がるとそのメリットを主張したが、一部から「それでは、せっかく築き上げてきたかりゆしウェア＝沖縄産というブランドが崩される恐れがある」との反論が出た。結局は、沖縄側に主導権があれば県外のアパレル企業と組んでもいいのではないかということになってしまった。

実際、二〇〇六年に製造元が沖縄の縫製業者で、販売者が県外大手企業の、有名人気キャラクターを絵柄にしたかりゆしウェアが販売されたが、デザイン的には「沖縄らしさ」は感じられず、購入者は、「沖縄らしさ」というよりも人気キャラクターに魅力を感じて購入するであろうと思われるものになっていた。企画の段階で沖縄の製造元が主導権を握れていたかは疑問である。

沖縄では、かりゆしウェアは、利潤追求の面だけではなく、「県産品愛用」という沖縄の人々の応援があって成長してきた。それが、それらの側面をもたない県外の大手企業が、「かりゆしウェア」というブランドを利用して逆に沖縄に進出してしまった場合、利潤追求となり、縫製も安い海外で、ということになりかねない。かりゆしウェアの大きな特徴である「県産品」という定義、あるいは「企画、縫製が沖縄」という縫製組合の規定も崩されかねない。

6　今後の課題

（1）重なる縫製時期

現在のところ、かりゆしウェアの中心は夏用である。そのため、各社とも効率的な資金繰りのため、三月頃の販売開始に向けて、前年の夏にデザインを決定し（沖縄に生地工場・染色工場がないため）、県外の生地工場・染色工場に服地の製作を依頼する。服地ができあがり縫製が始まるのが一一月頃であり、縫製依頼が殺到する。そのために、既存の縫製工場では縫製が追いつかない状況である。一方、夏場は縫製工場の稼働率が低いという問題がある。業界として、秋冬物のウェアの開発をすすめるなどしてかりゆしウェアの幅を広げたり、行政の協力を得ながら、縫製工場の操業を年間を通して平均化する等、解決のための積極的な取組みが求められるだろう。

（2）組織

現在、縫製組合が認定した沖縄県内の工場で縫製されたかりゆしウェアにタグ（下げ札）が発行されているが、この制度の下では、伝統的染織のウェアであっても、縫製組合が認定した工場で縫製されていなければタグが発行されないなどの問題もある。例えば、沖縄の紅型工房が既成のシャツを仕入れてそれに紅型を施してもタグをつけることはできない。逆に、沖縄で縫製されたシャツであれば、沖縄以外で染めを施してもタグをつけることができる状況である。沖縄には、紅型や織物等、豊かな染織技術が存在する。それらを活用したかりゆしウェアの発展のためには、幅広い関係者のつくる組織による、縫製にとどまらない広い視点での認定基準が必要になってくるのではないだろうか。

二〇〇五年一一月、二〇〇六年八月には、県が呼びかけてかりゆしウェア関係者の意見交換会が開かれ、幅広い関係者による「かりゆしウェア連絡協議会（仮称）」設立についても議論が行なわれた。製造業者・企画業者・デザイン組合・販売業者・消費者・ホテル組合等が参加した幅広い視野を持つ組織の設立によって、かりゆしウェア産業のさらなる成長が見込めるだろう。上述の日本大手アパレル企業との提携の是非等についても、広い視点からの再議論が望まれる。

おわりに

長い歴史を持つ伝統工芸品業界と、新たな産業であるかりゆしウェア業界。両業界とも営利業界ではあるが、それだけには留まらず沖縄の独自の文化を背景に発展してきた。そのために沖縄の人々の理解・協力を得られているともいえる。両業界が発展していくためには、品質向上などの努力はもちろんだが、沖縄の人々の声に耳を傾けたり、沖縄の自立を目指すという姿勢を積極的に打ち出すなど、これからも沖縄の人々の理解を得るための努力が求められるだろう。

沖縄には、独自の風土や文化をもとにした内発的発展の芽がたくさんある。沖縄の人々が自らの歴史・文化・風土に誇りを持ち続け、これらの芽を大切に育てていくことが依存経済克服の一つの手段となろう。

注

（1）米軍統治下の沖縄での「日本復帰運動」が平和・人権を求めたものであったにもかかわらず、実際には米軍基地の過重負担が継続される等、一九七二年の「復帰」は沖縄の人々の求めていた形と大きく異なった。その後今日までその状況は変わっていない。そのため沖縄には、「沖縄『県』」という枠組に対抗しようという思想・動きが底流に流れている。本章で、筆者は、公的に「沖縄県産」などと表現されている場合には、その通り記述し、そうでない場合は、「沖縄産」という表現を使うこととする。

（2）外国にガラス製造拠点を持つ会社の役員が、筆者が勤務している会社との話し合いのなかで、沖縄人の自分たちが外国でガラス製品を製造することを正当化しようと、「沖縄で琉球ガラスを製造しているのは、ムルヤマトゥーアラニ（皆、ヤマト人［日本人］ではないか）」と述べた。本章では触れられなかったが、同氏がそう述べたくなる程、沖縄の工芸界で日本人の比率が非常に高まっているように見受けられる。この状況は、後継者育成の面や、固有文化の継承の面からも検証される必要があると考える。

（3）一九八九年結成。会長は県知事。

（4）ホテル組合は、かりゆしウェアの普及のため、かりゆしウェアの販売に尽力すると同時に、普及促進費として、一九八九―二〇〇三年の累計で、三千三百万円を負担している（ホテル組合 2004: 91）。

（5）かりゆしウェアタグ（下げ札）の発行数及び縫製組合による認定工場数。

参考文献

沖縄県観光商工部商工振興課（2009）『工芸産業振興施策の概要』
沖縄県ホテル旅館生活衛生同業組合組合創立30周年記念誌編集委員会（2004）『30年のあゆみ』沖縄県ホテル旅館生活衛生同業組合
工連五十年史編纂委員会（2003）『工連五十年史』社団法人沖縄県工業連合会
西川潤編（2001）『アジアの内発的発展』藤原書店

9 返還軍用地の内発的利用
――持続可能な発展に向けての展望

真喜屋美樹

はじめに

本章では、沖縄本島中南部で返還が計画されている大規模な軍事基地を、返還後、県土の持続可能な発展にどのように繋げるのかについて考察する。取り上げる事例は、本島中部の読谷村で行われた平和と文化に立脚した跡地利用である。中でも、広大な面積を持つ読谷補助飛行場跡で始まった第一次産業中心の跡地利用開発を中心とする。読谷補助飛行場跡地は、新都心型開発が行われた那覇市の新都心地区（おもろまち）[1]に匹敵する規模を持っている。読谷村の取り組みは、返還軍用地の内発的利用を実践する試みとして、従来型の基地跡地利用開発に一石を投じる可能性が高く、その帰趨が注目されている。

二〇〇八年現在の在沖米軍施設の総面積は二万三二九三ヘクタールである。このうちの九五・四％（二万二二三七ヘクタール）は沖縄本島に位置している。中でも、米軍の中枢機能が集中し、嘉手納基地や普天間飛行場など大規模な基地が所在する本島中部地区は、総面積の二三・七％（六六五七ヘクタール）を基地に占有されており、地区別の基地占拠率が最も高い[2]。従って、基地周辺の市町村は、基地を取り囲むように市街地を形成しなければならなかった。

戦後、米軍占領にともなう占領接収と基地建設のための強制接収によって集落の土地を収奪された人々は、基地を取り囲むフェンスにへばりつくように住居を構えた。また、軍雇用員の仕事を求める人たちが基地周辺に集中した。このため基地周辺の都市部となった本島中南部地区は、短期間に人口が急増した。市街地は、自然発生的都市化の進行により、いびつな都市構造となった。特に那覇都市圏の過密ぶりは深刻であった。一九七五年の那覇市より人口密度の高い都市は、東京都区部を筆頭に、大阪市、尼崎市、豊中市などいずれも大都市圏内の都市ばかりで、那覇市は人口三〇万でありながら東京や大阪に典型的にみられる大都市問題の様相を帯びていた（住田・梶浦・塩崎 1979）。このような軍事基地密集地域が同時に人口密集地域であるという沖縄の現状は、復帰後も基本的に改善されておらず、軍事基地は都市問題解決の最大の阻害要因の一つであった（今村 1988）。

同様に、日本本土が重厚長大産業に牽引された高度経済成長を経験していた頃、沖縄は基地によって産業用地や農業用地を奪われていた。基地の存在が沖縄の経済発展の桎梏となったことは言うまでもない。国の計画である沖縄振興開発計画や第三次全国総合開発計画でも、軍用地が沖縄の地域振興推進の大きな障害となっていることを認め、早期の整理縮小がうたわれている（沖縄県 1977）。

一九九五年、基地問題の解決を求める県民世論の高まりにより、日米両政府は高官レベルで協議する機関としてＳＡＣＯ[3]を設置し、基地の整理・統合・縮小を協議した。一九九六年一二月のＳＡＣＯ最終報告では、一一施設・区域五〇〇二ヘクタールの返還が合意されている。ＳＡＣＯ最終報告での合意が実現すれば、沖縄県における米軍施設・区域の約二一％が縮小することになり、復帰以降二〇〇八年までに返還された米軍基地面積（五五八〇ヘクタール）

に比肩する。

さらに、二〇〇六年五月、米軍再編に伴う施設・区域の統合計画として、嘉手納基地より南にある米軍基地の大部分の返還計画が発表された。これらの返還計画には、本土復帰以来最大級の返還となる普天間飛行場(四八一ヘクタール)が含まれている。返還計画が全て実現すると、県内でも人口と産業が集中する本島中南部に所在し、発展の阻害要因であった広大な基地の跡地は、地域振興のための貴重な社会資本となる。

まとまった基地の返還は、復帰時点でも一度計画されている。日米安全保障協議委員会は、第一四回—一六回(一九七三—七六)の合意として、復帰後に五七〇〇ヘクタールの軍用地返還リストを作成した。早期返還は県民の要求であり、復帰後の軍用地返還が急速に進展するものと期待された[4]。そして、軍事基地の跡地利用問題は戦後処理の問題としてのみならず、沖縄の地域開発における重要課題として社会問題化した(三村 1979、今村 1981、仲地 1993)。同時に、沖縄の地域振興にとってかけがえのない資源となり得る基地跡地がどう利用されるか、について人々の関心が高まった。


軍用地の利用・転用問題に関する先行研究は、跡地利用開発における開発の柱として、「自治(住民参加)」「環境」「平和」「福祉」「共生」をあげている(宮本 1970、鎌田 1974、今村・仲地 1981、仲地 1993)。即ち、開発は平和目的であり、住民福祉に沿うものでなければならない。そして跡地利用政策の立案、開発主体は自治体であり住民であり、開発の方法は自治であるという原則である。その上で、島嶼県という閉ざされた空間では環境保全は不可欠であるとして、自然と人間の共生する自然環境、社会環境の実現を提示している。

工業化を推進する近代化論に基づいて先進国主導で行われてきた開発は、地球規模の環境破壊、南北問題、相互扶助的な共同体の破壊、自治の喪失など多くの社会問題を生み出した。このような市場主義に基づく経済成長と最大限の利潤を追求する開発モデルに対して、人間を中心におくオルタナティブな開発理論として台頭してきた内発的発展論は、「自治（住民参加）」「環境」「平和」「福祉」「共生」を重視する。

内発的発展とは、地球上のすべての人々および集団が、衣・食・住・教育・保健の基本的必要を充足していくことを前提とする。その上で、それぞれの個人の人間としての可能性を十分に発現できる条件を創り出していく。それは、多様性に富む社会変化の過程である。そこへ至る経路と、目標を実現する社会の姿と、人々の暮らしの流儀とは、それぞれの地域の人々および集団が、自律的に創出していく。かれらは、固有の自然生態系に適合しつつ、文化遺産（伝統）に基づいて、外来の知識・技術・制度などを参照しつつ、内発的発展を創出していく（鶴見 1989、1996）。

こうして生み出された内発的発展論は、そのパラダイムとして、①利潤獲得や個人的効用の極大化よりも、むしろ、人権や人間の基本的必要の充足に比重がおかれていること、②一元的・普遍的発展に伴う、他律的・支配的関係ではなく、自立性や分かち合いの関係に基づいた共生社会を実現すること、③中央集権主義とは異なる、参加、共同主義、自主管理に基づいた組織を構築すること、④自力更正、自立発展が重要な政策用具として用いられること、⑤開発と保全のバランスを保った発展がなされることを重視している（西川 1989、2000）。

また、内発的発展論の思想は、環境保全を大きな枠組みとして、平和、環境と資源の保全、絶対的貧困の防止と経済的公平、基本的人権の確立、民主主義と思想の自由を柱とする持続可能な発展の概念と通い合う。

復帰以後、沖縄では、沖縄開発庁（現内閣府沖縄担当部局）が作成する沖縄振興開発計画に従って、中央主導によるキャッチアップ型の振興開発である外来型開発が行われてきた。その成果については、社会資本整備の量的側面で一定の充実や公共事業による経済発展はあったが、短期間に集中的に行われた開発事業によって、赤土汚染に代表されるように深刻な環境破壊も引き起こされてきた。他方で、県内に公共事業依存型経済が形成され、自治能力を失っていったこともまた振興開発の弊害として、広く認識されている。

従って、基地跡地でも同様の開発がまかり通れば、自治によって開発政策を決定し、環境と資源の保全をはかる持続可能な発展は困難になるであろう。しかし、沖縄の持続可能な地域づくりに向けて、県内の内発的発展の積み重ねが従来の外来型開発中心であった沖縄政策を変えうる可能性は十分ある（宮本 2000）。

そこで本章では、基地跡地利用開発については、これを内発的発展の立場から考察することが必要であること、それが沖縄県の持続可能な地域づくりに結び付くことを論証することにしたい。今日、普天間飛行場など復帰後最大規模の基地返還が迫っており、これを県民の福利の立場から考えないかぎり、乱開発と環境破壊を繰り返すことになりかねない。この点を念頭において、読谷村を事例検証する。

1 読谷村の基地と村づくり

1 基地との闘い

読谷村は、沖縄本島中部の西海岸に位置し、県都那覇市の北方二八㎞のところにある。村の東と南は、東アジア最大の米軍基地である嘉手納基地が所在する沖縄市と嘉手納町と接する。また、北は県内随一のリゾート地である恩納村と隣接する。村面積は三五一七ヘクタールで、戦前は純農村であった。沖縄戦当時は、米軍の最初の沖縄本島上陸地点となり、村全域が占領されていた。

戦後間もない一九四六年当時の読谷村は、村面積の九五％を米軍基地に占有されており、一九七二年の本土復帰時点でも七三％を占められていた。現在も、嘉手納弾薬庫施設とトリイ通信施設の二施設が所在し、村面積の約三六％（一二六二ヘクタール）を軍事基地が占めている(5)。

米軍基地では、パラシュート降下訓練、夜間訓練、通告なしや協定違反の訓練がひっきりなしに行われた。軍事演習の大規模化による基地被害は日常茶飯事で、米軍に起因する事件事故は後を絶たなかった。米軍基地を包囲するフェンス一枚を隔てたところに住宅が存在するという、基地の危険と隣り合わせの生活を強いられてきた読谷村は、基地と闘ってきた村でもある。

村と村民は総出で、演習場の即時撤去要請行動、抗議行動、村民総決起大会等を開き、基地撤去を訴え続けてきた。現在村役場が建つ読谷補助飛行場一帯では、かつてパラシュート降下訓練が行われていたが、米軍の訓練開始の連絡が伝わると、役場に設置されたサイレンが村中に鳴り響き、それを合図に、村長、役場職員はもとより村内の老若男女が駆けつけ、パラシュート降下目標地点で座り込みを敢行して軍事訓練を妨害するという、文字通り体を張った実力闘争で訓練阻止を行ってきた(6)。訓練に反対する座り込み抗議行動には、昼夜を問わず常時一〇〇—二〇〇人、多い時は四〇〇人の村民が集まり、村民ぐるみで米軍と対峙した(7)。

また、訓練中止を求めて、議会や村職労、区長会、婦人会、老人会、所有権回復地主会等の村内一五団体で構成する実行委員会を結成し、演習現場にテント小屋を設営して徹夜の監視体制を続けた。こうした粘り強い演習阻止行動、基地返還運動の末、パラシュート降下訓練は、一九九九年に伊江島補助飛行場への移設が合意された。読谷村では、このような具体的な行動を一つ一つ積み重ねて、軍事演習の中止や基地返還の実現へと繋げていったのである。

戦後、村の大部分を軍事基地に占有されていた読谷村では、多くの村民は戦禍を生き延びたにも関わらず帰る場所を失った。基地建設のために旧来の居住地域は大幅に変更され、主な集落は強制移動を余儀なくされたため、旧集落に復帰できない人々が多数存在していたのである。帰るべき村のない人々は厄介視されたり、差別の対象とされた。かれらの戦後復興は、故郷回帰を夢見る全村民のシオニズム運動ともいえるものであった（高橋 2001）。従って、村の再生のためには、接収された土地を取り戻し、生活の場、生産の場を確保することが最重要課題であったのである。

2　理念と自治による村づくり

（1）村づくりの理念

戦後、苦難の歴史を歩んできた読谷村は、「平和の郷　自治の郷」を築く村づくりのための明確な基本理念を持っている。一九七四年に登場した山内村政は、村の将来目標と実現のための施策の基本方針を明らかにする「読谷村総合計画基本構想」（一九七七年）を策定し、その中で村づくりの理念を明らかにした。基本構想には、「村民主体の原則・地域ぐるみの原則・風土調和の原則」という三原則が示されている。この三原則は、「村は村民一人一人が作っていくものである」という、村づくりの基本姿勢を表している。そして、風土調和の原則を掲げることで、常に村の自然・歴史・文化を再確認し、そこに立ち返りながら、村づくりに取り組む姿勢を培うことを目的としている。

また、復帰後の村づくりの目標を「人間性豊かな環境・文化村」づくりと定め、「二一世紀の歴史の批判に耐え得る村づくり」を合い言葉に、村民の自主的・主体的・創造的な村づくりを指向している。

これらの理念や目標は、行政と村民に共有され、現在も村民主体の村づくりの根幹となっている。読谷村の村づくりは、理念や目標を提示して、行政と村民がそれを共有することに立脚しているのである。理念を掲げて村の将来像を明らかにし、行政と村民が協働で、理念を具体化するプロセスや計画づくりに取り組んでいくという手法である。理念に沿って長期的な視角から村の将来像を描くことは、計画や実行の過程で社会・経済的な影響を受けるなどして、村づくりの目指す方向を見失うことを防いでいる。読谷村の村づくりは、外的要因に左右されない、緩やかであっても着実に自立へ向かうものであるということができるであろう。

このような村づくりの理念や目標を支える要となっているのが、「平和と文化」である。読谷村は、平和行政の目標として「平和に勝る福祉なし」を掲げている。村民を基地の桎梏から解放し、平和な生活を担保することが、行政の果たすべき第一義的な目的なのである。そして、基地が存在する軍事空間に対して、文化が創造され育まれるには、平和空間が不可欠である。戦争と基地建設で破壊された村にとって、文化の創造は、平和な村づくりの重要な要素となる。さらに、文化の継承には、それを支え培う主体がなければならない。地域の歴史や文化の継承者である村民は、村の祭りや行事を通してその担い手であることを認識し、村づくりへの主体性を高めていく。豊かな文化の形成は、村民主体の村づくりを展開しうるという考え方に基づいているのである。

実際、読谷村で毎年一一月に開かれる「読谷まつり」は、村民の村づくりへの主体性と自治意識を、文化によって深める場と位置づけられる。「読谷まつり」には、村中の老若男女が結集して、エイサーや三線、琉球舞踊、組踊りなどの伝統芸能を披露し、その様子は圧巻である。また、伝統文化の継承だけではなく、村出身の歌手（Kiroro）によるコンサートや高校のダンス部によるモダンダンスなども展開され、新しい文化の創造を発表する場ともなっている。まさに、村民総参加の「読谷まつり」は、地域の伝統文化の継承と創造発展が集約された「場」となっている(8)。村民は、祖先の残した歴史や文化を継承する祭りの場で一体化し、伝承された力を未来へ向けて活かそうという自治意識を深める。文化の掘り起こしが、村づくりのエネルギーの源となっているのである。

（2）「字別構想」にみる村と住民の協働による自治

読谷村内には、二三の字（行政区）がある。二三字は集落を基礎に発展し、それぞれが自治機能を有したコミュニティである。このような、村民と行政を結ぶ地域組織が存在することは、読谷村の地域社会の特性である。

山内村政は、住民自治の充実のための方策の一つとして、二三字毎に、「字別構想」の策定を試みた。これは、次世代への橋渡しとしての地域構想を策定するものであった。字別構想は、村民の意向を行政計画に反映させる役割を果たし、協働の村づくりに向けての各字の将来目標や取り組み事業を示している。

字別構想は、それぞれの地域の発展構想がどのようなものであるのかについて、「地区づくりの目標」、「地区づくりの施策」としてまとめている。山内は、字別構想を実行に移し、残された課題に取り組む中で、「読谷むらづくり方式」が創造されるという確信を持っていた(9)。

構想づくりには、村民と行政が協力して計画づくりを行う手法がとられた。「むらづくり合同推進プロジェクト」を設置し、各字に属する役場職員が地域での調整役となった。村長も頻繁に各集落を訪ね、膝を交えて住民懇談会を開いた。こうした議論の積み重ねによって、それぞれの地区の風土や伝統・文化を踏まえて自分たちの住む地区の未来像を具体的に描くことを実現した。

構想には、各字のスローガンや推進事業などに地域ごとの個性が表れている。字別構想を策定する作業は、村民と行政の協働の村づくりの端緒となったのである。一九九五年に「第一次字別構想」が策定され、二〇〇三年に「第二次字別構想」が策定された。現在、「第二次字別構想」の達成度を検証しているところである。

このような経験の積み重ねは、「自分たちの村づくりは自分たちで」という姿勢を確立し、自治の芽を育んだ。読谷村には、集落単位で構築された住民主体の「地域民主主義」がしっかりと根付いており、跡地利用開発推進にも活かされている。

明確な理念や自治に基づいた村づくり事業の大半は、復帰後の返還地の跡地利用として進められてきた。返還軍用地の跡地利用は、読谷村の村づくりの骨格をなしているといっても過言ではない。

2 読谷村の跡地利用開発

1 平和と文化に基づいた跡地利用

読谷村の跡地利用の特徴は、そのほとんどが村の基盤形成となっていることである。また、跡地利用計画を作成する際、対象地域の元々の土地利用形態がどうであったかを基本として計画を立案していることにも特徴がある。[10]

基盤形成となる事業の概要は、次のようになっている。公共公益施設整備事業では、診療所、学校、公園、役場庁舎、文化センター、野球場や多目的広場、福祉施設などが整備されている。農業農村整備事業では、土地改良総合整備事業と並行して、村内の土壌の保水力が乏しいために低生産となっていた農業対策のために、灌漑排水事業で長浜ダムを整備して農業用水を確保し、二八〇ヘクタールの畑地灌漑を行って農業の振興を推進している。集落復帰・新興住宅整備事業では、軍用地の強制接収によって行政区の移動を余儀なくされていた集落を元集落へ復帰させる、返還跡地の集落復元による住宅地の基盤整備を行っている。自然・文化を活かした開発整備事業では、残波ゴルフ場開発、ヤチムン（焼物）の里つくり、リゾート開発、座喜味城跡環境整備事業・公園整備事業等が行われている（**表1**）。

読谷村は、跡地利用開発においても、「村民主体・地域ぐるみ・風土調和」という三原則のもと、「平和、文化、創造」というキーワードを掲げる基本姿勢を貫いている。そのため、読谷村の跡地利用開発が、平和と文化によって進められてきたことは広く知られている。[11] 同時に、「風土調和」の理念から、農業に重点をおいた跡地利用が展開されていることも、読谷村の跡地利用開発における特筆すべき点である。[12]

ここではまず、読谷村における返還地の内発的利用の取り組みとして、平和と文化による跡地利用開発の代表的な例を概観することとしよう。

一九九七年、米軍管理下にあった読谷補助飛行場に、役場庁舎や文化センター等を建設したことは、平和と文化による跡地利用の代表的な例である。読谷村は、日米地位協定をうまく利用し、米軍と土地を共同使用するという形式で建設を実現した。[13] 1―1項で述べたように、村民ぐるみで基地返還に取り組み、その結果、基地内に村の自治の殿堂であり平和の象徴としての村役場を建てた。そして、その二年後に、同じ基地内に文化の創造、交流の場となる文化センターを建設した。

表1　読谷村：施設別返還跡地利用状況

区分	主な跡地利用の事例
ボーローポイント射撃場	座喜味城址公園整備事業 （建物遺構復元、村立歴史民俗資料館、村立美術館） 残波岬公園整備事業 土地改良総合整備事業（4地区） 集落復帰事業 野菜・畜産団地 公共施設整備 リゾートホテル ゴルフ場
トリイ通信施設	小学校 公共施設整備 公園整備事業 土地改良総合整備事業 （畑、ビニールハウス、メロン、スイカ等） 集落復帰事業
読谷補助飛行場	公共施設整備 土地改良総合整備事業（サトウキビ、甘藷、花卉等） 運動広場 総合福祉センター 平和の森球場 多目的広場 伝統工芸センター 村道 役場庁舎 文化センター
読谷補助飛行場 嘉手納弾薬庫 ボーローポイント射撃場	県営潅漑排水事業(長浜ダム)
嘉手納弾薬庫地区 （元不発弾処理場）	苗畑 ヤチムンの里 陶芸研修所 ゴルフ場
波平陸軍補助施設	救護園、身障者療養施設 診療所 農村婦人の家 生き活き健康センター
嘉手納住宅地区	古堅地区土地区画整理事業

（出所）読谷村企画財政課資料（2005年3月現在）

残波ゴルフクラブは、地主も経営に参加した地元主体のゴルフ場である。このゴルフ場は、環境を重視して、農薬代わりに微生物菌を使用した無農薬ゴルフ場として運営されている。その環境保全技術を生かした関連会社「有限会社バイオヨミタン」を設立して事業拡大を図り、地域内の産業連関が広がっている。

ヤチムンの里は、返還前は県内各地に残された不発弾を集めて爆破処理する不発弾処理場であった。村は、かつてこの場所の近傍が、地元の焼物の伝統を持つ土地であったことから、跡地を地場産業作りの拠点となる陶芸村とする構想を立てた。そこに、登り窯による作陶の場を求めていた県内の陶芸家たちが集まり、基地跡地は松林に囲まれた陶芸村となった。「ヤチムンの里」には、沖縄最大の共同の登り窯が建築され、現在、二〇余の窯元工房が軒を連ねている。毎年恒例の陶器市は、県内で最大規模のものとなっており、愛好家のみならず一般の人々も訪れて大盛況である。ヤチムンの里は、県内の焼物文化を担っているといっても過言ではない。さらに、近年では、琉球紅型や琉球ガラスの工房も他地域から移転してきており、伝統工芸の名工が集う県内随一の文化地域として成長している。ヤチムンの里は、軍事基地から歴史と文化を伝承する平和空間として蘇生したのである。ヤチムンの里を中心に、一九九一年には村全体で二四あった窯元工房は、二〇〇七年現在四七窯元工房に増え、村全体で伝統工芸の振興を図る特色ある地域づくりになった。

リゾート開発にも、読谷独自の方法がとられている。読谷村では、リゾート開発も開発企業任せではなく、村づくりの一環として村と企業が協働体制をとる仕組みをとっている。そのために、村民の生活・地域文化の発展と共存共栄する適正な開発の誘導と共に、地域産品の活用、開発と合わせて、商工業の拠点づくりとなるような観光の振興を図っている。従って、沖縄各地で見られるような外部資本によるリゾート地の買い占めによる独占的な開発はこの村には見られない。村は、リゾート企業の開発計画が村の方針と合うように企業側との調整を行っている。村内のホテル用地は貸地で、地元地権者の所有権また地権者への地代が保たれている。また、県内の他地域のリゾートホテルでは、ビーチ沿いの土地を囲い込んで、外部からのアクセスを事実上排除し、プライベートビーチ化しているが、この村ではそれを許していない。ホテルが造成したビーチは村に寄贈される形をとり、村営ビーチとして村民と観光客が共同で利用できるようにしている。そして、ホテルから出される排水は、浄化して周辺農地の灌漑用水として再利用されているが、この排水浄化処理の経費はホテル側が負担している。企業が村の環境保全対策に賛同する形をとっているのである。さらに、ホテル従業員の雇用については、地元出身者を優先し、ホテルで使用される生鮮食材も地元産の農産物を優先利用する契約を結んでいる。そのほか、地元の障害者を優先雇用する企業への仕事（クリーニング）の発注契約もある。村は、安易に外部資本に依拠するのではなく、開発企業とパートナーシップを組みながら、環境面にも配慮しつつ、観光業と他産業との地域内産業連関の構築も進めている。

座喜味城跡の整備では、城跡の公園化事業と合わせて、村の単独事業で県内では初めての歴史民俗資料館を敷地内に建設した。その後、収蔵資料が膨大となったため、新たに美術館機能を併設した新館をオープンさせた。歴史民俗資料館・美術館は、村の歴史や文化を学習する場として定着している。また、座喜味城跡では、世界遺産に登録されている美しい曲線と重厚さを誇る城壁で囲まれた空間を利用して、野外でのオペラや演劇、伝統芸能である組踊りなども行われている。城跡公園は、歴史を学び、古来の文化を継承しつつ新しい文化を創造する場となっているのである。

これらの跡地利用開発は、「平和・文化」の理念に基づいて行われたものといえる。そして、開発の主体は、常に村であり村民である。読谷村は、自らの足下を見つめて、それぞれの土地の歴史・風土に合った開発を、地域ならではの有形無形の資源を活かしながら行っている。その中で、地域内産業連関を形成し、次世代のために環境保全の努力も怠らないという、読谷村独自の手法による跡地利用開発に取り組み、既に実績をあげているのである。

2　読谷補助飛行場跡で行われている「農業型開発」

（1）読谷補助飛行場跡地の概要

次に、返還地の内発的利用のもう一つの取り組みとして、読谷補助飛行場跡地で始まったばかりの農業型開発による跡地利用について見ることにする。

読谷補助飛行場跡地は、読谷村のほぼ中央の高台にあり、東シナ海が一望できる場所である。面積は一九〇・七ヘクタール[14]で、字座喜味、字喜名、字伊良皆、字大木、字楚辺、字波平の六集落にまたがる、村内で最も広大な平野である。返還前は、長さ二〇〇〇メートルの滑走路と一五〇〇メートルの誘導路があった。

読谷補助飛行場は、一九四三年から四四年にかけて、旧日本陸軍が強制的に土地を接収し沖縄北飛行場として構築し、その後米軍によって拡張された。戦後、米軍は飛行場を国有地と誤認して、地主の所有権確認作業を頑として受け付けず、米軍管理財産として管理した。戦前の強制接収時、及び戦後の所有権認定作業での不当な扱いの結果、旧軍飛行場地主（旧地主）の所有権は認められず、国有地として扱われてきたという経緯がある。

読谷補助飛行場は、SACO最終報告で返還が決定した。返還は、村内の他の基地内にある村有地と国有地との等価交換によって実現されることになった。二〇〇六年七月に一三八ヘクタールが部分返還され、同年一二月に、一部先行返還後に残っていた約五三ヘクタールが返還されて、全面返還となった。そして、二〇〇七年一月、飛行場全体が跡地利用実施用地として活用されることになったのである。

（2）跡地利用計画と開発主体

読谷村は、読谷補助飛行場の跡地利用のために、村内の他の基地跡地利用開発計画を担当する企画課とは別に、独立した読谷飛行場転用推進課を設けてこの案件に取り組んできた。これは、この広大な跡地の開発が読谷村の将来へ与える影響が大きいことを示唆する。同時に、前述したような背景から、跡地利用計画は、戦後処理問題の解決として、旧地主の土地所有権回復に資するものでなければならなかった。

一九八七年に旧地主も参加して策定された「読谷飛行場転用基本計画」では、飛行場跡を村の生産拠点、生活拠点と位置づけ、「公共の福祉の増進に向けた公共・公用地」と「地域振興に向けた振興開発用地（農地）」を基本方針とした。そして、前節で紹介したように、役場庁舎、文化センター、野球場などがある村民センター地区と、展望公園、先進集団農業地区を配置する構想がたてられた。

跡地全体の七割を占める先進集団農業地区は、農業推進地として圃場整備し、亜熱帯農業を活かした農業型開発されることになった。[15]そして、村が農地保有合理化法人となり、旧地主で構成する農業生産法人に農地を貸し付けた。読谷村は、跡地を農業振興地域として、農地保有合理化法人たる村が農地を保有し、農地保有合理化事業の推進により農業生産法人を育成するという、村の農業振興に寄与する仕組みを作ったのである。

また、「読谷飛行場転用基本計画」の一環として、全面返還に先立ち、跡地の一部に先進農業支援センターが整備された。[16]この施設は、飛行場の返還を念頭に、先進集団農業地区のための農業生産法人の育成を目的としたものであった。先進農業支援センターは、亜熱帯農業の開発拠点として、バイオセンターや栽培技術習得、営農者の育成を行う施設となっている。

読谷補助飛行場跡地利用推進のアクターは、行政、旧地主である。読谷補助飛行場返還後、跡地を農業推進地として利用するという構想は、旧地主の子弟たちが始めた村民の地域研究会の中から生まれたものであった。[17]復帰後始まった草の根の研究会では、「地域の利益のために運動する」という理念のもと、基地関係収入や外部資本に頼らない自立した地域づくりを模索してきたのである。

山内徳信村長というキーパーソンが存在したことも、読谷補助飛行場跡地の農業型開発を促進した大きな要因であった。山内は、就任当初から第一次産業、特に農業に振興開発の重点をおき、農業用水と農地確保を重視していた。返還される基地跡地においても、大半は農業生産の基盤整備を行うために、土地改良事業を導入することを想定していた。[18] 復帰後返還された基地を農地として再生させるために、当時沖縄県内で三つの市町村にしかなかった土地改良課を設置して、土地改良事業に全力投球している。[19] 山内は、村の基幹産業は農業であるという明確な認識を持ち、村民と行政の協働の農業型開発を推進した。

(3) 農業生産法人の仕組み

ここで、読谷補助飛行場跡地での農業型開発を担う農業生産法人について検討しよう。

農業生産法人の仕組みは、農地保有合理化法人が取得した農地を、旧地主関係者等が組織する農業生産法人に五年程度貸付、一〇年後を目処として将来は農業生産法人に売り渡すというものである。その結果最終的に、土地の所有権は、法人の株主である旧地主へ返されることになる。

農業生産法人は、農業者等からなる常時農業に従事している者と、産直契約をする個人としての非農業者とで構成されている。いずれにせよ、旧地主関係者が、構成員であることにかわりはない。農業生産法人の法人形態は、関連事業への発展を進めやすくするために株式会社とし、譲渡制限を設けて構成員が株を保有する。

二〇〇六年現在、六六〇人余の旧地主を字ごとに五つに分けて、農業生産法人を立ち上げている。所有権回復の受け皿となる法人は、一人当たり五―一五万円の出資金で創設された有限会社である。各法人は有限会社であるため、それぞれ株主を最大五〇人程度と想定している。法人に出資している旧地主は約一四〇人、全体の二割程度である。法人経営は会社としてのリスクと出資金を伴う等の理由から、参加者はまだ多くない。しかし、法人によっては既に五〇人の出資者を確保しているところもある。

土地の所有権を回復し返却してもらうには、現段階では法人の株主となる他ないが、戦後六〇年余が経過し、農業以外の職業で生計を立てている人が多い。旧地主で組織する読谷飛行場用地所有権回復地主会（地主会）では、こうした人たちも株主として、また法人の構成員として経営に参加してもらうために、次のことを計画している。

まず、先進農業支援センターで、栽培技術習得、農業生産法人への技術支援、生産者の集団化訓練と新規参入者を含めた営農者を育成して、雇用促進を行うことである。農業生産法人の構成員となる地主会関係者は、ここで優先的に技術を取得するための研修を受けることができる。

次に、農業に直接従事しなくても、農産物の集荷および市場対応調査・研究・指導、農産物や加工品の販売、直販施設やレストラン経営、体験型の観光農業等、様々な形で法人経営に関わる可能性を持たせることである。

従って地主会は、経営が軌道に乗れば、現在は不参加の旧地主たちも、土地所有権回復のために参加するに違いないと考えている。多くの旧地主が参加することで、収益の拡大・分配、雇用増大が進み、産業を育成できれば、農地保有合理化法人からの早期の土地の取得が可能となる。地主会は、将来、五つの法人を最終的にひとつへ統合することを計画しており、現在の農地生産法人を株式会社とし、旧地主全員が株主となることを期待している。

いずれにせよ基地跡地を農業振興地域として、村の農業の発展を促す計画は、村にとっては、住民参加型の第一次産業による持続可能な発展につながり、旧地主にとっては、この仕組みを通して、最終的には土地を自らの手にすることができ、双方に利点がある。

二〇〇七年四月、農業生産法人への農地貸付の準備期間として、五農業生産法人に対し管理委託が行われ、農作物等の栽培が開始している。

農業生産法人のひとつ「農園そべ」の代表である旧地主の比嘉明氏は、高校で数学の教師をしていたが、退職後、他に先駆けて跡地の一角で手探りで農業を始めた。跡地での農作物の栽培や販売、販路の拡大に積極的に取り組んできた一人である。手作りの畑で、無農薬でのホースラディッシュ（西洋山葵）や葉野菜などを栽培している。二〇〇七年には、コープなどへ葉野菜を出荷できるほどの安定的な生産量を確保できるようになった。地道な取り組みであるが、比嘉氏は、何もしないよりも、早期の所有権回復のために土地を活かすべきであると考えている。[20]

（4）地産地消の取り組み

読谷村は二〇〇六年九月現在、読谷補助飛行場跡地を先進農業集団地区として整備をはじめており、将来は観光産業とも連携した高付加価値型農業の推進を構想している。

先進農業集団地区で栽培される作物は、地元の特産品主体とすることを構想している。読谷村は、戦前から紅芋の産地として名高く、現在も紅芋の一大生産拠点である。特に、読谷補助飛行場の土壌は、紅芋栽培に最適であるという。[21] 読谷補助飛行場返還前の黙認耕作地[22]で栽培されていた紅芋は、高品質であると評判が高い。

読谷村はこれまでも、村の特産である紅芋を加工して付加価値をつけることで、読谷ブランドとしての紅芋の普及、販売促進を図り、成功を収めてきた。広大な跡地でも、特産の紅芋栽培を集団的に実施する大規模農業を行い、高収益農業とする試みを実践しようとしている。実際、紅芋は製菓材料として急速に需要が高まり、生産が追いつかないほどである。

一九八六年から、村おこし事業のひとつとして、村や商工会と紅芋の商品化に取り組み、実績を急伸している村内の製菓会社「ポルシェ」は、年間三〇〇トンの読谷産の紅芋を使用している。[23] この会社は、紅芋商品を主力商品として扱っている。売上高をみると、二〇〇〇年度は九・二億円であったが、二〇〇七年度の実績は三〇億円へと大きく伸びている。地元や近隣から雇用している従業員数も、二〇〇五年には二四〇人であったが、二〇〇八年では三七〇人へと増えている。こうした数字に裏付けられる紅芋商品の人気を追い風に、読谷村の二〇〇六年度の甘藷収穫量は一七〇〇トンと、一七年で二倍半に増加した。紅芋の村への経済効果は明らかであり、同時に、読谷村では紅芋を中心とした地域内産業連関も確立している[24]。

村は、先進農業集団地区でも大規模な紅芋栽培を行い、加工品だけではなく高付加価値のある生果でも、更なる生産拡大を図ることを検討している。品質のよい生果のブランド化に向けて、村役場、ＪＡ、県、商工会議所等が参加する産地協議会を設け、地域ブランド確立のための具体的な取り組みも既に始めている。

現在この協議会で議論されている仕組みは、栽培された紅芋の出荷基準を設けて等級毎に仕分けし、質のよい生果は県外へ出荷し、それ以外は地元で消費、加工するというものである。地産地消を推進して、さらなる農業振興、消費増大を図ることが目的である。

それだけではなく、継続的な地産地消の推進に向けて、二〇〇四年から紅芋を使った給食を開始した。生産・加工団体や調理場からの情報を一元化し、発注から納品までをサポートする「地元食材コーディネーター」を配置して、安定供給体制を作っている。二〇〇八年現在、村内の五ヵ所の小学校と二ヵ所の中学校で、月二回の紅芋の献立が給食に登場する。村農業推進課の城間康彦氏は、「地産地消を推進するには、生産者だけではなく、地元の農作物に対する村民の意識改革も必要」と考えている[25]。小中学校での地産地消の試みは、まさに未来の消費者、生産者を育成することに繋がっている。

地産地消の取り組みはさらに広がっている。二〇〇九年四月、跡地内に、ＪＡおきなわが農作物の生産や集荷・選果施設、農産物直売所、読谷支店などを集約した農業拠点施設を建設する計画が明らかになった[26]。

直売所の「ファーマーズマーケット」を施設の中心とし、周辺農家への営農指導や経営支援の強化とともに、集荷・選果作業の高度化と効率化を図ることが主な目的である。ＪＡは、規格外農作物の加工や学校給食への供給といった需要・用途の拡大、またそれに伴う農家所得の向上のきっかけとなると考えている。この計画が実現すれば、生産者と消費者の結びつきを深めることになり、跡地は地産地消のモデル地域となろう。

こうした状況を踏まえて、読谷村は現在、紅芋の作り手の裾野を村全体に広げ、同時に地元の雇用増大のために、旧地主だけではなく、地域の婦人会や生活改善グループを生産者として取り込むことも模索している。

このように、読谷補助飛行場跡で始まった跡地利用は、農業を中心とする農業型開発である。読谷村は、大規模な基地跡地を一大農業拠点とする農業型開発で、地元にある素材を生かした地産地消を行い、旧地主のための戦後処理問題を解決すると同時に、環境を保全しつつ自立的で持続可能な発展を目指している。

紅芋による経済波及効果や、第一次産業から第二次、第三次産業への地域内産業連関が形成されていることからもわかるように、第一次産業による村の自立的な発展へ向けての歩みは、着実に進んでいる。地域に深く根ざし、自治に基づく読谷村の独自の跡地利用開発の取り組みは、注目に値するといえよう。

読谷村は跡地利用開発において独自の取り組みを推進してきたが、沖縄県の跡地利用開発はこれまでどのように行われてきたのか、最後に、その特徴と問題点を概観し、読谷村開発の意義を検証することにしたい。

3 中南部都市圏の大規模跡地での跡地利用概要

1 米軍基地の概況（基地面積の推移と所有形態）

二〇〇八年現在、県下四一市町村のうち二一市町村に三四の米軍施設が存在しており、県土の一〇・二％（二万三二九三ヘクタール）を占めている。復帰時は八七施設、二万八六六〇ヘクタールであったことと比べると、施設数では減少が見られるが、大勢では変動がないことがわかる。

これらの土地の二〇〇八年時点での所有形態別状況をみると、民有地が三二・八％（七六四五ヘクタール）、市町村有地が二九・二％（六八一一ヘクタール）、県有地が三・五％（八一二ヘクタール）、国有地が三四・四％（八〇二三ヘクタール）となっている。これを更に地区別でみると、本島中部地区では、民有地が七七・三％（五一四七ヘクタール）、市町村有地と県有地を合わせた公有地が一六・三％（一〇八四ヘクタール）となっており、米軍基地面積の約九四％を民・公有地が占めている。本土の米軍基地面積の八七・三％が国有地であることに比して、沖縄県の米軍基地の大きな特徴である。[27]

2 跡地利用開発の阻害要因

跡地利用の推進には、様々な阻害要因が相互に複雑に重なっているため、有効に活用されるまでにはかなりの時間がかかっている。過去の跡地における土地区画整理事業の事例をみると、返還から事業完了まで平均一四年三ヶ月という長期間を要している。[28]

跡地利用が遅れる要因については主に次の点が指摘されている。①行政側からの跡地利用施策の立ち遅れ、②国有地が少ない、③軍用地料が高すぎる、④地主の合意形成の困難さ（零細で多数の地主がいる）、⑤国の一方的都合で返還されること、⑥細切れ返還であること、⑦地籍問題、[29]などである（今村 1988、仲地 1990）。

土地区画整理事業を例とした跡地利用の主な遅延要因をみると、①返還区域及び返還時期の明示の遅れ、②各種調査遅れによる跡地利用計画策定の遅れ、③跡地利用計画、事業計画等に関する地権者等関係者の合意形成の遅れ、④公共公益施設の整備のための用地取得の遅れ、④再開発事業中の埋蔵文化財発掘調査、不発弾処理等による工事の遅れ、が挙げられている。[30]

また、都市部で行われる跡地での再開発事業の推進には、ある程度のまとまった土地が必要になるが、その場合も、細切れ返還等のために総合的な計画が図れず、遊休期間が長期化するケースは少なくない。さらに、公共公益施設の

図1　沖縄県：返還跡地の整備利用状況

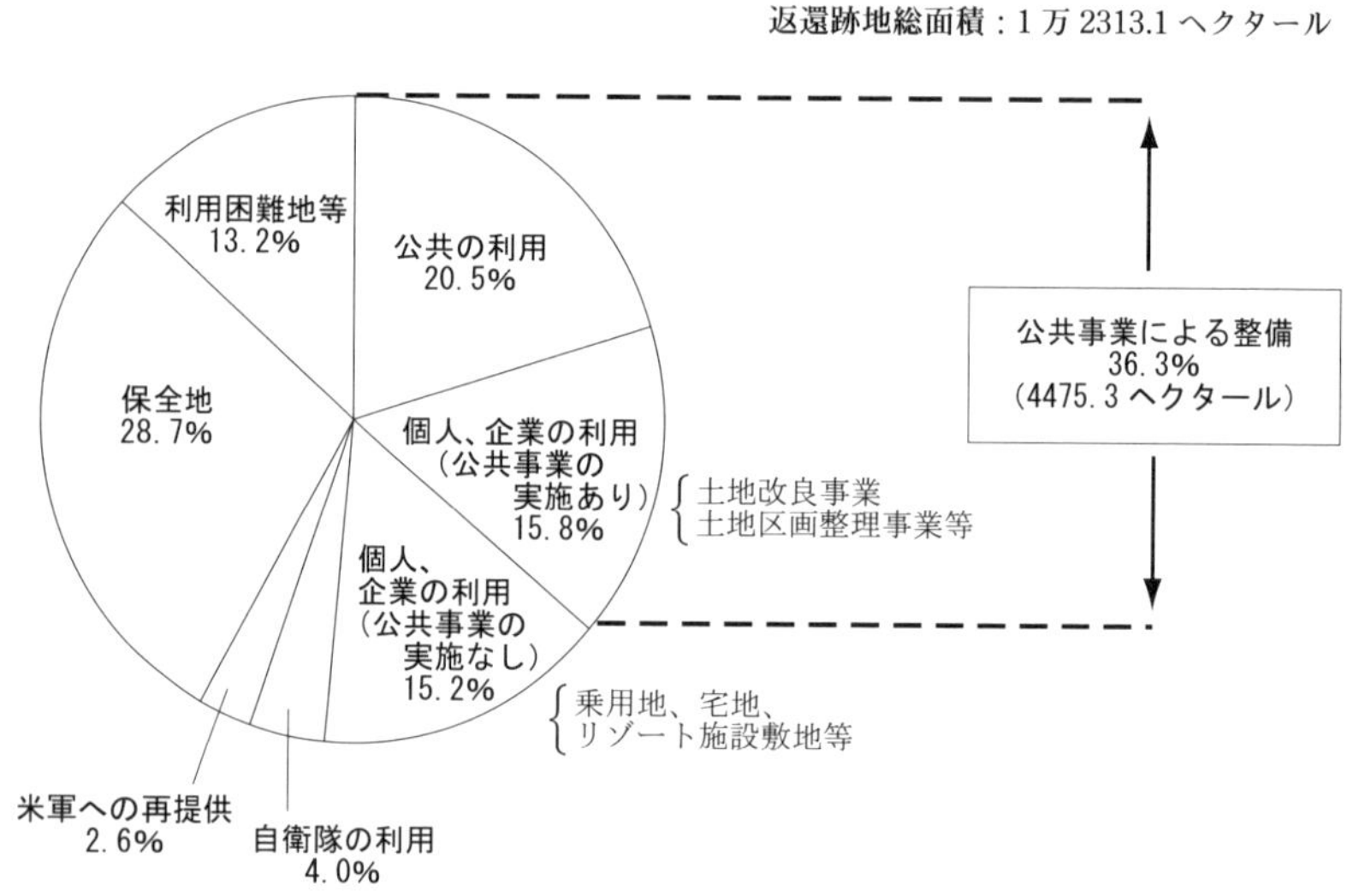

（出所）『沖縄の米軍基地』沖縄県基地対策課、2008年

用地取得に要する市町村の財政負担が甚大であるために事業が速やかに進められない等、課題が多い。こうした阻害要因のために、基地が返還されても、跡地利用は必ずしも順調に進んでいないのが現状である。

3　中南部都市圏の跡地で行われた大規模開発

これまでの県内全体の跡地利用状況をみると、一九六一年から二〇〇七年までに返還された軍用地全体の約三六%が、公共事業によって整備されている（**図1**）。利用形態は、土地区画整理事業や土地改良事業等の公共事業による整備、再開発が中心である[31]。大規模な跡地では、空港、ダム、道路建設などの公共事業を、主として沖縄振興開発特別措置法による国の補助事業で行っている（仲地 1990）。

近年、開発が進んでいる中南部都市圏の大規模跡地では、土地区画整理事業や公共施設整備事業を行う割合が特に高く、跡地の都市的土地利用をめざして再開発する例が六二%と圧倒的に多くなっている[32]。中南部に所在する大規模な基地跡地の再開発と都市化（商業開発化）は密接に関わっているのである。現在、県内の二大商業地となっている、「新都心型開発」が行われた那覇市の新都心地区（おもろまち）と「商業型開発」が行われた北谷町の美浜地区は、その代表的な例と言えよう（真喜屋 2010）。

しかし、この二事例のような跡地利用開発は、県内に同じような商業地を形成し、島嶼県経済という限られた市場でパイを奪い合う構図をつくっている。こうした開発手法が他の跡地でもとられれば、基地跡地でも立地条件がよい一部地域に人口の集中や商業集積が進み、既成市街地の人口減、経済の空洞化が引き起こされることが予想される。現実に、新都心地区の開発が進んだことで、那覇市の既成商業地である国際通り地区は、急激に衰退した。また北谷町の美浜地区も、新都心地区で商業集積が進んだ頃と時期を同じくして、商品販売額が減少しはじめており、その影響が現れている。両地域の跡地利用開発は、今後返還が想定されている大規模な基地跡地利用開発のモデルケースとなると目されていたが、今後の持続可能性には疑問符をつけざるを得ない（真喜屋 2010）。

一方で、同じ中南部都市圏に広大な基地跡地をもちながら、読谷村は、地域の風土を生かし、住民参加の跡地利用開発を推進していた。読谷補助飛行場の跡地利用は、那覇市や北谷町の跡地で行われたような、外部資本や商業施設を域外から誘致し、それに地域発展の命運をかけるというものとは異なる。環境を保全する農業と地産地消を基軸とする内発的な利用であった。この点は、今後の跡地利用開発のあり方における新たな方向を示唆している。

おわりに

永らく基地と対峙してきた読谷村役場入り口の両側にある石柱には、「自治の郷　平和の郷」という村づくりの理念が刻まれている。村は、廃墟から村を再生させるために、「村民主体・地域ぐるみ・風土調和」の三原則を基本とし、「人間性豊かな環境・文化村づくり」という目標のもと、「二一世紀の歴史の批判に耐え得る村づくり」を合い言葉に、村民と行政が協働で村づくりを実践してきた。また、読谷村は、基地によって奪われた土地を取り戻し、平和的な跡地利用を進めることを「平和行政」と位置づけ、行政だけではなく村民も共に「平和行政」を担ってきた。

村民は、地域の歴史や文化を受け継ぎ発展させる当事者となることで、村づくりの担い手として主体性を発揮している。そして、文化的な生活を取り戻すための基地返還運動や字別構想の策定も、村民一人一人が村を支える主体であることを再確認することに繋がっていた。

そして、読谷村では、自治、環境、平和、福祉、共生を重視する内発的発展が行われていた。山内村長の強いリーダーシップがあったことや、平和、文化、風土、自治に基づく明確な開発理念があったことが、読谷村での内発的跡地利用を推進したといえる。

読谷補助飛行場跡地では、基地跡地を一大農業拠点として活用する第一次産業中心の「農業型開発」が行われていた。広大な跡地に、外部から大型施設や資本を誘致する産業開発に地域発展の命運をかけるという、外部資本頼みの地域づくりではない。農業型開発によって、地元の特産品である農産物を中心とした先進農業の実現、地域内産業連関の形成、地産地消の拡大で、読谷村独自の持続可能な発展を目指し、一歩一歩実現していた。

読谷村の内発的な跡地利用は、短期の利益回収を求めるのではなく、長期的視野に立つ村発展の総合計画の一環として、自立した村づくりを着実に進めていた。

二〇一〇年三月に返還が予定されている、読谷村や北谷町に近い北中城村にある米軍泡瀬ゴルフ場は、都市部に隣接しながら豊かな自然に囲まれ、東海岸一帯を見渡せる恵まれた眺望環境にある。二〇〇九年一二月、跡地に複合型ショッピングセンターを建設することで、地権者団体と企業側が事業の基本協定を結んだ。計画によると、ショッピングセンターは延べ床面積およそ一〇万平方メートルで、完成すれば県内で最大規模となる。那覇市や北谷町、読谷村と同じ中南部都市圏にある北中城村の基地跡地で、再び大規模な商業型開発が行われようとしている。

今後返還が予定されている大規模な基地跡地においては、地権者同士、近隣市町村同士で当面の果実を奪い合う開発を進めるのでは、県全体の持続可能な発展に結びつかない恐れがある。地域が相互に役割分担し、全体で総合的に発展するためのマクロプランが求められる。その際、読谷村が行ってきた返還地を内発的利用する経験は、持続可能な沖縄の将来像を構想する跡地利用開発の一つのモデルケースとなろう。

注

（1）総面積二一四ヘクタール。返還前は、米軍牧港住宅地区として使用されていた。部分返還を経て一九八七年に全面返還され、再開発された。空港外大型免税店DFSや大型商業施設が軒を連ね、県内随一の商業空間を形成している。
（2）以上は沖縄県知事公室基地対策課『沖縄の米軍及び自衛隊基地（統計資料集）』二〇〇九年。沖縄県内の地区別面積における基地占拠率は、沖縄本島の北部地区で一九・八％、南部地区で〇・六％。
（3）Special Action Committee on Facilities and Area in Okinawa：沖縄における施設及び区域に関する特別行動委員会。
（4）実際に一九七二年から一九七六年までに返還された軍用地の面積は、復帰時の全軍用地の五・七％に過ぎなかった（沖縄県 1977）。
（5）沖縄県知事公室基地対策課『沖縄の米軍及び自衛隊基地（統計資料集）』二〇〇九年。
（6）二〇〇六年七月、読谷村役場でのヒアリング調査による。
（7）読谷村『平和の炎』vol.10、一九九八年。
（8）佐々木雅幸「都市と農村の持続的内発的発展」『沖縄21世紀への挑戦』宮本憲一・佐々木雅幸編、岩波書店、二〇〇〇年、一五七頁。
（9）読谷村「読谷村字別構想」一九九五年。
（10）小橋川清弘「軍用地の跡地利用と平和村づくり――沖縄県読谷村の事例」『自治研報告書集　第三一回地方自治研究全国集会』全日本自治団体労働組合編、二〇〇六年に詳しい。
（11）高橋明善『沖縄の基地移設と地域振興』日本経済評論社、二〇〇一年に詳しい。
（12）読谷補助飛行場跡地を除く跡地での農業型開発は、ボーローポイント射撃場跡を農業開発用地として整備した例が代表的である。詳細は、佐々木 2000、高山 2002 に詳しい。

(13)日米地位協定第2条4(a)「合衆国軍隊が施設及び区域を一時的に使用していないときは、日本国政府は、臨時にそのような施設及び区域をみずから使用し、又は日本国民に使用させることができる。ただし、この使用が、合衆国軍隊による当該施設及び区域の正規の使用目的にとって有害でないことが合同委員会を通じて両政府間に合意された場合に限る。」という規定を逆手にとり、遊休化していた補助飛行場に役場庁舎(一九九七年)、文化センター(一九九九年)の他、野球場や運動場などを建設した。

(14)沖縄県基地対策課『沖縄の米軍基地』二〇〇八年。

(15)旧地主会は、基本計画策定当初から、本村発展のための村公共用地として補助飛行場跡地の三割を提供すると村と約束してきた。これは、減歩として供するものと考えられた。

(16)一九九七年に、沖縄米軍基地所在市町村活性化特別事業(通称 島懇事業)で整備された。亜熱帯性気候を活かし本土端境期出荷が可能となる花卉等のハウス栽培が主で、選花場の共同利用、栽培技術研修も行う。

(17)二〇〇八年一月、旧地主会、玉城栄裕氏へのヒアリング調査による。

(18)山内徳信『憲法を実践する村』明石書店、二〇〇一年、一四〇頁。

(19)今村元義・仲地博「基地と自治体」『法と民主主義』No.162、日本民主法律協会、一九八一年、四三頁。

(20)二〇〇七年一二月、旧地主(農園そべ代表)、比嘉明氏へのヒアリング調査による。

(21)山之内卓也・大西絹・田代正一「黙認耕作と戦後処理問題――沖縄県読谷村の事例を中心として」『鹿児島大学農学部学術報告』第五四号、鹿児島大学農学部、二〇〇四、四五頁。

(22)黙認耕作地とは、米軍施設の敷地内にある農耕地である。基地内への出入りが比較的自由な場所で、土地の耕作が黙認されている。土地をとられた住民が農業を始めたのが始まりとなっている。

(23)二〇〇五年現在。

(24)佐々木雅幸「都市と農村の持続的内発的発展」『沖縄21世紀への挑戦』宮本憲一・佐々木雅幸編、岩波書店、二〇〇〇年に詳しい。

(25)二〇〇八年二月、読谷村役場農業推進課、城間康彦氏へのヒアリング調査による。

(26)「琉球新報」二〇〇九年四月一一日付。

(27)沖縄県基地対策課『沖縄の米軍基地』二〇〇八年。

(28)前掲書、一五八頁。

(29)地籍問題については、二〇〇七年には九八・七五%が確定している。

（30）前掲書、一五八頁。
（31）前掲書、一五八頁。
（32）中南部圏の米軍基地跡地三九二九ヘクタールのうち「都市的土地利用」は六二％、「農業的土地利用」は一五％、「自衛隊利用」は九％、「自然的土地利用」は六％である。二〇〇五年三月三一日現在。野村総合研究所、都市科学政策研究所『駐留軍用地跡地利用に伴う経済波及効果等検討調査報告書』二〇〇七年参照。

参考文献

今村元義（1981）「軍事基地と沖縄開発――軍用地利・転用問題を中心にして」『復帰10年目の開発課題と展望――再び「沖縄の心」を求めて』沖縄労働経済研究所
今村元義（1988）「沖縄県における軍用地の利転用問題についての一考察」『群馬大学教育学部紀要　人文・社会編』第三七巻、群馬大学教育学部
今村元義・仲地博（1981）「基地と自治体」『法と民主主義』No.162、日本民主法律家協会
沖縄県（1977）『軍用地転用の現状と課題』沖縄県企画調整部
鎌田隆（1974）「復帰後の米軍基地と住民の生活」『開発と自治』日本評論社
住田昌二・梶浦恒男・塩崎賢明（1979）「過密問題と都市政策」『開発と自治の展望・沖縄』宮本憲一編、筑摩書房
高橋明善（2001）『沖縄の基地移設と地域振興』日本経済評論社
高山佳子（2002）「農地の変化と軍用地の影響――沖縄県読谷村の事例」『開発と環境の文化学――沖縄地域社会変動の諸契機』松井健編、榕樹書林
鶴見和子（1989）「内発的発展論の系譜」『内発的発展論』鶴見和子・川田侃編、東京大学出版会
鶴見和子（1996）『内発的発展論の展開』筑摩書房
仲地博（1990）「軍事基地跡地利用の歴史・現状・課題」『大田昌秀教授退官記念論文集　沖縄を考える』大田昌秀先生退官記念事業会
仲地博（1993）「軍事基地の跡利用の現状と課題」『脱冷戦後の軍事基地の態様に関する研究――沖縄米軍基地の動向、返還、跡利用をめぐって』琉球大学法文学部
西川潤（1989）「内発的発展論の起源と今日的意義」『内発的発展論』鶴見和子・川田侃編、東京大学出版会

西川潤（2000）『人間のための経済学――開発と貧困を考える』岩波書店
真喜屋美樹（2010）「米軍基地の跡地利用開発の検証」『沖縄論――平和・環境・自治の島へ』宮本憲一・川瀬光義編、岩波書店
三村浩史（1979）「軍用地返還と跡地利用計画」『開発と自治の展望・沖縄』宮本憲一編、筑摩書房
宮本憲一（1970）「沖縄経済開発の原則」『世界』七月号、岩波書店
宮本憲一（2000）「沖縄の維持可能な発展のために」『沖縄21世紀への挑戦』宮本憲一・佐々木雅幸編、岩波書店

第Ⅳ部　文化的特性とアイデンティティ

10 「うない（姉妹）」神という物語
――沖縄とジェンダー／エスニシティ

勝方＝稲福恵子

1 「うない」神という物語効果

「物語効果」といういささか耳慣れない言葉を使ったのは、アイデンティティも主体性も「わたし」も、すべては物語としてイメージされる構築主義的な思考の枠組みを踏まえてのことである。ネイティヴ・アメリカンの女性作家シルコウ（Leslie Marmon Silko）は、「物語がなければ　何もないのと同じこと」（*Ceremony* 1977: 2）という認識から、連邦政府の強制的な同化（白人化）教育によって失われた共同体コスモロジーの物語を取り戻してアイデンティティの糧にするために、祖母や大叔母から聞いていた部族の物語を、みずからを染め上げる新しい物語として語り直したのである（拙著「アメリカ・インディアン文学のジェンダー／エスニシティ」『ジェンダーとアメリカ文学』草書房、二〇〇二年）。「わたし」を支えるものは、民族の神話・伝説・文学などに横溢する「物語」であるというシルコウの認識。本章はそこから始めようと思う。

近代合理主義の弊害は、社会的マイノリティの排除・抑圧となってあらわれる。たとえば近代国家そのものの成立も、異質なものを内部に取り込んで均質化していくプロセスであり、したがって、ジェンダー・マイノリティとエスニック・マイノリティはともに周縁に位置づけられることになる。たとえば「針突《ハジチ》」のように、沖縄女性にとっては大人への装いの一部とされてきたものが、突然「異態習俗」とみなされて揶揄や差別の対象となる。神歌やおもろや琉歌として心身を潤わせていたウチナーロは、下品な「方言」に貶められてしまう。

したがって、明治近代国家の同化政策に追いたてられた沖縄では、同化して中心に歩み寄るか、それとも周縁にとどまり続けるかの二者択一によって、同質論と異質論の二項対立が事あるごとにぶり返すようになる。琉球処分においては、親日派の開化党と親清派の頑固党との対立、そして一九七二年の施政権の返還に際しては、復帰論と独立論の対立となって現われた。しかしこれらの対立は、相互補完関係にあるようなもので、どちらが進歩的か保守的かを決められるものではなく、その対立そのものがアイデンティティ構築の場となって抵抗の拠点を形成してきたと言えよう。なぜなら、西欧的合理主義こそが近代化への王道である、などと「収斂理論」を唱えて近代化を一面的にしか捉えられない時代には、「もう一つの近代」を指し示して空気穴を確保するためにも、前近代的だと貶められがちな伝統的儀礼や民族性《エスニシティ》にこだわり続けるしかないからである。

たとえば伊波普猷は、大正八年に刊行した『沖縄女性史』の中で、沖縄女性の近代化と意識改革を促がすために、女性の霊的優位性や女性中心の祭祀組織に着目した。土着シャーマニズムのユタ道楽に耽る沖縄女性たちの覚醒をうながすために、矛盾しているようだが、琉球の古層を掘り起こして、そこに沖縄女性を鼓舞するための新しい物語を用意しようとしたわけである。それが沖縄女性の矜持を保つためにまたとない素材だと考えたからである。

実際に沖縄では、村落共同体の祭祀行事を執り行う神女として、女性たちの果たす役割は大きい。神々と人々とを繋ぐ存在として、沖縄女性の霊的優位性は、たとえば「姉妹《ウナイ》信仰」に顕著に現れている。柳田国男の『妹の力』や『巫女考』も、伊波普猷から「聞得大君を頂点とする沖縄の神女組織」に関する論文の掲載紙の切抜きが送られた際に「大いなる刺激を得申候」と返礼をしたためているように、「姉妹《ウナイ》」の霊性や宗教性に啓示を得たようである（『沖縄女性物語』風土記社、一九六九年、一九一頁）。

「姉妹《ウナイ》」という神は、沖縄の民間信仰における「女神」のようなものである。琉球語では姉妹のことを「うない」（日本語読みは「おなり」）と表現し、姉妹は兄弟の守り神として位置づけられている。したがって、宮城栄昌が『沖縄女性史』（『沖縄タイムス』一九六七年）の冒頭（「改訂にあたって」）で述べているように、「沖縄の女性は、すべてうない神である」ということになる。守護神として位置づけられるほど、力強い讃歌はない。

沖縄の神話や民間信仰の基盤をなすこの姉妹《ウナイ》信仰は、多くの宗教家を魅了してきたが、とりわけ折口信夫は、次のような「うない神」の解説を試みている。

……余り古くない時代に、久高の女が現にある様に、一村の女性挙つて神人生活を経た者と見えて、今尚主として姉を特殊の場合に、尊敬してうない神といふ。姉妹神の義である。姉のない時は、妹なり誰なり、家族中の女をうない神と称へて、旅行の平安を祈る風習が、首里・那覇辺にさへ行はれてゐる。うない拝みをして、其頂の髪の毛を乞うて、守り袋に入れて旅立つ。此は全く、巫女の鬘に神秘力を認める考へから出たものである。（中略）……男逸女労といはれる国土でありながら、宗教上では、女が絶対の権利を持つてゐたのである。神人の墓と凡人の墓とを一緒にすると、祟りがあると言ふ。紀に見えた神功皇后の話も此と一つである。久高・津堅二島は、今尚神の島と自称してゐる土地である。学校あり、区長がゐても、事実上島の方針は、のろたちの意嚮によつてゐる形がある。神託をきく女君の、酋長であつたのが、進んで妹なる女君の託言によつて、兄なる酋長が、政を行うて行つた時代を、其儘に伝へた説話が、日・琉共に数が多い。神の子を孕む妹と、其兄との話が、此である。同時に、斎女王を持つ東海の大国にあつた、神と神妻なる巫女と、其子なる人間との物語は、琉球の説話にも見る事が出来るのである（「琉球の宗教」『折口信夫全集二』中央公論社、一九九五年）。

民俗学や宗教学の次元で盛んに論じられるようになった「うない神」のことは、しかしながら戦後の沖縄社会では、日常的にはあまりにも自然なこととして、とりわけ口の端に上ぼることはなかったようである。竈わきに安置された火の神（ひぬかん）を拝み、家の内外で祭祀を執り行う女性たちも、ことさらに「うない神」を口にすることはなかった。

しかし、一九八〇年代から、第二波の女性解放運動のうねりが沖縄にも及ぶと、「うない」という言葉は、女性たちを勇気づける言説／物語として脚光を浴びるようになった。ちょうど「命どぅ宝」という言説が一九七〇年代の復帰前後から再発見されたように、元々あったものが、喪失の危機を経て再発見されたのである。

その時期はちょうど、白人中産階級の解放運動として始まったフェミニズムの内部に、エスニシティの視点が導入されたころと重なっている。合衆国では、「家からの解放」や「中絶の自由」をスローガンに掲げた第二波の女性解放運動を白人とともに戦っていた黒人女性たちが、ふと歩みを止めて考えた時代である。奴隷制度のもとで家を持つことすら許されていなかった黒人にとって、「家」はむしろの自分たちを守る砦であり、抵抗の拠点だったことに思い至る。また、人種差別社会の中にあって、自分たちの意思に反して中絶を強要されてきたのが黒人女性であったことを思い出す。白人女子のスローガンをそのまま鵜呑みにするわけには行かないと思い知る。異なった歴史を背負ってきた民族には、それなりに異なった解放への道すじがある、と気がついたのである。つまり一九八〇年代は、アメリカでの黒人女性たちが、自分たちのエスニシティに誇りを持ち、自らの解放運動を「ウーマニズム（womanism）」と名づけ、それまでの白人中産階級フェミニズムと一線を画した時だったのである。

一九八五年の世界女性会議（ナイロビ会議）は、ジェンダーは白人中産階級の描くものだけではないと言うことを、第三世界の女性たちにも気づかせてくれたという意味でも画期的なものだった。西欧白人中産階級以外の女性たちが、民族の歴史や文化や階級に基づいた解放の道すじをそれぞれに模索し始めた時代だったのである。

沖縄でも、「ナイロビの風」を受けた女性たちが、「女」というものにこだわり、「沖縄」というものに本質主義的にこだわって「姉妹《ウナイ》」という表現に再会する。この「うない」というエスニシティとフェミニズムの出遭いが、ガヤトリ・スピヴァック（Gayatri Chakravorty Spivak）の言う「抵抗の拠点としての戦略的本質主義」となる。

2 「うないフェスティバル」——フェミニズムと姉妹《ウナイ》信仰との出会い

「国連婦人の一〇年」最終年の一九八五年、第三回世界女性会議ナイロビ大会に参加した女性たちの帰国報告会「女から女たちへ」が開かれた。時代変革への息吹がひしひしと伝わってくる報告会で、それを取材したラジオ沖縄の源啓美は、懸案だったラジオ沖縄開局二五周年記念事業の一環として、女性たちのワークショップのイメージを膨らませた。第二波フェミニズムの運動が世界的に展開する契機となったナイロビ会議の帰国報告会から、「うないフェスティバル」は発案され、二〇〇七年一一月二五日で二三回目を迎えた。

フェスティバルＨＰ（http://www.geocities.jp/unai20051030/index.html）には、「『国連婦人の一〇年』最終年の一九八五年、うないフェスティバルは、女性たちが自由に集い、ネットワークする中から、女性のもてる豊かな力を寄せ合って、男性と共に生き、支え合える社会の構築を目標に始まりました。古代『うない』は女きょうだいを意味し、家庭にあってはうない神、共同体においては神女となって沖縄社会を司ってきたといわれます」と掲げられている。

ラジオ沖縄から取材費として拠出された一〇〇万円と那覇市からの拠出金七〇万円を費用に当て、立ち上げの人数は源啓美や高里鈴代を含めて六名。最初の一〇年は、那覇市とラジオ沖縄と実行委員会の三者が主催し、その後那覇市と沖縄タイムス社に引き継がれ、現在では那覇市が実行委員会と共催し、なは女性センターが会場場所を提供している。一九九六年の『沖縄タイムス』社説「今年の女性たちの祭りは」には、運動の主体が、「フェミニズムの影響を受けた女性たち」と明記されている。

この一年の特徴は、一九八〇年代に台頭した戦後第三世代、フェミニズムの影響を受けた女性たちが先頭に立ち、基地縮小、軍縮を女性の人権の立場から内外に強く訴えたばかりでなく、県内にも女性の人権をめぐり問題を提起したことだろう。

女性運動の新しい波が大きなうねりを起こし、地域で福祉や教育、子供の問題、経済活性化に取り組む女性たちにも共感を呼んだ。（中略）

一五日県女性総合センターで開かれた「子どもの権利シンポジウム」で、中央児童相談所で扱う保護されず人権が侵されている子供は、豊かな少子化社会で生じている全国的な傾向とやや違う現象があることが指摘された。

わが県では、今なお子だくさん、貧困といった一時代前の要因が残る。背景には失業率の高さ、低賃金、長時間労働、その中での離婚の多さが挙げられる。その上に、全国共通の都市化現象で人と人の関係が分断されているなど、現代的な要因も重なり合う。

女性の問題でも、極めて現代的に元気はつらつの面と、慣習にとらわれ束縛の強い面と両面が際立っている。

二〇日、恒例の元気な女たちの祭りうないフェスティバル九六が、やはり両面を持つ「家族」をテーマに開かれる。この一年の現況を踏まえて、どんな展開をみせてくれるだろうか（『沖縄タイムス』社説、一九九六年一〇月一六日）。

癒しの島といわれる沖縄ではあるが、上記のように問題が山積している現状がある。その現状に対して、「フェミニズムの影響を受けた女性たちが先頭に立ち」、「うない」の言霊にのせて正面から取り組もうとする。フェミニズムと民族的な信仰との独特の出会いが、沖縄の女性運動の特徴と言っていいだろう。現在、社会的影響力を持つ沖縄の女性運動のほとんどが、「うない」のネットワークに連なっているといっても過言ではない。たとえば、発足時（一九八五年）から四年間うないフェスティバル座長をつとめた高里鈴代が、「うない」のネットワークに推されて超党派で那覇市議選に出馬し、八九年から那覇市議として活躍している例がある。また、一九九五年のアメリカ海兵隊員による少女暴行事件に衝撃を受けて即座に超党派で「基地・軍隊を許さない行動する女性たちの会」が結成されたのも、うないネットワークの後押しによる。一九九五年の北京女性会議には党派を超えて「北京ＪＡＣ沖縄」が組織され、「トートーメー問題」のワークショップがＮＨＫスペシャルでも取り上げられた。二〇〇〇年六月の参議院選挙（東門美津子当選）や二〇〇〇年一一月と二〇〇四年一〇月の那覇市長選挙においても、残念ながら女性候補は当選しなかったが、中央の与野党関係とは異なる共闘関係を構築しつつある点は、うないネットワークの知恵として評価できるだろう。

3　「杣山」訴訟の「人権を考えるウナイの会」

同様に、「うない」という言説を象徴的に使用しているのが、「杣山」訴訟の女性原告団「人権を考えるウナイの会」

である。この命名には、近代法のジェンダー・バイアスに対抗するために、姉妹神《ウナイ》にあやかった女性たちの決意の程がうかがえる。

「杣山《そまやま》」は、明治時代に地元住民に払い下げられた官有地で、地元住民が薪の採集などのために共同利用していた入会地である。したがって、地元住民はみな「入会権」を持っていた。戦後、米軍用地として接収された「杣山《そまやま》」は、米軍基地キャンプ・ハンセン内に約五五〇ヘクタールも広がっていて、その軍用地料が日本政府から町に支払われることになった。

町に支払われた軍用地料は、条例に基づいて五割となる約五億五千万円が入会権を有する金武部落民会に支払われる。このうち三億四千万円が正会員に分配され、さらに金武区への補助金が支払われ（ちなみに、二〇〇四年度は六千万円）、さらに残った分収金は金武部落民会の基金として毎年積み立てられることになる。積立総額は二〇〇四年度現在で二一億円に達している。

「金武部落民会」というのは、この補償金を分配するために、収用された山林を明治時代いらい薪採りに共同利用してきた住民（入会権者）で作った地元自治組織である。この「金武部落民会」によって、正会員世帯には年間六〇万円の軍用地料が分配されているが、会員資格は原則的として（1）男性の世帯主（2）入会権者の男性子孫——に限定されている。男性の場合は未婚、既婚を問わず、二〇歳以上で独立して生計を立てていれば、正会員の資格がある一方で、女性は五〇歳以上で、独身か、離婚して金武区に戻り旧姓に戻した場合に一代限り準会員としての入会を認めている。

事件の発端は、入会権をめぐって、仲間美智子さん（七二）らが、当時、金武区の入会権管理団体・金武部落民会に正会員にするよう求めたが、「慣習」という名の性差別、つまり区外出身の夫との結婚を理由に認められなかったことにある。そこで一九九八年、会則改正を求めて署名運動などを展開し、二〇〇二年、「人権を考えるウナイの会」

を結成。金武区出身で他集落の男性と結婚し、金武区内に住む二六人が「正会員の地位」と「過去一一年分の地料計約七七〇〇万円の支払い」を求めて提訴した。その趣旨は、「米軍に接収されている金武町金武の共有地・杣山の入会権者でつくる『金武部落民会』が、総会での発言権や軍用地料の配分がある正会員資格を会則で男性子孫としているのは、憲法の男女平等に反する」と要約することができる。

一審の那覇地裁は、入会権の構成員について「旧慣に従って定められたとしても、男子孫に限定する合理的理由はない。憲法一四条の法の下の平等に反し無効である」と原告側の主張を全面的に認め、旧慣習自体の合理性を否定し、「女性差別は違法」として一人当たり一二〇万―三〇六万円の支払いを命じた。

ところが二審（控訴審）では、「共同利用の権利（入会権）は、過去の長い年月にわたり家の代表である長男が主に受け継いできた慣習に根ざして形成された権利だから最大限尊重すべきであり、女性に分配しなくても違法ではない」として、原告側逆転敗訴を言い渡したのである。

その判決を不服として、原告「ウナイの会」が入会権の確認などを求め最高裁に上告した。原告「人権を考えるウナイの会」の女性二六人は、金武区の出身だが、区外出身者と結婚したため、区内に在住しているにもかかわらず夫婦とも会員資格がない。二月に開かれた上告審の弁論で「ウナイの会」側は、入会権者を世帯主としているのは「かつての家制度の残骸を維持しようとしている」ことであり、「（ウナイの会の女性と）正会員との違いは、実際には女であるか男であるかの性別だけでしかなく、結果的に男だけで共有地の収入を独占している現実がある」などと疑問を呈していた。

これに対し、訴えられた部落民会側は、「会員は一家の代表でなければならない」と規定しているだけで「誰を代表にするかは家の内部の問題」にすぎず、区外出身者と婚姻して区内に在住する場合は「一定期間、区民として受け入れられるまで資格を認めていないだけだ」と反論していた。

最高裁判決は、二〇〇六年三月一七日（金）の小法廷で下された。津野修裁判長は「男女の本質的平等を定めた憲法の基本的理念に照らし、規定の中で女性を差別した部分は違法だが、分配先を世帯主に限定した部分は不合理ではない」との判断を下した。つまり、実質的に女性でも世帯主であれば会員となる資格があることを認め、一方で、会員と認められるためには「金武区内に住所を持つ一家の世帯主である必要がある」との判断を示したのである。そして、夫の死亡により世帯主となっている女性二人についてだけ、「会員資格が満たされている」として、請求を棄却した二審・福岡高裁那覇支部判決を破棄して、審理を同高裁に差し戻す一方、残りの原告を「世帯主である主張立証がなく、入会権資格を取得したとは認められない」として上告を棄却したのである。さらに津野裁判長は、男子孫に限定した部落民会の会則について「男女の本質的平等を定める日本国憲法の基本的理念に照らし、合理的理由を見いだすことはできず、正当化できない」として会則無効の判断を下した。したがって、部落民会側は会則の変更を迫られたことになる。

差し戻し審の第一回口頭弁論は二〇〇六年七月二七日、福岡高裁（石井宏治裁判長）で行われたが、最高裁が会員資格要件として挙げた「金武区内に住所を有する一家の世帯主（代表者）」に関して、部落民会側が定義の不十分さを指摘し、それに伴って原告二女性の会員資格の有無がふたたび争点となった。

最高裁判決は、どの新聞論調でも評価されているように、女性の権利回復という視点からは確かに一歩前進である。しかし「会員＝世帯主」を容認した判断は、慣習的に男性を世帯主に据える社会状況では、二〇〇六年再改正の「男女雇用機会均等法」の眼目となっている「間接差別」に相当することは間違いない。共有地（コモンズ）と女性との伝統的な結びつきと、コモンズの近代的開発の弊害が指摘されてジェンダーの視点を入れることが急務となっている昨今、女性の視点を排除するどのような間接差別も許されるべきではないという時代状況にある。とりわけ、戦前・戦中を通して家族を養うために杣山の自然を守り相互依存の関係を築いてきた女性たちには、軍用地に対する批判的な視点が芽生えている。

その批判的視点を体現していることを、姉妹《ウナイ》神の名を敢えて掲げることによって原告団の女性たちは意図的に表象しているように思われる。土地と深く結びついている愚直なまでの民間信仰こそが、自然破壊と対峙する唯一の効果的なイデオロギーとなっているという深い認識が、「ウナイ」という名称には込められているからである。

4　近代的土地制度を拒否した久高島の神女たち

土地を近代法から護るうない神の例は、じつは久高島の土地共有制にも見ることが出来る。明治政府の近代化路線の眼目は、土地改革による土地の個人所有化であった。近代国家のシステムを構築するためには、経済的基盤を強固にするために、それまでの伝統的な土地共有制度を、強制的に「個人所有」システムに切り替えていくことが必要とされる。個人所有にすることによって、国民の一人一人に納税者としての自覚と主体性を涵養するためである。「個」という意識を芽生えさせ、個人の責任感の自覚をうながし、納税の責任主体を明確にして、結果的に税収入を増やそうとするための措置、いわば租税制度の近代化である。明治政府は、アメリカ合衆国が「ドーズ一般土地割当法」（一八八七年）を挙行してアメリカ・インディアンへの強制的な土地移動禁止と不毛地の「個人割当て」を強制したのに倣って、一八九九（明治三二）年に「北海道旧土人保護法」を制定し、アイヌ民族からの強制的な土地収奪を決行し、代わりにわずかばかりの個人割当て行った。

「石狩川領域でサケ漁を行い原野で熊を狩るという伝統的な暮らしをはぐくんできたアイヌ民族に、サケや熊などの捕獲を禁止して農耕をせよと、わずかな土地を個人所有させるということは、伝統文化を破壊することである。しかも、鍬の刃も立たないような凍土に追いやられて慣れない農業を押しつけられた」（『おきなわ女性学事始め』新宿書房、二〇〇六年)。ちなみに差別的性格が長く問題となっていた「北海道旧土人保護法」は、一九九七年のアイヌ文化振興法成立でようやく廃止されたが、アイヌの「先住民権」を認めるには至っていない。

明治政府によるこのような土地改革は沖縄にも及び、「北海道旧土人保護法」が制定された同年の一八九九年、「沖縄県土地整理法」が施行された。これによって、土地の共有から個人所有への切り替えが行われたわけである。

しかし、神の島と称される久高島に関しては、いったん男性たちによって持ち帰られた土地の個人所有了承案が、女性たちによって厳しく批判され、父祖伝来の共有制を廃止する当案にたいして猛烈な反論が出た。久高島では、男はウミンチュ(海人)として出漁し、女はカミンチュ(神女)として祭祀権を握り、農業を営んで村の生活を支えていた。琉球王の初穂儀礼や聞得大君の「お新下り」儀礼も、久高島のノロを中心に執り行われてきただけに、女性たちには神女として衿持があった。しかも、王府時代の村落内行政は、漁に出たままの男たちに代わって、神女たちを中心とした女性たちに担われていた。「村吟味」と称される十五歳以上の成年村民の行政集会も、久高島は他の村落とは異なり、女性たちがとりしきっていた」のである(前出『おきなわ女性学事始』)。

この事件は、女性たちが近代化を拒否することができた稀有な例として、伊波普猷も紹介している。

先年土地整理があった時、沖縄人の祖先がはじめて上陸したという久高島で、島中の男子が集会して、共有地を分配して私有にする決議をしたところが、後で島中の女子が集会して、神代以来の制度を変更するのはよくない、その上土地は古来女が関係して来たものゆえ、男子が勝手に処分する道理はない、といって、男子の決議を取り消させて、もとの通り共有にしたことがある。ついでにいうが、久高島では古来男子の決議は決議ではないという俚諺があるそうである。とにかく久高島だけは今日でも土地は共有の姿になっているが、男子の中には自分の耕地を知らない者が多いとのことである。

さてこの地割制度が上古からあったものであるか、それとも慶長以後に出来たものであるか。別に記録の徴すべきものはないが、私は沖縄における土地制度の変遷と、その男女関係の変遷とが相並行しているのを見て、その地割制度の古くからあったことを信ぜんとする者である（伊波普猷『沖縄女性史』平凡社ライブラリー版、七三頁）。

久高島に置ける土地の共有制――地割制は、島の伝統として大切に受け継がれた。一九七二年復帰後の本土資本の侵食にも、海洋博覧会などの一連の復帰記念事業による土地開発にも、久高島はこの土地共有制のお蔭で乱開発を免れたと言える。また、持続可能な開発をめざしている竹富島の場合も、土地に関する条例を布いて大資本の進入を水際で防いだ経験がある。しかし土地の売買を許してしまった西表島の場合は、大型リゾートホテルの侵入を阻止することが出来なかったという苦い経験がある。エコ・ツーリズムへのパラダイムの転換に対応できるのは、民間信仰に支えられて土地共有制を守った島だけかもしれない。

5　神話化されたジェンダーを歴史化する

男と女の分類は、太古の昔から存在していた。しかし男と女の役割が、二項対立としてそれぞれ公的領域と私的領域の二極にふり分けられ、それが社会的に固定化されるようになったのは近代になってからである。日本においては、明治国家の近代化路線が西欧を向いていたために、男らしさや女らしさの意味も、近代的西欧の男性原理や女性原理にのっとって二元論的にイメージされるようになった。

自然界では、「男」さもなくば「女」という対極的な二元論は成り立たないにもかかわらず、社会においては、男と女は互いに相容れない二項対立として概念化されていく。たとえば、男は切断と屹立の象徴であり、女は包摂の象徴とされる。男は強く逞しく、女は柔らかく優しい、ということになる。

日本において近代家族が大衆化してジェンダー・システムが完成するのはようやく一九六〇年代に入ってからであるが、その当時の辞書(『三省堂国語辞典』金田一京助他編、一九六〇年初版)をひも解いてみると、男は「人のうちで、力が強く、主として外で働く人」、女は「人のうちで、優しくて、子供を産み育てる人」と定義されていることがわかる。階級やエスニシティ、セクシュアリティなどによって、多様な属性を人は有しているにもかかわらず、男性像・女性像はそれぞれ単一のイメージに収斂するようになったわけである。

この均質化は、リベラリズムの精神を体現する近代法そのものが、ジェンダー秩序の尖兵となって、合理的・均質的な人間像を増殖させてきたこととも通底している。近代法の「平等原則」のもとでは、ジェンダー・マイノリティもエスニック・マイノリティも、「合理的人間」である限りは平等の権利を与えられていることになっているからである。しかし「合理的人間」というのは、エスニック・マジョリティ/成人男性/健常者を想定したもので、合理的でない非合理な属性は余計なものとして遺棄されている。合理的人間は規格品として還元され、均一化されたものなのである。

したがって、男は男らしく女は女らしいのが日本の古き伝統である、などという言説の第一の誤謬は、歴史的にはほんの一時期の現象に過ぎない像が、神話化され普遍化されてしまうということである。第二の誤謬は、日本を単一の民族文化で括ってしまっているために、沖縄もアイヌも在日も、ひとし並みに周縁化されて表舞台から退場させられてきた歴史的事実を忘却していることである。民族文化によって、女性の地位や権力が異なり、ひいては女性像そのものが多様に異なってくることを、見落としているからである。

とりわけ沖縄は、民族宗教における女性祭祀者の優位性が現在でも残っている世界的にも珍しい地域であると同時に、儒教的な男系原理の影響が強い地域でもあり、その併存や矛盾が独自のジェンダー観を形成している地域でもある。一神教の男性原理によって対抗的に生み出された西欧的単一のジェンダーの概念が、沖縄で通用しない理由はそこにある。儒教的な男尊女卑の思想の中で「男逸女労」といわれた過酷な労働の中で、かろうじて女性の主体性が維持されるようなシステムが沖縄社会には残っていたのである。

よく出される例ではあるが、漁業を生業とする糸満家庭の妻たちは、漁師の夫から魚を買って行商に行く二重経済を成立させていたこと、「男一人養えないようでは那覇女ではない」といわれる那覇士族の妻たちは、立身を目指して学問に明け暮れる夫を経済的に支えるために市場で商いをしたこと、久高島では「村吟味」と称される村落会議を取りしきり、行政を担い、農業を営み、祭祀を司るのは、神女（カミンチュ）である女性たちであったことなどが挙げられる。西欧近代的な性別役割分業の固定化には馴染まないシステムが、独自の男女観を形成したと言えるわけで、そもそもジェンダー秩序は単一ではない。

したがって、沖縄から見えてくるのは「ジェンダーは一つではない」といういわば反・収斂理論である。これは、「周縁からのまなざし」と言い換えることもできよう。このまなざしによって見えてくるのは、エスニシティによるジェンダーの多様性・多層性であり、「ジェンダー神話」の読み替えである。この読み替えによって、「うない」神もまた、沖縄女性のアイデンティティに甦ることになる。

11 エキゾチシズムとしてのパイナップル

――沖縄からの台湾表象、あるいはコロニアルな性的イメージをめぐって

本浜秀彦

パイナップルはいつだって不作法や自分の純粋さに対するちょっとした文句、あるいはそういった類のことに対して復讐することができるのである。そしてパイナップルの復讐は苦いものである。その果汁が甘いだけに苦いものである。

――ジャン＝リュック・エニグ『果物と野菜の文化誌』（ジャン＝リュック・エニグ 1999: 445）

はじめに

パイナップルは、沖縄にとって実に奇妙な果物である。亜熱帯である沖縄の特産物のイメージを喚起しつつも、国際的商品であるため、必ずしもそれが沖縄だけの特定のイメージに結びついた果物とは言い切れない。その点はパイン産業の先進地として沖縄が倣ったハワイとの違いであろう。熱帯農業研究者のジャン・K・テン・ブルゲンケイトが著した『ハワイの、パイナップルの世紀』によると、「王冠をのせた果物（the Crowned Fruit）」と呼ばれたパインは、

ハワイのもうひとつの主要農産物であるサトウキビが、あくまで砂糖の原料となるなどの「商品」に留まったのに対して、ハワイ王朝の隠喩（メタファー）につながるものであり、特別な意味をもっていたという（Jan K. Ten Bruggencate 2004）。ブルゲンケイトは、パイナップルがハワイの観光業にとってハワイそのものを売るためにどの程度重要だったのか、またハワイにとってパインでなければならなかったのか必ずしも明らかではないとしながらも、パイン産業を抜きにして二〇世紀のハワイの歴史は語れないとしている。[1]つまり、ハワイはパイナップルのイメージとともにあったのである。

しかし一方、日本の言説空間に限ると、パイナップルが、沖縄を連想させる果物としてしばしばイメージされてきたのも間違いない。そうした中で、小説というジャンルできわめて意識的に描かれたのは、ベストセラーとなった村上龍の芥川賞受賞作「限りなく透明に近いブルー」（一九七八年）である。主人公リュウの部屋で「オキナワ」と名づけられた沖縄出身の若い男性が、ヘロインを打つ準備をしながら同郷の「混血」女性レイ子とやり取りをする場面が次のように書かれている（村上龍 1978: 15）。

レイ子はでかい尻と言ったオキナワにフンと小さく文句を言って、飲み物が欲しい、と台所に行き冷蔵庫を開ける。

「ねえ、何もないのお？」

オキナワがテーブルのパイナップルを指差し、これ少しもらえよ、故郷の味だろ？　と言う。

「オキナワ、あんたってホントに腐れているものが好きねえ、何よその服、匂うわよ」

東京・福生の米軍基地に近い街で麻薬やセックスに浸る若者の日常を描き、社会にセンセーショナルな話題を提供したこの小説では、「オキナワ」と呼ばれる若者の故郷である沖縄が、パイナップルに重ね合わされて描写されている。すなわち、腐ったパイナップルは、米軍基地に寄生せざるを得ない、あるいは退廃したように見える沖縄社会をイメージさせている。つまり、沖縄の戦後の特産品でもあったパイナップルが、沖縄の隠喩として表象されているのである。

ところが、現代文学における最も注目すべき小説家の一人と言える、沖縄生まれの目取真《めどるま》俊（一九六〇―）は、デビュー作である「魚群記」（初出一九八三年）において、村上とはまったく違う視点でパイナップルを捉えている。つまり、パインを沖縄に重ね合わせて描くのではなく、沖縄の中の「異国」である「台湾」のイメージにつなげて描いたのである。それは、村上が提示したような「パイナップル＝沖縄」という、外部からのステレオタイプ的な沖縄イメージを拒否し、パインという農作物／商品の意味を、沖縄の「内部」から炙り出して、それを沖縄にとっての台湾というリアリティーを求める回路につなげたのだ。

実際、沖縄のパイン産業は、戦後の台湾からの入植者や技術、「魚群記」で描かれた台湾からの季節労働者の存在を抜きには語ることができない(2)。加えて、パインという果物が、戦後になって栽培が広がった作物であるがゆえ、台湾やハワイといった海外の先進地をどうしても意識せざるを得ず、沖縄にとっても、「異国」イメージが付きまとう果物であったことを、オキナワ文学の作家である目取真は見逃さなった。「異国」のエロティシズムを喚起させる回路としてパインをテクストに導入した「魚群記」は、戦後沖縄の産業構造や共同体社会の脆弱さ、「復帰」問題、さらに沖縄の「外部」である「台湾」に対するイメージ／意識を問い直す作品になっている。

本章は以下において、沖縄と台湾の関係をつなげてきた果物と言えるパイナップルをキーワードに、目取真の「魚群記」を読み換えながら、沖縄の近現代文学における台湾および中国表象について議論を展開する。それは、パイナップルという果物のイメージが、歴史的文脈や「他者」に対する身体イメージと結びついて形成されてきたことを分析しつつ、東アジアの「辺境」において、沖縄の共同体的感性が、台湾と中国の人々をどうイメージし、表象してきたか、そこに日本における沖縄イメージがどう絡んできたかについても考察することになろう。さらに、沖縄的感性が捉えた「他者」に抱く身体的イメージが、複雑、かつ時にはステレオタイプ的に絡め取られながら、重層的につくられる過程についても言及したい。

1 「魚群記」における「台湾女」表象

目取真俊の「魚群記」は、一九七一年頃の沖縄本島北部の小さな農村を小説の舞台にしている。[3] その村に数年前に建てられたパイン工場に、季節労働者として出稼ぎにきた「台湾女(たいわんいなぐ)」に惹かれる主人公の少年・マサシの視線を通じて、沖縄の社会、共同体、そして沖縄と台湾の複雑な関係が描かれている作品だ。

思春期の年頃であるマサシは、台湾から村にやってきた季節工の若い女性たちの働くパイン工場や宿舎に、数人の仲間と一緒に彼女たちをひやかしに行くことを密かな楽しみにするようになっていた。それは、彼女たちが「沖縄の女達と違って色が抜けるように白く、美しい肌をしていた」ことに欲望を感じると同時に、大人たちの会話から、「台湾女」ということばの持つ、「蔑みと猥雑な響き」に性的なイメージを膨らませていたからだ。

家の手伝いを放り出してまで、台湾女性たちを追って外出するマサシを、父親は叱責する。彼女たちはただ単に出稼ぎに来ているだけではない、と含みを持たせて説明し、彼女たちに近づくことを厳禁する。しかし、そう言われれば言われるほど、マサシは彼女たちへの興味――とりわけ「もの悲し気な瞳」を持つ女性に、ますます魅かれていく。一人で工場の作業現場を覗いたとき、その女性からパイン缶詰をもらったマサシは、それを欲望が満たされたような気分で食べる。

ある日の夜、マサシは友人三人と、工場から少し離れた対岸にあるバラック建て平屋の、彼女たちの宿舎への忍び込みを企てる。窓からもれる明かりを手がかりに彼女の部屋を探すと、そこに彼女ともうひとつの影をみつけた。そのとき、仲間の一人が誰かに見つかり、「逃げろ」の声を上げた。ライトを照らして来たのは、パイン工場に勤めるマサシの兄だった。少年たちは数人の青年に中庭で土下座をさせられ、それを拒んだマサシは兄に激しく殴打される。ここには二度と来ないこと、親には口外しないことを少年たちは約束させられる。

それでもマサシは、友だちと今度は女性たちが働くパイン工場に侵入することを決める。敷地内を動き回っているうちに網戸が開き、例の女性が出てくる。女性は微笑を浮かべて少年たちにパインの缶詰を差し出す。しかし、マサシを除くほかの三人は、「台湾女から物もらわれるか」と叫んでそれを放り捨て逃げ去り、マサシだけが缶詰をかかえて家に逃げ戻る。台湾女性からもらったと正直に告げたマサシを、父親は止めに入った母親をふりほどいてまでも激しく殴りつける。そこに帰ってきた兄は、父親の行為を軽蔑するようにせせら笑いながら、明日女性たちが那覇から台湾に戻る予定であることを告げる。自分の言動を見透かされた父親は、激しく動揺する。

呆然としたマサシは、静まり返った彼女たちの宿舎を訪ね、荷物の残っていない彼女の部屋を入り、うつ伏せになるとそのまま寝入ってしまう。ドアのノブを回す音で目が覚めると、誰かが中を覗い彼女の名前を呼ぶ声を認めた。それは、紛れもなくマサシの父親であった――。

以上のように梗概をなぞると、台湾からの出稼ぎで沖縄にやって来たパイン工場で働く女性を、「台湾女」と括る表現をめぐる問題がさっそく指摘されそうだ。例えば、「目取真俊「魚群記」における皮膚――色素／触覚／インターフェイス」という意欲的な論文で朱恵足は、「台湾女」の表象を次のように読み取っている。まず沖縄の男性が台湾の女性に性的にそそられているのは、何よりも彼女たちの「白い肌」に欲望を感じているからだとする。そのような欲望が立ち上がる理由について以下のような歴史的な解釈を試みている。すなわち、戦前の沖縄、日本、台湾の複雑な関係がそこに陰を落としていること、また、肌の黒さが沖縄の人々のコンプレックスとなっているため、それが「白い肌」に対してアンビバレントな感情を生み出している、というものである（朱恵足 2001: 18-30）。

その解釈を、説明を補いつつ整理し直すと次のようになるだろう。一八七九年の「琉球処分」で近代日本に編入された沖縄の人々は、同化政策を推し進められたが、その過程の中で、日清戦争後に日本の植民地となった台湾の人々に対して複雑な関係性が生まれた。それは、沖縄は日本のひとつの県であったため、日本―沖縄―台湾の序列にあった人種主義的な価値観が人々の考えに入り込み、植民地言説にも巻き込まれることとなった。それにも関わらず、石垣などに集団的に渡ってき台湾人を見ると、「生蕃」イメージのある、黒い肌をした台湾原住民ではなく、肌の白い台湾の漢民族が多かった（と考えられる）ので、その心理的に感じたギャップがアンビバレントな感情を沖縄の人々に生み出した――。

日本による台湾の植民地支配の過程の中で、沖縄の人々も、台湾に対するゆがんだ意識がいつの間にか形成され、台湾やそこの人々に対する奇妙な優越感や差別意識が生まれたことは、これまでにもさまざまな史料と共に指摘をされてきた。(4) 目取真自身、「魚群記」を書いて十六年目に初めて旅した台湾について書いたエッセイ（「台湾への旅」初出『琉球新報』二〇〇〇年九月二日）で、小学生だった頃、住んでいた村のパイン工場に出稼ぎにきていた台湾からの女工たちを、大人の影響を受けて「台湾女」と呼んで好奇の目で見ていた自身の経験を正直に語っている。(5) そうした加害者、差別者としての沖縄の立場にも向き合うことが、彼の文学的なスタンスであるということは、彼が繰り返し書いていることである。

けれども、台湾から渡ってきた多くが漢民族だったという推測に基づき、それゆえ沖縄の人々が、漢民族系の白い肌に性的な欲望をそそられたという説明は、そのこと自体、「漢民族」という人種カテゴリーに関するステレオタイプ的な前提に立っているという批判を受けることになるのは避けられない。ただ、「台湾女」という括りが、「魚群記」というテクストでステレオタイプ的に表現されているがゆえ、逆に固定したイメージを拒み、流動的で、亀裂を生じさせる言説を生み出しているという見方は、ステレオタイプ的な表現こそが「植民地言説における主体化の出発点となる」と説くホミ・バーバの主張を踏まえるものであり、一応の同意を示したい（ホミ・バーバ 2005: 131）。

「魚群記」に描かれた「台湾女」たちの「白く、美しい肌」は、主人公マサシの視線を強烈に引きつけている。そうした視線は、少年に「初めて女の肌に触れてみたい」という欲望を湧き起こさせる。そうした欲望はしかし現実にはかなえられないため、少年はパイン工場の排水管に集まるテラピアを捕まえては、その魚の「盛り上がったなめらかな眼球を指先で愛撫」し、「生臭いぬめりが指先の滑りを助け」、「指先に伝わる透明な弾力の微妙な刺激を心ゆくまで味わ」う。こうした視覚の暴力性を踏み越えんばかりの「あらゆる感覚よりも著しく発達」した触覚の欲望の処理を、少年はしていたのである。

汚い場所に生息しているというイメージが強いテラピアは、目取真がしばしば好んで作品に登場させる魚である。「魚群記」では、少年が繰り返し空想の中で「台湾女」に代わって弄ぶ肉体をもつ生きものとしても描かれている。少年の「男性性」がテクストに表出している点を徹底的に批判する朱恵足は、視覚から触覚に転じていく主人公の欲望に、人種問題の匂いさえ嗅ぎ取る。つまり、少年の行為がセックスに結びつかないのは、沖縄の社会が、「台湾女」との性交において血が穢れることへの忌みであり、「ゼノフォビア（外国人嫌い）」と、その底にある「増殖」の恐れであるであるからだとする（朱恵足 2001: 24）。しかし、少年のように、テラピアを愛撫する自慰的なものに留まっている限りにおいては、それは必ずしも暴力的に転嫁するセックスに結びつくものとは言えない。

暴力的な表現をそのスタイルとし、沖縄の社会の内部に抱える脆弱性を剥ぎ取ろうとしている目取真の書き方を、表面的に読んでしまうと、計算された仕掛けを見逃してしまう。(6) 確かに「魚群記」には、主人公の少年を含む沖縄の男性たちの「台湾女」への視線には、性的な欲望が伴っている。しかし、そうした「台湾女」の「白い肌」への視線自体は、同時に沖縄的ではないものへの憧れ、裏を返せば、沖縄の共同体的身体への激しい嫌悪として捉えることもできる。つまり、「台湾女」の肌は、この作家が露呈させようとしている沖縄の社会の醜悪さ、脆弱さを逆照射するものとしても表象されているのである。人類学者メアリ・ダグラスの身体論を援用すれば、「白い肌」を持つ「台湾女」は、沖縄の「内部」と「外部」の境界を分ける感性が捉えた共同体の外に存在する、沖縄の内なる身体ではない、しかもそれゆえエキゾチックでエロチックな興味をそそられる、「他者」の身体なのである。(7)

「魚群記」のテクストに、沖縄の男性である少年と、その父と兄、そして「台湾女」の、人種的、階層的な序列が表出されているという読みにだけに拘泥すると、この作品の解釈をかえって狭めてしまいかねない。と言うのも、確かにパイン工場内においては、沖縄人である兄のポジションが、台湾から出稼ぎに来た女性たちよりも指導的な立場にあるように描かれている。けれども西成彦が指摘しているように、台湾人女性も、沖縄の少年や男性たちも、パイン工場の排水管の周囲に集まるテラピアの群のような「魚群」として並列に描かれている（西成彦 2003: 12）。つまり、少年、少年の父と兄、「台湾女」たちは皆、パイン産業による経済的利益を得るために村に立てられたパイン工場の、空しい夢を追い続けるしかなかったという点においては同じ「魚群」であり、そして復帰前後を生きた「私たち」そのものの姿なのである。「台湾女」の「白い肌」に翻弄された、少年、少年の兄と父たちの姿は、哀れで滑稽な男たちでしかない。まさに、そうした点においてこそ、この作品が救おうとしている登場人物たちの生の悲しさが滲み出ている。

ここで、見逃してならないのは、「台湾女」たちが季節労働として扱う農産物が、サトウキビなどの農産物ではなく、パイナップルであるということだ。彼女たちが、「台湾女」としてエキゾチックであるためには、パインでなければならなかったとも言える。前述したようにハワイにおいて、その形が「王冠」に似ていることから、ハワイ王朝のメタファーともなったこの果物は、沖縄では、戦後、例えば石垣のように、台湾の人々が中心となってパインが本格的に紹介された経緯がある。そうした点で、戦前から普通にあったサトウキビとは異なっていたということができる。

さらに、米軍占領下の沖縄の戦後にあってパイナップルは、一九五〇年にアメリカのひとつの州になったパイン産業先進地のハワイのイメージとも重なり合ったとも考えられる。ハワイでは、ドール、デルモンテなどの大企業がパイン缶詰加工業の経営に乗り出し、広告によるイメージ戦略を打ち出しながら、国際競争力のある商品を生産していた(8)。それゆえ、パイナップルは、沖縄にとっても、沖縄で生産されながら必ずしも沖縄的でないもの、つまり「外部」が同時に立ち上がる、「異国」のイメージが切り離せないものとなった。「魚群記」のテクストに、そのパイナップルという果物が導入されていなければ、「台湾」という外部のイメージはそこまで増幅しなかっただろう。

「魚群記」における主人公の少年・マサシの男性としての欲望は、「白い肌」という人種的な境界の侵犯に向かうというよりも、思春期の少年にとって未知なるもの——つまり、女性の身体の「肉付き」へと向かう。後述するように、少年にとってテラピアは、性の代替物となる触覚の慰み物、あるいは権力的な兄に対する憎悪の対象であるのに対し、生の根源に関わる食欲、そして生殖的な欲望につながっていくものは、むしろエキゾチックな果肉をもつパイナップルであったと言うことができる。つまり、「台湾女」は、パイナップルの換喩(メトニミー)としてこの作品で描かれていることによってはじめて、少年の身体=存在を揺さぶる関係性を持つことになるのである。

2 オキナワ文学における「中国」「台湾」表象の系譜

ところで、沖縄の文学作品が、「異国」「海外」のイメージを導入するのは、「魚群記」が嚆矢となったわけではない。仲程昌徳が指摘するように、沖縄の近現代文学——日本文学を「異化」する文学として、私は「オキナワ文学」と表記している——のひとつの系譜として、国際的な政治経済関係が背景に敷かれて書かれている作品が少なからず存在するのである。そうした作品の特徴として、沖縄を描くために、沖縄の人々だけが登場せずに、「他府県人」や「中国人」、そして「白人」、「黒人」などが登場すること、また沖縄の人々や「商売女」などと呼ばれる女性が、沖縄戦、米軍基地、政治変動などの「被害者」や「疎外者」として描かれていることがある（仲程昌徳 1991: 32-33）。しかし、それらの特徴と同じく見逃してならないのは、初期の代表的な沖縄の小説が、「中国」を排除する構造を物語の展開に含んでいることである。その点に関して筆者は、これまでにいくつかの論文で詳しく論じているので、ここではその要点だけをまとめる（本浜秀彦 2007: 39-48）。

沖縄出身者の最初の本格的な小説とされるのは、山城正忠（一八八四―一九四九）の「九年母」である。一九一一年、文芸雑誌『ホトトギス』に掲載されたこの短編小説は、日清戦争（一八九四―九五）当時の那覇を舞台にし、実際に起こった詐欺事件(山之城事件)をモデルにしており、事件の展開が沖縄の自然描写をからませながら、一三歳の政一少年の視点で描かれている（山城正忠 2003: 26-37）。作品が書かれたのが一九一〇年前後であることを考えると、日露戦争（一九〇四―〇五）を経て、強固に近代日本のシステムとネットワークに組み込まれた時点で、かつての旧宗主国・中国と日本との間で揺れた日清戦争期の沖縄を、沖縄出身の作家が振り返って書いた作品ということができる。

「九年母」では、当時の那覇（テクストではN町）の様子について、戦争のニュースを伝える新聞・雑誌が広く講読され、あるいは弁士が戦争の背景説明する「戦争幻灯会」が繰り返し開かれるなど、好戦ムードが漂っている街として描かれている。人々の日常においても、衣装や頭髪などさまざまな「琉球的＝中国的」な嗜好をもったものが、日本的なものへと移り変わっていっている様子が細かに描かれている。その中でも、未熟な少年の身体を監視する視線は、強力な暴力装置として、まだ十分に変わり得るその身体に入り込んでいく。例えば、中国派の首領から大金を搾取する本土出身の小学校の校長は、少年の「結髪」を、切らないとまるで「チャンチャン坊主（中国人）」だといってからかう。また漆器商を営む少年の父親も、尋ねてきた客に挨拶ができなかった息子に、そんなことだと、まるで「唐の人みたいだ」と叱りつけたりする。そうした変わりゆく可能性のある若い身体への視線は、老人である中国派の首領の、暑い日差しの中、わざわざ「赤ちゃけた縞物の道服」を着、髪や髯は真っ白で異様な様子を漂わせ、「わざと煤で黒くした島下駄に、棕櫚のすがったのを」を履き、青日傘をさして歩いている、という時代遅れの琉球的な身体への視線とは、きわめて対照的である。

この老人が、他県出身の小学校長に大金を騙されるという構図をもって、仲程は、こうした本土に対する認識が、「沖縄文学」という枠組みを立ち上がらせるものだとし、その点においても「九年母」が、沖縄の近代小説の嚆矢ということができるのではないかと主張する。ただ、そうした意識の裏側に、「中国」から意識的に離反していこうという社会の流れ、新しい価値観があったということを、この小説はテクストの中に組み込んでいる。このような「九年母」は、「中国」が排除されることによって成り立つ物語であるということができる作品なのである。

さて、山城に続いて注目された小説として沖縄の文学史に記述されているのは、一九二二年に発表された池宮城積宝の「奥間巡査」である。雑誌『解放』の入賞作品となったこの短編小説は、中国系の人々が暮らすコミュニティー出身の奥間百蔵が、警察官になって立身出世を目指すものの、警察内での差別に閉塞感を感じ、苦悩する日々を送る中、盗人を逮捕して手柄をあげたつもりが、その男が恋した辻の遊女の兄であったという、その野望の挫折を描いた内容である（池宮城積宝 2003: 41-50）。このコミュニティーのモデルとなったのは、久米三十六姓、すなわち久米人（クニンダー）と呼ばれた中国系の人々が住んだ久米村（現在の那覇市久米）であると考えて間違いないだろう。しかも小説では、そのコミュニティーが、「特殊部落」であったとして設定されている点に注目しなければならない。

「九年母」では、監視の視線をもって、少年の可変的な身体を日本的なものに変えていくというそのプロセスが描かれていたが、「奥間巡査」では、中国系の人々＝中国的身体を持つ人々が、すでに限定された空間に閉じ込められるなど、その身体は社会的に埋め込まれている。そうした制限の中で警察官という職業に可能性を見出した近代沖縄における中国系の人々の苦悩を描いた作品として「奥間巡査」を捉えることもできる。以上見てきたように、沖縄の近代小説の初期の代表的な二作品が、「中国」を「物語」から排除し、「日本」を志向する物語であったことは見逃してはならない。

ところで、「奥間巡査」を書いた池宮城積宝は、台湾を舞台にした短編小説「蕃界巡査の死」を、実は一九一二年一二月に、沖縄の新聞『琉球新報』に発表していた。主人公は、数年前、台湾に渡ってきた下田という男で、最初は基隆で材木店の店員、台北に移り宿屋の番頭をしていた経歴がある。その彼が、その宿に泊まりに来たみすぼらしい風姿の女性と懇ろになる。しかし、男が台湾ネイティブとも言える部族を取り締まる蕃界巡査として働きはじめてからは、勤務で不在することが多くなり、そのため女が寂しがり、しまいには若い行商人と逃げて出てしまう。それを知った男は意気消沈したまま夜のシルヴィア山（現在の雪山）山中の岩陰近くを歩いていると、いつの間にか「敵蕃」に取り囲まれ、首を切られて死ぬ――という、かなり内容も荒々しい内容で、文章も決して洗練されているとは言えない作品である（池宮城積宝 1988: 15-18）。

シルヴィア山は、苗栗と台中の間にあり、タイヤル族の狩猟区であったという。こうした設定ができるのも、「放浪の詩人」と呼ばれた池宮城が、台湾に行った可能性が高いと見られているからである。実際、「蕃界巡査の死」の発表の前年に、雑誌『球陽』二〇号（一九一一年七月）に「南へ」というタイトルで連作詩を発表している（星名宏修 1999）。その連作詩は、「船室にて」、「八重山」、「植民地にて」と、あたかも沖縄本島から南下して、八重山経由で台湾に向かったことが窺える。「植民地にて」には、おそらく池宮城積宝が見たであろうと思われる、台北の様子が描かれている（池宮城積宝 1988: 92-94）。

植民地にて

北緯二十五度――午後六時
大なる太陽は赤く爛《ただ》れ
夜《よ》の色は植民地を蔽《おほ》ひゆく
白き博物館も
灰色の土木部の建物も
影うすれてゆきて、
遠近《をちこち》もアーク燈は
白熾《はくし》色に黙せり
この薄暮《たそがれ》の雰囲気の中に
前総統の白き像浮き出て
その下にしげれる
熱帯植物は
たゆらにゆらぐ
ああ相思樹の蔭より
浮び流るる土人の悲しき歌――

池宮城の文学的関心の指向性が、中国との関係が深かった久米村や台湾への関心にあったということは、同村出身であったこの作家・詩人のアイデンティティーの問題とも大きく絡んでいるように思える。このように、二〇世紀の初頭に登場してきた沖縄の主要な作家が、「中国」を排除することを物語構造として持つ小説を書いていたことや、「台湾」に関心があったという事実は、沖縄の近代表現を考える上で、決して見逃してはならない特徴として挙げられる。

さて、沖縄戦を経て、米軍占領という社会状況の中で胎動した戦後の沖縄の文学は、社会の政治意識が反映する文学を生み出すことになる。(9) 米軍の直接統治という状況下においても、戦後のオキナワ文学は、決して「中国」や「台湾」に無関心ではなかった。沖縄初の芥川賞受賞作品である大城立裕の「カクテル・パーティー」(一九六七年)においては、「中国」が重要な意味を持って描かれていた(大城立裕 2003: 88-126)。

この小説は、娘を米兵に暴行された主人公の沖縄男性が、米軍占領下の米国人に有利な法制度の下にあるという理不尽な状況の中で、裁判に訴えるまでの心の葛藤を、沖縄の近現代史を効果的に導入しながら重層的に描いた作品である。前後半に分かれたこの小説の、前半の基地内のアメリカ人の住宅で開かれたパーティーの場面では、話題が沖縄の歴史に及んだとき、沖縄はかつて中国と関係が深かったと認識してくるアメリカ人たちに、主人公はそれこそが統治者の、自らを正当化する論理であるという思いで煩悶する。後半では、パーティーの参加者でもある中国人弁護士の、日中戦争中に、妻が日本兵に乱暴を受けていた事実が明らかになるとともに、沖縄占領の支配者である米軍を糾弾しようとしている主人公も、かつて中国大陸で日本軍に同行する学生、つまり加害者だったという記憶が蘇り、彼の苦しみがさらに深まるという展開につながっていく。このように「カクテル・パーティー」は中国が重要なプロットとなり、米軍占領下における沖縄のアイデンティティーを問い直す物語であると言ってよい。したがって、「中国」抜きでは、作品の深まりが出せなかったどころか、小説のテーマも成り立たなかったと考えられる(ちなみに大城は、上海にあった東亜同文書院で学んでおり、八三年に発表した「朝、上海に立ちつくす」という、同大学の生活体験をモデルにした作品もあるなど、きわめて中国を意識した作家であるといえる)。以上のような作品を押さえると、改めて目取真の「魚群記」の特徴が浮かび上がってくる。

パイン工場を舞台に、台湾から沖縄に出稼ぎにきた女性に注目した「魚群記」の問題設定について西成彦は、「米軍基地の周囲にたむろする沖縄の男女に光を当てる」のではなく、「基地から慎重に距離をとり」、「沖縄の男たちや少年が構造上加害者や差別者や搾取者の位置に立つパイン工場」を選んだことを高く評価している（西成彦 2003: 12）。しかし、沖縄側の加害者性を問う設定は、決して八〇年代の初めにデビューした目取真だけが持ちえた視点ではない。ここで見た大城の「カクテル・パーティー」をはじめ、沖縄における朝鮮人蔑視の問題を扱った又吉栄喜の「ギンネム屋敷」（一九八一年）などにも見られる。また、また又吉の米軍のマイノリティー兵士の内面を描いた「ジョージが殺した猪」（一九七八年）、年老いた娼婦と米軍の若い脱走兵を設定した吉田スエ子「嘉間良心中」（一九八四年）などのような作品も、決して単純な「米軍基地の周囲にたむろする沖縄の男女に光を当てる風俗小説」ではない[10]。したがって、目取真の「魚群記」は、新しい視点だったと言うより、ある意味で戦後のオキナワ文学の、被害者意識を乗り越え、時には歴史や戦争の加害者側の立場にもあったことを問い直すという系譜の中で登場してきた作品と言うべきだろう。

では、その上で、後年、沖縄戦の記憶をテーマにした芥川賞受賞作「水滴」で、一躍脚光を浴びる目取真が、デビュー作である「魚群記」で、彼なりに徹底的にこだわったものは、いったい何だったのだろうか。それは、おそらく「復帰」という歴史的事実を基点にした問題設定である。つまり、この作品は、パイナップルという沖縄の特産物とされた（されている）果物をファクターとして、「復帰」を語り直したのだ。

ここで、沖縄の歴史における、パイナップルの位置を簡単に確認してみたい。パインは、戦前は一般的な作物ではなく、一九五〇年代から栽培が広がり、五三年には本土への出荷が始まっている。ある意味、極めて戦後的な果物であった。経済を支える中心産業を持たない沖縄で、パイナップルは換金作物としての期待が高まり、一九六〇年九月には、パイン産業の振興を図るため、計画的な生産や原料取引の公正さの確保、缶詰製造の推進、パイン工場の経営の安定化などを目的とした「パインアナップル産業振興法」が策定されている[11]。パイン工場は、栽培地や土壌の関係などから、「魚群記」の舞台となった沖縄本島北部と石垣島に集中した。工場の人件費削減と未熟な工場労働者の作業を補うため、「魚群記」で描かれた台湾からの女性が出稼ぎにくるのは、六〇年代後半になってからである。目取真がエッセイに書いているように、そうした出稼ぎ女性たちは日中国交回復を機に姿を見せなくなったと言われている。田中角栄首相の訪中により日中国交回復が行われた年は七二年（一〇月）、つまり復帰から時間をおかないタイミングであり（復帰は同年五月）、つまり復帰とほぼ同じくして台湾からの出稼ぎ者が来なくなったのである。

あるいはこのような見方ができるかもしれない。戦争で日本は、戦前のパインの生産地であった植民地・台湾を失った。その代替となるかのように、米軍占領下にあった沖縄で、本格的なパイン栽培が始まる。パイン産業の展開においては、例えば石垣島に移住してきた人々のように、台湾出身者の大きな貢献があった。加えて、パイン栽培はアメリカの州であるハワイの基幹産業に結びついた先進農業のモデルケースであり、それゆえパインは、「ハワイ＝アメリカ」であると同時に、「米軍占領下の沖縄＝アメリカ」というイメージともからまりながら、ほかの農作物とは違う役割を与えられた。つまり、沖縄にとってパイナップルは、異国性をかぶせられたエキゾチックな果物になったのである。しかも、日本にとって、沖縄も米軍占領下という「異国」の亜熱帯の島であるため、違和感なくパイナップルを沖縄の特産として認識し、その果物のイメージを沖縄に重ね合わせたのである。

「魚群記」は、パイン工場の排水口近くに集まるテラピアになぞらえた人々の物語であるということは前述した。しかし同時に、この小説は、歴史にさまざまに翻弄され続けた挙句、パインの甘い夢にさえもすがろうとした沖縄の、復帰という本土（日本）をめぐる夢の残滓が描かれた物語でもあるのである。「私はパイナップルの香りのする悲しみである」と述べたフランスの詩人・シュペルヴィエルを借りれば、パイナップルこそが、復帰を夢見て裏切られた、沖縄の人々の悲しみの象徴でもあったのだ（ジャン＝リュック・エニグ 1999: 440）。

3 パインというメトニミー――台湾、あるいはイメージのねじれについて

「復帰」という沖縄の滑稽で悲劇的な歴史的イベントを書き留めるかのような描写は、「魚群記」のテクストのさまざまな場面で見られる。川で魚を狙っている少年たちの目に映るパイン工場は、建てられてそれほど年月は経っていないものの、その経営は決して当初の目論見通りのように順調ではないということを暗示しているかのようである。つまり、「数年前、出来たばかりの頃は、新しいペンキの色があたりの景色から浮いて見えた」が、「今ではすっかりひなび村の景色の中に落ち着いていた」ように見えるからである。ただ、夜になると、「このあたりでは珍しい水銀燈の青白い光が、水底の景色のように工場を美しく浮びあがらせ」て、昼間と同じように「パイン罐詰を運び出すトラックが工場の広場をひっきりなしに行き来している」様子は見られる。

けれども、産業振興を担わされたパイン工場自体は、決して周囲の環境に調和させるよう建てられたのではなさそうである。建物の網戸からは、「白い湯気が絶え間なく噴き出」しており、「川辺のススキの茂みから突き出た黒ペンキ塗りの排水管あたりも朦朦と湯気が立ちこめている」状態になっている。その排水管には、「パイン罐詰めを消毒した熱湯が注ぎ込まれ」ており、テラピアの一群が、「排水口から流れ出すパインの屑や食堂の残飯を求め」るかのように、口を開けて集まってきているような環境だからだ。

「復帰」という時代が、米軍基地がないこの小さな村にも押し寄せてきたと主人公の少年が実感するのは、「コザ暴動」を伝える新聞の号外が早朝の村に配られて以降である。子どもたちですら時代の空気を感じないわけにはいかない、そのような社会状況の中で物語は展開しているといえる（実際のコザ暴動が七〇年一二月二〇日であったことを考えると、パイン工場が少年の村に出来たのが六六、六七年ごろ、小説に描かれたエピソードは、コザ暴動以降、七

二年五月一五日の本土復帰の間に起こった出来事だと考えることができる)。

「復帰」を間近にした世の中の高揚感は、工場の操業時間が終わる夕方、広場に集まった沖縄の男性、女性工員、そして少し離れた場所にいる台湾からの女工たちを前に、復帰に賛成する少年の兄は熱弁をふるう場面にもよく描かれている(この兄は、狭い山に切り開いた農地でパインを栽培し、復帰が実現したら、日本本土にパインが安く買い叩かれると心配している少年の父と、いつも口論をしているという設定である)。何人かが演説に立った後、集会の最後に復帰運動の集会やデモの際に広く歌われた「沖縄を返せ」を集まった全員で歌う場面が描かれる。それにつられて少年たちもその曲を思わず口ずさんだりしている。以上のような描写は、沖縄本島北部にある小さな村に、復帰と言う時代の波が押し寄せていることを窺わせる。

産業振興の御旗が振られて、鳴り物入りで操業がはじまったパイン工場の中の様子は、主人公の少年マサシが一人で忍び込んだ工場の網戸から覗き込んだ光景として描かれている。

熱い湯気が顔に吹きつけ、たちまち汗の玉をつくる。湿った埃のこびりついた網戸の中では、オレンジ色の電燈が滲むように浮んでいる。その下で、白い作業服の女工達が湯気にまみれて忙しく働いていた。ベルトコンベアにのってくる皮を剥がれたパインを輪切りにしては罐に詰め、次の工程へ送り出す単純な作業を彼女達は休む間もなくくり返している。すぐ目の前では幾重にも列を作った銀色の罐詰がコンベアにのって熱湯の中をゆっくり渡っている。消毒された罐詰は湯から上がると温風で乾かされ、女工達の手で木箱に詰められていく。

このように、女工たちのパイン生産の缶詰めの生産の現場を覗いた少年は、しかし、同時に彼女たちの置かれている立場を次のような光景から知ることにもなる。

一人の女工が次から次へと送り出されてくる罐詰を捌ききれずに台から落とし、沖縄人の監督から叱責を受けた。その男は床に転がった傷物の罐詰を隅の木箱に投げ込むと、別の部所へ巡視に行った。

パイン工場から排水される熱湯を求めて群がるという点においては、テラピアも、少年も、台湾からの女工たちも、少年の父や兄も同じであるということは先に書いた。しかし、工場内においては、雇われる側である台湾からの女工たちの立場は、明らかに沖縄人より弱い立場にあるのがわかる。けれども、このことは、作業現場を網戸から垣間見たときには、マサシに意識はされない。それは、監督官が移動したすぐ後に、例の女工が彼を認めて、網戸に近づいてきたからだ。笑顔を見せると彼女は、マサシに出来たばかりのパイン缶詰を差し出す。マサシはもらった缶詰を抱えながら、サトウキビ畑を勢いよく抜けて海に出る。砂浜に座って缶詰を軍用ナイフで開け、「黄色い輪を鳥のように丸ごと口に入れ」ると、日暮れまで海を見ながら物思いにふけって過ごす。

ここで、少年が口にしたパインは、「白い顔」した彼女の、「白い細い手」から渡されたパイン缶詰に詰められた果肉であり、それは彼女の性的な身体の象徴にほかならない。少年は、食べ終わった後、岩間からでている湧き水で身体を洗い、「体の内と外にまとわりついているパインの甘ったるい匂いを全て洗い落と」そうとする。それは、まるで初めての性体験を終えたときのように、自分の表情が大人びたように、あるいは自分の中で何か変化が起こったように感じるのである。

しかし、少年は、そうした行為がせいぜい自慰にしか過ぎない錯覚であったことを知るのは、友人たちと女工たちの宿舎に忍び込んでからである。兄をはじめとする地元の青年たちに見つかって懲らしめられた悔しさと、憧れの女性と兄がもつれ合う姿を見たことからくる嫉妬心は、兄への憎しみに変わっていく。日を改めて友人たちと再び工場に忍び込んだマサシは、排水口に群れるテラピアの瞳孔を、弓から放った矢で突き刺す。それは、その眼こそが兄の眼であり、自らの眼であったからだ。それを成し遂げて、少年は新しいものが生まれてくるような喜びを感じる。

だが、それもしばしの慰みでしかなかったことがわかるのは、仲間と工場に忍び込んだ後、マサシだけが女性からもらったパイン缶詰を家に持ち帰った日に、缶詰をめぐって父と兄がもみ合った際、兄から女工たちが宿舎を去るということを知らされた時である。そのことを報告する兄は、いとも簡単に開けた缶詰の中からパインの輪を取り出し、「指にひっかけると口に放り込」く。そうした態度は、少年とは違う、兄と女性の親密な関係を暗示している。そして動揺した態度で、兄だけでもなく父もまた、その女性に関心をもっていたことがわかるのである。

その夜、女性が去った宿舎から戻ってきた少年は、寝静まった家には入らず、庭に回ろうとして、落ちていた銀色に光るパイン缶詰を見つける。手に取ると、底に残っていた汁の甘いにおいが、「彼女の残り香のように思え」た少年は、「そっと罐に口をあてると汁を少しずつ味わ」った。しかし、不快な食感を感じた少年は、それが「赤ん坊のこぶし程もある黒い虫」であることが分かって、激しく吐く。少年は、「芝生の上に転がった空のパイン罐」を見つめながら、すべてが終わったことを理解し、「あらゆるものがその空虚な空洞の中に流れ込み、消え去っていく気がする。パインの甘い香りに、「台湾女」の身体の匂いすら感じていた少年の欲望は、見事にパインの復讐を味わうのである。

女工たちが沖縄を去り台湾に帰るのは、パインの収穫時期が過ぎたという理由よりも、七二年五月の「本土復帰」、そしてその後に日中国交回復として政治日程が近づいてきたからだと考えるべきだろう。「魚群記」という小説は、このように「復帰」という戦後のひとつの区切りに向けて、物語の展開が収斂していくような物語でもある。主人公の、父親は復帰反対論者であるが、最後までその父権的な姿勢を、すでに見ぬかれているにもかかわらず少年に対して崩そうとしない。復帰推進派の兄は、時代の流れに乗ってそれを唱えていただけのようにも見える。母親は最後までその議論の中に加わることはなかった。そして、少年は、自分のことばをもてず、反応する身体を十分コントロールできないまま、全てが終わったことだけを悟る。パイン工場も含めた「復帰」前の沖縄のさまざまな夢が、あるいは「復帰」後への夢が、「空虚な空洞の中に流れ込み、消え去っていく」ような空しいものであったのは、「魚群記」が語り直した、沖縄にとっての「復帰」の現実感というべきものであろう。

4 東アジア内をめぐる身体イメージ——ハワイ、沖縄、台湾

ところで、「魚群記」には、沖縄と台湾の登場人物が出てきているが、それらの人々の関係に注目すると、ある不自然さに気づく。それは、登場人物の間に、ことばによる会話が成立していないことだ。主人公のマサシは、台湾からの女工を工場の外から遠くから眺めるということが、彼女たちとの基本的な関係の持ち方である。忍び込んだ工場で女性からパイン缶詰を手渡しされるが、そのときのことばのやりとりも、彼女のほうが片言の日本語で話すだけである。少年のほうは、彼女の仕草や表情でしか、彼女の気持ちを読み取ることが出来ない。

兄は、自分の名前を彼女に教えることぐらいの会話のやり取りはしていたかもしれない。父親は、少なくとも彼女の名前は知っていた。しかし、「魚群記」で窺えるのは、沖縄の人々と台湾の人々の間に、ことばによる十分なコミュニケーションが成り立っていないということである。沖縄の男性たちの、「台湾女」たちに対する認識も、ことば以前のステレオタイプ的なイメージを前提にしている。そうしたコミュニケーションの不在による認識不足には、多くの問題が含まれている。

外来種であるパイナップルという果物が、沖縄で栽培されたこと自体、きわめて広範囲な交易・人の移動の結果だということができるが、台湾から出稼ぎにきた女性たちに比べると、少年の父や兄も、限定された共同体での暮しの

中、つまりある意味、自己完結的な世界だけに生きてきたともいえる。だからこそ、そうした共同体の境界を越えるかのように「異国」からやってきた、「沖縄の女達とは違って色が抜けるように白く、美しい肌をしていた」台湾からの季節工たちに、三人は心を奪われる。そして「台湾女」のその猥雑な響きと、そこからくるイメージに男たちは翻弄させられるのである。

台湾から沖縄、沖縄から台湾への人の移動、あるいは沖縄からハワイへの人の移動は、歴史的には決して珍しいことではなかった。[12] しかし、それにもかかわらず、歴史によって生み出された、自分とは違う「他者」へのイメージや、あるいは政治経済的な力関係から生み出された、特定の「外部」に対するイメージを払拭することは、そう容易いものではなさそうである。

九州と同じくらいの面積を持ち、経済活動においても沖縄をはるかに凌ぐパワーをもっている台湾は、そこが日本の植民地であったのに対して、沖縄は日本のひとつの県であったという違いにおいて、沖縄の人々の間に、アンビバレントで複雑な感情があったことは間違いないだろう。そして、沖縄側からの、台湾の人々に対するイメージ——それは、しばしば身体的なものとなり、かつ沖縄の男性からみた台湾の女性という力関係の中で増幅したステレオタイプ的なイメージが生じることとなったと考えられる。

しかし、日本（本土）から見た場合、日本の中の「異国」のイメージが強い沖縄と、村上龍の「限りなく透明に近いブルー」で描かれたような、パイナップルの「異国性」のイメージは、何ら違和感なく重なって捉えられた。そして、そのイメージの背後にはドール、デルモンテなどの多国籍企業がつくりあげた「パイン＝ハワイ」のイメージも常にちらついてきた。そして「パイン＝ハワイ」の組み合わせは、「沖縄＝米軍基地＝アメリカ」のイメージとも重なる。しかし、沖縄の内部にとってパインは、しばしば台湾という「異国」を連想する果物でもあった。それは沖縄のパイン産業にとって、台湾の人々の技術、労働力は不可欠だったからである。

男性的なもの、あるいはそういう主体が立ち上がるとき、コロニアルなものを求める暴力がうごめく。そのコロニアルなものを求める意識は、政治経済的、歴史的、あるいはその中からつくられた「他者」のイメージがからむ複雑な関係性の中から生まれてくる。そして、コロニアルなものを求める欲望は、エキゾチックな「他者」に対する性的な衝動、イメージとも他愛無く、そして時には悲しく結びついてしまう。

しかし、だからこそ、目取真の「魚群記」の、「台湾女」というステレオタイプ的な括りは、ホミ・バーバの主張を繰り返すまでもなく、きわめて有効なのだ。それがステレオタイプの言説としてあえて設定されていることで、さまざまな問題を提示し、それを支えてきた歴史、価値観の問い直しを読者に求めてくるからである。そしてステレオタイプ的なイメージを乗越えるためには、継続的なコミュニケーションが必要なのである。

その形から女性の乳房の描写に使われることもあると、パイナップルのことをフランスの著述家ジャン＝リュック・エニグは『果物と野菜の文化誌』で記している。また、パインは、アメリカ英語の俗語では、同じように果実のかたちから、手りゅう弾を指し示すこともある。

目取真の「魚群記」というテクストは、沖縄と台湾の間に、あるいは沖縄と日本やアメリカの間に、「パイナップル」という「異国」的で、エロチックな「危険物」をあえて投げ込んだのだ。その衝撃は、さまざまな前提と「他者」に対する認識・イメージというものを揺さぶり、イメージだけに頼る、ことばを介したコミュニケーションの不在の問題をも問うている。そうした課題を乗り越えて沖縄と「他者」の関係を再構築するその先に光は差し込むのであり、新しい関係性の強度も増してくるのではないだろうか。

注

（1）Bruggencate 2004: x

（2）沖縄のパイン産業に関しては、以下を参照のこと。林発『沖縄パイ産業史』（沖縄パイン産業史刊行会、一九八四年）。

（3）本章では、初期短編集『平和通りと名付けられた街を歩いて』（影書房）収録の「魚群記」のテクストを使う。このテクストについて、目取真によると、初出（『琉球新報』一九八三年十二月九日朝刊）テクストにある、「明らかな誤りや、文章の不自然さ、分かりにくさ」を若干修正している。

（4）例えば精力的に沖縄と台湾の関係史を掘り起こしている又吉盛清の次の著作を参照のこと。『日本植民地下の台湾と沖縄』（沖縄あき書房、一九九〇年）、『台湾支配と日本人』（同時代社、一九九四年）。

（5）目取真俊「台湾への旅」『琉球新報』二〇〇〇年九月二日付朝刊。但しここでは『沖縄／草の根・根の意思』（世織書房、二〇〇一年）、一八一―一八三頁に収録のテクストを使用。

（6）高橋敏夫は、目取真、藤沢周、阿部和重、赤坂真理、町田康といった一九九〇年代に登場した、小説の中に「暴力と破裂」を書き込む作家たちを、「突発的暴力派」と呼んでいる。高橋「突発的暴力からたちあらわれる「怪物」たち――『インザ・ミソスープ』をめぐって」『國文學』二〇〇一年七月臨時増刊号。

（7）メアリ・ダグラスの「身体論」については、古典的な次の著作を参照のこと。Mary Douglas, *Natural Symbol: Explorations in Cosmology*（Barrie & Rockliff: London, 1970; Routledge: London, 2003).

（8）Bruggencate 2004: 53-87

（9）この時期の文学活動に関しては、次の文章で簡潔な整理を試みている。本浜秀彦「米国統治下沖縄の文学」社会文学事典刊行会編『社会文学事典』（冬至書房、二〇〇六年）、一三一―一三二頁。

（10）又吉栄喜「ギンネム屋敷」（集英社、一九八一年）、又吉「ジョージが殺した猪」（一九七八年）は沖縄文学全集編集員会『沖縄文学全集』第八巻（国書刊行会、一九九〇年）に収録。吉田スエ子「嘉間良心中」は岡本恵徳・高橋敏夫編『沖縄文学選――日本文学のエッジからの問い』（勉誠出版、二〇〇三年）所収。

（11）琉球政府『沖縄農業の現状』（ただし引用は、来間泰男『沖縄の農業』〔日本経済評論社、一九七九年〕九九―一〇〇頁）。

「パインアップル産業振興法」は、林発『沖縄パイン産業史』四二六―四四七頁。

（12）八重山に住んだ台湾出身者の歴史と現在は、松田良孝『八重山の台湾人』（南山舎、二〇〇四年）に詳しい。ハワイの沖縄移民については、ハワイ大学のオーラル・ヒストリー・プロジェクトの成果として編まれた次の出版物を参照のこと。*Uchinachu: A History of Okinawans in Hawaii*（U. of Hawaii P: Honolulu, 1984).

参考文献

池宮城積宝（1988）「蕃界巡査の死」仲程昌徳・津乗節子編『池宮城積宝作品集』ニライ社

池宮城積宝（1988）「南へ」『池宮城積宝作品集』ニライ社

池宮城積宝（2003）「奥間巡査」岡本・高橋編『沖縄文学選――日本文学のエッジからの問い』勉誠出版

岡本恵徳・高橋敏夫編（2003）『沖縄文学選――日本文学のエッジからの問い』勉誠出版

大城立裕（2003）「カクテル・パーティー」岡本・高橋編『沖縄文学選――日本文学のエッジからの問い』勉誠出版

ジャン＝リュック・エニグ（1999）『［事典］果物と野菜の文化誌――文学とエロティシズム』小林茂ほか訳、大修館

朱恵足（2001）「「魚群記」における皮膚――色素／触覚／インターフェイス」『現代思想』一〇月号

仲程昌徳（1991）「沖縄近代文学の一系譜」『現代詩手帖』一〇月号

本浜秀彦（2006）「米国統治下沖縄の文学」社会文学事典刊行会編『社会文学事典』冬至書房

本浜秀彦（2007）「オキナワ的身体とは何か」『沖縄キリスト教学院大学論集』第三号

目取真俊（2000）「台湾への旅」『琉球新報』九月二日付朝刊

目取真俊（2001）『沖縄／草の根・根の意思』世織書房

村上龍（1978）『限りなく透明に近いブルー』文庫版、講談社

西成彦（2003）「暴れるテラピアの筋肉に触れる」西成彦・原毅彦編『複数の沖縄――ディアスポラから希望へ』人文書院

林発（1984）『沖縄パイン産業史』沖縄パイン産業史刊行会

星名宏修（1999）「交錯するまなざし――殖民地台湾の沖縄人はいかに描かれたのか」『野草』第六四号

ホミ・バーバ（2005）『文化の場所――ポストコロニアリズムの位相』本橋哲也ほか訳（法政大学出版会）

山城正忠（2003）「九年母」岡本・高橋編『沖縄文学選――日本文学のエッジからの問い』勉誠出版

Mary Douglas, *Natural Symbol: Explorations in Cosmology*（Barrie & Rockliff, London, 1970; Routledge, London, 2003）

Jan K. Ten Bruggencate. *Hawai'i's Pineapple Century: A History of the Crowned Fruit in the Hawaiian Islands*（Honolulu: Mutual Publishing, 2004）

12　奄美・沖永良部島民のエスニシティとアイデンティティ

――「われわれ」と「かれら」の境界

高橋孝代

はじめに――『境界性の人類学』の試み

筆者は、二〇〇六年暮れに『境界性の人類学』（弘文堂）という著書を刊行した。同著は、筆者の故郷である沖永良部島を、複数の境界が重層する境界の島として捉え、島の人々の一見、曖昧で矛盾したエスニック・アイデンティティ[1]（以下単にアイデンティティと記す）を考察した書であるが、同時に筆者自身のアイデンティティの探求でもあった。

奄美・沖縄の人々に対するアイデンティティの研究は古くないが、当該地域の人々によるアイデンティティの模索は必ずしも新しいことではない。これまで多くの先人が、琉球弧に生きる人間としてのアイデンティティを探し求めてきた。本格的に周縁化されていく近代以降、本土との同質性の中にアイデンティティを求めた「日琉同祖論」も摸索の現れの一つであろう。文化的、生物学的同一性を学術的に立証することによって本土と民族的一体性を強調するこの理論は、言葉など日本本土の古い文化要素と現在の奄美・沖縄の文化要素に共通性がみられることを根拠とする。それは、近代文明により本土の中心が失ってしまった本源的世界を奄美・沖縄に見出し、「伝統文化」を称揚する形で発展した。その結果、現在の奄美・沖縄は、文明が失った「古きよき時代を保つ地」としてのイメージが定着している。このような展開は、学問の中に留まることはなく、琉球弧の地域住民にも受け入れられ、「伝統文化」の「古い」という一つの価値に「誇り」を見出しているようにも見受けられる。しかし「失われた原初の世界を沖縄に見る」ような語り口は、一見奄美・沖縄を持ち上げているようで実のところ、「本源的世界」へ閉じ込めてしまう一種の「オリエンタリズム[2]」を筆者は感じてしまうのである。

「われわれ」と「彼ら」を区別する境界はどのようにして形成されるのか。「自己／他者」同定の主観的指標となるアイデンティティに筆者は興味をもっている。その研究動機は、筆者がアメリカや東京など沖永良部島以外で生活する中でしばしば味わった帰属意識の揺らぎともいえるアイデンティティの不安定さに由来する。生まれ育った社会環境とは異なる地で聞く沖縄の民謡に、筆者は強い懐かしさを感じ、沖縄出身者に出会うと無条件に親近感を覚えたが、沖縄県人会などに入ることには躊躇していた。また、沖永良部島の人が自らと区別するところの「本土の人」を指す「ヤマトンチュ」という言葉に、筆者自身特別な同一性ももたない。「エラブ出身であるということはどういうことなのか」、筆者は沖永良部島にいたころには感じたことのない疑問を感じた。このことから、沖永良部島の歴史や文化を調べ始めたのであったが、日本の一地方としては他にはない独自性を持っていることを認識し、日本という国家の枠内における自己のマイノリティとしての可能性を生まれて初めて自覚したのであった。思い起こせば、本土で生活する中、筆者が沖縄島に近い離島出身であることを知った時の相手の反応にある種の違和感を覚えた経験、またヤマトンチュである母が、島では排他と憧憬が混在した扱いを受けていたこと、それらが「他者へのまなざし」であったことが納得できた。しかし、また「ウチナンチュではない」という明確な自意識をもっているため、文化的他者としての「沖縄」側にのみ立つことも筆者自身しっくりこなかった。沖永良部島民は日本では「マイノリティ」としての存在なのか、はたしてそうではないのか、さらなる疑問も生まれた。沖永良部に出自をもつ人も、筆者と同様のアイデンティティをもつのかどうか、関心をもったのであった。

『境界性の人類学』では通時的にアイデンティティの形成過程に力点をおいたが、本章では、より共時的に質問紙調査とインタビュー調査から沖永良部島民のアイデンティティの特徴と性質に焦点をあて、境界性・周縁性というものを考えてみる。

1 周縁化への歴史

琉球弧のほぼ中央に位置する沖永良部島は、沖縄島の最北端辺戸岬から北東に約六〇キロ、鹿児島市から南西に約五四〇キロの位置にあり、和泊《わどまり》、知名《ちな》の二町からなる人口一四三二二人（二〇〇七年五月現在）の小さな島である。沖永良部島は、今でこそ日本の周縁であるが、もちろん「太古の昔」から周縁であったわけではない。琉球弧に完全に共有できる歴史があるわけではなく、また外側から範疇化された奄美という枠組みも、一つの歴史で語ることはできない。沖永良部島には、沖永良部島自身が刻んできた歴史がある。

沖永良部島を中心に、その大まかな足取りを辿ってみる。沖永良部島に生活した人間の最古の痕跡は、約一万年前に遡る。一九八二年に発掘された久志検集落の中甫洞穴では横臥屈葬で埋葬された人骨や爪形文土器が発見された。ここに住んだ有史以前の人類はイノシシを捕り、ネズミやコウモリを捕まえて食べていたと考えられている。これらの人々は、日本列島がアジア大陸から分離されたとき、太平洋に面した海岸地域に住んでいた人々の子孫がそのまま住み続けたのか、あるいは大陸から離れ琉球弧ができた時に渡ってきたのか定かではない。この時代は、日本本土の歴史区分では縄文時代であり、沖永良部島に限らず地球上の初期の人類は皆、採集狩猟の生活を送っていた。

日本本土ではその後、弥生時代、古墳時代、大和時代、奈良時代と生活の様式や社会組織が変化していったが、今のところ、琉球弧の島々では縄文時代の生活が続いたと考えられている。一一世紀頃になると、「アジ」と呼ばれた豪族が各集落を統括し、時折襲ってくる海賊などから島を守ったのではないかと推測され、一二―三世紀頃にはアジはより広い地域を支配するようになったと考えられている。中には沖縄との繋がりが語られるアジもおり、例えば徳《とく》時《とき》集落の「ユナンドガナシ」は沖縄から来た力持ちの人で地域の人々に農耕を教えたといわれ、世並蔵神社に祀られている。これらのアジの伝説は歴史史料には記録されていないが、島の人々によって現在に語り継がれている。

近年、徳之島の巨大なカムィヤキ古窯跡群や喜界島の本土の出先機関を思わせる遺跡の発見などの考古学の研究成果により、奄美が琉球弧の交易ネットワークの中心として活躍した時代があった可能性が高まっている。しかし、一四世紀頃からは外部勢力の政治的影響を受け始め、何度も帰属の変更を余儀なくされ政治の「中心」に対し、小島である沖永良部島は徐々に「周縁」化されていくのである。

沖永良部島は一四世紀以降の三山時代は北山王の勢力下となり、北山王の次男といわれる「えらぶ世の主」が領主として島を治めたとされる。『おもろさうし』には「えらぶ世の主」は豊かな島の領主として描かれている。

一五世紀初め三山が統一され王朝が形成された後、沖永良部島は沖縄島の首里に王府をおく琉球王国の版図に取り込まれる。しかし、一六〇九年の薩摩藩による琉球侵攻後は、薩摩藩直轄領地とされ植民地的処遇を受け、薩摩藩より遣わされた役人が島の絶対的権力者として島を統治した。藩は、髪型や名前のつけ方など島民の薩摩化を禁止したため、薩摩藩支配による文化的影響は外見上は大きくはなかったが、精神的には大きな影響を与えたことは想像に難くない。

明治期になり沖永良部島は鹿児島県の一部として近代国家に組み込まれた。薩摩藩による政治支配は終焉を迎えたが、「薩摩藩／直轄領地」の力関係は、今も鹿児島県内で人々の表面下の意識に潜んでいる。第二次世界大戦後は一九四五（昭和二〇）年より七年一〇ヶ月間の米軍施政権下におかれ、激しい「日本復帰運動」を経て一九五三（昭和二八）年に再び日本に再編成された。こうした帰属変更の歴史は、人々のアイデンティティを複雑にする一要因になっていると筆者は考えた。特に、国家の枠組みは、カーストや出自によって定められる身分制度のように、人間の集合を横断して当事者の主観的意識や状況によらず、他者と自己のあり方に影響を与える「制度」として重要な要因である。沖永良部島民の複雑なアイデンティティも、この国家の枠に取り込まれることで顕在化していくのである。

2　質問紙調査とインタビュー調査

筆者は、自分以外の沖永良部島の人がどのようなアイデンティティをもつのかを調査するために、質問紙調査[3]とインタビュー調査を行った。質問紙調査の質問のうち、人々の帰属意識に関する項目の調査結果と、その項目に関するインタビューデータからAさんの「語り」を示しアイデンティティを考察してみる。

インタビューは二〇〇二年九月二日の午後二時から五時三〇分の間Aさん宅で行い、許可を得、会話を録音し、その後にテープ起こしをし文章化した。Aさんは一九三二（昭和七）年生まれの和泊町和泊に住む男性でインタビュー当時七〇歳である。

質問紙調査は、二〇〇一年八月―二〇〇二年一月までの間に、沖永良部郷土研究会の会員や友人、和泊、知名両役場などの協力を得、沖永良部島の住民六〇〇人に対して行った。質問紙調査では、「問一あなたには次のような意識がそれぞれどれだけおありですか?」という質問に「a　日本国民としての意識」、「b　日本人としての意識」、「c　ヤマトンチュとしての意識」、「d　ウチナンチュとしての意識」、「e　エラブンチュとしての意識」、「f　アマミンチュとしての意識」という六項目を尋ねた。そして、これらの項目に対する全体数の「単純集計」と「男女別」、「町別」、「年齢別」、「出自別」でのクロス集計を分析した。分析の指標となった属性で違いが顕著であったのは「年齢別」で、他の属性別では大きな違いがみられなかった。(4)

1 「日本国民としての意識」、「日本人としての意識」

質問紙調査の結果では、全体的には沖永良部島の人々は高い日本国民意識（グラフ問1―a参照）、日本人意識（グラフ問1―b参照）をもっていることが示されている。特に、日本国民意識と日本人意識は、年齢が高くなるにつれ意識が高く、六〇歳以上は非常に高い。七〇歳であるAさんは以下のように自己の意識を表現した。

筆者　じゃ日本国民という意識はどうでしょうか。

Aさん　それは、日本人だという感じですよ。全体的に。沖縄も含めて日本人だという意識は強いわけよ。これはもう、あんた方よりずっと強いはずなあ。

だから西郷さんのことぼくこれだけ真剣にやっているわけでしょ？

筆者　日本人という意識はとても強い？

Aさん　そーりゃ強いですよ。でなかったらぼくは西郷さんのこんな資料なんか集めませんよ。

筆者　日本国民とイコールですか？

Aさん　そりゃイコールですよ。

インタビュー調査や質問紙調査の結果では、沖永良部島の人々は他の日本列島に住む人々同様、「日本国民」、「日

グラフ問1—a 「日本国民としての意識」

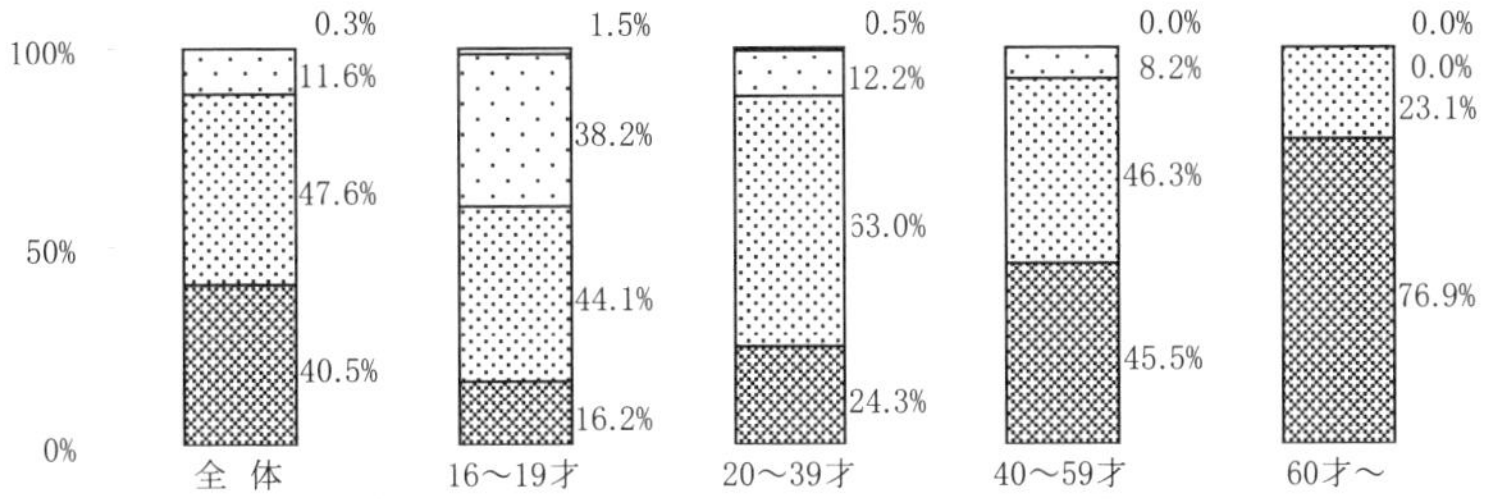

	全 体	16〜19才	20〜39才	40〜59才	60才〜
□全くない	0.3%	1.5%	0.5%	0.0%	0.0%
□あまりない	11.6%	38.2%	12.2%	8.2%	0.0%
□ある程度ある	47.6%	44.1%	63.0%	46.3%	23.1%
▩非常にある	40.5%	16.2%	24.3%	45.5%	76.9%

グラフ問1—b 「日本人としての意識」

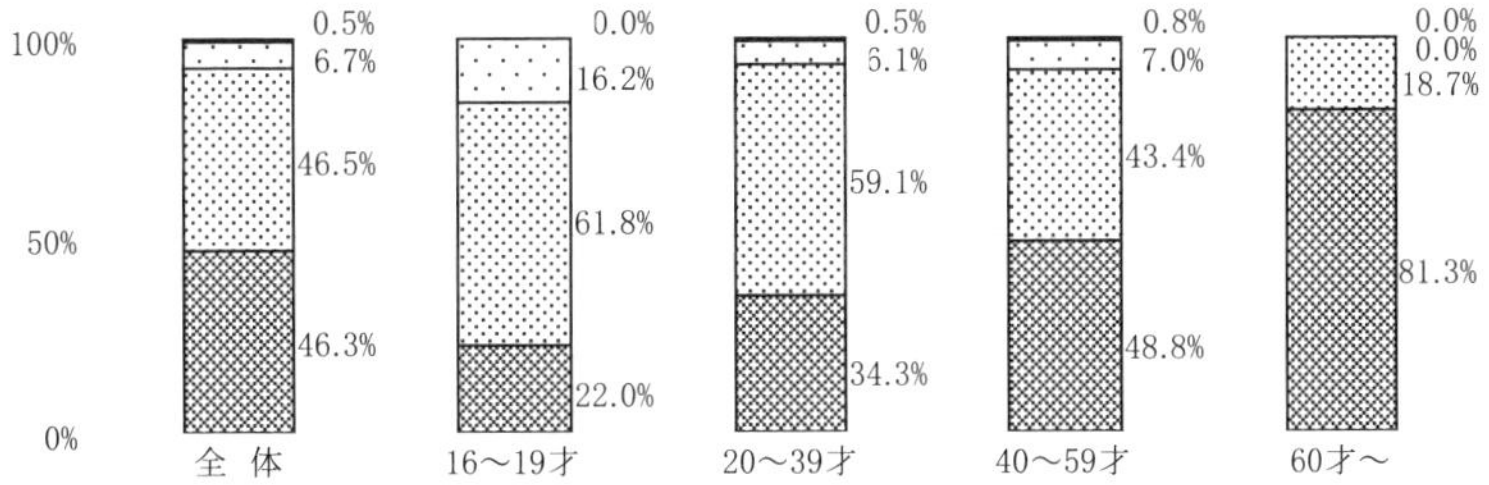

	全 体	16〜19才	20〜39才	40〜59才	60才〜
□全くない	0.5%	0.0%	0.5%	0.8%	0.0%
□あまりない	6.7%	16.2%	6.1%	7.0%	0.0%
□ある程度ある	46.5%	61.8%	59.1%	43.4%	18.7%
▩非常にある	46.3%	22.0%	34.3%	48.8%	81.3%

本人」としての意識をもっているようである。その点では、筆者と同じ意識である。Aさんは、「日本国民」の意識と「日本人」意識を同様の意味として受け止め返答している。そして、鹿児島出身の日本を代表する偉人「西郷隆盛」を「日本人」意識と重なる要素として表現した。西郷隆盛は、近世末に沖永良部島に遠島され、およそ一年半の間滞在した。その間、島の将来について多くの知見を島民に与えたとして、南洲神社が建立され顕彰会が設立されるなど和泊を中心に尊敬を集めている。Aさんも西郷を尊敬する一人なのである。

質問紙調査では、六〇歳以上の島民が、強い日本人意識、日本国民意識をもつという結果がでた。年齢を重ねるにつれ、自己のアイデンティティを強く求める傾向がある、ということも考えられるが、六〇代以上の人々と六〇代未満の人々の間に大きな違いがあることは、時代の影響も示唆する。調査時点で六〇代以上の人々は一九四一年以前に生まれた人で、皇民化教育、終戦、米軍施政権下の沖永良部島、日本復帰運動を何らかの形で経験している年齢層である。戦中、「死」の恐怖をもたらす対戦相手国を強烈な他者として意識させられ、「日本国民」としての「われわれ意識」は「日本人」として強く意識させられた時代を生きてきた人々である。しかも、終戦後の米軍施政権下で、日本復帰運動で、「日本人」、「大和民族」であることを強く主張した為、これらの意識は人々の心に深く刻み込まれたであろう。

もともと「日本人」という言葉は、日本国憲法に規定された「日本国民」という政治的主権者と大きく重なっていると同時に、「われわれ」と「彼ら」を区別する民族集団を意味する。そのような意味で、戦前の日本で多用された「日本民族」「大和民族」という言葉に繋がる。沖永良部島を含め奄美の日本復帰運動では、自分たちは「大和民族」であるということを主張し復帰を果たした。

「日本」という国号は古代の大和政権の確立と不可分であり、七〇二年に出帆した第六回遣唐使が「日本国使」と称したのが最初といわれる。網野善彦によれば、「日本人」が意識されるようになったのは、七世紀から八世紀初頭にかけて列島最初の本格的国家が大和周辺――「畿内」の政治勢力の主導の下に確立し、七世紀末、この国家が国号を「倭」から「日本」に改め、王の称号を「天皇」と定め、倭人が初めてここで「日本人」となったのであって、これ以前には「日本」も「日本人」もこの列島には存在しなかったのである（網野 1994: 13-14）。しかもこの「日本人」としての意識をもったのは、この国家の上層部、多めにみても畿内の首長クラスに留まっていたと考えるのが、網野をはじめ多くの研究者の一致した見解のようである。畿内の外は、貴族たちにとって「外国」であった。征服の対象となった東北人は「蝦夷」として、また南九州の隼人も「異種族」として扱われた。その南九州から外海に連なる当時の琉球弧の島々も「異域」と見なされていた。したがって、「日本人」という言葉が、この時期から同様に現在の意味をもって今に繋がっているわけではない。明治期の国民国家「日本」の形成に伴い、統一を目指す「中心」によって、「日本人」であることが、この領土の隅々まで国民に広く意識されるようになったのである。

2 「ヤマトンチュとしての意識」、「ウチナンチュとしての意識」

ヤマトンチュ意識もあると意識している人は全体の集計結果では少ないが、少ない中でもヤマトンチュ意識があると答えたのは六〇代以上の人の割合が高い（**グラフ問1―c参照**）。筆者は「ヤマトンチュ意識」をもつと答える人は、わずかではないかと予想していたが、筆者の予想以上に多かったことに驚かされた。実際、島では本土の人をヤマトンチュと呼び、島民とは明確に区別してきたが、ヤマトンチュ意識があると答えた多くは、六〇代以上の人々で、本土との一体化を望んだ時代の影響、ヤマトンチュになることへの希求が現れたのであろう。

また、ウチナンチュ意識をもつと答えたのは、一〇代層が最も多かった（**グラフ問1―d参照**）。沖縄が米軍施政権下であったことを経験しておらず、隔たりを感じる要素が少ないことや、郷土文化の再評価、そしてその郷土の文化を沖縄の文化との文化的近さが再認識され、さらには、昨今の沖縄音楽や沖縄料理など全国的に認知されつつある沖

グラフ問1—c 「ヤマトンチュとしての意識」

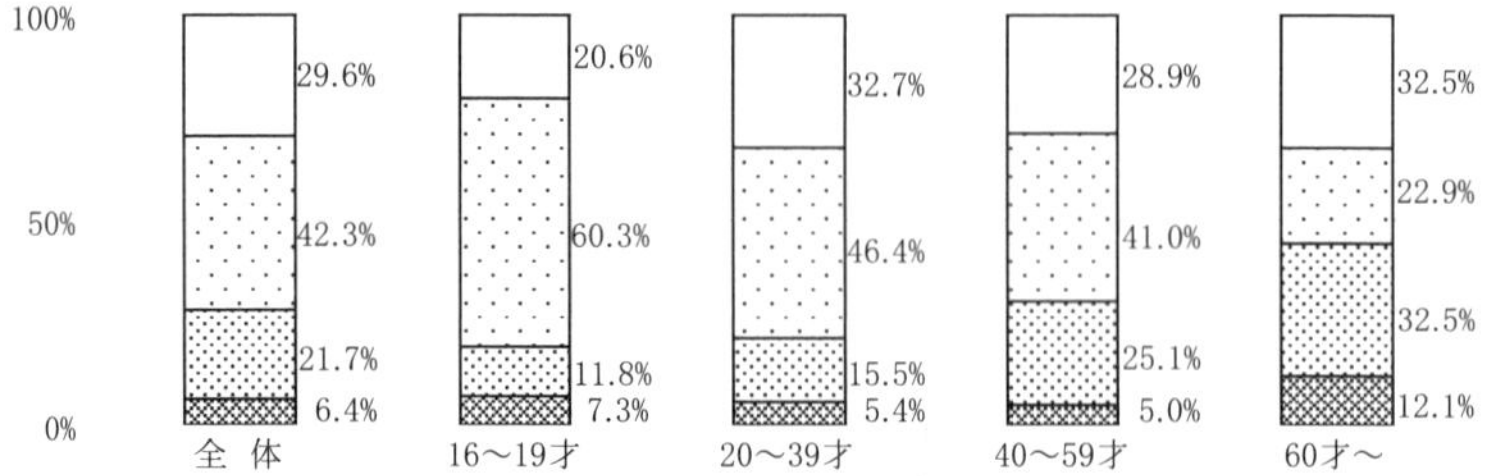

	全 体	16～19才	20～39才	40～59才	60才～
□全くない	29.6%	20.6%	32.7%	28.9%	32.5%
□あまりない	42.3%	60.3%	46.4%	41.0%	22.9%
□ある程度ある	21.7%	11.8%	15.5%	25.1%	32.5%
☒非常にある	6.4%	7.3%	5.4%	5.0%	12.1%

グラフ問1—d 「ウチナンチュとしての意識」

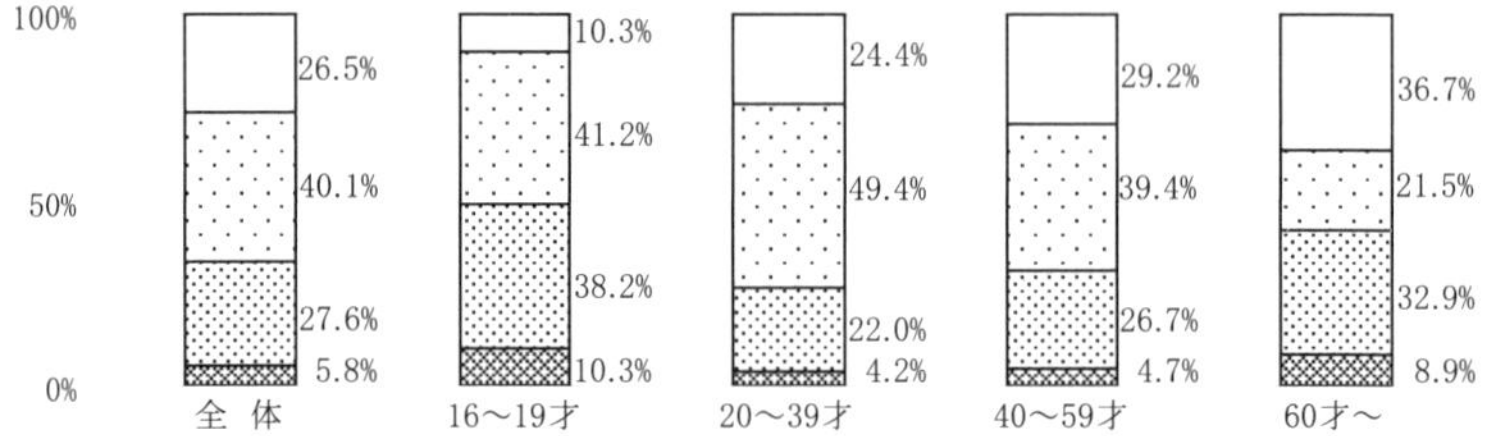

	全 体	16～19才	20～39才	40～59才	60才～
□全くない	26.5%	10.3%	24.4%	29.2%	36.7%
□あまりない	40.1%	41.2%	49.4%	39.4%	21.5%
□ある程度ある	27.6%	38.2%	22.0%	26.7%	32.9%
☒非常にある	5.8%	10.3%	4.2%	4.7%	8.9%

縄のポジティブなイメージも影響しているのであろう。
反対にウチナンチュ意識が全くないと答えた人は、六〇代以上の割合が最も高い。復帰運動での沖縄との差異化が強く意識させられた時代の風潮も関係しているのであろう。Aさんは、これらの意識を以下のように表現している。

筆者　ヤマトンチュという意識はどうですか？
Aさん　うーん……。ヤマトンチュという意識は持ったり持たなかったりだからあんまり……うーん。難しいなんと答えればいいか。だからその日によってあはは……コウモリ的存在かな。はっはっは……。
筆者　ウチナンチュという意識は？
Aさん　もないし。鹿児島チュという意識もないね。一番手っ取り早くいえば、エラブンチュだよな。その代わり一番おかしいのはね、アマミンチュということは、全然意識ない。距離ありすぎるよ。徳之島とはだからものすごく隔たりがあるよね。だって徳之島のことば、方言ぜんぜんわからないもん。ぜんぜんわからない、大島も。それよりも与論と沖縄のほうがわかりやすい。方言が近い。
筆者　じゃ沖縄県民という意識は……
Aさん　そりゃまたぜんぜんないですね。

Aさんはウチナンチュ意識、沖縄県民意識はない、というが、言葉という文化要素を指標にすると、北奄美の奄美大島や徳之島よりも沖縄のほうが近いと文化的親縁性を感じているようである。
また、Aさんは、ヤマトンチュ意識をもったり、もたなかったりと状況により変化する曖昧な意識を「コウモリ」と表現した。Aさんの表現した「コウモリ」は、イソップ童話の「コウモリといたち」に登場するコウモリを指している。コウモリが、鳥の敵に対しては、自分は獣だといい、獣の敵には自分は鳥であると名乗り、難を逃れた話である。コウモリが鳥のような獣のような存在であることから、Aさんは自己もこのような中間的存在であるということを表現したのであろう。

また、沖永良部島では比較的少ないが、Aさんとは異なり、ウチナンチュ意識をもつ人もいる。例えば五三歳の男性Bさんは、両親が沖縄島出身であるが、本人は生まれも育ちも沖永良部島で、沖縄に住んだことはない。しかし、彼は、自己のことを、「私はどっちかというと、エラブの人というより沖縄よ。両親とも沖縄だからね。エラブは親で子供も評価されるところがある。よそ者を受け入れないというか……」と語る。

質問紙調査やインタビュー調査からもわかるように、「日本人」と「ヤマトンチュ」という言葉は島民にとって同質ではない。「日本人」という言葉は先にも述べたように国民国家形成のために明治以降、政治の中心から広く普及された概念である。他方「ヤマトンチュ」という言葉は、他の琉球弧の人々にも共通する民俗語彙で、本土（ヤマト）の人（チュ）という自分たちとは違う人という意味が含まれる呼称である。少なくとも近世には使われていたことが文献史料からみてとれる。

3　「エラブンチュとしての意識」、「アマミンチュとしての意識」

質問紙調査では、「エラブンチュ意識」が各世代を通じて最も高い（二〇—三九歳では三七・四％でやや低い）ことが示されている（**グラフ問1—e**）。これは前述のAさんのインタビュー（三〇七頁）でも確認されている。これに対し、「アマミンチュ意識」は、全体的に「日本国民」、「日本人」、「エラブンチュ」意識ほど高くはないが、「ヤマトンチュ意識」や「ウチナンチュ意識」よりは高く意識されているという結果が得られた（**グラフ問1—f**）。年齢別では、どの年齢層もある程度はもっていると答えた人が過半数であったが、六〇代以上は、アマミンチュ意識をもっている

グラフ問 1—e 「エラブンチュとしての意識」

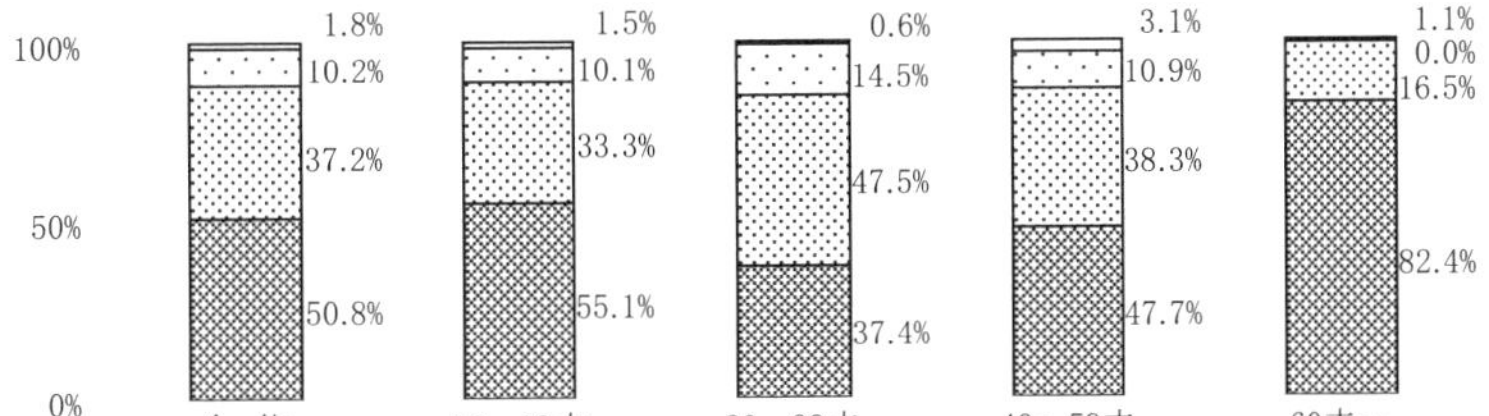

	全 体	16〜19才	20〜39才	40〜59才	60才〜
□全くない	1.8%	1.5%	0.6%	3.1%	1.1%
⊡あまりない	10.2%	10.1%	14.5%	10.9%	0.0%
⛝ある程度ある	37.2%	33.3%	47.5%	38.3%	16.5%
⊠非常にある	50.8%	55.1%	37.4%	47.7%	82.4%

グラフ問 1—f 「アマミンチュとしての意識」

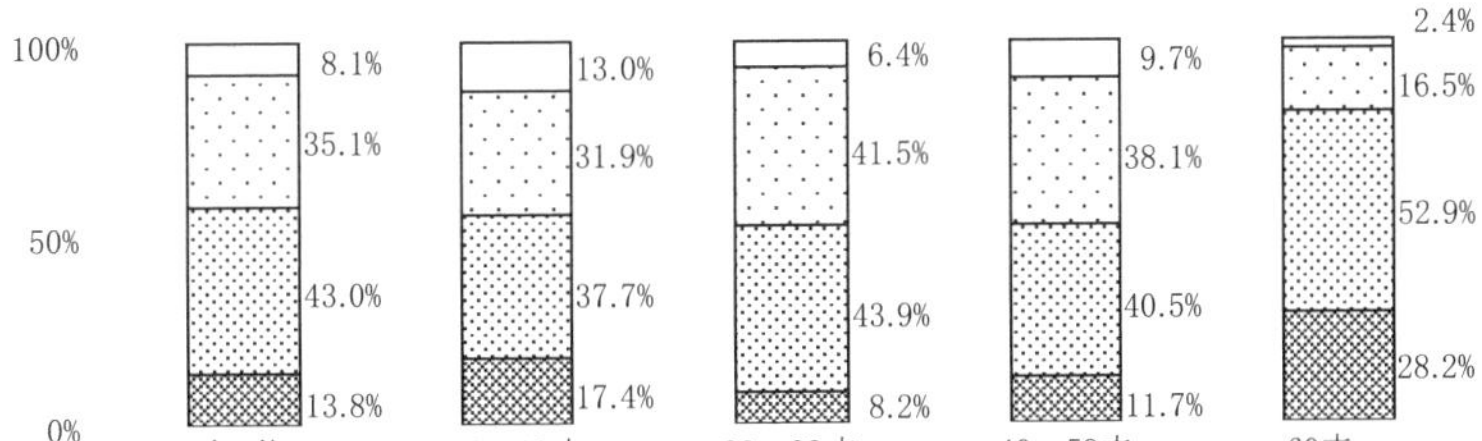

	全 体	16〜19才	20〜39才	40〜59才	60才〜
□全くない	8.1%	13.0%	6.4%	9.7%	2.4%
⊡あまりない	35.1%	31.9%	41.5%	38.1%	16.5%
⛝ある程度ある	43.0%	37.7%	43.9%	40.5%	52.9%
⊠非常にある	13.8%	17.4%	8.2%	11.7%	28.2%

割合が、他の年齢層に比べ多いことが示されている。復帰運動では奄美全体との連帯が不可欠であった。そのため、アマミンチュ意識と「奄美の中の沖永良部」というエラブンチュ意識が大きな社会運動で自己アピールとともにアイデンティティに刻み込まれたのであろう。

また、一〇代の年齢層が、六〇代以上の人々に次いで高いエラブンチュ意識、アマミンチュ意識をもっているのは、一九九〇年前後からの郷土文化の大切さを説き、郷土文化保存の一環として行われた、方言や三線の教育など郷土教育の成果も考えられる。

質問紙調査は、各人の中でのアンビバレントな感情や揺らぎを汲み取ることはできないが、多くの人の声を反映することができる。また、インタビュー調査はその逆の部分での長所がある。一つの社会集団としての沖永良部島民の意識の方向性の中で、年齢によってこれだけの差異があるということは、個人の生きた時代の経験とその記憶がアイデンティティに大きな影響を与えることの証左であろう。

4 語りのなかのアンビバレンス性

次に、質的データであるインタビュー調査の結果から、個人のもつアンビバレンス性に焦点をあて分析を試みる。インタビュー調査から、全体的に沖永良部島民は、本土と沖縄の両方に属しているようで、どちらにも完全には属していないような曖昧なアイデンティティをもつ人が多いということがわかった。島民は双方に肯定的な感情と否定的な感情を併せもっているようである。それは、質問紙調査からも明らかであるように、年齢別では年齢が高くなるにしたがって本土志向の度合いが強いといえる。質問紙調査では得られない重要なインタビュー調査結果としては、アイデンティティの持ち方も本土や沖縄での相互行為のなかで個人がどのような「まなざし」をもった人々と接し、どのように沖永良部島出身であることの社会的位置付けを再確認するかに大きく左右される、ということであった。

以下に、Kさん（女性・一九七二年生）のケースを紹介するが、Kさんは筆者と親しい間柄にある保育士である。和泊町の出身で、祖先は沖縄の出身であるという。Kさんの母は設備の整った病院での出産を薦められ、姉の住む沖縄でKさんを出産した。沖永良部高校を卒業し鹿児島にある短大を卒業し、島に戻ってきた。インタビューでの発言のまま引用する。

Kさん　うーん、オキナワは戦争のことを思うとなんか暗い感じがする。（沖縄は）何か近いけど壁があるような感じがして。県のせいかなぁ。むこう沖縄県だし。テレビかな、鹿児島テレビばっかしだったし、鹿児島のことしか写らないし、遠いけど。オキナワの人と付き合ったことないからかなー。蛇料理とかもあるし。ブタの耳とか。豚足は好きだけど。何かアジア系って感じがする。……

と、沖縄をよく知らないことや特定のイメージから否定的な印象を語っているが、他の場面では肯定的な感情を表現している。

Kさん　高校でだったかな、エラブや琉球王国の歴史を勉強したとき、エラブも沖縄だったらいいのにと思った。
筆者　どうして？
Kさん　……うーん。なんか、うーん自分の中に鹿児島県だっていう意識はあるけど、やっぱり周りの文化とかみてるとほとんど沖縄だし……。
筆者　あー、どういう時にそれを感じた？
Kさん　いつかなー、うーん、子供のときから三線とか聞いていたからねー。それに何か、鹿児島で献血していた時、有線放送を選べるようになっていて、私、琉球民謡っていうのを押したらけっこう懐かしくてね。エラブに帰りたいなぁと思ったけど……。日本舞踊より琉球舞踊の方がいい。敬老会でも中学二年まで毎年踊らされたしね。

Kさんは、幼少期の体験を通して沖縄の民謡を聞いて故郷の沖永良部島を懐かしく感じたと語っており、Kさんにとって沖縄と沖永良部の芸能文化は同じようなものであるという。しかしKさんは、「沖縄の人」であるという意識は否定している。

筆者　どういう人が沖縄の人と思う?
Kさん　うーん。……(沈黙)
筆者　じゃあ、自分は沖縄の人だと思う?
Kさん　いや、思わない。やっぱどっちかというと鹿児島の人かなぁって自分では思うけど。……沖縄の人……Tおばちゃんのイメージが強くって。

Kさんは、自分自身とは違う存在としての「沖縄の人」のイメージは、彼女の伯母「Tおばちゃん」であるという。彼女は沖縄に住んだ経験がなく、現在も沖縄と深い交流のある生活をしているわけではない為、限られた「沖縄」の印象は、沖永良部島から沖縄に嫁いだ伯母のイメージに集中したのであろう。

またKさんは、本土の人について語っているが、鹿児島にある短期大学で二年間過ごした経験から良い印象をもっている。

Kさん　鹿児島の人たちはいい人ばっかりだったからね。私が、島出身でゴールデンウィークとかには寮が閉鎖になってもエラブは遠いから、帰れないから心配して家に泊めてくれたりした。宮崎の先輩とかも。親と離れて向こうで暮らしてて、そういう人たちに出会えたから、なんかすごく良かったなーと思う。

Kさんは鹿児島での生活経験に基づく本土の人たちとの良い関係を快く思っているようである。他の場面では経験に基づき本土の人との違いも感じていることがわかる。

Kさん　やっぱエラブと本土って感覚が違うような気がする。なんか、沖縄あたり、……ここらへんは日本でも違うような気がする。エラブの人は素朴な感じがする。なんでかな。顔つきもちょっと違うし。まゆ毛はゲジゲジだし（笑）全然違う。向こうの人と比べて。

Kさんは、このように沖縄、鹿児島、鹿児島を含めた本土に対して、肯定的、否定的な印象を含めたさまざまな感情や印象、自己意識を示している。沖縄にも鹿児島にも本土にもアンビバレントな感情をもっていると考えられる。Kさんは、自己の帰属をどのように思うかという質問に対し、「中間的」なアイデンティティを表現した。

Kさん　やっぱり、エラブの人だと思う。いろいろ聞かれると、あっちこっちいってしまうけどエラブはエラブ。

筆者　沖縄でも鹿児島でもない、ということ？

Kさん　やっぱり、一つの島だから。もし陸続きだったら県とか意識するかもしれないけど。小さい島だからなんとなく。

筆者　鹿児島とか日本人という意識は？

Kさん　日本人とは思うけど・・。（沈黙）うーん。

筆者　ヤマトンチュという意識は？

Kさん　わからなーい（いやそうに）。

筆者　じゃあ……さっき言ったのでは、沖縄の人とは思わないと、

Kさん　沖縄のような鹿児島のような。

筆者　そう。

Kさん　（ひらめいたように）中間かなぁ。

Kさんは、祖先が沖縄出自、二〇代の女性、和泊町出身という属性をもつ。Kさん特有の事例ではないが、鹿児島に良い印象をもっている方である。彼女のアイデンティティにはこれまでの経験、特に鹿児島での学生時代の経験が影響していることがわかる。

彼女の「中間かなぁ」という発言には、先のAさんの「こうもり」という表現同様、境界域にある沖永良部島民に特徴的な「ボーダー・アイデンティティ」が端的に表れているといえよう。ここで、Kさんとは異なり、鹿児島に対し違和感をもっている人の事例を紹介しておく。五三歳の公務員の男性Cさんは「沖縄の人という意識はありますか？」という質問に、「あまりないね。意識したことがないから。でも沖縄に行ったとき違和感がない。仕事をするうえで鹿児島県のかんむりをつけなくてはならない。行政のうえでは鹿児島でしょ。どうしても。これがなければあるかもね」と答えてくれた。

また、「鹿児島の人という意識はありますか?」という質問には、「普段の生活にはないのよ。学校に行けば鹿児島の先生がいて、全く違う言葉をしゃべっている。方言を使うな標準語を使えという。でもその人たちは鹿児島弁を話している。そういうことに違和感を感じたね」と語ってくれた。

沖永良部島の人々は「境界人」であるが故に、個々の事象に両義的の感情を持ち得るが、それらは、必ずしも「沖縄」的なものや「鹿児島」的なものに峻別されて、アイデンティティを形成することはない。すなわち、状況や場面によって、意識的に或いは無意識的にどちらかの価値を選択し、それらが複合的に組み合わさって、個々人のアイデンティティとして表出する。したがって、個々人のもつアイデンティティは、その経験や現在の生活の仕方等により多様なものとなり、沖永良部島の人々を集団としてみた場合には、集団がもつアンビバレンス性として観察されるのである。

3　ボーダー・アイデンティティと社会的要因

アイデンティティは、必ずしも常に意識されるものではなく、文化的違いが差異を生み出す社会的コンテキストにおいて強く意識される。そしてアイデンティティは、獲得され、使用されるという特徴をもち、他者との関わりにおいて表出され表象、抑制、操作、利用などの側面をもつ。

アイデンティティは静的というよりむしろ流動的であり、それは社会的状況の変化に応じ変わり、また消滅もする。独立王国であった琉球は薩摩藩の侵攻により清との両属体制の下、薩摩藩の政治支配をうけ、さらに近代以降は国内の一行政単位として沖縄県に位置づけられ、政治的自律性を失った。近世まで独自の歴史を歩んできた沖縄では、それらの時代を通じて本土とは趣を異にする文化が築き上げられた。そのため、近代には日本国内の周縁にある文化的他者とされ、本土のドミナント社会からは「マイノリティ」として偏見にも直面した。

近代国家に鹿児島県の一部として組み込まれた沖永良部島の人々にとって、ドミナント側に立脚した自己意識をもつ方が、排他的「まなざし」による「暴力」から自己防衛する手段でもあるのではないだろうか。個のアイデンティティのシフトは、このような権力関係の変化も反映しているのである。

また沖永良部島が、地理的社会的に政治の中心から離れた周縁に位置する離島であることも彼らのアイデンティティの流動性を助長する要因ともなっている。沖永良部島は最も近い本土の鹿児島市からは約五四〇キロの距離にあり、本土からは交通の便も悪い。南隣の与論島と異なり観光に力を入れていない為、沖永良部島を訪れる本土からの観光客も少ないため、多くの本土の人が沖永良部島のことを知らない。沖縄県の一部であると思っている人が多い。沖縄島とは約六〇キロの距離で近いが、行政単位が異なるという現実があり、また沖縄にとっても関係が希薄になっている沖永良部島に対する関心度は高くない為、特に沖永良部が沖縄島と多くの文化要素を共有していることなどは、一般的には知られていない。そのため、沖永良部の人は沖永良部島出身という社会的アイデンティティを超えた枠での帰属を意識しなくてはならない状況では、その状況に応じてヤマト側、オキナワ側の境界を行き来し浮遊する性質をもっている。

レイマンとダグラスは、エスニシティが純粋に社会的地位への恣意的帰属として考えられている場合、自己の生得権から逃れるあるいは否定する行為者は「パッサー（passer）」として定義づけられる傾向にある、という[5]。しかし、ドミナントとマイノリティの心理的境界にあり、沖永良部の人々の場合はこのような「パッシング（passing）」と呼ばれる行為とは少々異なる。

参与観察やインタビュー調査から多くの沖永良部島の人々は、文化的には沖縄に強い帰属意識を示すが、それ以外の面、例えば行政面での「県」やエスニシティを示す「ウチナー」というカテゴリーでは「沖縄」に対する帰属意識をもたない傾向があり、むしろ「鹿児島」「日本《ヤマト》」というカテゴリーを好む傾向にある。社会的上昇の可能な社会においては、多くのマイノリティが政治的経済的社会的ドミナントの集合体のメンバーになろうとするという。外見上の差異も少なく、標準語推進運動などの影響もあり標準語を話すことに苦労しなくなった沖永良部島の人々にとって社会的上昇は努力次第で可能であり、偏見で精神的に傷つくことを防ぐ一つの手段でもあった。

さらに感情的要因もある。沖永良部島の人々が、特に本土で、沖縄との共通性をもつメンバーではなく本土の人としてのアイデンティティをもとうとするのは、ドミナント側に対し劣等感をもつからであろう。それは本土の人々の沖永良部島民に対する態度に由来することも多い。Mさん（女性・一九六六年生）は、以下のように語っている。

Mさん　私が結婚したときむこうの親はなんかいやそうな感じだった。わたしはこんな田舎の島出身で。……なんか見下されているような感じがするんだよね。っていうか私がただの看護婦だからか知らないけど。あっちは、医者で一人息子だったし。はっきり面と向かってはいわないけど。

Mさんは、沖永良部出身であることに劣等感を感じているようである。

Mさん　エラブの唄とか言葉とか子供たちに伝えていきたいと思うけど。……なんかあっちの方が上に思っちゃうじゃない、生活水準はそんなに変わらないと思うけど。なんか世界がちがうっていうか。普通の人でも本土の人だと「お嬢様」って感じがするというか。

筆者　それはどうして？

Mさん　なんかこっちは遅れているというか。エラブにいるときは何とも思わなかったのに、都会にでてからは出身地を言いたくなくなったというか。出身はどこってきかれて鹿児島っていうと鹿児島のどこって聞かれるでしょ。エラブっていうとそれはどこ？　って聞かれる。南の島って言う、あー沖縄かって。鹿児島だって言ってるのに。説明するのが面倒くさい。もう言いたくないって感じ。ばかにするし。……でも名古屋にいるとき沖縄の民謡とか踊りはどうしても懐かしかった。沖縄の人はヤマトで会うとなんか親しみを感じるっていうか、仲間意識がでる。……

沖永良部島民は、エラブンチュとして、日本国民、日本人として高い意識をもっている。そして、状況に応じてヤマトンチュ、ウチナンチュのアイデンティティも表出する。ドミナントとの相互行為的状況を通じて感じ取ったマイノリティとしての自己を見出した沖永良部の人は、マイノリティとしての社会的スティグマからのがれるため、状況に応じてドミナントへと心理的境界を越える。沖縄県民ではなく真正なウチナンチュでもなく、本土からも沖縄からも周縁で曖昧な立場にある沖永良部の人は、心理的境界を往来するのである。それはマイノリティからドミナントへと一方向に「パス（移行・変化）」するという「パッシング」ではなく、エラブンチュという曖昧な境界的帰属をもつ個からドミナントとマイノリティの二方向に状況に応じ境界を行き来するという性質をもつのである。

4　国家と周縁

二〇世紀は、国民国家の成立とともに、世界中に国家の境界が張り巡らされ、それによって中心と周辺が、そしてマジョリティとマイノリティが創出された。日本という国家の領土設定に際して、周辺地域であった琉球やアイヌは近代国家という枠に取り込まれ劣者の立場におかれ、周縁に追いやられた。西洋の国民国家をモデルとした日本の近代国家建設は、一国家、一民族、一言語を理念とするものであり、その理念からはずれた集合体を差異化し他者とするイデオロギーが浸透していく。そして同時に、その他者排除の風潮は、排除される側にとって心地よいはずがなく、「他者」とみなされた奄美・沖縄の人々は精神的苦痛を免れるためにも本土化・同化を余儀なくされた。国民国家創出のための他者排除のイデオロギーは、国家内の同質性をもたらした役割も担ったのである。

旧琉球王国であった沖縄県と薩摩藩直轄領地であった奄美諸島の人々にとって、近世と異なり近代は外の世界へ門戸を広げられ、本土と島を往来し始めるのであったが、本土におけるコミュニティでは周囲から「他者性」をもって接せられ、偏見に直面した時代でもあった。同郷会の発足もこのような排他性から身を守るという側面が大きな原動力となった。島内では、本土での体験から、島民が自発的に標準語教育の必要性を説き徹底していった。このようにして、近代国家の枠内での奄美・沖縄出身者の立場とそれに伴う経験は、本土志向の傾向を促進した。さらに、皇民化教育や戦争という特殊な状態での連帯感は、沖永良部島民に日本国民、日本人という意識を強烈に刻み込んだ。このような意識は、戦後の沖永良部島における日本復帰運動で鮮明に映し出されたのであった。

米軍による施政権下で、当時の奄美の人たちは、本土に在住する家族や親戚と会えないなど精神的不満や経済的困窮を解決するには日本に復帰することが最良の策と考えた。本土に住む奄美出身者と現地に住む人々のネットワークが活性化し、一つの目標を持って同一の方向に機能した。日本復帰運動は、沖永良部島の歴史において、もっとも大きな運動の一つであった。そして、沖永良部を含む「鹿児島県大島郡・奄美諸島」という集合体が、「日本復帰」という同一の目標に向けて初めて「奄美」を連帯させた社会運動でもあった。運動の中では、「日本人」、「日本国民」、「大和民族」、「鹿児島県大島郡島民」としての沖永良部島民のアイデンティティが強調され顕在化した。

当時、本土では、ほとんど死語となりかけていた「大和民族」という言葉が、奄美では「悠久の昔から日本人」であることを証明する手段として、復帰運動で新たな意味を持って復活した。「われわれ」が意識されるのは、他の集合との関係において、何らかの意味をもち意識させられるある種の「危機的状況」に置かれた時である。「民族」としての「われわれ」のつながりが感情的に強調されるとき、その「旗印」として「民族」は顕在化し人間を集合的に狂わせる。島民は、日本に復帰するため、日本本土との同質性を強調し、「帯の前結び」など沖縄的文化要素を排斥し、沖縄を差異化する動きまで展開された。

アピールされた「大和民族」の名乗りは沖永良部島民にとって、アメリカ軍支配に対する「日本国民」、「日本人」としてのアイデンティティの主張であり、この傾向は一種のナショナリズムへの回帰であった。終戦までアメリカは敵国であり「鬼畜米英」などと強烈な他者として認識させられ、皇民化教育により本土の日本人同様に、日の丸に対して強い感情を抱いていた沖永良部島民にとっても、当時の「祖国」は日本であった。沖永良部島民の鹿児島県の一員としてのアイデンティティは、すでに確固としたものになっていたが、復帰するためのスローガンの一つであった「鹿児島県大島郡への復帰」という実質復帰論の旗印は、さらに鹿児島県民意識を強化したことは想像に難くない。

一九五二年四月一日からは、米軍下とはいえ琉球王国時代以来再び沖縄と奄美が、「琉球政府」という一つの政治体制にまとめられた時代であった。しかし、その時期は、皮肉にも実質復帰論が主流となり、復帰のため沖縄との違いを主張した時期と重なった。沖永良部島が日本に復帰した後も、沖縄は二〇年近く「外国」であった。また、沖縄では在沖奄美出身者が「外国人」であったため差別待遇が続いた。それらの社会背景から沖縄と奄美・沖永良部の精神的隔たりは広がり、互いに近くて遠い島となった。復帰運動が、「脱琉入日」を決定的にする分岐点となったのである。

沖永良部島が日本に復帰してから半世紀になる今では、沖縄と沖永良部の人の本土に対する意識にも差が表れている。多くの一般市民が巻き込まれた沖縄戦や、日本の米軍基地の七割が集中するという現実に沖縄の人々は、本土に対し疑問を持つ人も少なくない。それは、ヤマトに対して「ウチナンチュ」という意識を強く抱く傾向にも表れている。一方、沖永良部島民で、日本国民、日本人、「大和民族」、鹿児島県民であることに抵抗を感じる人は少ない。沖永良部島は終戦後直ちにの米軍施設に入ったため、本土のような民主化の波をまともには受けず、戦前の皇国思想を引きずったまま日の丸の旗を振り日本復帰を果たし現在に至る。今でも和泊町の「あすの和泊を創る運動」趣旨に「祝日には国旗を掲揚しましょう」という目標がカレンダーにも記載され町民に呼びかけられている。また、筆者もその体験者であるが、小学校などの教育機関では、違和感なく国旗を掲揚し、国歌を斉唱してきた。

中央から離れた離島では、周縁であるだけにある種の疎外感を感じ、ややもすると国家の一員であることを忘れてしまいそうになる。だからこそ強調されるのかもしれないが、沖永良部島の方が東京にいる時以上に日の丸を目にする機会が多い。

日本復帰後は、奄美振興開発特別措置法で「本土並み」を目標に経済発展に努力してきたが、それは同時に本土を「優」とし、島を「劣」とする意識も育て、本土志向を強化した。本土との同化は進み、精神的にはほとんど本土と一体化しているため、奄美がマイノリティとしての可能性を示されると、(筆者がアメリカで感じたように)衝撃を受けるのである。例えば、二〇〇五年五月、香川県にある四国学院大学が行っている特別推薦入学選考制度の被差別少数者枠のなかに、「在日韓国・朝鮮人」「アイヌ」「沖縄人および奄美諸島出身者」と奄美出自の人が含まれていることがわかり話題となった。それは、奄美の地方紙『南海日日新聞』にも取り上げられた。強い「日本人」意識をもっているのに、本土側から「そうではない」ということを突きつけられた戸惑いであろう。

一方沖縄は、約二七年間も米軍施政権下にあり、日本復帰後も日米安全保障条約による米軍基地の存続で「基地の島」となり、基地をめぐって現在でも中央政府と折衝を繰り返さなければならない。米軍基地とそれに伴う問題は切実で、一九九五年九月におこった米軍兵の小学校六年生の少女への暴行事件もその一つであった。この事件で、沖縄の不満と怒りは頂点に達し、その年には第二回世界ウチナンチュ大会も開催された。沖縄は本土の犠牲となっているとの意識も高まり、本土に対する自己主張としてナショナリスティックな対ヤマトの「ウチナンチュ」意識が生まれてきたといえる。他方、沖永良部島には「エラブンチュ」という言葉はあるが、それは対ヤマトの意識でもナショナリスティックな意味も含まれない、単に「エラブの人」という意味合いでしかない。

過去を振り返ると、琉球王国時代という奄美と沖縄が統一の方向に向っていた時代から、一七世紀初頭の薩摩藩の琉球侵攻による奄美の割譲、一九世紀末の近代国家の形成に伴いできた沖縄県と鹿児島県という行政上の壁、そして二〇世紀半ばの米軍下の日本復帰運動での差異の強調という歴史的事象は、沖縄と沖永良部を精神的に引き離す分岐点であった。異なる歴史の歩みは、わずか六〇キロほどしか離れておらず、広義の意味で文化を共有している沖永良部と沖縄に住む人々のアイデンティティに、大きな違いをもたらしている。しかし、これまでの過剰な本土志向への反動、あるいは完全に消失することのなかった沖縄への親近感による王国時代への「伝統回帰」なのか、沖永良部島では近年沖縄との関わりを求める動きも出てきている。例えば沖永良部島出身の大山一人（一九六九―）は、二〇〇〇年七月に開催された国連の先住民作業部会で「奄美人は琉球民族で先住民である」という主張を沖縄の同世代者と共に主張している。

これまで述べてきたように、アイデンティティは固定されたものではなく可変的である。生活習慣自体が変化しなくても、それを取り巻く政治的な変化は人々のアイデンティティに強く影響する。特に、境界域においては、そのアイデンティティの「振幅度」がそれ以外の地域と比べて大きいと考えられる。今後も沖永良部島民のアイデンティティは変化するであろう。

結びに

ヤマトとウチナーのエスニシティの境界には複数の基準がある。本土側からは沖縄県の人々も鹿児島県奄美諸島の人々も同様に、「南国」というイメージをもつ「沖縄」というカテゴリーでくくられている。しかし、沖永良部島を含め奄美の人々にとっては、沖縄と奄美は異なり、沖縄という言葉で一まとめにされることに違和感がある。沖縄の人々にとっても、沖永良部島を含めた奄美の人々は、県を共有しない鹿児島県の人々で、「真正」なヤマトンチュでもなければウチナンチュでもない。だが、奄美の人も沖縄の人と同様に、本土の人をヤマトンチュと呼び、自らと区別している点は共通している。奄美と沖縄は文化面のみならず意識の面でも多様性があり、一枚岩ではない。

沖永良部島民は、国家の枠内で、ドミナント対マイノリティという構図に単純には納まらない。沖縄と日本本土の間に位置する境界地域における、歴史的政治的文化的影響から、沖永良部島民は、日本人、「大和民族」、「鹿児島県民」としてのアイデンティティをもつことでドミナントとしてのアイデンティティをもとうとし、他方文化的には沖縄という文化的マイノリティのアイデンティティをもつ傾向にある。沖永良部島の人々は、このような相反する二つのベクトルに向かうアイデンティティを、状況によって心理的に往来する「ボーダー・アイデンティティ」をも保持しているといえるのである。

だからといって、本章で明らかにしたようなボーダー・アイデンティティを「引き裂かれたアイデンティティ＝悲劇」とみなすことはできない。沖永良部島の人々の一見曖昧で矛盾したアイデンティティは、様々な帰属変更を迫られてきた人々が歴史に柔軟に対応してきた適応戦略の結果であり、その副産物として存在する複数のアイデンティティは島民にとってなんら矛盾なく共存しているのである。「大和民族」も「琉球民族」もその状況によって選択された人々のアイデンティティの主張であり、そこに住む人々の真実なのである。

国家という枠組みの中で周縁に位置付けられる琉球弧の人々は、国家とのさまざまな齟齬から今も行き場のないアイデンティティを摸索しなければならない。奄美は本土との同質性を追い求めることによって奄美としてのアイデンティティよりも「日本人」としてのアイデンティティを優先してきたにもかかわらず、完全な同一性をマジョリティ側から否定される。だが、近年の奄美固有の黒糖焼酎や民謡の知名度が高まり、「沖縄でも鹿児島でもない奄美」という枠に独自性を求める動きも出ている。一方、沖永良部島民は、文化的には奄美大島より沖縄島により近く、奄美大島を中心とする「奄美」という枠内でも完全な同一性を求めることはできずにいる。他方、沖縄は基地問題を突きつけられ、対本土の「われわれ意識」をいやおうにも考えさせられるため、「沖縄ナショナリズム」も生まれ、完全な同化の道には進まない。「日本本土とは同根ながらも独自性を持つ沖縄」という日琉同祖論の枠内で、独自の文化要素を効果的にアピールし、日本国内でも特異な社会的位置を確保し、「沖縄音楽」や「沖縄料理」など肯定的なイメージをもつ「沖縄ブランド」を確立した。この琉球弧のケースのように、否定的に表象されてきた差異性を、肯定的に捉え発言力を高めようとする動きは、学術用語で「同一性の政治学（アイデンティティ・ポリティクス）」と呼ばれている。筆者のようなネイティブ研究者による『境界性の人類学』の試みも、周縁からの「叫び」にも似た一種のアイデンティティ・ポリティクスなのかもしれない。だがしかし、そのように捉える際の前提に存在するのは、マジョリティによるマイノリティの「周縁化」なのである。

アイデンティティは、外部社会との政治・社会的関係という大きな枠組みの中で、個人が織りなす他者との相互行為のうちに形成されていく。個人が属する集合体と、その他の集合体の政治的、文化的関係が、歴史という時間的なプロセスの中で、同化と排除、帰属性と異質性、「われわれ」と「彼ら」との境界線を創り出し、その対抗勢力が絶えず抗争する緊張関係の中でアイデンティティは創り出されているのである。

注

（1）本章では、エスニック・アイデンティティを「自己の属する民族集団に対する帰属意識」と定義しておく。

（2）エドワード・サイードは自著『オリエンタリズム』で東洋に関して西洋の人々が書いた小説や研究書などさまざまなテキストのなかに、西洋と東洋を対置させ、前者に優越、後者に劣等の価値判断をアプリオリに押し付け、最終的に「オリエントを支配し再構成し威圧するための西洋の様式＝スタイル」を見出すことができ、その「スタイル」を彼は「オリエンタリズム」と呼んだ。

（3）対象者は、沖永良部島に住民票を持つ「エラブンチュ（沖永良部の人）」とした。サンプリングの方法は無作為抽出法ではなくクオータ（quota）法で行った。クオータ法とは、ある特定の母集団における関心のある下位集団を定め、母集団の構成比率にあわせてサンプルを抽出するが、その抽出は有意抽出で選ぶ方法である。例えば、男女を比較する場合にサンプル数を男女同数になるようにサンプルを抽出するという方法である。本研究では、性別、町別、年齢別を主な基本属性とし、母集団の構成比率に合わせサンプルの抽出を試みた。サンプル数は六〇〇で母集団の約四％である。母集団は約一万四五〇〇人と考えられ、その根拠は以下の通りである。調査を開始した二〇〇一年八月一日現在の島の全人口は一万五一二三人である。この総人口のうち、結果的に調査の対象外となったのは、鹿児島県沖永良部合同庁舎、および沖永良部事務所の職員、鹿児島県の教職員、鹿児島県警沖永良部警察署の警察官、航空自衛隊第五五警戒群の自衛官など転勤で一時的に沖永良部島に住んでいる人々であった。これらの人々の数は、六〇〇人前後である（筆者調べ）。よって母集団は約一万四五〇〇人と推測される。

（4）質問紙調査結果は『境界性の人類学』の巻末付録に掲載している。

（5）Lyman and Douglass 1972: 350

参考文献

網野善彦（1992）「東国と西国、華北と華南」『アジアのなかの日本史　Ⅳ地域と民族』荒野泰典・石井正敏・村井章介編、東京大学出版会、二三三―二五〇頁

網野善彦（1994）「世界に開かれた日本列島」『国際交流』六三、国際交流基金、一三―二〇頁

荒野泰典（1988）『近世日本と東アジア』東京大学出版会

エドワード・W・サイード（1992）「知の政治学」『みすず』三四（八）、みすず書房、二―一六頁

エドワード・W・サイード（1993）『オリエンタリズム』上・下、今沢紀子訳、平凡社
小田亮（2002）「同一性の政治学」『文化人類学最新述語』綾部恒雄編、弘文堂、一二八―一二九頁
門脇禎二（1992）「日本人の形成」荒野泰典・石井正敏・村井章介編『アジアのなかの日本史 Ⅳ地域と民族』東京大学出版会、一―二八頁
川田順造・福井勝義編（1988）『民族とは何か』岩波書店
川田順造（1996）「『琉球』研究を求めて」『民族学研究』六一（三）、日本民族学会、四三六頁
川田順造（1999）「『民族』概念についてのメモ」『民族学研究』六三（四）、日本民族学会、四五一―四六一頁
先田光演（1990）『沖永良部島の歴史』自家版
高橋孝代（2004）『沖永良部島民のアイデンティティと境界性』博士学位請求論文、早稲田大学
高橋孝代（2006）『境界性の人類学――重層する沖永良部島民のアイデンティティ』弘文堂
津波高志（1996）「対ヤマトの文化人類学」『民族学研究』六一（二）、日本民族学会、四四九―四六二頁
De Vos George ed.（1996）*Ethnic Identity*, Walnut Creek: Alta Mira Press
Isaacs, HR（1975）“Basic Group Identity: the Idols of the Tribe”, N. Glazer and D. P. Moynihan(eds.), *Ethnicity: Theory and Experience*, Harverd University Press, pp.29-52
Lebra, William P（1966）*Okinawan Religion*, University of Hawaii Press
Lyman, Stanford M. and Douglass, William A.（1972）“Ethnicity: Strategies of Collective and Individual Impression Management”, *Social Research*, Vol. 40（2）: pp.345-365

第Ⅴ部　沖縄の将来像

13　沖縄自立構想の歴史的展開

仲地博

はじめに

一人の人間が独立を求めるように、どの地域も自立を求める。ここでの自立とは経済的自立もさることながら、自治・分権という面の自立である。どの地域も自立を求めるといったが、沖縄ほど自立についての論議がある場所は国内ではおそらく他にない。それは何故か。本章では、先ず沖縄における自立論の背景にある自立構想の系譜をたどることにする。これらの検討の後、二一世紀日本における地方分権の進展を踏まえた沖縄自立構想の意義と、道州制の関連を眺めることにしたい。結論として、沖縄の自治構想自体が二一世紀の日本のあり方について豊かな問題提起をしていることを述べることにしよう。

1　背景にあるもの――沖縄民族意識

自治体職員の労働組合である自治労が一九九八年に発表した「琉球諸島の特別自治制に関する法律案要綱」[1]の前文が典型的な解答を示している。ここで述べられることは、沖縄が自立を求める背景に他ならない。すなわち、①島嶼、亜熱帯等の地理的条件　②王国の歴史、非武装の島　③去る大戦時の悲惨な地上戦の経験　④米軍統治　⑤復帰思想と現実の落差の諸点である。玉野井芳郎による自治憲章も強弱はあるがこの五点を挙げる。[2]この五点とも全部国内他の地域にはない条件である。それゆえ、これらは沖縄の特質として認識され、これらの特質に裏打ちされて自立論が噴出することになる。

それだけではない、表面にはあらわれにくいが、そのさらに奥深いところで「民族意識」がある。ここに復帰一〇年目の自立論の集成をなす好個の一著、新崎盛暉・他編『沖縄自立への挑戦』（社会思想社、一九八二年）がある。同書所載の諸論考を見れば、専門分野も傾向も異なるさまざまな論者が明示的にあるいは黙示的に沖縄民族意識を語っている。以下は、同書からの引用である。[3]

①中村丈夫（長野大学教授）は、「沖縄人は長い、複雑な過程を経て、日本民族の一隅に強制「復帰」させられた一〇年のひずみ、矛盾のなかから、次第に日本の資本と権力に対し抵抗を開始してきている。この事実を思想的・政治的に直視すれば、それは単に社会的マイノリティーの自己主張ではなく、沖縄民族の形成過程ではないか」（傍点筆者、以下同じ）。

②中野好夫（評論家・英文学者）「是非皆様に植民地隷属の状態から長い民族独立運動の結果、ついに独立を達成した諸国家の歴史を勉強していただきたい」。

③仲吉良新（自治労本部副委員長）「（特別県制案の基本的ねらいは）かつて琉球王国でありまして、天皇がいたわけでもないし、初めから幕府の支配下にあったわけでもありません。そういう意味では、われわれの心の中にも、われわれの先輩たちの心の中にも、沖縄人（ウチナンチュウ）という誇りがあります」。

④比嘉良彦（政治アナリスト）「日本国家は、沖縄をつねに従属的地域社会として扱ってきたし、今もそうである。その原因は、沖縄がマイノリティ（少数民族）として、民族的疎外の状態に置かれてきたからだといわざるを得ない。……沖縄の自立とは……沖縄が民族的疎外から脱却することとして把握するべきであろう」。

⑤矢下徳治（現代文化研究所）「（特別県制は）事実上沖縄人民の自決権の主張、あるいはそれに通底する主張がこめられていることである。沖縄人民の自決権の主張が異質の法論理たる地方自治権（の拡大）という経路を経由して語られている」。

沖縄自立への挑戦を語るこれらの論者の立論の正面には据えられていないにしても、その通底音として「少数民族」としての沖縄があることを見て取ることができよう。

民族意識を、政治思想史として紐解いたのが比屋根照夫である[4]。比屋根は、伊波月城、比嘉静観、伊波普猷という一連の思想家を丁寧に分析し、共感を込めて、次のように分析した。「これらのコスモポリタニズム、世界主義に共通するものは、伊波の個性論に基礎をおく「琉球民族意識」の発露であり、大和民族と異なった「異民族」としての歴史経験に裏打ちされた沖縄主体の自己認識の発言であった」と。

比屋根が論じたこれらの思想家は、独立論や特別県制を唱えたわけではない。彼らの「琉球民族意識」は、沖縄の制度的自立論とは別の方向、すなわち外へと広がる視点を持ったのである。比屋根は格調高く次のように結論づける。

「このような自己認識が弱者や弱小民族、マイノリティへの共感、連帯へとつらなっていったことは、最早疑うことのできない厳然たる事実である。そして、これこそが近代日本の周縁の地から発せられた良質なコスモポリタニズムの発現であったと言える」と。ここで留意したいことは、沖縄の思想的伝統の根底には、琉球民族意識があると比屋根が把握したことである。そしてその「琉球民族意識」が、コスモポリタニズムとして発露されていったと比屋根は喝破したが、もう一つの発露の方向が自立論・独立論であったといってよいであろう。本章は、それらの自立構想がどのような時期にどのように語られたかを通観しようとするものである(5)(6)。

2 自立構想の系譜

自立は、沖縄近現代史を貫く一貫したテーマとして、常に誰かが何処かでその構想を練り、語り、運動を行っていた。しかし、それが広く社会的な論議の対象になるのは、一定の社会的背景が存在する場合であり、いわば沖縄の歴史の節目において表舞台に登場するといえる。逆に言えば、自立思想の噴出するときは、沖縄の歴史の転換点なのである。本章ではそのような節目ごとに、時代の背景に触れながらその時代の自立論の概略を素描する。

1 明治期

明治期の沖縄自立構想は、琉球王国の継続あるいは独立の回復を目指す言説が中心となる。

中央においては、自由民権運動の論陣を張った「近時評論」が、「(もし琉球の)衆心ノ向フ所独立自治ヲ欲スルノ兆アラバ、我レ務メテ其ノ萌芽ヲ育成シ、天下ニ先立チテ其ノ独立ヲ承認シ、以テ強ノ弱ヲ凌グベカラズ、大ノ小ヲ併スベカラザルノ大義ヲ天下ニ証明」せよと論じ、また植木枝盛が「琉球の独立せしむ可きを論ず」(『愛国新誌』)と題して、「琉球もかつて一個の独立をなし琉球といえる一個の団結をなしたるものなれば之を両断することはなお一身を両断しこれを殺すに同じく人の一家を両分してその愛を割かしむるに異なることなければなり」「アジアの基本理念は、アジア諸国間の相互不可侵・人間の自主的精神の尊重である。この基本理念を内外に実践的に鮮明にし、天下に立って義を示し、同等主義を重んせしむるの道を明らかにするため琉球を独立させよ」「今にして琉球を独立せしめるがごときは、実に天下に義を示すもの[7]」と論じたように、琉球独立は日本のアジア政策を切り口として論じられた。

もとより、このような主張は、琉球側の世論と無関係に出現するものではない。沖縄の旧士族が、脱清人（脱琉球渡清人）として清国で王国復権運動を行うという国際的政治状況のもとで主張されたのであり、明治政府も対清国との交渉の道具として、琉球を清国領と日本領に二分割する案を提示していた。琉球の帰属（独立）は、東アジアの国際秩序形成の問題でもあったのである。

また、一九世紀末には、尚家を世襲の沖縄県知事とする特別制度の実施を政府に要求する政治運動として公同会（一八九六年結成）運動があった。独立論や王国の復活ではなく、日本国家の枠組みを前提とする運動である。これは、日清戦争に勝利した日本の中で生きていく以外に選択の道がないことを沖縄が自覚したことの表象でもあった。七万三千人の署名を集め、九人の請願団を東京に送るなどの運動が展開された。しかし、歴史の大勢に逆行する運動であり、政府の相手とするところではもとよりなく、また運動としても県内外で持続するものでもなかったが、沖縄の歴史に照らし、沖縄らしい制度を果敢に主張したという点では、本章の趣旨に照らした場合評価できないこともないであろう[8]。実際に、公同会に名を連ねた太田朝敷（ジャーナリスト、琉球新報の創始者）は、公同会運動について「強いて命名すれば、自治党と名づくべきや」と述べている[9]。

明治期の自立運動は、王国の残影が濃厚に漂う中、復古的なものと大括りすることができよう。

この後、大正・昭和戦前期の沖縄は、日露戦争・第一次世界大戦・第二次世界大戦と続く日本の帝国主義的膨張政策の下で、怒涛の皇民化政策にのみ込まれてゆくことになる。前述したように、伊波普猷をはじめとする沖縄の思想はコスモポリタニズムへと向かい、沖縄自立の思想が噴出するのは大日本帝国のくびきを脱するときを待たねばならなかった。

2 終戦直後

終戦直後の自立構想は、独立論的傾向で語られはじめる。東京沖縄県人会の前身をなす沖縄人連盟に宛てられた共産党の「沖縄民族の独立を祝うメッセージ」（一九四六年二月）がその代表例である。メッセージは次のように述べる。「数世紀にわたり日本の封建的支配のもとに隷属させられ、明治以降は、日本の天皇制帝国主義の搾取と圧迫に苦しめられた沖縄人諸君が、今回民主主義の世界的発展の中に、ついに多年の願望たる独立と自由を獲得する道につかれたことは諸君にとっては大きい喜びを感じておられることでせう。……たとひ古代において沖縄人が日本人と同一祖先からわかれたとしても、近世以降の歴史において日本はあきらかに沖縄を支配してきたのであります。すなわち沖縄人は少数民族として抑圧されてきた民族であります」。ここでは、沖縄人と日本人が同祖であることを留保しつつ、今日では「沖縄人は少数民族である」と断定し、「多年の願望たる独立と自由を獲得する道」に就いたことを祝福しているのである。

沖縄現地でも、初期の政党である沖縄民主同盟（一九四七年六月結成）、共和党（一九五〇年九月結成）が琉球独立を主張した[10]。抵抗の政党として戦後沖縄政治史に大きな足跡を残した沖縄人民党（一九四七年七月結成）の主張は、かならずしも明確ではない。「全沖縄民族の解放」「琉球民族の基本法たる憲法の制定」「人民自治政府の樹立」などのスローガンから、少数民族論に立ち、明らかに独立論的志向を示していると評価される[11]一方で、独立論主張の決め手となる用語は見当たらず、むしろ意図的に弾力的な解釈ができる用語を用いたようだ[12]、という見方もある。

これら戦後初期独立論は、旬日にして復帰世論に取って代わられるが、さて、初期独立論の意義をどう考えるか。政党が世論を代表するものであれば、初期独立論は、沖縄の素朴なそして深く潜在する意識の表明であった。素朴なというゆえんは、ほとんどスローガンの域をでなかったことであり、潜在する意識の表明というゆえんは、大日本帝国の臣民というくびきから解放された沖縄人意識が屈折することなく表面化した状態であったといえよう。一般民衆のそのような意識を象徴するものとして、新崎盛暉は、ジャパニーという言葉を挙げ次のように述べている。[13] すなわち、「戦後の一時期、自らと区別して日本人を指す言葉として、ジャパニーという言葉が流行している。これは何を意味するのだろうか。ヤマトゥンチュウではなくジャパニーであるという点に、独立論的思想の形成を見るような戦後的状況の民衆レベルの投影をみることができる」と。

初期独立論が急速に衰退する理由は、いろいろ考えられる。一つは、沖縄社会において戦前のリーダーが、戦後においてもリーダーとして「公認」されたことである。米国は、沖縄占領に備えて、占領前から沖縄の人材の把握に努めていた。地上戦争遂行途上においても住民を収容所に保護する際に、一人一人に沖縄全体とそれぞれの地域のリーダーについての聞き取りを行っている。[14] このような調査の中から住民側の統治機構である沖縄諮詢委員等が選出されていく。戦前戦後を通じた支配層の同一性が日本復帰世論の形成の土壌であったといえよう。[15]

第二は、教職員が復帰運動を担ったことである。皇民化教育の先頭に立つべく教育された知識層が、軍政に対する現状批判に目覚め、それが平和国家日本への憧憬とともに復帰世論の先頭に立ったのである。

第三に、そして、それは、戦後初期の独立論や信託統治論と異なり、民衆の支持を得て時代を支配する思想になったからである。それではなぜ、民衆は復帰論を支持したか。新崎盛暉が、「沖縄民衆の日本（本土）への文化的一体感と、よりどころを失うことへの不安があった[16]」とする指摘は妥当であろう。逆に言えば、沖縄のアイデンティティを再確立するには、独立論は時間的余裕を持つことができず、また、「よらば大樹の陰」という事大主義を克服するだけの自立への気概を沖縄が持つことができなかったということになろう。[17]

3 復帰前後

長期に渡る県内外の運動は、一九七二年施政権の返還として結実した。奔流のような復帰運動の中に、沖縄の自立・独立の構想が息づいた。

復帰前後の自立論・独立論の特徴の一つは、アカデミズムの中にある研究者によって論陣がはられたこと、もう一方で在野の人々によって運動が展開されたことである。前者、すなわち大学人が構想の前面に出てきたことがこの時期の特徴であり、米軍占領という沖縄の特殊な状況に対する強い関心を動機とし、学問的バックグランドを持って沖縄の現状分析と将来構想が語られるようになった。例えば、琉球大学教授の比嘉幹郎（「沖縄自治州構想」『中央公論』一九七一年一二月）、琉球大学教授の久場政彦（「なぜ沖縄方式か」『中央公論』一九七一年九月号）、中央大学教授の野口雄一郎（「復帰1年沖縄自治州のすすめ」『中央公論』一九七三年六月号）、イリノイ大学教授の平恒二（『日本国改造試論』講談社、一九七四年）などである。いずれも、日本国を前提にして、高度な自治権を持つ地域を提案している。この内、比嘉、久場、平良の三人は沖縄出身であるが、その共通点として、林泉忠は次の諸点を指摘している。[18]第一に、「戦後沖縄の社会運動を支える革新思想につながらない一方、西洋の自由主義思想を身に付け、欧米の連邦的な国家システムを強く意識した」こと、第二に、「自治なき復帰に強い危機感を持っていること」、第三に「沖縄の日本への返還という現実を容認する姿勢を示しながら、返還後の沖縄自治の確立は、日本の地方自治の改革の牽引車的存在になることを期待していること」、第四に「具体性を欠く議論にとどまったこと」を挙げている。林の分析は、この時期の論調をよく捉えたものとして概ね同意できるが、同時に、終戦直後の独立論・自立論から見れば、議論の質が一段と高まり、この後の展開に大きな影響を与えたことを付記したい。

他方で、政治に直接影響を及ぼすことを目的に運動を展開した人々がいる。一つは、新左翼の流れを汲んだ沖縄青年同盟である。「われわれは日本民族ではない、沖縄人として存在している」と主張し、七一年国会内で爆竹を鳴らした行動やその刑事責任を問う裁判をウチナーグチ（沖縄語）で闘ったことで知られる。

第二が「沖縄人の沖縄をつくる会」や琉球独立党である。復帰時期尚早を唱えるグループであり、後琉球独立へと主張を先鋭化する。山里永吉、真栄田義見、崎間敏勝、野底武彦等在野の文化人や元行政主席の当間重剛が名前を連ねた。六八年の主席公選に野底武彦が、七一年の参議院選挙に崎間敏勝がそれぞれ琉球独立をかかげ立候補しているが、全国的支援を受けながら保革ががっぷり四つに組む選挙構造の中に埋没し民衆の支持するところとはならなかった[19]。

もう一つの潮流は、反復帰論である。代表的論者である新川明は、反復帰イコール独立という形で自立構想を主張したわけではないが、反国家・反国民・反権力・反帝国主義をキーワードにし、「反復帰とは、すなわち反国家であり、反国民志向であり非国民として自己を位置づけてやまないみずからの内に向けたマニュフェストである」と宣言した[20]。反復帰論は、復帰運動の基本的底流であった日本ナショナリズムを根本的に乗り越えようとしたどころか、国家そのものを乗り越えようとしたという点でもっともラジカルな自立論であった。

この時期の議論、すなわち研究者の自立構想、新左翼のラジカルな運動、保守的立場が濃厚な独立志向のグループ、国家そのものを問おうとした反復帰論が相互にどう影響したのかしなかったのか、復帰運動との関係での全体的位置づけが課題である。

これらはいずれも、怒涛のような復帰潮流の中で、大きな政治力を持ったとは言えない。むしろその中にのみ込まれていったと言ってよく、今日でも政治の世界ではほとんど影響力を残さないが、沖縄の自立構想の中ではしっかりと脈打っていると評価してよい[22]。すくなくとも、再検討の対象として考察されるに値する。

4　復帰一〇年目前後

復帰一〇年が経過し、日本になった沖縄の中で、あらためて自治のあり方を見直そうとする動きが顕在化した。以下に紹介する幾つかの構想は、「三割自治」に対する不服を基盤とし、沖縄の特質を背景とする点で共通するが、それぞれの自立構想がめざす着地点はまたそれぞれであった。これは復帰前後から現在まで続く変わらぬ傾向であり、具体性が十分でないこととともに自立運動の最大の課題であろう。

宮本憲一の「特別都道府県構想[23]」は、地方自治法を改正し、沖縄が特別都道府県の第一号となることを意図する。特別都道府県は、軍事・裁判・貨幣などの国の事務の一部を除く全部の内政的国政事務と現行都道府県の事務を行う、とするものであり、現在の道州制に先駆ける提言であった。

自治労は、「沖縄の自治に関する一つの視点」を公表した。復帰思想と現実の落差を衝き、「復帰」の内実を問う姿勢を前面に出している。憲法九五条の地方自治特別法により、特別県制を実施するとし、その構想は、（1）特別県は市町村の連合組織とする（2）公選の長、公選の議員からなる県議会、市町村長および市町村議員からなる県参事会を設置（3）他の都道府県の有する権限の他、独自権限として沖縄振興開発計画の策定・実施権、地方税・地方譲与税・地方交付税および補助金の一括受け取りと自主配分権を有する、などを主な内容としている。とりわけ、「沖縄を特別県とし、特別県の性格は市町村連合」とした点、議会を二院制とした点に構想の斬新さがある。

玉野井芳郎の「生存と平和を根幹とする沖縄自治憲章[24]」は、玉野井の地域主義を沖縄に即して形にしたものである。玉野井は、自らの地域主義を「（地域主義とは）一定の地域の住民が、その地域の風土的個性を背景に、その地域の共同体に対して一体感を持ち、地域の行政的・経済的自立性と文化的独立性を追及することをいう」と定義している。玉野井は、地方の時代とは「諸自治体がそれぞれの本格的な憲法、憲章または条例を制定する時代である」として、「何が地域の生活者＝住民にとって真に共通の利益となるべきものであるかを自分自身の手で書くということは法律に勝るとも劣ることのない「よきしきたり」をうち立てることを意味する」とした。自治体憲法の制定を求めたのである。玉野井を中心としたグループが作成した憲章は、運動としての実現可能性を重視し、現行憲法と地方自治法の枠内を意図していた。しかし、「沖縄住民は最高の意思決定者として自治権を享有（する）」とする自治権の規定、「自治体の自治権が国の行為によって侵害された場合は、自治体はこれに抵抗する権利を有する」とする抵抗権の規定を持ち、読み方によっては独立論的傾向を読み取ることもできる。

法的には基本条例という形式をとることによって、近年各地で盛んなまち作り条例、基本条例の先駆的提案となっている評価できよう。

「琉球共和社会憲法」、「琉球共和国憲法」は、匿名の文化人の手になるものである。かなり遠い将来構想を語りながら「国」なるものを問うている。「遊びの要素」、「知的遊戯」という面をもつものであるが、沖縄だから日の目を見ることができた憲法草案と言える。

これらの構想は、同時期ではあるが、それぞれ直接的関係を持たない。現行法制下の基本条例（玉野井）、憲法に基づく特別県（自治労）、道州制（宮本）、共和社会（国）（文化人）とその射程は現実から近未来、そして一〇〇年（以上）も先まで多彩に咲いたのがこの時期の特徴であった。

5　一九九五年前後

九五年基地の固定化を恐れた大田知事（当時）は、米軍用地の強制使用手続きの一環である代理署名を拒否した。国は、基地用地を使用する法的権原を喪失する危機に立たされたのである。かかる事態に対して、総理大臣は知事に代理署名の職務執行を命じた。命令に従わなかった知事に対して総理大臣は、訴訟を提起、最高裁まで争われ、結果として知事は敗訴した。また、国会は米軍用地の強制使用の法律を改正し、容易に強制使用がなし得ることになった。

行政、司法、立法の三権が束になって沖縄にかかってくると受け取った沖縄の世論は硬化し、島ぐるみと呼ばれる民衆運動の高揚を背景に沖縄の内外で独立論が噴出した。

例えば、単行本だけ取り上げても、吉田 孝一『沖縄独立のすすめ』(文芸社、一九九八年)、下嶋哲朗『豚と沖縄独立』(未来社、一九九七年)、なんくる組『沖縄が独立する日――ウチナーがドゥータチする日』(夏目書房、一九九六年)、助安由吉『沖縄は独立国家へ』(エイト社、一九九七年)、実行委員会編『激論・沖縄「独立」の可能性』(紫翠会出版、一九九七年)、柘植久慶『沖縄独立す――北東アジアに軍事危機が迫る』(ベストセラーズ、一九九八年)、大山朝常『沖縄独立宣言――ヤマトは帰るべき「祖国」ではなかった』(現代書林、一九九七年)等々である。

沖縄独立は硬軟織り交ぜてブームの感を呈した。百家争鳴というか、同床異夢というか、さまざまな論点が、かみあわないまま飛び交い一つの流れになることもなかった。ただ、このブームの参加者の多くが、状況の「理不尽さ」にいら立っていることはたしかであった。沖縄の歴史で、独立論がもっとも広範に語られた時期である。ただし、もとより現実的なものとしては受け取れておらず、政治レベルにおける影響力はなかった。[25]

他方でこれらと異なり、県がまとめた国際都市形成構想[26]は、現実性のあるものとして住民に受け取られ、それゆえ連日のように新聞紙上で論争が展開された。国際都市形成構想は、当時の沖縄の政治力を背景に全県自由貿易地域など一国二制度を目指すものであり、ある論者からは沖縄独立宣言と受け取られたような内容を持つ。経済における規制緩和・特別措置を主たる内容とし、県が総力を挙げただけに、沖縄自立構想の系譜の中で、もっとも詰められたものであった。しかし、自治制度の面ではほとんど見るべき内容を持たなかった。それを埋める役割を果たそうとしたのが、自治労の「琉球諸島の特別自治制に関する法律案要綱」である。[27] このことは、この要綱の前文で、「21世紀の沖縄を平和・共生・自立を基調とした国際都市として建設していくためには、琉球諸島地域の自立的・内発的発展を実現するための自治制度の整備が重要である」と、「国際都市としての建設」を明確に位置付けて述べている点に明らかである。

この時期の自立構想を含む運動を、林は、官民合作現象と呼び、「基地問題において起きたのみならず、沖縄の自治運動においても現われた近代以降初めて官民一致の自治運動であった」、「運動は挫折したが、政治的自治権の拡大を含めた沖縄の自立志向は、すでに沖縄社会に受け入れられ、一種の社会的総意になりつつある」と総括する。[28] 林の総括にあえて付け加えるならば、国を相手にした抵抗の運動が、沖縄の県民性とも言われる事大主義意識を払拭したことも言えるであろう。

3　二一世紀——分権時代の沖縄と道州制

道州制の導入が、各政党の政策となり、[29] 政府のさまざまな審議会で議論の対象となる状況の中で、自治体も道州制の研究を開始した。地域自立の構想は、沖縄の専売特許ではなくなったのである。

沖縄はどうか。沖縄が他の地域と異なることは、議論の多様性である。他の地域では、県や経済界の研究がほとんどであるのに対し、沖縄では、さまざまなグループがそれぞれの目的で活動を行っている。以下、二一世紀初頭の沖縄の現状をまとめておく。

①**沖縄県道州制等研究会**——沖縄県の関係部局の次長、課長で構成される研究会で平成一六年五月に設置され、翌一七年一一月に中間報告（県庁ＨＰから閲覧することができる）を出している。「（沖縄の）地理的・歴史的な特性に加え、今日においても他府県とは異なる社会的条件（筆者注—米軍基地、地域特性を生かした産業振興策をさす）を有する沖

縄にとって、地方分権は、単なる権限委譲に止まらず、自治の拡充・強化等、民主主義の理念に基づく視点で考える必要がある」という基本的視点に立ち、財政面で大きな困難を抱える可能性を指摘しつつ、沖縄単独で道州を構成する方が自然であり、県民の帰属意識からも合意が得やすいとメリットを挙げ、人口・面積では小さくとも単独で道州になることが望ましい、と結論する。

②**沖縄自治研究会**――研究者、市民、公務員等の幅広い層が結集し、連邦制まで展望しつつ道州制の研究を行っている。研究会のホームページ[30]は、研究会の性格を次のように述べている。「研究会はそもそも学者中心の共同研究プロジェクトです。……自治基本法・自治基本条例のような最新の自治のあり方を、職員・議員・市民と膝を交えて学習・研究する機会をどうしても設ける必要があり、またその成果として新しい自治の捉え方と仕組みを広く普及していく必要があるという共通認識のもと、研究者のみならず広く自治の現場の方々が参加する沖縄自治研究会の設立を準備しました」。その成果は、二〇〇五年一〇月のシンポジウムで「憲法95条に基づく沖縄自治州基本法（案）」として発表されている。シンポジウム資料は、沖縄は独立してもおかしくない地域であり、自己決定権がある、だからといって必ずしも独立する必要はなく、日本の中で高度な自治を獲得する方が賢明である、とする趣旨の基本的考えを述べている。

同会の構想する自治州の特徴的な点を紹介する。①自治州は、非暴力と反軍事力を基本とした平和な国際社会の構築を目指す、②沖縄自治州議会は二院制とし、市町村代表による自治院と直選された議員よるなる立法院からなる、③直接公選の知事を置く、④自治州裁判所を設置し、州法の裁判を管轄する、⑤自治州と市町村は対等である、⑥国は自治州の財政調整をし、自治州と市町村の財源を保障する等である。沖縄自立構想の中で、もっとも具体性をもった構想であり、現在の到達点と言えるであろう。

③**21世紀同人会**――沖縄の自立を志向する人々により「うるまネシア」を刊行している。同会の中心の一人高良勉

のインタビュー記事（『沖縄タイムス』二〇〇〇年七月一三日）を紹介する。「奄美から与那国までの琉球弧の自立・独立論議を持続的に展開する場、一つの思想・文化運動として展開する同人誌です。九七年五月の復帰二五周年には、「沖縄独立の可能性をめぐる激論会」が那覇市で開かれ、二日間で、のべ千人が参加し、熱気あふれる議論が交わされた。その自立・独立の論議をそのまま終わらさないために、「21世紀構想研究会」をつくり、月一回の模合をしながら独立論を研究してきた。機関誌を出そうという話があって、実際に原稿も何本か集めたのだが、いったん休眠状態になった。しかし、何人かの仲間とともに、「つぶすべきではない。21世紀に向け発展させよう」と昨年夏ぐらいから準備を始め、今年六月一〇日に「21世紀同人会」を結成した。21世紀には、はっきりと自立・独立の思想的・文化的研究の基盤をつくっていこう、あるいは拡大していこうと打ち出した。政治的な独立運動は別の人たちがやっている。われわれはあくまでも思想的な運動。一九世紀後半の琉球処分時の脱清人と呼ばれた人たちから今日まで出された自立・独立論をすべて引き継ぎ、議論・研究するという姿勢。もう一つは、アメリカで平恒次イリノイ大学名誉教授らが英文の琉球独立研究誌を出し続けているので、その内容や成果を日本語に訳して紹介したり、研究をリンクさせていきたい」。

④**琉球自治州の会**――市民による道州制の研究と運動を目指す。同会による「県民の訴え[31]」は、次のように述べる。「（沖縄が九州に統合されると）ウチナーンチュとしての一体感が制度的になくなっていく方向に進むでしょう。私達はこうした、いわば沖縄解体の方向は何としても阻止したいと考えます。琉球王府以来の沖縄の歴史、文化、伝統を一体のものとして守り、琉球弧文化圏の独自性を主張したいと考えます。そして日本の文化の多様性、奥の深さ、豊かさ、共生社会を築いていきたいと考えます」。同会は、必ずしも会としての統一見解を持っているようではないが、同会の資料から基調になる考え方を要約すると次のようになるであろう。「沖縄は独自の民族であるが、同化を強いられ、沖縄の中にも同化思想が芽生えた。『沖縄の心とは』と問われた西銘順治元知事が、『ヤマトンチュになりたく

てなりきれない心』と答え、それが名言として喧伝されているが、このような内なる同化思想を超克しない限り、ウチナーンチュの自立はない。これは同時に多民族社会日本をつくる運動である。道州制が近い。沖縄が構想力を示さないと第三、第四の琉球処分になる」と。

⑤**自治労**――復帰後二度にわたり沖縄特別県制を打ち上げた自治労も、自治研究センターを中心に特別自治制を暖めている。「地理的優位があるが現在の行政制度の枠組みでは不利な条件になる。一国二制度が必要である。道州制になれば沖縄は九州か。特別法を制定する運動を」というのが基本的スタンスのようである。

⑥**琉球弧の先住民族の会**――国際連合憲章と世界人権宣言の精神にしたがい、先住民族である琉球・沖縄民族の自己決定権(自決権)を中心とする権利回復を目指して活動することを主要な目的とする。[32] 先住民族の概念については、この会に大きな影響を与えた上村英明が次のように述べる。[33]「先住民族は近代国家の成立によって生じる。近代国家が国民形成の名目のもとで野蛮未開とみなした民族の土地を一方的にうばってこれを併合し、その民族の存在や文化を受け入れることなく、さまざまな形の同化主義を手段としてその集団を植民地支配した結果生じた人々が先住民族と呼ばれうる民族的集団である」。会活動を紹介した当間嗣清は、「私は以前から『ウチナーンチュ』という言葉に妙なこだわりというか引っかかりがあった。常に自分は普通の『日本人』のジャンルに入りたくないという感情がどこかにあった[34]」と、先住民意識を吐露している。そこから覗えるように沖縄に出自を持つ事が重要であり、会則によれば一八七九年以前に琉球に住んでいた人々の子孫が会員資格を有するとする。毎年、国連の関係会議に代表を派遣する活動に特色がある。「大多数である日本国益のために、少数者である沖縄は我慢するべき[35]」という状況を告発することが活動の中心であり、自決権の核となる沖縄の将来構想についてはまだ示されていないようである。

⑦**沖縄道州制研究会**――県庁職員有志の会である。同会は活動趣旨を次のように述べる。

「沖縄地域の将来は、沖縄に住む住民の主体的な意志で決める。…現在、国の主導で急ピッチで道州制の制度設計が進んでいます。薩摩による支配、琉球処分、米軍の統治、本土復帰の際には、沖縄の人自身が地域のあり方を決めることが出来ませんでした。少なくとも今後数十年間の地域のあり方が決まるこの時に、沖縄の未来をどのようにイメージするかは、私たち自身で考えていかなければなりません」。すでに、沖縄を単独の州とする「沖縄道州」制の構想（骨子）をまとめている。

⑧**経済界**では、沖縄経済同友会が「地方行財政・道州制委員会」を設置し、検討を重ねるとともに平成一七年一二月にシンポジウムを行っている。シンポジウムにおける同会のアピールは次のように述べる[36]。「道州の区域については、沖縄の地理的特性や歴史的事情、基地問題等の特有の課題を克服し、アジア・太平洋クロスロードとしての観光や健康産業等のポテンシャルを活かすことができる、沖縄単独での区域が望ましい。そのためには、自己責任・自己決定の下、『官から民へ』の行財政改革と自律的な経済振興策を早急に実施するための社会的な合意が必要である」。会の性格から、経済に強い関心が払われていることは当然であろう。

しかし、このアピールの特色は、次のように「検討機関の設置」を具体的に求めていることにある。「沖縄の道州制確立に向けて沖縄の総意を形成するために、オール沖縄的な機関の必要性を提案するとともに、そのための検討会を、産業界・大学・公共団体・政党等が連携して早急に立ち上げることを求める」。

⑨**琉球独立党**――琉球共和国の建設を目指す。復帰前に活動した琉球独立党は、一九七八年ごろから休眠状態であったというが、最近活動を再開させた。「琉球人は日本国が加盟している国際連合で保証されている民族自決権に基づき、平和的に独立して琉球国を建国すべきであり、沖縄人の過半数が琉球独立賛成なら、日本国もこれを認めなければならない[37]」というのが基本的主張である。

結びに

以上から窺えるように、二一世紀初頭、内閣総理大臣の諮問機関である地方制度調査会が道州制を検討する時代に、沖縄は自らの将来像を自ら描くことを求めているのである。

さて、課題は何か、従来の自立構想がなぜ埋もれてしまったかを振り返る中から明らかになろう。藤中寛之が次のように総括する。[38] 第一に沖縄の経済基盤が弱く、財政的に中央政府に依存していること、第二に本土政府の画一主義を改革することはできないとする事大主義的意識があること、第三に理念が先行し、一般の人々が生活実感を持って運動に関わりにくい面があること等である。

沖縄は自らの地域に関する関心が強いところであるが、それは豊かな自治の土壌であり、その上にどのような芽が出るかは、そこに住む人々にとって重要というだけではなく、日本の国の形づくりに興味ある論点を提供できるという意味でも重要であろう。

付記　二〇〇九年九月に沖縄道州制懇話会による「沖縄の『特例型』道州制に関する提言――沖縄が発信する新しい道州制のかたちと沖縄州のすがた」が発表された。沖縄の置かれた地理的歴史的状況にかんがみ、現在の沖縄県のみで沖縄州を設立すること、他の道州では国家事務とされるものも特例として沖縄州が行うものであることを内容とする。

同提言については、島袋純琉球大学教授が「中央主導で進む道州制『導入』や『区割り』の考え方を道びき出す論拠を拒絶し、かりに道州制への移行が有意義であるとするならば、沖縄で考えているような住民主導・地域社会重視の民主的な道州政府の設立の仕方を全国的な道州政府設立の一般的な原理原則とするように議論転換を懇話会は提言している。提言は今後絶大な衝撃と影響力をもつはずである」(『沖縄タイムス』二〇〇九年一〇月十四日)と述べている。

なお、懇話会は、オール沖縄の世論結集を目指し、いわゆる学識経験者、経済界、労働界、NPO、与野党県議、市長、町長などで構成された民間団体である。同提言は、同懇話会のHP、沖縄経済同友会のHPで入手することができる。

注

(1)「沖縄の自立解放に連帯する風游サイト」http://www5b.biglobe.ne.jp/~WHOYOU/で、本章に引用する諸資料のほとんどを見ることができる。
(2)沖縄自治研究会の自治基本モデル条例は、悲惨な地上戦、米軍統治の二点をあげる。
(3)引用は、中村二七頁、中野六八頁、仲吉七九頁、比嘉九五頁、矢下一〇六頁。
(4)比屋根照夫「混成的国家への道」『日本はどこへ行くのか』(日本の歴史第二五巻、講談社、一九九九年)一九二頁。
(5)マイノリティー・民族意識とほとんど不離一体になるものとして差別の意識がある。照屋寛之「戦後初期の沖縄の諸政党の結成と独立論」「平成16年文部科学省科学研究費報告書『自治基本条例の比較的・理論的・実践的総合研究』No.6最終報告書沖縄の自治の新たな構想」二四頁は、次のように述べる。「沖縄の主体性・独自性が国益の名の下に無視され、差別され、苦渋の歴史を背負わされてきた。そして、この差別の歴史的体験というのが、この独立論の根底の中にあるのではないかと思う。もし差別というのがなかったならば、このように独立論というのは底流をなして脈々と今日まで受け継がれることはなかったのではないか」。
(6)本章は、「平成16年文部科学省科学研究費報告書『自治基本条例の比較的・理論的・実践的総合研究』No.6最終報告書沖縄の自治の新たな構想」に収録した拙稿に加筆したものであることをお断りしておきたい。また、本章は、同科学研究費による研究会での諸報告に示唆されるところが多かった。記して感謝したい。
(7)比屋根照夫「沖縄構想の歴史的帰結」『自由民権思想と沖縄』(研文出版、一九八二年)が詳しい。引用は同書から。
(8)林泉忠は、積極に次のように評している。沖縄における「自治自立の動きの起源を考えるならば、およそ一一〇年前に起きた『公同会運動』の歴史的意義は深く、まさに近現代沖縄自治運動の先鞭を取る軽視すべきではない重要な出来事と位置付けられよう」。林「『豹変』を繰り返した沖縄アイデンティティ」地域政策(公人の友社)二〇〇五年秋季号、三四頁。
(9)『読売新聞』社説、明治三〇年七月二六日(資料出所は、『那覇市史資料篇第2巻中の4』六五九頁)。なお、太田は後になって、この運動について「(人心を転換させる)適宜の一策などと理屈をつけても、少なくとも思慮の足りなかった責は免れない」（太田『沖縄県政50年』初版は国民教育社、昭和七年、二〇九頁）と自省している。

（10）なお、社会党（一九四七年一〇月結成）が米国の信託統治を唱えている。

（11）新崎盛暉『戦後沖縄史』（日本評論社、一九七六年）二頁。

（12）比嘉幹郎「政党の結成と性格」宮里政玄編『戦後沖縄の政治と法――1945―72年』（東京大学出版会、一九七五年）二一九頁。なお、照屋寛之「戦後初期の沖縄の諸政党の結成と独立論」『平成16年文部科学省科学研究費報告書『自治基本条例の比較的・理論的・実践的総合研究』No.6最終報告書沖縄の自治の新たな構想』所載が全体を通観し便利である。

（13）新崎盛暉・前掲書五九頁。

（14）仲地博「戦後沖縄自治制度史1」『琉大法学』六五号、二〇〇一年、九二頁以下。

（15）ただし、大政翼賛会リーダーであった当間重剛、平良辰雄等は排除されている。仲地前掲論文九八頁。

（16）新崎盛暉・他編『沖縄自立への挑戦』（社会思想社、一九八二年）ii頁。

（17）本章では、戦後史の節目ごとの自立論の概略を紹介したが、米軍占領時代の長期にわたって独立論を唱えた者として大宜味朝徳がいる。大宜味朝徳については、西平寛俊（沖縄県庁職員）による労作「大宜味朝徳の思想――琉球独立論を中心に」（琉球大学大学院の平成一〇年修士論文・琉球大学付属図書館蔵）がある。

（18）林前掲論文、三六頁。

（19）一部経済人の運動として「琉球議会」が創設され、復帰尚早論を主張した。委員長は真栄田義見。

（20）比嘉康文『沖縄独立の系譜』（琉球新報出版、二〇〇四年）は、「琉球国を夢見た6人」を取り上げた労作である。著者は、「沖縄の独立論を書き、論議し、主張する人たちは今も多い。だが、自らの社会的地位や経済的損失をいとわずに実際に行動したのは六人だけ」（二六七頁）という。ちなみに、この六人は、大浜孫良、崎間敏勝、野底武彦、新垣弓太郎、大宜味朝徳、喜友名嗣正である。

（21）新川明『反国家の兇区』（現代評論社、一九七一年）三〇四頁。

（22）新城郁夫「沖縄は『合意』の暴力を拒絶する――日本という『国家』からの離脱に向けて」（『世界』岩波書店、二〇〇六年六月号）は、次のように述べる。「日本という国家が、米軍という無限定な暴力装置を介して、沖縄を支配し蹂躙しその自主的政治の可能性を奪い取ろうとする限り、沖縄はその国家間同盟の暴力に対して徹底的な抵抗を実践する権利を有し、国家からの離脱を含めた一定の政治的意志を示す必要があるのではないか。しかも、そうした実践は、沖縄独立あるいは別の国家の建設といった形とは全く違う、反国家的社会の形成という方向への模索であるべきであ（る）。（中略）その時、沖縄から日本にむけてなさるべきことの中心に、ともに国家を廃棄していく協同作業への呼びかけが再発見され得るように思える。この点において、一九七〇年前後に沖縄から提示された多くの反復帰論・反国家論の学び直しと再評価は、緊急の課題だと思われる。」

（23）宮本憲一『開発と自治の展望・沖縄』（筑摩書房、一九七九年）。

（24）「沖縄自治に関する一つの視点」、「生存と平和を根幹とする『沖縄自治憲章』」、「琉球共和社会憲法」、「琉球共和国憲法」は、新崎盛暉・他編『沖縄自立への挑戦』（社会思想社、一九八二年）、『玉野井芳郎著作集地域主義からの出発』（学陽書房、一九九〇年）、「沖縄の自立解放に連帯する風游サイト」http://www5b.biglobe.ne.jp/~WHOYOU/ 等で見ることができる。

（25）一九九七年に国会で行われた二つの議論を紹介する。衆議院で上原康助議員は、「もし沖縄が独立をするという場合、どういう法的措置が必要か」と質問した（予算委員会二月一三日）。もう一つは、参議院で照屋寛徳議員が、「沖縄の人、ウチナーンチュはいつから日本人になったか」と質問している（安保特別委員会四月一四日）。両質問者はこの問題を正面切って議論しようとしたのではない。上原議員は、政府の沖縄に対する姿勢を問い、照屋議員は、沖縄住民の権利を問題にしたのである。

政府委員の答弁は要旨次の通りである。独立については、「独立という言葉は、法律的に申しますと、わが国の憲法を初めとする法体系が排除される、現在の憲法秩序とは相入れない事態になる。言葉をかえますと、独立というのは一国の主権、領土から離脱するということでございまして、現行憲法はそれに関する規定を設けておりません。したがいまして、そのようなことを想定していない。現行憲法下では適法にそのような行為はできないのではなかろうかというふうに考える」という答弁である。日本人にいつなったかという点については、「私どもの祖先がいつから日本人になったのかといった問題を含めまして大変難しい問題でございますが、いずれにいたしましても、近代的な統一国家としての日本国、そしてその構成員である日本国民というものが確立されましたのは明治維新後ということなのではないだろうかと思うわけでございます。そういった経過を経まして、明治三二年に旧国籍法が制定されたわけでございますが、沖縄の住民の方々はその旧国籍法施行の前から一般に日本国籍を有するものとされたというふうに承知しておりまして、そして以後そのことを前提にして、その時々の国籍法の規定に従って日本国籍の取得あるいは喪失がされてきたということであろう」と述べている。

（26）仲地『国際都市形成構想と道州制』『琉大法学』七三号、二〇〇五年、一八九頁以下。

（27）県の提唱する国際都市構想と自治労の「琉球諸島の特別自治制に関する法律案要綱」がリンクする理由は、国際都市構想をリードした吉本副知事（当時）が、自治労の出身であったことによると推察して間違いない。

（28）林前掲論文三八頁。

(29) 二〇〇五年八月衆議院議員選挙に際しての沖縄の各政党（県連など）の道州制についての政策は、自民、社民、公明、社大、民主が、沖縄単独州に賛成、共産党が道州制そのものに反対、自由連合が「九州に併合」である（『琉球新報』二〇〇五年八月一九日）。

(30) http://w3.u-ryukyu.ac.jp/jichiken/ なお、濱里・佐藤・島袋編『沖縄自治州──あなたはどう考える』（沖縄自治研究会発行、二〇〇五年）で、「憲法95条に基づく沖縄自治州基本法」を発表している。

(31) 琉球自治州の会発行『琉球自治州の構想──自立をめざして』（制作那覇出版、二〇〇五年）。

(32) 琉球弧の先住民族の会編『Q&A国際人権法と琉球・沖縄』（私家版）がある。http://ameblo.jp/aipr/entry-10005328373.html

(33) 上村英明『先住民族の近代史──植民地主義を超えるために』（平凡社、二〇〇一年）一一頁。さらに上村は次のように述べる。「国家という政治機構によって分割された地球上の社会の多くは、教育を通してその社会の中で多数を占める民族が形成したナショナリズムに日常生活のすみずみまで染め上げられている」（一〇頁）。

(34) 当間嗣清「琉球・沖縄人と国連の10年下」『沖縄タイムス』二〇〇六年八月九日朝刊。

(35) 宮里護佐丸「琉球・沖縄人と国連の10年上」『沖縄タイムス』二〇〇六年八月八日朝刊。

(36) 沖縄経済同友会が二〇〇五年一二月五日に開催したシンポジウムの報告書『道州制と沖縄の選択──沖縄にふさわしい道州制とは』（沖縄経済同友会、二〇〇六年）に収録されている。

(37) 琉球独立党のHP、http://www.bekkoame.ne.jp/i/a-001/ 参照。

(38) 注2のブックレット七六頁以下。

参考文献

新川明（2006）『反国家の兇区』、現代評論社

新城郁夫（2006）「沖縄は『合意』の暴力を拒絶する──日本という『国家』からの離脱に向けて」『世界』六月号、岩波書店

新崎盛暉（1976）『戦後沖縄史』、日本評論社

新崎盛暉・他編（1982）『沖縄自立への挑戦』、社会思想社

新崎盛暉他編（1990）『玉野井芳郎著作集地域主義からの出発』、学陽書房

上村英明（2001）『先住民族の近代史──植民地主義を超えるために』、平凡社

太田朝敷（1932）『沖縄県政50年』初版は国民教育社
新沖縄文学（1981）『琉球共和国へのかけ橋』四八号特集
新沖縄文学（1986）『玉野井芳郎と沖縄』八六号特集
新沖縄文学（1983）『独立論の系譜』五三号特集
仲地博（2007）「玉野井芳郎の地域主義と沖縄自治憲章」『憲法諸相と改憲論』敬文堂
仲地博（2001）「戦後沖縄自治制度史1」『琉大法学』六五号
仲地博（2005）「国際都市形成構想と道州制」『琉大法学』七三号
宮本憲一（1979）『開発と自治の展望・沖縄』筑摩書房
照屋寛之（2004）「戦後初期の沖縄の諸政党の結成と独立論」「平成16年文部科学省科学研究費報告書『自治基本条例の比較的・理論的・実践的総合研究』№6最終報告書「沖縄の自治の新たな構想」
比嘉康文（2004）『沖縄独立の系譜』琉球新報出版
比屋根照夫（1982）「沖縄構想の歴史的帰結」『自由民権思想と沖縄』研文出版
林泉忠（2005）「『豹変』を繰り返した沖縄アイデンティティ」地域政策（公人の友社）秋季号、『辺境アジア』のアイデンティティ・ポリティクス――沖縄・台湾・香港」明石書店
琉球弧の先住民族の会編『Q&A国際人権法と琉球・沖縄』（私家版）
琉球自治州の会発行（2005）『琉球自治州の構想――自立をめざして』制作那覇出版
「沖縄の自立解放に連帯する風游サイト」http://www5b.biglobe.ne.jp/~WHOYOU/ 等

14　国際人権法からみた沖縄の「自己決定権」
――「沖縄のこころ」とアイデンティティ、そして先住民族の権利

上村英明

はじめに――沖縄における社会問題群の本質を考える

沖縄にはさまざまな未解決の社会問題がある。未解決の状況は、長い歴史を持ち、政権が交替したとはいえ、あるものは依然解決への道は容易ではない。そして、僕自身は、この約一〇年、個別の問題に取り組むよりは、むしろそれら諸問題の本質とは何か、あるいはその根源的問題とは何かを考え、その思索に従って行動し続けてきた。

僕なりのつたない結論からいけば、そのキーワードは沖縄の「自己決定権（人民の自己決定権）」であり、これを巡る沖縄人の「発信」と日本人の「受信」の間に横たわる大きな溝あるいは意思疎通の失敗(1)こそが、その根源的な問題である。米軍基地や「日米地位協定」に起因する住民の生活権や女性や子どもなど広範囲な人権の問題や環境破壊、「癒しの島」に現われる観光やリゾート開発問題、あるいは「沖縄語（ウチナーグチ）」を含む文化や伝統の破壊、日

本人の入植や土地買い占め問題[2]なども、実は、この根源的問題から派生する表象にすぎないのだと思われる（本章では、「沖縄人（ウチナーンチュ）」が指すところの「大和人（ヤマトーンチュ）」を「日本人」と表記し、また、「沖縄人」の伝統的居住地域を「沖縄」、それ以外の日本領土を「日本」と表記する）。

これを紐解く作業は、一九九六年に始まった国際人権法を使った**沖縄人の先住民族としての権利運動**の中でやっとその構造が見える形になりつつある。[3]それは、沖縄人のアイデンティティとその置かれた状況について、日本政府の公式見解を引出すという作業であった。もちろん、そうした作業がこれまでなかったわけではない。例えば、一九九七年二月上原康助が衆議院で、また同年四月照屋寛徳が参議院で、それぞれ「もし沖縄が独立する場合、どういう法的措置が必要か」、「沖縄の人、ウチナーンチュはいつから日本人になったか」と質問したが、それはこの紐解く作業を正面から行うものではなかった[4]（仲地 2005: 48-49）。

他方、二〇〇一年三月には、ジュネーブで人種差別撤廃条約に基づく、日本政府の最初の定期報告書審査が行われた。これに対し、琉球弧の先住民族会（ＡＩＰＲ）は、人民の自己決定権を中核に沖縄人が置かれた差別的状況を条約機関である国連・人種差別撤廃委員会にＮＧＯ報告書として提出した（琉球弧の先住民族会 2004）。委員会は、日本政府報告書において沖縄人に対する差別が全く言及されなかったことに対し、民族としての沖縄人に対する差別が存在するという主張があることに言及し、穏やかに、日本政府が次回報告書でこの問題に関する情報提供を行うよう勧告した。[5]勧告に対する反論文書を、日本政府は、同年八月に委員会に送付したが、この中では沖縄人に関して次のように言及している。「沖縄の住民が日本民族とは別の民族であると主張する人々がいることは承知しているが、それが沖縄の人々の多数意思を代表したものであるとは承知していない」とした上で、「沖縄県に居住する人あるいは沖縄県の出身者は日本民族であり、一般に、他県出身者と同様、社会通念上、生物学的又は文化的諸特徴を共有している人々の集団であると考えられておらず」、人種差別撤廃条約の対象グループとは考えていない（外務省「人種差別撤廃委員会の日本政府報告審査に関する最終見解に対する日本政府の意見の提出」同省HP）。

その後、国連人権委員会に任命された「人種主義、人種差別に関する特別報告者」ドゥドゥ・ディエンが、二〇〇五年七月と二〇〇六年五月に「日本」を訪問し、とくに、二〇〇六年五月には沖縄の状況を確認するための視察を実施した。その成果は、二〇〇六年九月に、新設された人権理事会で報告されたが[6]、そこでは一八七九年琉球併合以来の差別、基地問題の存在が指摘され、第五三段落には以下のような踏み込んだ記載が行われた。「沖縄の人びとのなかには、恒常的な人権侵害に終止符を打つため沖縄が独立領になることを望む者もいる。」そして、報告書は米軍基地の存続と沖縄人の基本的人権が両立するかについて、日本政府が慎重な検討を行うよう勧告している。これに対し、二〇〇六年六月日本政府は再び一六頁に及ぶ反論文書を準備し[7]、沖縄における軍事基地の問題は何ら民族差別と関係なく、ディエン特別報告者の越権行為だとした上で、とくに第五三段落について「地方自治体としての沖縄県はそのような見解を取っていない」、「そのような意見は沖縄の人びとを代表するとは考えられない」と、二〇〇一年八月と同じ批判を繰り返した。

日本政府の二つの反論文書には、さまざまな重大問題を指摘できるが、その中心は、「沖縄県」の住民は他の地方自治体と全く同じく日本民族から構成されていて、日本の民主主義の下、沖縄には民族差別という問題は存在しない、という点である。とくに、地方自治体である「沖縄県」の見解によって住民の意思が表明されるとした日本政府の公式見解は興味深い。では、米軍基地など沖縄の諸問題の原因を日本政府はどう考えるのであろうか。二〇〇六年五月一八日参議院での大田昌秀の質問に対して、麻生太郎外務大臣は、これを沖縄の置かれた「地政学的位置」に起因すると説明した[8]。つまり、問題の本質は、地理上の位置という偶然の所産だというのである。

本章では、このような日本政府の見解に対し、先ず、第一に、沖縄人に対して「日本国」がつくりだしている構造的差別の存在を検証する。沖縄人は実際、史的に日本政府から押し付けられた「沖縄県」という形で植民地的地方行政構造の中にはめこまれており、この構造のなかで、発言していく限り、国内差別や日米政府の共犯関係による支配を乗り越えることが出来ない。第二に、このような構造的差別を克服する国際人権法上の概念としての人民の「自己決定権」を説明し、本来沖縄が国際法上の主体であることを考える。第三に、日本と沖縄間に存在する差別と支配を乗り越えるためには、沖縄人が先住民族の権利の確立を通して人民の「自己決定権」を行使し得ることを議論することにしたい。

1　沖縄人に対する差別の基本構造は何か——「沖縄県」と「沖縄県民」のわな

さて、日本で「沖縄人」に対する差別の問題を語ろうとすると、人権問題に関心の高い日本人からも反発を受けることが少なくない。「沖縄県」出身者は、その理由で、結婚や就職、学校や地域社会において差別されることは現在ではない、同じ日本人なのに、なぜ特別扱いして語る必要があるのか。あるいは、同じ日本人なのに、沖縄県民は米軍基地の押付けをはじめ不当な扱いを受けてきた。その差別を解消するためにわれわれは闘っているのであって、沖縄の住民は同じ日本人だ、という論理である。先に見たように、日本政府も、「沖縄県」の存在を前面に押し出し、「沖縄県民」は同じ日本人で、だからこそ「地政学的な問題」はあっても差別はないとその論理を展開してきた。

こうした見解をもつ人々には、沖縄問題の構造を説明するとき、アイヌ民族に対する人権問題の構造から話を始めることが効果的だ。まず、アイヌ民族に対する差別は、結婚や就職、学校や地域社会におけるものばかりではない。それは表象であって、本質ではない。その差別の根底にある構造は、アイヌ民族が培ってきた日本人と異なる固有の文化、歴史、伝統的価値に対する無知と無理解、そして偏見と蔑視である。例えば、北海道を「未開の大地」と呼ぶことは、アイヌ民族に対する重大な差別である。彼らは、日本人たちの入植前、日本人と異なるやり方で北海道の大地（アイヌモシリ）を高度に利用してきた。つまり、アイヌモシリは決して「未開の大地」ではなく、アイヌ民族の固有な価値に尊厳と権利を認めないことから、さまざまな差別が生じているのである。この視点では、差別を受けたアイヌ民族に、「同じ日本人ではないか」と慰めることも、その意図とは反対に明確な差別であることも理解されるだろう。

　沖縄の問題を根源から語ることは、同じように沖縄人には日本人と異なる文化、歴史、伝統などの独自な価値があるかどうか、またそれに基づいて沖縄人は日本人と異なる政治的意思を持ちうるかどうかを考えることである。そして、その考えを整理するためには、同じ「県」という地方自治体をもっているが故に、沖縄人は日本人であり、日本という国家の中で平等に扱われるはずだという日本政府の本末転倒、主客逆転、あるいは歴史無視の論理をまず疑い、沖縄人の視点から歴史の関係性を再検討してみることだろう。アイヌ民族に「同じ日本人ではないか」と語ることが差別に当たると述べたが、本来同じものに違う対応をすることが差別になるように、もともと違うものを同じに扱うことが差別になることはこれも自明の理に他ならない。

　歴史的にみれば、「沖縄県」は二度沖縄人に日本政府から与えられた。最初は、一八七九年の「琉球併合」（日本人の歴史家は、「琉球処分」と呼ぶ）の完成時であり、もうひとつは一九七二年の米軍統治から日本への再併合（俗に、「祖国復帰」あるいは「本土復帰」と呼ばれる）によってである。第一の「沖縄県」を考える視点は、それが「琉球併合」という明確な植民地支配実施の「枠組み」として、日本政府によって設けられた政治・行政上の単位だということである[9]（上村 2001: 127-152）。これによって、旧琉球政府が持っていた権利は外交権を含めてことごとく剥奪され、「同じ日本人」になるための同化政策が強行される一方、「劣等国民」としての差別と抑圧が構造化された。こうした事例は、「琉球併合」の他にも、日本人の県令による支配、「方言札」を使った皇民化教育の徹底、「人類館事件」やとくに日露戦争以降の広範な「琉球人差別」など数え挙げればきりがない。これに対し、第二の「沖縄県」は、祖国復帰運動の結果という意味でやや複雑な様相を見せるが、この運動が過酷な米軍統治から「本土並み」への離脱と「日本国憲法」の平和主義体制への帰属による状況の改善を目指し、またその土台に戦前の皇民化教育が存在したことを考えれば、祖国復帰運動＝日本人の根拠と判断するには大きな無理がある（新崎 2005: 24-31）。

そして、二つの「沖縄県」に共通していることは、この政治・行政機構によって、沖縄人の意思を、一地方住民の意思として日本の中央政府により簡単に葬り去ることができるようにしたことである。とくに、「民主主義」の名の政治体制下に置かれた第二の「沖縄県」において、その否定は「日本国民の意思」としてむしろ無意識かつ徹底的に実施される。例えば、日米安保条約や日米地位協定による日米の軍事協力と米軍基地の設置は、議会制民主主義によって表明された「日本国民の意思」である。安全保障のような中央政府の専管事項に関して、その決定に服することが民主主義の本旨であり、これに反することは地方自治体のエゴであり、民主主義の破壊に他ならない。大田昌秀知事の米軍用地に対する代理署名拒否が一九九六年最高裁判所によって敗訴に追い込まれたのも、また、代理署名の権限を日本の総理大臣に一元化する一九九七年の米軍用地特別措置法の改定が国会において「スムーズに」行われたのも、沖縄を単なる地方自治体とする「民主主義」の制度あるいはそれによって体現される「日本国民の意思」であったという事実を受け止めなければならない（大田 2000a: 327-330）。その意味で、「沖縄県」の意思によって、沖縄人の政治的意思が表明されるかといえば必ずしもそうではない。率直にいえば、「沖縄県」の意思こそが、日本政府との力関係の中、むしろ沖縄人の政治的意思を反映し得ない構造が構築された。

もちろん、沖縄の中にも、その歴史的経緯からまた日本人への抵抗意識から「沖縄県」という言葉を使わない人々がいる。しかし、一般に「沖縄県」と呼ばれる政治・行政機構が沖縄にどう与えられたのか、それは沖縄人の権利を守るために何をしてきたのか、また沖縄人の政治的意思を反映する機構として適切かどうかという問題が沖縄人の間で真剣にまた十分に討議されたとは思われない[10]。そして、沖縄の自治や自立を主張する人の中にも、「沖縄県」や「沖縄県民」を無造作に使う人がいる。確認しておきたいが、「沖縄県」や「沖縄県民」を使う限り、日本の「民主主義」体制で保障される権利は、地方自治体の持つ権利を超えることはない。「沖縄県」は、埼玉県や島根県と同じ「地方自治体」であり、「沖縄県民」は、神奈川県民や奈良県民と同じく単なる「地方自治体の住民」である。

もし、**植民地統治機構**そのものである「沖縄県」という政治・行政機構がもつ基本的問題を棚上げにしたまま、沖縄人の政治的意思を実現しようとすれば、例えば、日本国憲法をより「平和」的に実現したいと考える日本の特定の政治勢力と結びつく手法を探るしかない。しかし、その途端その特定の政治勢力とだけ結びつくことを嫌った沖縄人の別のグループがこれと敵対する日本の別の政治勢力と結びつくことになり、その結果、沖縄では日本の政治勢力間の「代理戦争」が勃発する構図となる。その構造自体が、沖縄の「自己決定権」を否定し、沖縄に対する植民地支配を継続したい日本政府が作り上げた政治構造の極みである。

2　沖縄人の政治的意思としての「人民の自己決定権」を考える

1　「民族自決権」と「人民の自己決定権」の違いを考える

日本政府は、人種差別撤廃委員会に対する反論文書で、沖縄の住民は同じ「日本民族」であり、「社会通念上」他県人と同じ生物学的、文化的特徴を有していると述べている。沖縄人に対する差別や権利問題を扱おうという国際機関に対して、日本政府の主張の根拠がまず「社会通念」というのも噴飯ものだが、日本社会全体に「社会通念」として差別意識や無知、無理解があると反論されれば、こうした論証自身は意味をなさない。ともかく、注目すべき点は、日本政府がここで「日本民族」という難解な民族概念を持ち出し、生物学的、文化的にと学問的な隠し味を施しながら、沖縄県民に対する差別はないと断じていることである。日本政府は、国際法上の「民族自決権」を十分意識しながら、違う民族ではないので、人種差別撤廃条約の対象にもまた裏を返せばこの権利の行使の対象とはならないという論理を展開したいようだ。

しかし、自ら独立戦争を戦わず、また自ら植民地解放の努力や作業を行わなかった日本政府にとって、「民族自決権」は「絵に書いた」原則論であり、政治の中で真剣な議論さえなかった権利体系である。その結果、日本語で「民族自決権」と俗にいわれる権利は、日本ではひとつの「民族」が単一の「独立国家」を形成する権利であると単純に解されることが多い。しかし、正確にはこの権利は「人民の自己決定権（the rights of peoples to self-determination）」と呼ばれるものであり、主体は「民族」ではなく「人民」である。この「人民」に関する政治学的定義は明確ではないが、かといって日本政府が主張するように生物学的あるいは民族学的、文化人類学的に固有な「民族」であるという確定がなければ、主張できないというものではない。

典型的な例としては、一八世紀に、北米の英領植民地の一部（現在の米国）が英国に対して「人民の自己決定権」を主張し、独立を達成したのは、民族が異なるという理由からではない。同じように、オーストラリアやニュージーランド、カナダの「人民」もその多数派は、宗主国に対して異なる民族であることを意味しなかったし、一九世紀における中南米諸国の独立も事情は同じである。最も近い例を挙げれば、日本政府自身が平和構築のモデルケースとして、一九九九年の国連による介入以降[11]その「人民の自己決定権」を、手のひらを返したように強く支持してきた東ティモールも、その住民が国境を越えたインドネシア領の西ティモールと明確に「民族」として異なるというわけではない。

つまり、「人民の自己決定権」の主張の主体となる「人民」とは、歴史や文化、伝統などのさまざまな価値要素を前提に、自分たちには「固有の政治的意思」が存在すると主張する集団である。明確な「民族」である必要はないし、もちろん「民族」が同じだからといってその権利を主張できないわけではない。その点、日本政府自身が、最初の反論文書の中で沖縄には「民族」が違うという主張があることを認めていること自体が、沖縄人に「人民の自己決定権」を議論する余地が十分にあることを示していて、逆説的だが興味深い。

この余地に関して、沖縄人のアイデンティティを明確化しようとした研究の多くはこれを「アイデンティティ分裂症」など状況に応じて変化する「曖昧」なものと位置づけている（伊高 2001: 9-34）。「沖縄人か日本人（沖縄県民）か」あるいは「独立か地方自治か」、「沖縄ナショナリズムか日本ナショナリズムか」という選択肢のぶれは、「人民の自己決定権」という概念によって沖縄人のアイデンティティを見る枠組みを設定しない限り、確かに明確ではなく曖昧に映る。

しかし、「人民の自己決定権」という視野からみれば、第一の「沖縄県」が設置される過程以来今日まで、沖縄人のアイデンティティあるいは政治的意思はむしろ一貫して明確である。その具体的意思は、「沖縄人は自己決定の主体であり、沖縄人には、少なくとも日本の地方自治体を明確に超える集団的権利が保障されなければならない」というものである。もちろん、日本という政治主体に対して、近代世界の中で、琉球・沖縄という政治主体は圧倒的劣勢を余儀なくされた。そのために、それぞれの状況に応じて、日本の「**地方自治を超える集団的権利の保障**」という要求はさまざまに様相を変える。しかし、第二次世界大戦の終結後間もない時期の知識人、政党による「沖縄・琉球独立論」から（比嘉 2004: 1-4）、「一国二制度」を含む「特別県制」の要求、地域共同体の主体性を軸とした「沖縄自治憲章」の起草、単独道州制論の議論に連動した「沖縄自治州基本法」の策定[12]などに至るまで、その一貫した主張は「日本の地方自治を超える集団的権利の保障」つまり本章で言及する「人民の自己決定権」の保障と行使であった。さらに古くは戦前に展開された、旧琉球国王を世襲制の沖縄県知事にする特別制度を要求した「公同会運動」から伊波普猷の「日琉同祖論」と「琉球人の誇り」あるいは太田朝敷の「愛郷主義」に関してもこの主張を矛盾なく読み解くことが出来るだろう。

2　沖縄人の視点から「人民の自己決定権」を論証する

沖縄人のアイデンティティとそれと深く関連した政治主体性の問題は、これまで残念ながらさまざまに行政や政治に関わった沖縄の知識人や政治グループが表明した「思想」や「運動」の歴史という側面から焦点を当てられることが少なくなかった。しかし、最近では社会調査から、沖縄人の意思としての政治主体性の問題が明らかになるようになった点は注目されてよい。琉球大学の林泉忠《リムチュアンティオン》による調査チームが二〇〇五年一一月に行った「**沖縄住民のアイデンティティ調査**」では、そのアイデンティティに関して「自分は沖縄人」が四〇%、「日本人」二一%、「沖縄人で日本人」三六%という結果であった。日本人には一般に「山梨人で日本人」、「愛媛人で日本人」という県民意識と国民意識を対等に併記するアイデンティティはない。そう考えれば、実に七六%の沖縄住民が日本人とは異なるアイデンティティをもっていると答えたことになる。また、同調査では、二五%の沖縄住民が「沖縄独立を要望」し、その大きな理由は「沖縄の政治的・社会的状況が本土とは違う」というものであった（高良 2005: 612-613）。こうした正面からアイデンティティを問う調査は、日本政府の反論に対する重要な反証となることだろうし、今後も「人民の自己決定権」が沖縄人に存在する論拠の基礎のひとつとなるだろう。

また、「人民の自己決定権」の具体的内容が「地方自治を超える集団的権利の保障」要求だとすれば、第二次世界大戦後に期間を限定してさえ、沖縄人から多くの発信があったことは先述した。最も身近な例としては二〇〇五年一〇月に沖縄自治研究会から発表された「沖縄自治州基本法試案」がある。これは、日本政府による道州制の議論が加速する中、第三の「琉球処分」[13]を避け、沖縄の単独自治州化をも目指して策定されたものだ。その試案の大きな柱を示す第一章「沖縄における自治の基本原則」の第一条は「沖縄の主権は、沖縄の住民に帰属する」と規定している。また第二章人権の一節第三条は「住民が自ら居住する地域の事柄について、法的地位を含むあらゆる決定権を持つことは、何ものも侵すことの出来ない普遍的な権利である」と規定している。さらに、第三章から第六章に規定された

「沖縄自治州政府」は自治外交権など「沖縄県」をはるかに越える枠組みを持っている。[14]これらの条文が意味するものは、明確に「人民の自己決定権」の主張に他ならない。そして、ここでの「沖縄」の設定が極めて重要である。この構想によれば、沖縄自治州は現在の「沖縄県」を固定的に指すのではなく、周辺諸島の意思によって構成が変化しうること、および一八七九年の「琉球処分」から現在までが「沖縄」を表現する時間軸であることが述べられている。失われた伝統的領土としての奄美を視野に入れ、歴史的権利の回復を志向している点で、沖縄人の「人民の自己決定権」の主張はさらに強化されていると読むことが可能だろう。

3　「地方自治」と「日本国憲法」への幻想——隠される「人民の自己決定権」の主張

しかしながら、沖縄人の政治的意思はそれでも慎重にまた注意深く読み解くことが不可欠である。なぜなら、日本と沖縄の関係は、宗主国と植民地という抑圧的あるいは少なくとも不均衡な関係であり、いかなる形であれその構造の中でしか意思の表現が行われず、その結果ねじれた表現になることが少なくないからである。これはすべての旧植民地住民の政治的意思表示に共通するもので、世界各地で多くの社会問題が解決しない深刻な原因のひとつとなっている。とくに、抑圧者としての日本人は、意識的にあるいは無意識にこの問題に対する洞察力を欠き、その結果として日本政府による実質的な植民地支配は巧みに維持されてきた（野村 2005: 17-46）。

確認すれば、沖縄人の政治的意思の表現は、つねに大きな矛盾やねじれを持つ複雑な形態になっており、結果的に言えば、無意識の植民地支配者に対する有効な自己主張になっていない。その典型は、「土着政党」と自称し、また日本人からは「地域政党」と呼ばれるが、本来であれば沖縄の「人民・国民政党」と呼ばれるべき沖縄社会大衆党の「基本政策」に明確に表されている。例えば、やや古くなるのが同党の「二〇〇六年度基本政策」は興味深い。その中で「国政に臨む基本政策」として、第一項には次の理念が表現されている。

「一　日本国憲法の平和の実現と、国際連帯を目指す崇高な理念に基づいて国民主権による民主国政の運営・国際外交の推進を目指し、『民主主義の砦』として、**地方主権**、地方自治の確立と期待に応えるため、我が党は『日本国憲法』を国政の根幹に据えた護憲の政党として、国政の平和、経済の発展、国際連帯の政治外交の実現を図る。[15]」

例えば、この政策理念の矛盾は、国民主権と「民主主義の砦」そして地方自治の関係と「地方主権」の整合性である。日本国憲法の基本理念のひとつが国民主権であることは自明であるが、「民主主義の砦」はあくまで国会であり、地方自治は住民自治の視点から「砦」の中にある「民主主義の学校[16]」に過ぎない。この点、「地方主権」という言葉は、日本国憲法のどこにも存在しないし、一般に最高にして至上の統治権を意味する「主権」が「地方」にあるという表現自体が形容矛盾である。この「地方主権」は、同じ「二〇〇六年度基本政策」の別の箇所「県政に臨む基本政策」では「**県民主権**」とも表現され、日本人から見ればその矛盾度を深めている。「国民主権」の下では、「県民」に中央政府の専管事項に抵触しない範囲での地方自治の権利はあっても、これを超える主権は原理的に保障されない。つまり、「人民の自己決定権」の視点が理解できない日本人には、沖縄社会大衆党は少し難しい言葉と跳ね上がった表現を使う護憲の地方政党としか映らない。

同じ矛盾は、「沖縄の主権は、沖縄住民に帰属する」と高らかに謳った「沖縄自治州基本法試案」にも存在する。同試案には、実はその名称に「憲法第九五条に基づく」という枕言葉が付いている。さらに沖縄自治州と日本国との関係を定めた第六章第一条では「憲法上、国の専属的権限とされるものについては、沖縄自治州の権限は及ばないものとする」と規定している。日本国憲法第九五条は、国は単一の地方自治体に適用される特別法を、住民の過半数の同意がなければ制定できないと定めた条文である。「沖縄自治基本法試案」はこの条文の論理を逆手に取って、住民の同意があれば国は単一の地方自治体に適用される特別法を設置しなければならないと解釈しているようにみえる。しかし、第九五条の主語はあくまで国であり、逆手の論理を実現するためには、やはり国（国会や政府）になぜ沖縄には現在の地方自治体の権限を逸脱するような特別法が必要かを説明し、その多数派を説得、動員して国会における立法過程を前進させなければならない。この立法過程の構造、つまり国会や政府に沖縄の状況を説明し、その多数派に権利を認めてもらうという手続きからすれば、それは現在の反基地運動の手続きとほとんど代わりがないようにみえる。

少なくとも、その提言は多くの日本人にとって理解の難しい表現で構成されているように思われる。日本人の大多数あるいはその意思によって構成される国会も政府も、異なる政治的意思を表明する集団の権利に対し、基本的に無知であり、鈍感である。別の表現をすれば、その問題の解決に関して極めて無能である。つまり、最低！　なのだ。そうした人々に対し、「地方自治を超える集団的権利の保障」を訴える時、「沖縄県」や「沖縄県民」あるいは「地方自治」という用語を使った瞬間に、「沖縄県民は同じ日本人」、「沖縄県は同じ地方自治体」、「民主主義の原則は法の下の平等」という概念が自動的に振り下ろされて、沖縄人の政治的意思を理解する回路はあっさりと切断されてしまう。日本政府の反論文書は、むしろ民主主義制度の中でこそ、この構造がはっきり現われることを証明しているし、沖縄人はその政治的意思を総括できる分かりやすい言葉を使う必要がある。

3　沖縄を異なる「政治的意思」をもつ集団として切捨てた日本

第二次世界大戦において国体護持のための「捨石」にされたと表現される沖縄は、その政治的意思に関しても切捨てられてきた。沖縄人の「人民の自己決定権」の主張に対し、日本の政治機構も、沖縄人を「国民主権の範囲から逸脱した異なる集団」と取り扱ってきたことを数点証明しておきたい。第一の「沖縄県」の付与いわゆる「琉球併合」について改めて紙数を割かないが、第二の「沖縄県」の付与を巡る時期にはこれに関するいくつかの問題がある。

ひとつのポイントは、一九六二年二月一日に琉球立法院において行われた「施政権返還決議」である。**サンフランシスコ平和条約第三条**による沖縄の日本からの分離を「力によって民族が分離され他国の支配下に置かれること」と表現するこの決議は日米両国政府に送られたが、一九六〇年一二月の「植民地独立付与宣言」の適用を求めた第三の決議文が国連本部と加盟各国にも送付された。これは、沖縄住民＝日本人論が世界に向けて発信された点で、「祖国復帰運動」を加速させることになったとして語られることも多いが、重要な論点は、この決議を受けて翌日『琉球新報』に掲載された日本政府の見解である。ここで日本政府は、自ら「植民地独立付与宣言」には賛成票を投じたが、これは沖縄を想定したものではない。沖縄は「日米両国政府が協力して種々の措置を講じて」おり、「植民地独立付与宣言」に規定する植民地には該当しないと表明している。(17)

このプロセスでは、二つの点が少なくとも問題になる。ひとつは、沖縄の日本からの分離時の扱いである。一九四五年三月米国は海軍軍政府布告第一号（ミニッツ布告）を発令して、沖縄（奄美を含む沖縄人の伝統的領土）に対する日本政府の行政権の停止を宣言した。これに対し、一九四五年一二月に開かれた帝国議会は、米軍による沖縄に関する行政権の分離を承認し、あっさりと「沖縄県民」の選挙権を停止する新選挙法を成立させた。この時帝国議会の最後の「沖縄県選出議員」として漢那憲和は猛然と抗議するが、在日沖縄人による仮代表という提案も含めて一顧だにされず「沖縄県民」の国民としての権利は否定された。この結果、一九四六年六月―一〇月に開催された「日本国憲法」を審議した**制憲議会**には、「沖縄県」の代表は誰もいないという状況が出現した（仲地 2005: 52-53）。

現在、日本政府は、平和構築に関して、国民主権の確立の第一歩は「制憲議会」の成立であると、カンボジアや東ティモールを初め多くのポスト紛争地域にボランティアを含む要員を派遣し、住民登録、選挙実施などでの国際貢献を自画自賛してきた。もしこの姿勢にウソがなければ、一九四六年日本の制憲議会では「国民主権」は成立していないことを真摯に認めるべきだろう。そして漢那の抗議が無視されたこと、不当あるいは意図的に「国民主権」を成立させなかったことを謝罪し、何らかの補償をする気はあるのだろうか[18]。

この事件に関するもうひとつの解釈は、日本社会の中には、沖縄を植民地として扱い、沖縄住民を日本人と対等な「国民」とみなさない差別意識があった、というものである。戦前の同化主義を基調とした皇民化教育と沖縄戦の諸相に表れる差別の結果としての沖縄人の犠牲をこの解釈は説明することができる。そうであれば、その逆転の展開としても沖縄人には植民地人民として「人民の自己決定権」が保障されるべきことが十分主張できる。

もう一点は、一九五二年四月二八日に発効したサンフランシスコ平和条約と沖縄の地位を規定したその第三条であり、それは以下のような文言で構成されている。

「第三条【信託統治】日本国は、北緯二十九度以南の南西諸島（琉球諸島及び大東諸島を含む）、孀婦岩の南の南方諸島（小笠原群島、西ノ島及び火山列島を含む）並びに沖の鳥島及び南鳥島を合衆国を唯一の施政権者とする信託統治制度の下におくこととする国際連合に対する合衆国のいかなる提案にも同意する。このような提案が行われ且つ可決されるまで、合衆国は、領水を含むこれらの諸島の領域及び住民に対して、行政、立法及び司法上の権力の全部及び一部を行使する権利を有するものとする。」

ここで重要なことは、まず沖縄が「信託統治」の文脈で規定されたことだろう。「信託統治」制度は、国連が、国際連盟の「委任統治」制度を強化する形で設けた非植民地化プログラムのひとつで[19]、第二次世界大戦の敗戦国の植民地を分離し、安全保障理事会の常任理事会で構成される「信託統治理事会」の下で管理しようとしたものである。強化された点は、信託統治地域の住民が「自治あるいは独立（self-government or independence）」という形で「人民の自己決定権」を実現することをその最終目標とした点であり（国連憲章、第七六条b項）、一九四六年には日本、ドイツなどの一一の旧植民地が宗主国から分離されて信託統治理事会の管轄下に移行された（上村 2004a: 14-20）。

第三条の重要ポイントは、米国が沖縄を信託統治制度に移すと提案した場合には、日本政府はこれに同意すると明記している点である。強調するが、これは日本政府が、沖縄は敗戦国から分離されるべき植民地だと国際社会に対して明示したことに他ならない。一九六二年の琉球立法院決議に対する日本政府の見解は、この条約に照らせば明らかにウソである。しかし、第二文は、この原則を認めながら、ひとまずその施政権を米国に委ねると規定している。この中途半端な地位が最終的に設定された原因は、信託統治理事会では冷戦の一方の当事者であるソ連も理事国であること、また最終的に信託統治地域には「自治か独立」を認めなければならず、これらの理由は米国の軍事基地の長期確保に支障があったためと考えられている。この点、米軍基地の安定的な確保には、日本の（潜在）主権下という形で沖縄を実質支配することが最も好都合であった。この状況で飛び出したものが、一九五四年一月七日のアイゼンハワー米国大統領の沖縄基地無期限保有宣言であり、その理由はこうした状況の結果として十分説明できる（大田 2000b: 113-120）。日本政府は、一旦沖縄を植民地と認め、また「人民の自己決定権」の主体と認めながら、その地位を曖昧にして、米国の軍事政策の安定的展開のために売り渡しのである。この点からいえば、一九七二年の「本土復帰」は米軍基地の財政負担を日米両政府で再配分するための政治「協力」の儀式だったと酷評しても、そう外れていないだろう。残念ながら、日本政府のいう「沖縄県民は同じ日本人」、「沖縄県は同じ地方自治体」、「民主主義の原則は法の下の平等」の実態がこの程度であることを多くの日本人は知る義務がある（大田 2000a: 313-325）。

結びに――人権保障の基礎としての「人民の自己決定権」と「沖縄のこころ」

一九六六年に国連総会で採択された「国際人権規約」（自由権規約と社会権規約の二つの人権規約から構成される）は、その共通第一条として「人民の自己決定権」を規定している。一九四八年の「世界人権宣言」にはこの規定は存在しないが、国連の植民地解放プログラムが進展する中、アジア・アフリカの新興諸国が国連加盟を果たし、人権保障の基礎としての「人民の自己決定権」を強く主張したためである。本章は、その視点から沖縄における人権保障の枠組みそのものを取り上げることにした。

琉球政府時代の立法院議員以来、那覇市長、衆議院議員、沖縄県知事を歴任し、保守政治家として知られる西銘順治は、一九八五年「沖縄のこころ」とはという質問に「ヤマトンチュー（大和人）になりたくて、なり切れない心」と語ったという話は有名である（稲垣 2005: 71-83）。「沖縄のこころ」を「沖縄人の政治的意思」だとすれば、自らを自民党田中派と公言したこの保守政治家ですら「日本人だと思いたいが、心から納得のいくものではない」と語っていたことは沖縄人と日本人の意思疎通の深刻な失敗ぶりを示しているといっても過言ではない。別の視点からすれば、その心は改めて沖縄人が「自己決定権」を主張する表現でもある。日本人であれば、けっして自らこういう発言をしないからだ。日本人は一般に生まれながらにして日本人であり、その属性は日本人として納得するかしないかに左右されない。西銘も沖縄人であったということである。

因みに、西銘の言葉を日本人に分かりやすく再解釈すれば、「**日本人になりたくないのに、なったふりをしなければならない心**」である。そして、沖縄の人権侵害の根源的問題は、沖縄人と日本人のこの負の関係性であり、それを体現したものが「沖縄県」に他ならず、その抑圧・差別構造を使って米軍基地や日米地位協定など諸問題の現在がある。

この点、問題の本質的な解決には逆の回路を構築することだろう。「日本人になりたくもないし、なったふりもしたくない」という意思あるいは歴史的、文化的背景から「人民の自己決定権」を回復する権利があるという政治的意思をより感性の高い国際社会に向けて発信することである。そして、ディエン特別報告者の来沖のようにその国際的な圧力を組織化しながら、無知と固定観念、外交利権にまみれた日本政府[20]にまずわかりやすい言葉で権利に関する関係性の再構築を迫ることが不可欠である。沖縄人は、近代以降自らのアイデンティティを正面から主張することができなかった。アイデンティティは常に海外からもたらされた。この点、先住民族の権利は、沖縄人が近代を取り戻し、日本人との関係を再構築する数少ない道具のひとつに他ならない。

注

（1）知念ウシも、この問題を「人民の自己決定権」が直接及ぶ形ではないが、日本人の知識人との関係において「沖縄人とのディスコミュニケーション」と表現している（知念 2002: 37-47）。

（2）「癒しの島」を求めて入植する日本人によって、石垣島など沖縄の各地でその文化や伝統が危機にさらされている。もし、沖縄に「人民の自己決定権」があれば独自の出入国管理によってこれを解決することが可能かもしれない。

（3）先住民族としての沖縄人の国連人権機構への参加は、一九九六年に始まり、その参加者によって一九九九年「琉球弧の先住民族会（AIPR）」が結成された。最近の展開でいえば、二〇〇八年一〇月に行われた日本政府の第五回報告書審査で自由権規約委員会（Human Rights Commitee）は、沖縄・琉球民族を先住民族と認め、その権利を保障するよう日本政府に勧告した（UN Document, CCPR/C/JPN/CO/5, 2008/12/18）。

（4）日本政府は「現行憲法下では適法に行えないと考える」、「私たちがいつから日本人になったかという問題は難しいが、沖縄の住民は日本国民という点では一八九九年の旧国籍法の前から日本国民だったと考えられる」という趣旨の答弁で、これらの質問を巧みにかわしている。

（5）UN Document, CERD/C/58/CRP, 2001/3/20.

（6）UN Document, E/CN.4/2006/16/Add.2, 2006/1/24.

（7）UN Document, A/HRC/1/G/3, 2006/6/26.

（8）『沖縄タイムス』二〇〇六年五月一九日付朝刊。『沖縄タイムス』は、麻生外務大臣に反論する形で、「誰が見ても差別としか」と題する社説を二〇〇六年五月二二日朝刊に掲載している。但し、「差別的意図に基づくものでない」ことは「本土復帰前を除けば理解できる」としている。日米地位協定の問題などについても、差別的意図はないと言い切れるのだろうか。

（9）日本史にいう「琉球処分」とは、日本政府の植民地化計画に対して、琉球王国政府が果敢にまた粘り強く抵抗したことに対する「厳罰」として統治するという日本政府の正式な行政用語であり、この言葉の意味自体が植民地形成プロセスを明確に語っている。

（10）沖縄独立論は、「沖縄県」の存在を否定したといえるが、植民地統治機構としてこの政治的構造を批判的に分析したものとは言いがたい。また個々人の主張としては、平良修、高嶺朝誠、真喜志好一、新川明などが「意識的」に「沖縄県」を否定している（稲垣 2005: 1-6）。

（11）一九九九年六月に「国連東ティモール派遣団（UNAMET）」が展開したが、国連の対応の失敗から住民投票後の「紛争」を予防できなかった。また、日本政府は、それまでインドネシアによる東ティモール支配や人権侵害を黙認した責任がありながら、これを棚上げにして平和維持、平和構築に乗り出した（古沢希代子「東ティモールと予防措置——国連の説明責任」『PRIME』第一一号、明治学院大学国際平和研究所、二〇〇〇年、五―一八頁を参照）。

（12）地方自治研究会で、二〇〇四年四月一〇日に行われた仲地博による「沖縄自立構想の系譜」と題する報告がこうした議論を的確にまとめており、仲地はこの背景には沖縄人の「民族意識」があると分析している（沖縄自治研究会のブログ http://plaza.rakuten.co.jp/jichiken/8001、二〇一〇年一月六日を参照）。

（13）一八七九年の「琉球併合」を第一の「琉球処分」とすれば、一九七二年の再統合を第二の「琉球処分」とする説があり、この視点から道州制の施行により「沖縄県」が消滅し、九州「州」に併合されることを第三の「琉球処分」と呼ぶ。道州制の基本構想では、沖縄の単独道州制を実現しない限り、現行の都道府県は解体されて、その権限は道州という「広域自治体」と市町村という「基礎自治体」に分解される。

（14）試案そのものには、章、節、条という区別はないが、読みやすさのために、これを使った表記を試みた。

（15）沖縄社会大衆党のウェッブサイト（http://www.jca.apc.org/okinawashadai/、二〇〇六年一二月一五日）。現在のウェッブサイト（http://okinawashadai.com）上の二〇〇九年度の政策では「沖縄県」や「沖縄県民」の表記が縮小された。

（16）一九世紀の英国の法学者で政治家ジェームス・ブライス（James Bryce）の有名な言葉。より正確には「地方自治は民主政治の最良の学校」と訳されている。

（17）『琉球新報』一九六二年二月二日付朝刊。

（18）同じ意味で、日本国憲法の平和主義も、沖縄に憲法が適用されず、すでに沖縄には巨大な規模の米軍が駐留していたことを前提にすれば成立していない。仲地がいう「本土平和主義」という言葉は、日本の平和主義の空疎さを見事に表現している。

（19）もうひとつのプログラムに、国連憲章第11章に規定した「非自治地域」がある。これは、「信託統治」とは異なり、戦勝国の植民地を登録し、国際管理しようというものである。一九六〇年の「植民地独立付与宣言」はこの「非自治地域」による「人民の自己決定権」の行使を加速することを主要な目的に制定され、その結果一九六一年には監視機関として

「植民地独立付与宣言特別履行委員会」がニューヨークに設置され、現在も活動を続けている。

(20) 沖縄と日本の植民地主義的関係、日本人の無知と無関心に関する野村や知念の批判は、その内容として極めて正しい。但し、沖縄のこの状況に最も責任を負うべきなのは、日本政府であって、日本の知識人ではない。日本政府の見解や姿勢が変われば、知識人の多くはいくらでも「変節」する。その点、誰が主要な敵か、権利を回復するための戦略の構築こそが重要だろう。

参考文献

新崎盛暉（2005）『沖縄現代史　新版』岩波書店

石原昌家・仲地博・C・ダグラス・ラミス編（2005）『オキナワを平和学する！』法律文化社

伊高浩昭（2001）『双頭の沖縄——アイデンティティ危機』現代企画室

稲垣忠（2005）『「沖縄のこころ」への旅——「沖縄」を書き続けた一記者の軌跡』高文研

上村英明（2001）「近代国家日本と『北海道』『沖縄』植民地化」『先住民族の「近代史」——植民地主義を超えるために』（上村英明著）、平凡社

上村英明・喜久里康子・平良識子（2003）「〈鼎談〉先住民族として訴える沖縄の権利」『けーし風』第三九号、新沖縄フォーラム刊行会議

上村英明（2004a）「『植民地問題』解決のための国連の歴史的努力と『先住民族の国際10年』」『文化人類学研究』第五巻、早稲田大学文化人類学会

上村英明（2004b）「『国際刑事裁判所規程』と沖縄における駐留米軍の意味——『日米地位協定』を新たな国際法から考える」『「正義」の再構築に向けて——国際刑事裁判所の可能性と市民社会の役割』恵泉女学園大学・大学院編、一二一—一三二頁、現代人文社

大田昌秀（2000a）『醜い日本人——日本の沖縄意識　新版』岩波書店

大田昌秀（2000b）『沖縄、基地なき島への道標』集英社

「沖縄独立の可能性をめぐる激論会」実行委員会編（1997）『激論・沖縄「独立」の可能性』紫翠会出版

親川裕子（2006）「沖縄に自己決定権を」『IMADR—JC通信』第一四四号

親川裕子（2008）『国際人権法と琉球・沖縄——自己決定権の回復に向けて』沖縄大学大学院修士論文（未刊行）

高良勉（2006）「現代の差別にあらわれる琉球・沖縄の歴史」『IMADR―JC通信』第一四四号
知念ウシ（2002）「空洞の埋まる日」『部落解放』第五〇七号
仲地博（2005）「平和国家を問う沖縄」『沖縄を平和学する！』石原昌家・仲地博・C・ダグラス・ラミス編
野村浩也（2001）「沖縄とポストコロニアリズム」『ポストコロニアリズム』姜尚中編、作品社
野村浩也（2005）『無意識の植民地主義――日本人の米軍基地と沖縄人』御茶の水書房
濱里正史、佐藤学、島袋純（2005）『沖縄自治州　あなたはどう考える？――沖縄自治州基本法試案』沖縄自治研究会
比嘉康文（2004）『「沖縄独立」の系譜――琉球国を夢見た６人』琉球新報社
松島泰勝（2006）『琉球の「自治」』藤原書店
琉球弧の先住民族会編（2004）『Q＆A国際人権法と琉球・沖縄』琉球弧の先住民族会
林泉忠（2005）「徘徊する沖縄アイデンティティ――「世がわり」と民衆の心」『琉球新報』五月一〇―一二日、一四日、一六日

15　沖縄の将来像

西川　潤
松島泰勝

1　本当の豊かさとは何か

「日本復帰」後、沖縄では振興開発により環境が破壊され、補助金への依存性が深まり、米軍基地が押し付けられ、地域本来の豊かさが失われてきた。振興開発がかえって沖縄を「貧困化」したのである。振興開発[1]の現状と課題、そして開発の失敗という結果を踏まえて今後どのように沖縄社会の発展を進めていくべきかについての議論を行なったのが、二〇〇七年一一月に沖縄大学で開催された国際開発学会における「開発の反面教師としての沖縄」と「沖縄――内発的発展の展望」の各セッションであった。本章ではこれらのセッションでの議論をも踏まえて、沖縄の将来像を展望してみたい。

沖縄ではこれまで主に三つの経済発展の手法が実施されてきた。第一の手法は国主導の開発であり、地方交付税、国庫支出金、振興開発資金等による島の開発である。沖縄では発展の手段であったはずの公共事業が一つの産業のようになった。補助金が米軍基地を維持するために投下され、施設やインフラの維持管理費は自治体の負担となり、多額の財政赤字を抱えるようになった。

第二の手法は企業主導による開発である。島外から企業を誘致するために、インフラを整備し、優遇措置を実施してきた。企業誘致のために公的資金が投じられており、必ずしも市場メカニズムに基づいた経済発展とはいえない。外部企業が地域企業を淘汰し、支配し、行政も外部企業の意向に従うようになった。たとえ企業誘致が成功して経済が成長したとしても地域企業が衰退したのでは、沖縄は植民地経済と何ら変わらなくなる。

第三の手法は内発的発展である。沖縄が抱える様々な経済問題を一挙に解決できる方法はない。地域固有の文化や自然を踏まえて、一人一人の住民が主体になって互いに知恵、労働、カネを出し合い、励ましあい、試行錯誤しながら地域を発展させるのが内発的発展である。人は自分の力だけで生きているのではなく、地域の仲間、文化、社会組織、生態系等によって生かされている。内発的発展はロマンティシズム、ユートピアではなく、外部からの政治経済的な支配に対抗して、地域住民によって展開されてきた草の根の自治運動である。振興開発計画のような、目標が達成されないままに終わった「机上の空論」ではなく、具体的な実践活動をともなう、地域の文化や歴史、人間関係に根づいた着実な歩みである。

これまで第一、第二の手法が国策として重点が置かれてきたが、国や自治体は財政赤字に陥り、自然が大きく破壊されたことを考えると、持続可能な発展方法とはいえない。今後は、第三の手法である内発的発展に比重を移し、行政、住民、地域企業、地縁組織等が協働しながら内発的発展を各島々に広げ、自治体や県の政策にも取り込む必要があると考える。

これまでの沖縄振興開発計画では県民所得や雇用の増加、経済成長等を目標にしてきたが、今後、内発的発展をさらに展開するには、「豊かさ」についての認識を変える必要がある。沖縄には、国民経済（ＧＮＰ）計算では計れない社会環境の豊かさが存在し、これが地域の「住みやすさ」を形作っている。一九七三年に名護市がまとめた『名護市総合計画・基本構想』において「逆格差論」が提唱された。「逆格差論」とは自然の豊かな蓄積と人間関係の信頼の上に立つ、地域における豊かな暮らしの体系ともいうべきものであり、すべてが金に換算される現代社会を相対化する理念であり、生活のあり方である。現代の沖縄にとっても大きな示唆を与える考え方である。[2]

沖縄の「豊かさ」は次の島言葉によって示すことができる。

①「てーげー」に現れるスローライフ。ほどほどに。何でも、「大したことない」と受け止め、楽観的な生活を送る。

②「ゆんたく」を通じる近隣交流。おしゃべり、茶飲み話を指すが、それは同時に「満足」「豊か」を指す言葉でもある。[3]

③「あたい」(自家菜園)を基盤とした自足経済。一軒家では庭で自らの菜園をつくり、自然と親しむ。

④「ゆいまーる」(お互い様の精神)など共同作業、相互協力。

今日、国民総幸福(GNH)や「足るを知る」経済(Sufficiency Economy)など、グローバリゼーションのもたらす社会的歪み、環境破壊を是正するためのオルターナティブ発展の考え方が現れている。多様性、共生性、循環性を特徴とする「ウチナー(沖縄)の生き方」は「沖縄モデル」として、これらの新発展パラダイムに生産・生活様式の分野で貢献することができるだろう。[4]

2 沖縄の内発的発展

沖縄が抱える様々な問題を解決するために注目されているのが、島嶼のサブシステンスである。本章ではサブシステンスを、イヴァン・イリイチによる「土地と文化によって定義された、生活に根づいた自立した生きかた[5]」という意味で用いる。次に沖縄におけるサブシステンスの具体的な事例を示し、島嶼における社会開発の可能性を論じてみたい(6)。

1 共同売店の役割

最初の共同売店は沖縄島北部にある奥部落で一九〇六年に開設された。そこでは日用品の販売のほか、林産物の集荷販売、炭や茶の販売、海運、診療所運営、貸付(奨学金、出稼ぎ渡航費、治療費、家畜購入費、近隣字への貸付)、発電、酒造、精米等の事業が展開されてきた。その後、沖縄島北部の各地域や周辺離島、奄美大島、石垣島、宮古島、西表島、波照間島等にも共同売店が設置された。二〇〇六年一一月現在、六八店舗(株の共同購入方式、個人請負方式)が存在する。共同売店(7)では、電話の取次ぎ、掛買い、地域情報の提供、地域産物の販売等も行われている。多くの共同売店には机と椅子等があり、住民が時間を気にせずに「ゆんたく」できる場所もある。車を運転し、大きな道路を渡り、船で移動して多くの荷物を運ぶことが困難な年寄りや子供にとって特に必要性が大きい。共同売店は、「便利さや安さを追求し、マニュアル化された人間関係」を特徴とするコンビニやスーパーとは異なり、地域共同体の「ゆいまーる」関係を土台として、住民の力で設置され、住民参加によって運営されてきた。共同売店は地域内における地産地消を促し、社会的弱者を助け、地域のまとまりを強固にする社会開発の拠点である。

振興開発において高度な技術や技能を有する人材の育成が強調されている。これらの技術や技能は島嶼社会にとって必ずしも持続可能なものとは限らない。開発を推し進め、環境を破壊し、外部への依存性を深め、国策に依存するような人材を増やす結果に終わる場合もあろう。会社員、公務員、軍雇用者だけでなく、人の働き方を多面的に考える必要がある。地域の環境、文化を守り、創造し、自治をつくりあげる担い手や後継者を育てることが、沖縄の内発的発展にとって重要になる。沖縄では一〇〇年以上前から共同売店を通じて社会開発の担い手が育成されてきたのである。

共同売店は他者から押し付けられた開発手法ではなく、沖縄人自身が自らの頭で考案し、維持・発展させてきた自前の発展方法である。都市部から離れた、多くの生活単位が分散している沖縄のような島嶼社会に適しているがゆえに、共同売店は今日まで存続することができたともいえる。

2　島の憲章と自治

竹富島では本土業者により島の三分の一の土地が買い占められたため、一九八二年、島の長老である上勢頭亨氏を中心にして「竹富島を守る会」が結成された。一九八六年、公民館の総会において次の六項目からなる竹富島憲章が承認された。一　保全優先の基本理念（売らない・汚さない・乱さない・壊さない・生かす）、二　美しい島を守る、三　秩序ある島を守る、四　観光関連業者の心得、五　島を生かすために、六　外部資本から守るために。一九八七年に重要伝統的建造物群保存地区に選定され、住民が中心になって風土と文化を活かした島づくりに取り組んでいる。

久高島では国有地等の一部を除き、島の土地は字《あざ》久高の総有とし、自然や景観の維持、土地の公平で適切な活用を行なうことを目的にして、一九八八年に久高島土地憲章が住民によって策定された。島のリゾート開発計画に対抗するために土地の総有制を憲章として文章化した。同憲章策定の背景には、島独自の信仰、平等に再配分された生活用の畑、静かな生活環境を守りたいという住民の強い意思と祈りがあった。現在、久高島振興会による島おこし（特産物の生産や販売、宿泊施設・食堂の運営、山村留学）も進められている。(8) 経済のグローバル化が沖縄の島々にも及び、開発の嵐から自らの生活や自然風土を守るための自衛手段として憲章をつくったといえよう。

住民参加によって憲章をまとめ、それに実効性をもたせている場が公民館である。沖縄の各シマ（小さな字や村）では公民館が自治の拠点である。公民館では島の諸問題が住民の話し合いによって解決され、島全体の方向性を決める総会が開かれるほか、敬老会の実施、郷友会との連絡、祭りの日取り、司等の霊的力を有した女性との調整、奉納芸能の準備等が行われる。

3 島のコモンズの中での生活

日本への「復帰」前後、島々の土地が本土業者によって買収されたのに対し、「島おこし運動」が島に戻ってきた青年たちを中心に繰り広げられた。業者から土地を買い戻して農業を行なうほか、イノー（サンゴ礁）を含む島の豊かな自然と文化を活用して、自立の可能性を探った。

西表島に住む石垣金星氏は「大自然が大産業」を唱えて、「島おこし運動」を実践してきた。一九八五年に「西表をほりおこす会」を発足させ、島の歴史と文化を互いに学び合うために住民を主体とした勉強会を立ち上げた。同年、妻の昭子氏とともに島の天然素材を活用して染織を行なう紅露工房を開設した。そして一九八八年に完全無農薬栽培の「ヤマネコ印西表安心米生産組合」、九六年に西表島エコツーリズム協会をそれぞれ設立し、島の自然や文化と人間が共生できる、生活のあり方を自らの実践を通して示してきた(9)。

石垣島白保でもコモンズによって人々が生かされてきた。白保ではこれまで集落の杣山が活用され、建築資材や民具の材料等、生活に必要な全ての物が、地域の自然から調達されてきた。例えば野草や薬草は海岸林、魚介類、海藻はイノーからもたらされた。自然からの恩恵に感謝し、畏敬の念をもって島で生活する中で独特の自然観が培われ、神事や祭事等の伝統文化が育まれてきた。

二〇〇五年に石垣島白保の住民により「白保魚湧く海保全協議会」、そして二〇〇六年に白保公民館総会において決議された「白保ゆらてぃく憲章」をつくるための「白保村ゆらてぃく憲章推進委員会」がそれぞれ設立された。「ゆらてぃく」とは「寄ってらっしゃい、ともに集おう」と、歓迎や村人の和を意味する白保の言葉である。いずれの組織も住民合意のもとで地域ルールを策定し、安易な開発を抑制することを活動の目的としている。住民の自治能力を向上させることで、イノーに代表される自然環境の保全や伝統文化の継承、地産地消活動等、持続可能な発展のための取り組みを行なっている。

現在、石垣島では新石垣空港の建設によってこれまで先送りにされてきた大規模開発が一斉に動き出している。乱開発に対して地域住民が中心になって、二〇〇七年八月に「島の未来を考える島民会議」が結成された。同会議は、住民同士が集落毎に分裂するのを避け、島全体として開発に反対し、島の自然、風景、文化を守るための組織である。また石垣市が施行した風景づくり条例と風景計画を住民の力によって実効性をもたせるための活動をしている。[10]

3　内発的発展の下からの積み上げによる自立へ

これまで、ＩＴ関連施設、新首里城・美ら海水族館等の大規模観光施設、大学院大学等の振興開発の「秘策や目玉」による「一挙解決型の発展」を求めてきたが、経済自立は実現せず様々な問題が山積するだけに終わった。例えば、沖縄県の財政は使途が特定されている国庫支出金の比重が大きく、歳出規模も増大している。地方自治の基盤となる一般財源の地方税と地方交付税の総額が少なく、財政制度の再構築が求められている。沖縄自身が経済発展の主導権を獲得し、自らの将来像を構想しなければならない。[11]

また沖縄の基地跡地利用のあり方も内発的発展の観点から再検討する必要がある。「デヴェロッパー主体型」と呼ばれる那覇新都心地区の基地跡地利用は、人間の暮らし易さよりも企業利益が優先された理念なき開発であった。他方、読谷村では基地跡地が農業振興地域に指定され、地産地消を目標にして村民が農業生産法人を組織し、運営してきた。「地域の発展は地域で担う」を合言葉にして村民と行政が協力しながらムラの発展を進めている。[12]

大規模開発では一部の企業や高額所得層に利益が集中し、華やかな「豊かさ」のイメージが振りまかれるが、富の外におかれた多くの住民はかえって「貧困」を強く意識するようになる。読谷村の場合は、住民の参加と協同組合方式により人間の平等な関係性が担保され、貧富の格差が生じにくい仕組みになっている。

地域の自治は住民一人一人が担い手であり、風土や文化に根ざした住民の目覚めと実践こそが自治の土台となり、島のサブシステンスも自治によって育てられてきた。

住民自治による下からの発展が現実的であり、着実でもある。また、現在の経済水準の維持や増大を前提にした無限成長を目標とする開発は、生活空間が限定され、環境が脆弱な沖縄のような島嶼社会においては不可能である。

沖縄の比較優位性は「ゆいまーる」の人間関係、草の根的な内発的発展の実践にある。都市部の経済成長を基準にして、沖縄全体の近代化を図ることは、いつまでたっても到達できない「経済自立」の道を走らされることにつながる。自立には、経済的自立のほかに政治的自立、精神的自立がある。開発により国への依存が深まり、このままでいくと沖縄は経済、政治、精神の全ての面において自立とは反対の方向に突き進むおそれがある。

沖縄の人々は数百年にわたって自治を営んできた。その営みは風土と歴史に根ざした、現実的なものだった。サンゴ礁[13]を含む島の自然が人の生存を保障し、相互扶助の暮らし方、そして島独自の信仰や祭りによって生活が安定化してきた。島の文化や自然は観光客に見せて貨幣を得るためのものではなく、自らの力で島の上で生きるための基盤である。基地や補助金がなくても沖縄人は島々で長い間暮らしてきた。今もそうしたものに従属せず、心身に備わる人間の潜在能力を全開させながら生きている人々がいる。

サンゴ礁を埋め立て、島をコンクリートやアスファルトで覆うという開発モデルは、再検討すべきである。島々の土地は住民の記憶、神話、祭り、儀礼等とも深く結びつき、相互扶助の空間であり、人を生かす豊かな自然を育む土台でもある。島全体を市場経済一色に染めるのではなく、島嶼の中の再分配、互酬の社会システムを活用するという観点から島の発展のあり方を考え直す必要があろう。

島や海が与えてくれる自然の恵みをじかに享受できる環境を守り育て、「ゆいまーる」がさらに広がれば、たとえ所得が少なくても貧困を感じることなく生活することができよう。地域内で産物とカネを循環させ、地産地消を促し、振興開発に頼らない経済の仕組みをつくる。公民館、共同売店、祭祀組織、郷友会、NPO・NGO等、お互いに顔の見える地域組織への住民の参加と合意形成によって、地域を動かしていく。個人、地縁血縁集団、村、島、そして沖縄全体という各レベルにおいて、内発的発展の実践を積み上げ、住民参加によって自立を実現させる。

小さな島々や村には、公民館や憲章による自治、共同売店の運営、イノーや大自然をそのまま活かした生活、土地の共有化等を実践してきた人々がいる。島の外部にある中央政府、シンクタンク、企業に頼るのではなく、住民自身で地域の特性を見極め、長い時間をかけて話し合い、地域固有の文化、歴史、自然に根ざした取り組みを展開してきた。他者のカネに依存し他者によって認識・支配・消費されるという「復帰体制」に安住すべきではない。沖縄は自らの力で地域を治め、地域独自の内発的発展を育て、自らの意思を明確に示して他者と対等な関係を築くという、もう一つの道を歩むべき時期にきている。

注

(1) 真喜志好一「沖縄の開発行政の落とし穴をふさごう——一割に低下した沖縄人の思考能力、その回復への道」、桜井国俊「沖縄に見る開発による環境破壊」、吉川博也「本土型追従モデルからの脱却——アクション・リサーチの展開」(第一八回国際開発学会全国大会における発表内容、二〇〇七年一一月二四日)。

(2) 安里英子「豊かな沖縄に開発はいらない——地方自治を実体化する逆格差論」(第一八回国際開発学会全国大会における発表内容、二〇〇七年一一月二四日)。

(3) 国立国語研究所『沖縄語辞典』三三八頁。

(4)「地域の豊かさ」については、西川潤「沖縄の豊かさをどう計るか?」(第一八回国際開発学会全国大会における発表内容、二〇〇七年一一月二五日)、西川潤「心の豊かさをどう計るか」(『平和研究』二〇〇七年秋季号)、西川潤編『アジアの内発的発展』藤原書店、二〇〇一年を参照されたい。

(5) イバン・イリイチ『生きる思想――反=教育/技術/生命』藤原書店、新版一九九九年、八七頁。

(6) 松島泰勝「地域社会の持つ豊かさ――共同売店を中心とした島嶼のサブシステンスに見る」(第一八回国際開発学会全国大会における発表内容、二〇〇七年一一月二五日)。

(7) 共同売店については、玉野井芳郎・金城一雄「共同体の経済組織に関する一考察――沖縄県国頭村字奥区の「共同店」を事例として」(『沖縄国際大学商経論集』第七巻第一号、一九七八年)、宮城能彦監修『共同店ものがたり』伽楽可楽、二〇〇六年、中村誠司「100年迎える奥共同店」(『沖縄タイムス』二〇〇六年一〇月三日)を参照されたい。

(8) 竹富島や久高島における内発的発展については「今こそ、「琉球の自治」を――「復帰」とは何だったのか」『環』三〇号、藤原書店、二〇〇七年を参照されたい。

(9) 石垣金星「島の自立への挑戦!! 島の豊かさを見直す」(第一八回国際開発学会全国大会における発表内容、二〇〇七年一一月二五日)。

(10) 上村真仁「石垣島における開発と環境――生物多様性の保全と持続的な地域づくり」(第一八回国際開発学会全国大会における発表内容、二〇〇七年一一月二四日)。

(11) 只友景士「沖縄における財政問題の諸相と内発的発展の可能性」(第一八回国際開発学会全国大会における発表内容、二〇〇七年一一月二五日)。

(12) 真喜屋美樹「基地の跡地利用における3つの道――企業主導型、自治体主導型、そして住民主導型」(第一八回国際開発学会全国大会における発表内容、二〇〇七年一一月二五日)。

(13) 琉球における内発的発展、自治については、松島泰勝『沖縄島嶼経済史――12世紀から現在まで』藤原書店、二〇〇二年、松島泰勝『琉球の「自治」』藤原書店、二〇〇六年を参照されたい。

あとがき

本書の成り立ちについては「はじめに」で、西川潤先生が詳しく書いておられるため、「あとがき」では、西川先生と共にこの本の編者となった私たち（本浜、松島）の、本書に込めたそれぞれの個人的な思いを書いてみたいと思います。

私（本浜）が西川先生の教えを受けるきっかけになったのは、早稲田大学政治経済学部の西川ゼミの一員に加えていただいたことです。ゼミの選択希望を出す三年前期に先生が開講された「経済学史」の初回の講義を受けた私は、経済学の在り方そのものに批判を加えつつ、世界で起きている諸問題へ目を開かせるそのスケールの大きな授業に、何とも言えない、体が震えるような感動を覚えました。

慌てて先生のご著作の『飢えの構造』や『第三世界の構造と動態』、「はじめに」で先生も触れられた日本平和学会編『沖縄――平和と自立の展望』などを読んで先生のお考えをさらに詳しく知ると、別のゼミを希望する選択肢はすぐになくなりました。ノエル・ペリンの『鉄砲を捨てた日本人』について、軍縮と平和、そして沖縄の基地の問題を俎上に載せた小論文を書き、それを願書とともに提出し、先生との入ゼミ面接も無事に済ませ、学部内の三倍近い競争率を突破してゼミの一員になったのは、もう四半世紀も前のことです。

ゼミでは、フランソワ・ペルーの *A New Concept of Development* やサミール・アミンの『不均等発展』などを読む理論研究を行う一方、ゼミ合宿では伊豆に出かけ、ゼミ生それぞれの卒論の構想を発表し合ったり、「一村一品」の現場などを訪ねたりしました。また沖縄からの初めてのゼミ生である私が加わったこともあって、四年生の春には、西川ゼミとしては二回目の沖縄合宿を本島北部の本部町で行い、地元・沖縄大学の山門健一先生のゼミと「沖縄の経済自立」

などをテーマに討論会を開き、交流を深めました。当時の私にとって、西川ゼミで学ぶということは、何よりも「沖縄」を考えていくためのフレームワークを見出すことでした。「南北問題」や「従属論」は、当時の私にとってはきわめて魅力的に思え、それらの概念を知ったことだけでも、奇妙な自信を持ったものです。

こうして西川ゼミの知的な雰囲気にすっかり染まった私は、「沖縄」の問題を、世界的な「南北問題」と重ね合わせ、しかもそれを「援助」や国際ビジネスの「生」の現場で体験しながら考えてみたいという思いが強くなり、卒業後は鉄鋼メーカーの海外部門で日本政府の「援助プロジェクト」などに関わりました。その後は、沖縄の新聞社での記者を経て、アメリカの大学院に留学するという「迷走」を続けることになりますが、そうした「迷走」も、学部生の時に体験したあの「体が震えるような感動」をもたらしてくれた正体に少しでも近づいて、世界を読み解く私なりの方法を探すための試行錯誤だったように今では思います。この感動の正体——それは、この世界を平和なよりよいものに変えていくために、経済理論の構築だけにとどまらず、常に「世界市民」の視線で行動してきた研究者・西川潤先生の学問に向き合うその真摯な姿にほかなりません。

世界と向き合うための方法が、私にとっては、「経済学」や「政治学」ではなく、「文学」であることに気づくまでには、ずいぶん時間がかかってしまいました。しかし、留学したアメリカの大学院で知ることになる、当時文学研究で大きな勢いを持っていた「ポストコロニアル理論」や「ジェンダー研究」などは、西川ゼミで勉強していたことが大いに役立ち、また日本の植民地における日本文学を考える際には、西川先生の御尊父・西川満氏が台湾で関わられた「台湾文学」を押さえないわけにはいきませんでした。現在、太平洋の島々の文学表現と、沖縄の文学をつなげる研究にも取り組んでいる私にとって、西川ゼミで南北問題や経済発展論を学んだことは、今の関心にひと続きにつながる、その礎になっています。そしてそのきっかけは、やはり学生時代のあの「体が震えるような感動」にあったのだと思うのです。

本書は当初、二〇〇七年三月に西川先生が早稲田大学を定年退職されるタイミングでの出版を考えていました。出版にいたる過程で数回企画内容を変えましたが、しかし最後には、掛け値なしにこれまでに類を見ない新しい「沖縄研究」の本として完成したと思っています。

沖縄に押しつけられる政治などに対抗するための、沖縄の大切な価値観としてしばしば持ち出される表現に、「沖縄の心」というのがあります。しかし、沖縄が「癒しの島」という幻想に巻き込まれつつ、大きなものに何となく流されている現状を思うと、沖縄を考える際に今必要なのは沖縄の「心＝肝（ちむ）」ではなくて、むしろ沖縄の「頭＝知識と知恵（じんぶん）」ではないかと、私は考えています。表向きは知的で「クール」であっても決して冷めてはいない、むしろ熱い思いが流れている「じんぶん」が集積された論考が集まったのが本書です。どこか西川先生のお人柄とも似ているのが可笑しくもあります。

西川先生は、早稲田を退職された後も、ますますご健筆ぶりを発揮され、最近は一九八三年に出された『貧困』、『人口』、『食料』を新たに書き改めて出版なされました。恩師が引き続き研究者として「進化」されているのは、ほんとうにうれしく、また私たちにとって何よりの励みにもなります。この本を世に送り出せたのも、西川先生という「巨星」が、この本の中心にいらっしゃって、強力な磁力を持たれているからにほかなりません。

尊敬する恩師と、私たちが研究対象としている沖縄、愛してやまない沖縄をテーマにしたこのような共編書を上梓できたことはこの上ない喜びです。

私(松島)は早稲田大学を卒業した後、内定をもらった企業への就職を止めて、大学院で琉球の経済について納得がいくまで学びたいと思って西川先生の門をたたきました。授業では毎回何らかの質問をし、意見を述べることを自らの課題と決めて先生の授業にのぞみました。また、授業の他、先生が主催される学会、研究会、シンポジウムにも参加して、他の第三世界の経済、新たな経済理論や思想の潮流、市民運動の実践等から知識や知恵や勇気をもらいました。

現在、私は琉球諸島と太平洋諸島とを比較しながら島嶼経済のあり方について研究していますが、その契機になったのは先生から世界経済の中に琉球の経済を位置づけるという研究手法を教えていただいたことにあります。関連する研究者を紹介して下さったり、研究会にも参加させていただき、多くの貴重な機会をいただきました。

修士課程を修了し、博士課程において『島嶼経済論』と題する博士論文の提出を決意しました。数年間、東京、グアム、パラオ、沖縄島と私の生活拠点が移っても、先生が常に研究に対する熱意を呼び起こし、心を奮い立たせて下さったことは今でも忘れる事ができません。二〇〇二年の博士号授与式、同年に藤原書店より『沖縄島嶼経済史――

一二世紀から現在まで』として博士論文が出版されたときにも、自分のことのように喜んで下さいました。重ねてお礼を申し上げたいと思います。

西川先生からは多くのことを学ばせていただきましたが、その中でも現在の私の研究方法の土台になっているのが、「経済の実態や理論・思想を理解するために地域社会という現場を徹底的に深く掘り下げること。社会的な苦境に直面している当事者の視点で研究を行うこと。学際的な手法で物事を考察すること。島民による島民のための島民の経済学を目指すこと」です。

これまで先生とともにインドネシア、琉球の島々においてフィールドワークをしたことがあります。現場を自分の足で歩き、空気を吸い、地元民と共に食事をとり、地元民の視線から考えようとしました。また住民運動をしている人びと、権力を有しながら仕事をしている人びとなどから徹底的に話を聞きました。時には論争になるくらいの議論をして、印刷物には記載されていない開発側の本音を聞き出したり、隠そうとしている事実を見つけだすこともできました。

フィールドワークを通して「生きている経済」を自らの肌で感じ、問題意識を深め、研究や教育に活かしていくことや、書物に書かれていることを鵜呑みにするのではなく、常に自分の頭で考える姿勢を先生から学びました。

また、研究のための研究ではなく、常に当事者の視点から研究をすることも大切です。自分は何のために研究を行うのか。自らの研究によって地域が抱える問題の本質を明らかにし、どのようにしたら人間が本当の豊かさを享受し、人間以外の生命とともに生きていくことができるのかを常に問い続けることが研究者に求められていると思います。

社会活動と研究と教育とを一体化することで、学生や研究者は現実から学び、生活者は問題解決のための方法・理論や人的支援を研究者や社会活動家から得ることができることを、先生の生き方から教わったように思います。私は「NPO法人ゆいまーる琉球の自治」を多くの方々の協力を得ながら二〇〇七年に立ち上げ、これまで久高島、奄美大島、伊江島、西表島、沖永良部島、平安座島で車座の集いを開いてきました。島々の実践家とともに琉球の自治について互いに学び、励まし合ってきましたが、現実との対話の中から自らの学問を作り上げていきたいと考えています。

経済学以外の他の学問分野に関心を持ち、学際的に研究を行うことが、特に島嶼研究においては重要であると思います。島嶼はミクロコスモスであり、様々な要因が複雑にからみ合って問題の発生原因になることが多く、自治論、環境学、開発学、平和学、人類学、歴史学、人権論、思想史、地域文化論、ジェンダー論、サブシステンス論等の学際的な観点から島嶼の経済を検討し、解決の道を示さなければなりません。これまで経済理論だけで琉球の経済を考えてきたことが、多くの問題を発生させる大きな原因になったと思います。

いま琉球においてその実践がさらに求められている内発的発展もまた、以上述べたような現場・地域主義、当事者主義、学際的研究から生まれた、現実の問題を打開するための道であるといえます。

二〇〇七年一二月に沖縄大学で国際開発学会が開かれました。通常、同学会では第三世界における開発問題を主要テーマとすることが多かったのですが、同学会では初めて琉球の島々の開発問題と内発的発展の可能性について主要テーマとしたセッション、シンポジウム等が開かれました。その開催実現の背景には西川先生の強い働きかけ、つまり琉球に対する熱い思いがありました。各セッションにおいて徹底的に問い、問題点に対しては一歩も譲らない先生の姿が印象的であり、今でも鮮明に思い出されます。同学会の特別講演会において、内閣府沖縄担当部局の高官が「振興開発によって沖縄は経済発展し、豊かになった」という内容の話をしました。その際、私は「本当にそうなのか」という疑問と強い怒りを覚えました。本論文集は琉球の振興開発の問題性を明らかにし、多角的な観点から内発的発展の可能性を論じたものであり、その高官の発言に対する一つの答えを示しているといえます。

今回出版されるこの論文集は、琉球や琉球人が現在抱えている問題の本質は何であり、琉球や琉球人はどこに向かって進むべきかを当事者意識、具体的な事実、学際的な手法に基づいて明確に示した研究や実践の成果であり、新たな琉球・沖縄論の提示であると考えます。琉球人、そして琉球に心をよせる多くの方々にこの本を是非読んでほしいと思います。

ご寄稿いただいた執筆者のみなさん、出版をお引き受けいただいた藤原書店の藤原良雄社長に心から感謝申し上げます。

二〇一〇年二月

本浜秀彦
松島泰勝

執筆者紹介　（登場順）

嘉数啓（かかず・ひろし）

1942年沖縄県生。1971年ネブラスカ大学大学院博士課程修了。琉球大学名誉教授。経済学。主著に *Island Sustainability*（Trafford Publishing），*Growth Triangles in Asia*（共著，Oxford University Press）等。

佐藤幸男（さとう・ゆきお）

1948年東京都生。1976年明治大学大学院修了。富山大学教授。国際政治学。主著に『開発の構造』（同文館），『国際関係学講義〔第三版〕』（共著，有斐閣），『拡大EU辞典』（監修，小学館），『世界政治を思想するⅠ・Ⅱ』（共編著，国際書院）等。

鈴木規之（すずき・のりゆき）

1959年東京都生。1992年筑波大学大学院社会科学研究科修了。博士（社会学）。琉球大学法文学部教授。国際社会学。主著に『第三世界におけるもうひとつの発展理論』（国際書院），『沖縄社会と日系人・外国人・アメラジアン』（共編著，クバプロ）等。

宮田敏之（みやた・としゆき）

1963年広島県生。1998年京都大学大学院人間環境学研究科博士後期課程修了。東京外国語大学外国語学部タイ語専攻准教授。タイ社会経済史。主要論文に「タイ産高級米ジャスミン・ライスと東北タイ」『東洋文化』（東京大学東洋文化研究所）第88号，2008年等。

三田剛史（みた・たけし）

1971年大阪府生。2003年早稲田大学大学院経済学研究科博士後期課程修了。博士（経済学）。経済思想史，日中関係史。主著に『甦る河上肇――近代中国の知の源泉』（藤原書店）。

照屋みどり（てるや・みどり）

1972年沖縄県豊見城市出身。早稲田大学大学院アジア太平洋研究科修士課程修了。修士（国際関係学）。会社員。

真喜屋美樹（まきや・みき）

1968年沖縄県生。早稲田大学大学院アジア太平洋研究科博士後期課程在籍。国際関係学。「米軍基地の跡地利用開発の検証」『沖縄論――平和・環境・自治の島へ』宮本憲一・川瀬光義共編（岩波書店）等。

勝方＝稲福恵子（かつかた＝いなふく・けいこ）

1947年沖縄生。1971年 早稲田大学第一文学部卒業。早稲田大学教授。ジェンダー論，沖縄学。主著に『おきなわ女性学事始』（新宿書房），『家族・ジェンダーと法』（共著，成文堂）等。

高橋孝代（たかはし・たかよ）

1967年鹿児島県沖永良部島生。2004年早稲田大学大学院アジア太平洋研究科博士後期課程修了（学術博士）。沖縄大学准教授。文化人類学。主著に『境界性の人類学』（弘文堂）等。

仲地博（なかち・ひろし）

1945年疎開先の熊本県生。1974年明治大学大学院法学研究科博士課程単位取得退学。沖縄大学教授。憲法・行政法。主著に『オキナワと憲法』『オキナワを平和学する』（ともに共編著，法律文化社），『シンドラー憲法と社会構造』（共訳，有信堂）等。

上村英明（うえむら・ひであき）

1956年熊本県熊本市生。1981年早稲田大学院経済学研究科修了（経済学修士）。恵泉女学園大学教授。市民外交センター代表。国際人権法。主著に『新版 知っていますか？ アイヌ民族一問一答』（解放出版社），『先住民族の「近代史」』（平凡社）等。

編者紹介

西川潤（にしかわ・じゅん）

1936年台湾台北生。早稲田大学，パリ大学に学び，経済学修士，学術博士。早稲田大学で38年間教えた後，現在早稲田大学名誉教授。経済発展論，南北問題，平和研究。日本平和学会理事（1978～81年会長），国際開発学会会長（2008年～）。主著に『人間のための経済学』『世界経済入門』（ともに岩波書店）等。

松島泰勝（まつしま・やすかつ）

1963年沖縄県石垣島生。早稲田大学大学院経済学研究科博士後期課程修了。博士（経済学）。龍谷大学経済学部教授，NPO法人ゆいまーる琉球の自治代表。島嶼経済論。主著に『琉球の「自治」』『沖縄島嶼経済史』（ともに藤原書店），『ミクロネシア——小さな島々の自立への挑戦』（早稲田大学出版部）。

本浜秀彦（もとはま・ひでひこ）

1962年沖縄那覇市生。米ペンシルバニア大学大学院博士課程修了（Ph.D.）。沖縄キリスト教学院大学准教授。比較文学・メディア表象論。主著に *Writing at the Edge*（U of Penn/ UMI），『沖縄文学選』（共著，勉誠出版），『マンガは越境する！』（共編著，世界思想社）等。

島嶼沖縄《とうしよおきなわ》の内発的発展《ないはつてきはつてん》　——経済《けいざい》・社会《しやかい》・文化《ぶんか》

2010年3月30日　初版第1刷発行 ©

編　者　西川　潤
　　　　松島泰勝
　　　　本浜秀彦

発行者　藤原良雄

発行所　株式会社 藤原書店

〒162-0041　東京都新宿区早稲田鶴巻町523
電　話　03（5272）0301
FAX　03（5272）0450
振　替　00160-4-17013
info@fujiwara-shoten.co.jp

印刷・製本　中央精版印刷

落丁本・乱丁本はお取替えいたします
定価はカバーに表示してあります

Printed in Japan
ISBN978-4-89434-734-2

沖縄から日本をひらくために

真振 *MABUI*

写真＝市毛實

海勢頭豊

沖縄に踏みとどまり魂（ＭＡＢＵＩ）を生きる姿が、本島や本土の多くの人々に深い感銘を与えてきた伝説のミュージシャン、初の半生の物語。喪われた日本人の心の源流である沖縄の、最も深い精神世界を語り下ろす。

＊ＣＤ付「月桃」「喜瀬武原」

Ｂ５変並製　一七六頁　**二八〇〇円**
（二〇〇三年六月刊）
◇978-4-89434-344-3

歴史から自立への道を探る

沖縄島嶼経済史（一二世紀から現在まで）

松島泰勝

古琉球時代から現在までの沖縄経済思想史を初めて描ききる。沖縄が伝統的に持っていた「内発的発展論」と「海洋ネットワーク思想」の史的検証から、基地依存／援助依存をのりこえて沖縄が展望すべき未来を大胆に提言。

Ａ５上製　四六四頁　**五八〇〇円**
（二〇〇二年四月刊）
◇978-4-89434-281-1

いま、琉球人に訴える！

琉球の「自治」

松島泰勝

軍事基地だけではなく、開発・観光のあり方から問い直さなければ、琉球の平和と繁栄は訪れない。琉球と太平洋の島々を渡り歩いた経験をもつ琉球人の著者が、豊富なデータをもとにそれぞれの島が「自立」しうる道を模索し、世界の島嶼間ネットワークや独立運動をも検証する。琉球の「自治」は可能なのか!?

附録　関連年表・関連地図

四六上製　三五二頁　**二八〇〇円**
（二〇〇六年一〇月刊）
◇978-4-89434-540-9

沖縄研究の「空白」を埋める

沖縄・一九三〇年代前後の研究

川平成雄

「ソテツ地獄」の大不況から戦時経済統制を経て、やがて戦争へと至る沖縄。その間に位置する一九三〇年前後。沖縄近代史のあらゆる矛盾が凝縮したこの激動期の実態に初めて迫り、従来の沖縄研究の「空白」を埋める必読の基礎文献。

Ａ５上製クロス装函入
二八〇頁　**三八〇〇円**
（二〇〇四年一二月刊）
◇978-4-89434-428-0

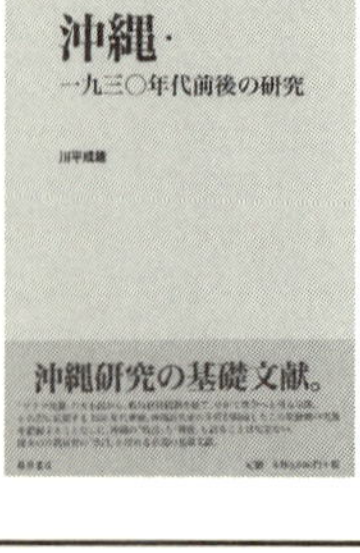

「西洋中心主義」徹底批判

リオリエント

〔アジア時代のグローバル・エコノミー〕

A・G・フランク　山下範久訳

ウォーラーステイン「近代世界システム」の西洋中心主義を徹底批判し、アジア中心の単一の世界システムの存在を提唱。世界史が同時代的に共有した「近世」像と、そこに展開された世界経済のダイナミズムを明らかにし、全世界で大反響を呼んだ画期作の完訳。

A５上製　六四八頁　五八〇〇円

（二〇〇〇年五月刊）◇978-4-89434-179-1

ReORIENT　Andre Gunder FRANK

西洋中心の世界史をアジアから問う

グローバル・ヒストリーに向けて

川勝平太編

日本とアジアの歴史像を一変させ、「西洋中心主義」を徹底批判して大反響を呼んだフランク『リオリエント』の問題提起を受け、気鋭の論者二十三人がアジア交易圏からネットワーク経済論までを駆使して、「海洋アジア」と「日本」から、世界史を超えた「地球史」の樹立を試みる。

四六上製　二九六頁　二九〇〇円

（二〇〇二年二月刊）◇978-4-89434-272-9

「アジアに開かれた日本」を提唱

新版

アジア交易圏と日本工業化

〔1500-1900〕

浜下武志・川勝平太編

西洋起源の一方的な「近代化」モデルに異議を呈し、近世アジアの諸地域間の旺盛な経済活動の存在を実証、日本の近代における経済的勃興の要因を、そのアジア交易圏のダイナミズムの中で解明した名著。

四六上製　二九六頁　二八〇〇円

（二〇〇一年九月刊）◇978-4-89434-251-4

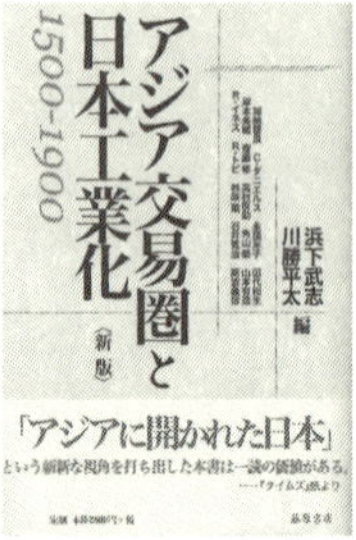

新しいアジア経済史像を描く

アジア太平洋経済圏史

〔1500-2000〕

川勝平太編

アカデミズムの中で分断された一国史的日本経済史と東洋経済史とを架橋する「アジア経済圏」という視座を提起、域内の密接な相互交通を描きだす、十六人の気鋭の研究者による意欲作。

A５上製　三五二頁　四八〇〇円

（二〇〇三年五月刊）◇978-4-89434-339-9

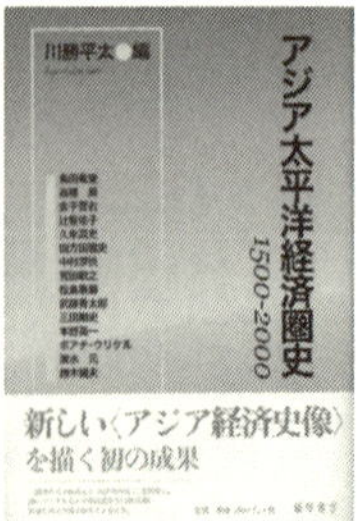